Lektionen zur Schachstrategie

Valeri Beim

Aus dem Englischen übertragen von Bettina Trabert

Die Originalausgabe erschien unter dem Titel *Lessons in Chess Strategy* bei Gambit Publications Ltd 2003
Deutsche Erstausgabe bei Gambit Publications Ltd 2005
Die deutsche Übersetzung wurde nach den Regeln der neuen Rechtschreibung gesetzt.

Copyright © Valeri Beim 2003, 2005
Übertragung aus dem Englischen © Bettina Trabert 2005

Valeri Beims Recht als Autor dieses Werkes wurde in Übereinstimmung mit dem Copyright, Designs and Patents Act 1988 geltend gemacht.
Alle Rechte, auch die des auszugsweisen Nachdrucks und der fotomechanischen Wiedergabe, vorbehalten.
Eine Kopie der Daten des British Library Cataloguing in Publication ist in der British Library verfügbar.

ISBN 1 904600 21 2
(Englische Ausgabe ISBN 1 901983 93 5)

VERTRIEB:
Weltweit: Central Books Ltd, 99 Wallis Rd, London E9 5LN, England.
Tel +44 (0)20 8986 4854 Fax +44 (0)20 8533 5821.
E-Mail: orders@Centralbooks.com

Für weitere Informationen (einschließlich einer kompletten Liste aller bei Gambit erschienenen Titel) wenden Sie sich bitte an den Verlag, Gambit Publications Ltd, 6 Bradmore Park Rd., Hammersmith, London W6 0DS, England.
E-Mail: info@gambitbooks.com
Oder besuchen Sie GAMBIT im Internet unter der Adresse http://www.gambitbooks.com

Englische Ausgabe editiert von Graham Burgess
Deutsche Bearbeitung und Satz: Petra Nunn
Druck: The Cromwell Press, Trowbridge, Wiltshire, England.

10 9 8 7 6 5 4 3 2 1

Gambit Publications Ltd
Geschäftsführer: GM Murray Chandler
Schachdirektor: GM John Nunn
Chefredakteur: FM Graham Burgess
Deutsche Redakteurin: WFM Petra Nunn

Inhalt

Symbole		4
Einführung		5
1	Die Geometrie des Schachbretts	9
2	Die Schwerfiguren	21
3	Der isolierte Zentrumsbauer	33
4	Der Freibauer im Zentrum	46
5	Der Raumvorteil	58
6	Zugzwang	73
7	Das Läuferpaar	86
8	Symmetrische Bauernstrukturen	101
9	Statische und dynamische Merkmale	113
Lösungen der Aufgaben		141
Index der Partien		189
Index der Studienkomponisten und Kommentatoren		192
Index der Eröffnungen		192

Symbole

+	Schach
++	Doppelschach
#	Schachmatt
!!	Brillanter Zug
!	Guter Zug
!?	Interessanter Zug
?!	Zweifelhafter Zug
?	Schlechter Zug
??	Grober Fehler
1-0	Die Partie endet mit einem Sieg für Weiß
½-½	Die Partie endet remis
0-1	Die Partie endet mit einem Sieg für Schwarz
(n)	*n*-te Matchpartie
(D)	Siehe nächstes Diagramm

Einführung

„Die Zeit ist reif", das Walross sprach,
„zu reden nun von mancherlei –
von Schuhen – Schiffen – Siegellack,
von Königen und Hirsebrei."
LEWIS CARROLL, *Alice hinter den Spiegeln*

Dies ist ein Buch für alle Schachfans. Es ist für diejenigen, die sich darüber im klaren sind, dass sie nie Profis werden, aber die gerne Schach spielen, und diesen blöden Kerl aus dem anderen Club schlagen wollen, gegen den man schon dreimal auf die gleiche ärgerliche Weise verloren hat. Es ist auch für diejenigen, die erst vor kurzem angefangen haben, Schach zu spielen, und die es vielleicht zu ihrem hauptsächlichen Hobby machen wollen.

Selbst wenn das nicht der Fall ist, kann dieses Buch auch denen nützlich sein, die Schach als wunderbaren Zeitvertreib in ihrem Leben behalten wollen. Ein Spiel, das interessant ist und Spaß macht, und das uns etwas gibt, dem wir im Alltag nicht oft begegnen – die Freude der Kreativität.

Außerdem hoffe ich, dass nicht nur Amateure, sondern auch Schachprofis in diesem Buch etwas Interessantes finden können. Doch sogar wenn dieses Buch nur Anlass für Kritik bietet, möchte ich mich auch dafür bedanken! Meiner Meinung nach ist es das Wichtigste, beim Leser Interesse hervorzurufen und vielleicht bis zu einem gewissen Grad seine bisherigen Überzeugungen oder Gewohnheiten zu verändern, was immer ein Zeichen von Fortschritt ist. Außerdem möchte dieses Buch die Vorstellungskraft derjenigen Leser ansprechen, die noch keine klaren Ideen entwickelt haben, und ihnen helfen, einen eigenen Zugang zum Schachspiel zu finden.

Dieses Projekt kann in gewisser Weise als Fortsetzung meines ersten Buches *Rezepte aus der Großmeisterküche* gesehen werden, mit dem der Leser – wie ich hoffe – vertraut ist. Im ersten Buch ging es vorrangig um die *Denkmethoden* im Schach. Vor allem wollte ich die Herangehensweise aufzeigen, **wie** man für die verschiedenen Probleme, die im Laufe einer Schachpartie auftreten, eine Lösung finden kann. Im vorliegenden Buch werden wir größtenteils konkretere Themen ansprechen, um die es in der Partie geht. Mit anderen Worten, was man **wissen** muss, und was man **können** muss, um erfolgreich zu spielen.

Ich denke, dass dies die korrekte Reihenfolge ist, um den Leser zu instruieren. Zunächst habe ich gezeigt, wie man an die unterschiedlichen Probleme herangeht, die während der Partie auftauchen, und erst dann wird der Leser mit der möglichen Mannigfaltigkeit dieser Themen vertraut gemacht.

Dieses Buch untersucht die verschiedenen Prinzipien, um die es im Schach geht. Zum Beispiel werden wir die typischen Spielweisen mit bestimmten Bauernstrukturen oder Materialverteilungen betrachten, sowie andere Themen, die den eigentlichen Kern der Schachstrategie ausmachen. Doch das ist nicht alles. Der wichtigste Teil des Buches ist Kapitel 9, „Statische und dynamische Merkmale", wobei wir uns hauptsächlich auf die ersteren konzentrieren. Außerdem möchte ich besondere Aufmerksamkeit auf ein einzigartiges Kapitel lenken, auch wenn es einen gewöhnlich klingenden Titel hat – das Kapitel 6: „Zugzwang". Dies ist ein Kapitel, in dem ich einen etwas anderen Zugang zum fraglichen Thema gewählt habe.

Natürlich ist es weder möglich noch notwendig, die gesamte Fülle von Situationen zu behandeln, die unter den verschiedensten Umständen auftreten können. Es ist sinnvoll, die bedeutsamsten und typischsten Beispiele auszuwählen und zu untersuchen. Daher denke ich, dass man nicht nur die technisch, taktisch und strategisch komplexesten Stellungen und die verschiedenen Arten, wie sie gelöst werden können, zeigen sollte. Ebenso wichtig und interessant ist es, die Ansichten der großen

Schachdenker über genau diese Themen zu erläutern.

Ich habe daher im gesamten Buch versucht, Partien der allerstärksten Spieler zu verwenden. Das basiert auf der Überzeugung, dass man nur dann etwas richtig lernen kann, wenn man sich anschaut, wie ein echter Experte es tut.

Tatsächlich spielen starke Spieler nie nur „aus dem Bauch heraus", ohne über die Stellung nachgedacht zu haben. Das wichtigste Merkmal, das herausragende Spieler auszeichnet, ist die Fähigkeit, *tief und selbständig* zu denken. Genau diese Fähigkeit unterscheidet diese Spieler von allen anderen. Jeder Zug, den ein starker Meister macht, hat einen Sinn, auch wenn er sich manchmal als erfolglos herausstellt. Es kommt oft vor, dass sich eine aufgrund bestimmter Stellungsmerkmale getroffene Entscheidung als falsch herausstellt, aber der Gedanke dahinter dennoch tiefgründig und wichtig ist. Schließlich hat der falsche Zug oder der falsche Plan nur für den betreffenden Spieler unglückliche Folgen. Wir anderen können eine Menge daraus lernen, wenn wir die jeweilige Partie studieren.

Zweifelsohne bringen die Partien großer Meister nicht nur die Entwicklung des Schachs selbst voran, sondern helfen auch, altmodische Prinzipien und etablierte, oft falsche Ansichten zu verändern.

Aus diesem Grund wird so oft erklärt, dass die Grundzüge des Schachs sich verändert haben, und dass die Partien früherer Meister, selbst der stärksten, heute nicht mehr gebraucht werden – aber das ist völliger Unsinn!

Nehmen wir die Partien der alten Meister, zum Beispiel den Kampf zwischen Labourdonnais und McDonnell. Hier sehen wir Entscheidungen, die wir heute als naiv und seltsam ansehen würden, mitunter neben erstaunlicher Kreativität, brillanter Berechnung und großartiger Intuition. Was kann man also über die Partien von Morphy, Steinitz und Capablanca sagen? Mich hat es zum Beispiel immer fasziniert, wie sehr die schachliche Herangehensweise Paul Morphys seiner Zeit voraus war.

Die alten Eröffnungsvarianten, die wir in diesen Partien sehen, haben der Überprüfung durch die Zeit selten standgehalten, aber die grundsätzlichen Prinzipien, die ihnen zugrunde liegen, sind noch immer relevant. Nehmen wir das folgende Beispiel:

Steinitz – Lasker
Weltmeisterschaft (4), New York 1894

1 e4 e5 2 ♘f3 ♘c6 3 ♗c4 ♗c5 4 c3 ♘f6 5 d4 exd4 6 e5 d5 7 ♗b5 ♘e4 8 cxd4 ♗e7 9 ♘c3 0-0 10 ♗d3 f5 11 exf6 ♘xf6 12 ♗e3 ♘b4 13 ♗b1 ♘g4 14 a3 ♘xe3 15 fxe3 ♗h4+ 16 g3 ♗g4 17 0-0 ♕e8 18 axb4 ♕h5 19 ♘xd5 ♖xf3 (D)

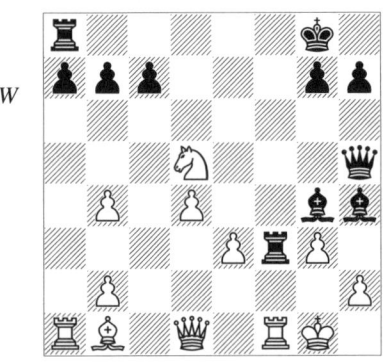

20 ♘f4 ♖xf4 21 ♕b3+ ♖f7 22 ♖xf7 ♕xf7 23 ♗a2 ♕xb3 24 ♗xb3+ ♔f8 25 gxh4 ♗e7 26 ♗d5 c6 27 ♗e4 a6 28 ♖a5 h6 29 b5 cxb5 30 ♗xb7 ♖a7 31 ♗c6 ♗d7 32 ♗xd7 ♔xd7 33 ♔f2 ♔c6 34 ♔e2 ♔b6 35 ♖a1 a5 36 ♔d3 a4 37 e4 ♖f7 38 e5 ♖f3+ 39 ♔e4 ♖f2 40 ♖b1 ♔c6 41 d5+ ♔d7 42 ♔d4 ♖d2+ 43 ♔c5 ♖c2+ 44 ♔xb5 ♖e2 45 e6+ ♔d6 46 ♖d1 ♖xb2+ 47 ♔xa4 ♖xh2 48 ♖e1 ♖a2+ 49 ♔b5 ♖a8 50 ♔c4 g5 51 hxg5 hxg5 52 ♔d4 ♖a4+ 53 ♔d3 ♖a3+ 54 ♔e4 g4 55 ♔f5 ♖a8 56 e7 ♖e8 57 ♔f6 g3 58 ♔f7 ♖d7 59 d6 g2 60 ♖g1 1-0

Ist das nicht eine phantastische Partie? Und meinen Sie nicht, dass heutige Schachspieler etwas daraus lernen können?

Das wirft eine andere Frage auf: Welche Quellen sollte man am besten verwenden, um die Partien der großen Meister studieren?

Zunächst ist es wichtig, *kommentierte Partien* zu studieren.

Das Problem ist, dass es für einen durchschnittlichen Spieler sehr schwierig und tatsächlich beinahe unmöglich ist, eine Partie alleine zu analysieren (die Analyse-Engines der Computer sind für diese Aufgabe nicht besonders hilfreich: Am stärksten sind sie in Stellungen mit forciertem Spiel, aber selbst dann muss man wissen, wie die Ergebnisse zu interpretieren sind, was für den durchschnittlichen Hobbyspieler schwierig ist). Es ist wichtig, von Anfang an zu lernen, selbst zu analysieren. Das kann man lernen, indem man sich anschaut, wie die Profis es tun.

Zweitens müssen die betrachteten Partien *gut kommentiert* sein!

Dabei sollte man sich bewusst sein, dass für den durchschnittlichen Hobbyspieler (für den dieses Buch in erster Linie geschrieben ist) nicht die Variantenkommentare am bedeutsamsten sind (obwohl diese natürlich wichtig sind – sie müssen exakt sein und im klarem Zusammenhang mit der Partie selbst stehen). Entscheidend sind verbale Erläuterungen, warum ein bestimmter Zug gespielt wurde. Wenn eine Partie gut kommentiert ist, sind solche Erklärungen äußerst hilfreich. Nehmen wir folgendes Beispiel:

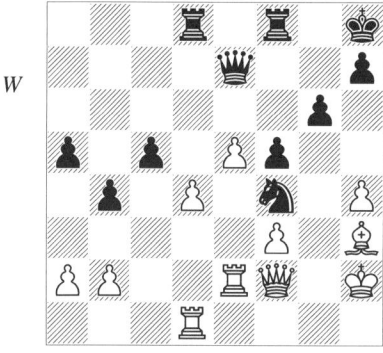

Botwinnik – Ragosin
Leningrad 1940

Nachdem Schwarz im letzten Zug eine klare Chance verpasst hatte, entscheidenden Vorteil zu erreichen, veränderte Weiß hier radikal den Stellungstyp, indem er 43 d5!? spielte. Schwarz kam nun mit 43...♘xd5? vom rechten Weg ab. Darauf antwortete Botwinnik 44 f4!, was er folgendermaßen erläuterte (wobei er zunächst auf die korrekte Spielweise hinwies, die – angefangen mit 43...♘xe2! 44 ♕xe2 ♕xh4 – zum schwarzen Sieg geführt hätte): „Der weiße Läufer erwacht wieder zum Leben, und alle seine Figuren spielen zusammen. Der schwarze Mehrbauer ist von geringer Bedeutung... Laut Capablanca spielen zwei Türme und ein Läufer besser zusammen als zwei Türme und ein Springer. Folglich ist Weiß nicht mehr in Gefahr." Allein in diesem Auszug findet sich eine Menge nützlicher Informationen. Wenn man in Anmerkungen wie dieser über jedes Wort nachdenkt, kann man zweifellos einiges lernen. Durch das Studium von Beispielen, die die grundsätzlichen Prinzipien des Spiels erläutern, kann ein Hobbyspieler in seiner Spielstärke einen entscheidenden Sprung machen! Übrigens gewann Weiß die obige Partie.

Von starken Spielern können wir immer etwas lernen: Am wichtigsten ist die Fähigkeit, selbständig zu denken – basierend auf der Grundlage tiefen und umfangreichen Wissens. Dies ist das Schwierigste, was man im Schach erlangen kann, aber auch das Wichtigste.

In der Computer-Ära des heutigen Schachs ist eine ganze Generation von Spielern aufgewachsen, die dem Studium von Eröffnungsvarianten mit Hilfe von Computern große Bedeutung zumessen, um einen theoretischen Vorteil zu erreichen. Doch obwohl Eröffnungskenntnisse natürlich wichtig sind, entscheiden sie nicht das Ergebnis der Partie. Nehmen wir an, dass ich aus der Eröffnung mit einer besseren, oder sogar deutlich besseren Stellung herauskomme – es kommt die Zeit, wenn es herauszufinden gilt, wie man danach weiterspielt. Wenn ich die Stellung nicht verstehe, wird es mir schwerfallen, das alleine herauszufinden. Wie ist es außerdem möglich, mit einer neuen Stellung umzugehen, mit der man nicht vertraut ist? In diesem Fall lässt sich auch die vorteilhafteste Stellung leicht in wenigen Zügen verderben.

Ich bin überzeugt, dass **die wichtigste Fähigkeit im Schach die des eigenständigen Denkens ist**. Entsprechend geht es in der Ausbildung eines Spielers vor allem um die Fähigkeit, sich selbst zu unterrichten. Das Lösen von Aufgaben spielt in dieser Entwicklung eine wichtige Rolle. Die für das Lösen der Aufgaben verwendete Zeit fördert nicht nur unsere Geschicklichkeit im Umgang mit den unterschiedlichsten Problemen, sondern hilft uns auch, den Lernprozess selbst zu überprüfen. Es ist so, als ob wir uns etwas vor Augen halten und es dann herumdrehen, um es von anderen Seiten zu betrachten. So können wir die Summe unseres Wissens in verschiedenen Bereichen vergrößern. Durch die Lösung der Aufgaben erlangt der Leser zusätzliches Wissen über alle in diesem Buch angesprochenen Themen, während er gleichzeitig trainiert, eigenständige Entscheidungen in unterschiedlichsten Stellungen zu treffen – und das ist es, was das Schachspiel in erster Linie ausmacht.

Ich würde sehr gerne (nicht nur diesem Buch, sondern auch dem vorigen und – so Gott will – denen, die ich in Zukunft schreiben werde) die folgenden Worte beifügen, die Garri Kasparow über *Schachmatnije Lektsii* (Petrosjan) schrieb:

„Dieses Buch ist weder ein Übungsbuch noch eine Einführung im traditionellen Sinn... Stattdessen erfüllt es eine andere, wichtigere Funktion, nämlich die, dem Leser beizubringen, wie man denkt, oder genauer gesagt, *wie es nötig ist zu denken*, da das eigene Denken im Schach nicht immer erfolgreich ist."

Valeri Beim
Wien, Österreich

1 Die Geometrie des Schachbretts

Das Aussehen des Schachbretts ist uns so vertraut, dass wir nur die darauf stehenden Figuren betrachten, und gar nicht über die Charakteristika des Brettes selbst nachdenken. Dennoch ist dieses Thema keinesfalls uninteressant, und eine nähere Betrachtung ist auch aus praktischen Gesichtspunkten wertvoll.

Das Brett hat eine geometrisch regelmäßige Form: ein Quadrat, das in vierundsechzig kleinere Quadrate unterteilt ist. Alle Figuren ziehen auf den Feldern des Brettes. Die Entfernungen auf dem Schachbrett werden nicht in Zentimetern oder Zoll gemessen, sondern in Feldern. In Zentimetern gemessen, ist die Entfernung von a1 nach h8 größer als die Entfernung von a1 nach a8. Doch da im Schach in Feldern gemessen wird, sind diese Entfernungen gleich und betragen in beiden Fällen sieben Felder.

Diese Merkmale erzeugen eine einzigartige Schachbrett-Geometrie. Diese besondere Geometrie hat einen großen ästhetischen Wert – nicht zufällig wird das Schachbrett auch im Kunsthandwerk gerne verarbeitet. Kombinationen, die auf sogenannten *geometrischen Motiven* beruhen, sind eindrucksvoll und ästhetisch ansprechend. Sehen wir uns zur Verdeutlichung einige Beispiele an:

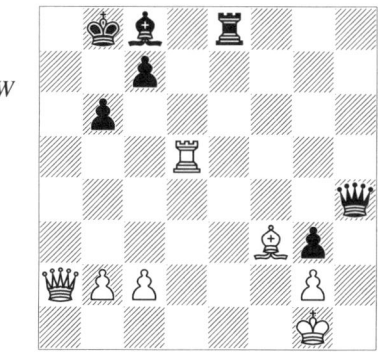

Dies ist natürlich ein sehr einfaches Beispiel. Schwarz droht auf diverse Arten Matt, aber Weiß ist am Zug. Die Partie wird durch eine einfache Kombination entschieden, die auf geometrischen Motiven beruht:

1 ♕a8+ ♔xa8 2 ♖a5++ ♔b8 3 ♖a8#

Hier sehen wir ein theoretisch wichtiges Turmendspiel und eine weitere typische, sehr einfache „Mini-Kombination":

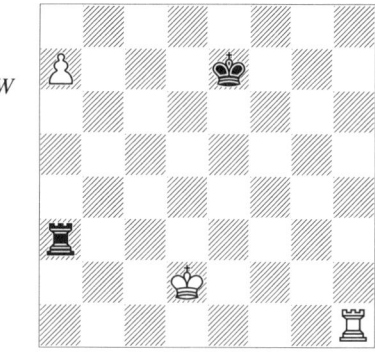

Schwarz plant, seinen König auf die dritte Reihe zu ziehen und den Bauern einzuheimsen, aber Weiß kommt dem zuvor:

1 ♖h8! ♖xa7 2 ♖h7+

Hier ist noch ein einfaches Beispiel, das die Vielfalt geometrischer Motive zeigt:

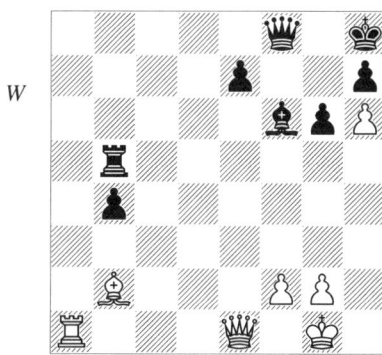

Weiß gewinnt durch ein Damenopfer, das die schwache Grundreihe des Schwarzen ausnützt:

1 ♕xe7! ♕xe7 2 ♖a8+

Nun ist es Zeit, uns *echte Werke* anzuschauen, die unser Thema betreffen. Den Anfang bilden zwei Studien des großartigen Studienkomponisten Henri Rinck. Die erste davon habe ich den Lesern meines Buches *Rezepte aus der Großmeisterküche* bereits vorgestellt. Doch diese Studie ist so hübsch, dass es nicht schadet, sie ein zweites Mal zu betrachten:

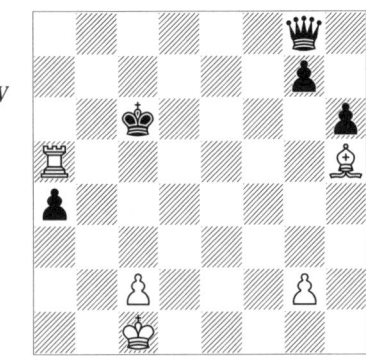

Weiß am Zug gewinnt
H. Rinck
Deutsche Schachzeitung, 1903

Mit Hilfe weniger, aber exzellent koordinierter Kräfte kann Weiß auf einem fast leeren Brett die schwarze Dame „herausfischen". Dabei macht er sich die der Position eigentümlichen geometrischen Merkmale zunutze.

1 ♖a8! ♕a2 2 ♖xa4! ♕g8 3 ♖a8! ♕h7 4 ♗g6!

Diese Studie ist einfach, aber sehr elegant.

Die folgende Studie, die auf einem ähnlichen Thema beruht, ist ein wenig komplizierter:

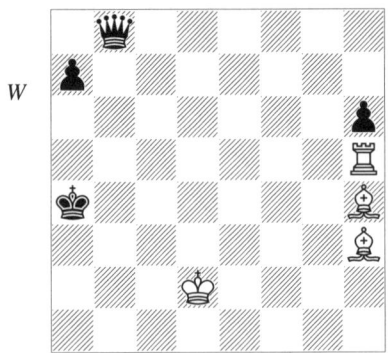

Weiß am Zug gewinnt
H. Rinck
El Noticiero, 1929

1 ♗d7+ ♔b4

Falls 1...♔a3, dann gewinnt 2 ♗e7+ ♔a2 3 ♖a5+ die Dame.

2 ♗e7+ ♔c4 3 ♗e6+ ♔d4 4 ♗f6+ ♔e4 5 ♔e2! ♔f4 6 ♖h4+ ♔g3 7 ♖g4+ ♔h2 8 ♔f2!! ♕b6+ 9 ♗d4 ♕xe6 10 ♖h4+ ♕h3 11 ♗e5+

Meiner Meinung nach illustriert die Ästhetik dieser Studie auch die dem Schachbrett innewohnenden künstlerischen Elemente.

Der eindrucksvolle und schöne Schlussangriff der folgenden Partie basiert ebenfalls auf geometrischen Motiven.

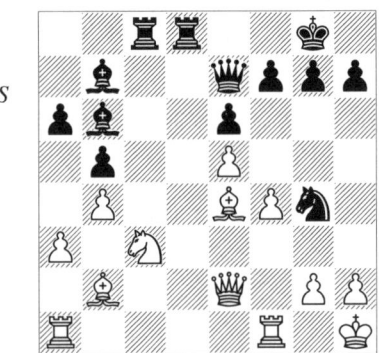

Rotlewi – Rubinstein
Lodz 1907/08

21...♕h4!

Tatsächlich ist es dieser Zug, der das doppelte Ausrufezeichen erhalten sollte, denn es ist deutlich, dass Schwarz hier, bevor er den Zug ausführte, bereits den ganzen Plan gesehen und berechnet hatte. Doch ist es traditionell üblich, Ausrufezeichen nicht in erster Linie für den Plan zu geben (so brillant er auch sein mag), sondern für die jeweiligen Züge in den entscheidenden Momenten. Wie dem auch sei – mit diesem Zug leitet Rubinstein seinen unsterblichen Angriff ein.

22 g3

Auch andere Varianten bieten keine Rettung: 22 h3 ♖xc3 23 ♗xc3 (oder 23 ♗xb7 ♖xh3+; 23 ♕xg4 ♖xh3+! 24 ♕xh3 ♕xh3+ 25 gxh3 ♗xe4+ 26 ♔h2 ♖d2+ 27 ♔g3 ♖g2+ 28 ♔h4 ♗d8+) 23...♗xe4 24 ♕xg4 (24 ♕xe4 ♕g3!) 24...♕xg4 25 hxg4 ♖d3 26 ♔h2 ♖xc3 27 ♖ac1 ♖c4!, und in diesem Endspiel sind die weißen Türme vollkommen hilflos.

22...♖xc3!! 23 gxh4

Auch 23 ♗xb7 ist hoffnungslos: 23...♖xg3 24 ♖f3 ♖xf3 25 ♗xf3 ♘f2+.
23...♖d2!! *(D)*

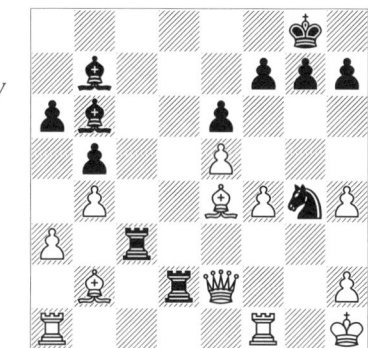

W

Ein Triumph des perfekten Zusammenspiels der schwarzen Figuren: Weiß hat keine Verteidigung. Ich möchte den Leser jedoch auf eine wichtige Tatsache hinweisen. Obgleich Weiß in dieser Stellung über einen enormen Materialvorteil verfügt (eine Dame für einen Springer), nahmen in dem Moment, als der Angriff im Zentrum und am Königsflügel begann, die beiden weißen Türme nicht am Kampfgeschehen teil. Daher lag der Materialvorteil in den entscheidenden Kampfregionen zu dieser Zeit bei Schwarz! Da es dieser Teil des Bretts war, in dem sich das entscheidende Aufeinandertreffen der Kräfte ereignete, gewann derjenige, der in diesen Spielabschnitten das Übergewicht besaß.

Technisch gesprochen, kommen alle Kombinationen durch eine zeitweilige Überlegenheit im entscheidenden Brettabschnitt zustande.

24 ♕xd2

Oder 24 ♕xg4 ♗xe4+; 24 ♗xc3 ♖xe2; 24 ♗xb7 ♖xe2.

24...♗xe4+ 25 ♕g2 ♖h3

Oder 25...♖c2.

0-1

Eine der faszinierendsten Partien der Schachgeschichte basiert ebenfalls auf geometrischen Motiven:

Morphy – Graf Isouard und der Herzog von Braunschweig
Paris 1858

1 e4 e5 2 ♘f3 d6 3 d4 ♗g4?

Das Fragezeichen hinter diesem Zug bezieht sich auf den objektiven Wert dieses Zuges, obwohl wir Morphys vornehme Gegner nicht verurteilen wollen (bzw. *den* Gegner – es ist nicht klar, ob Morphy gegen einen oder zwei sich beratende Spieler antrat). Stattdessen verdienen sie Respekt dafür, dass sie Schach gespielt haben, und vielleicht gar nicht so schlecht (man betrachte den siebten und achten Zug). Vor Morphy wusste die Mehrzahl der Spieler so gut wie nichts über die Prinzipien des Schachspiels. Die Bedeutung von Ideen wie Entwicklung oder Figurenkonzentration in den wichtigsten Bereichen des Spielgeschehens kommen in Morphys Partien sehr viel klarer zum Ausdruck. Ähnliches lässt sich über Capablanca sagen, der später die von Steinitz formulierten positionellen Prinzipien in einer Weise demonstrierte, die frischer, klarer, überzeugender und einfacher zu verstehen war.

4 dxe5 ♗xf3 5 ♕xf3 dxe5 6 ♗c4 ♘f6?

Tatsächlich ist dieser Zug ein ernsthafter Fehler, der sofort verliert. Auch 6...♕f6 ist schlecht wegen 7 ♕b3. Nötig war 6...♕d7.

7 ♕b3

Diese Drohung, die auf der Geometrie des Schachbretts basiert, gibt Weiß entscheidenden Vorteil.

7...♕e7

7...♕d7 hilft nicht: 8 ♕xb7 ♕c6 9 ♗b5.

8 ♘c3

Dies ist ein interessanter Moment. Es ist anzunehmen, dass Morphy gegen einen ernsthafteren Gegner 8 ♕xb7 bevorzugt hätte. (8 ♗xf7+ ist unklar wegen 8...♔xf7 9 ♕xb7 ♗c5 10 0-0 {10 ♕xa8 scheitert an 10...♗xf2+} 10...0-0 11 ♕xa8 c6). Hier hätte Weiß ein leicht gewonnenes Endspiel erreicht (um so mehr, wenn man die – insbesondere für die damalige Zeit – phantastische Endspielfertigkeit Morphys berücksichtigt). Der von Weiß gewählte Zug zielt darauf ab, zunächst eine Initiative zu entwickeln, um diese anschließend in einen Angriff umzumünzen. Solch eine damals – im Vergleich zu heute – recht selten anzutreffende Vorgehensweise war sehr charakteristisch für Morphys Schachphilosophie.

8...c6 9 ♗g5 b5 *(D)*

Diesen Zug müssen wir nicht im Detail diskutieren, da er Weiß Gelegenheit gibt, überwältigenden Druck aufzubauen. Aber es gibt keine echte Alternative, es sei denn, wir ziehen Möglichkeiten wie 9...♕c7 10 0-0-0 ♗c5 11 ♗xf7+ in Betracht.

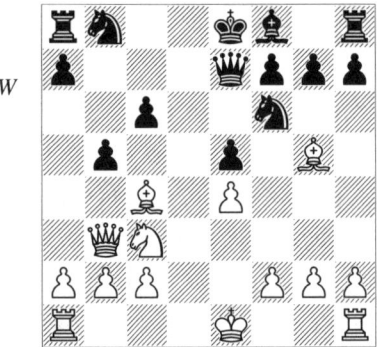

W

10 ♘xb5!

In einer solchen Stellung ist an einen Rückzug nicht zu denken. Unnötig zu sagen, dass Morphy eines der wichtigsten Prinzipien im Schach zu würdigen wusste: Nachdem man die Initiative ergriffen hat, ist es entscheidend, sie mit allen zur Verfügung stehenden Mitteln auszubauen – ohne Angst vor materiellen oder positionellen Einbußen. Heutzutage gilt dieses Konzept als Standard.

10...cxb5 11 ♗xb5+ ♘bd7 12 0-0-0 ♖d8 13 ♖xd7! *(D)*

S

Dieses Materialopfer führt in dem Brettabschnitt, wo das Geschehen stattfindet, zu einem Kräftevorteil für Weiß. Es ist fast so, als ob einer der schwarzen Springer vom Brett verschwunden wäre, während Weiß nach seinem nächsten Zug wie zuvor einen Turm auf d1 stehen hat. Mit anderen Worten hat Weiß einen tatsächlichen (wenn auch vorübergehenden) Materialvorteil. Dieses Paradox, das bereits weiter oben angesprochen wurde, macht einen wesentlichen Aspekt des Schachs aus. Es versteht sich von selbst, das es in solchen Situationen nötig ist, mit der größtmöglichen Energie zu agieren, um dem Gegner keine Zeit zur Mobilisierung seiner Kräfte zu lassen.

13...♖xd7 14 ♖d1 ♕e6 *(D)*

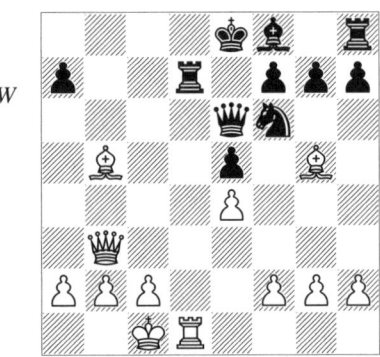

W

15 ♗xd7+!

Die Wahl zwischen diesem kraftvollen Zug und der anderen starken Fortsetzung – 15 ♕xe6+ fxe6 16 ♗xf6 – ist Geschmackssache. Die Stellung ist zu einfach, um eine ernsthafte Diskussion über diese Wahl zu erlauben, aber in einer komplizierteren Stellung könnte eine solche Frage bedeutsam sein.

15...♘xd7 16 ♕b8+! ♘xb8 17 ♖d8# (1-0)

Wir schauen uns nun zwei Beispiele an, in denen die geometrische Koordination der Figuren zerstört wurde. Wie so oft, sind diese Beispiele selbst ein Beweis für die Existenz geometrischer Muster im Schach, gemäß der Redewendung „Wenn es nicht existiert, muss ich es zerstört haben!"

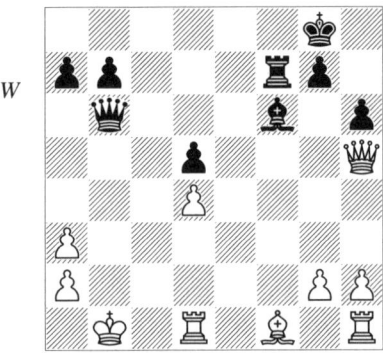

W

Pillsbury – Lasker
St. Petersburg 1895/96

Diese Partie wurde von Garri Kasparow hervorragend und detailliert für ChessBase kommentiert. Es wäre eine Sünde, eine solche Hilfe zu verschmähen!
21 ♗b5!
Dies ist der einzige Zug, der nicht sofort verliert. Weiß zerstört die Koordination der schwarzen Figuren. Schlecht ist sowohl 21 ♔a1 ♗xd4+ 22 ♖xd4 ♕xd4+ 23 ♔b1 ♕e4+ 24 ♔a1 ♖f2 als auch 21 ♔c2 ♖c7+ 22 ♔d2 ♕xd4+ 23 ♔e1 (23 ♗d3 ♖c2+!!) 23...♕c3+ 24 ♔e2 ♕c2+ 25 ♖d2 (25 ♔e3 ♗g5+) 25...♕e4+ 26 ♔f2 ♗d4+ 27 ♔g3 ♖c3+ (Kasparow). In der Partie kam Schwarz nun – durch Zeitnot und „Szenenwechsel" aus dem Gleichgewicht gebracht – vom rechten Weg ab.
21...♕xb5+ 22 ♔a1 ♖c7?
Korrekt war 22...♕c4 23 ♕g4 ♖e7!, wie Kasparow bestätigt.

Der Textzug gab Weiß eine echte Chance, die Partie zu retten. Allerdings nahm er sie nicht wahr, aber das ist eine andere Geschichte.

Ein ähnlicher Fall ereignete sich viele Jahre später:

Taimanow – Larsen
Vinkovci 1970

Für den geopferten Turm hat Weiß einen gefährlichen Angriff, aber eine uns bereits bekannte Rettungsressource kommt Schwarz zu Hilfe:
23...♗g4!!
23...♔h8? verliert nach 24 ♕xe5+ ♔g8 25 ♕xe6+ ♔h8 26 ♕e5+ ♔g8 27 ♖c3.
Nach dem Textzug ist Weiß im Nachteil.
24 ♕xg4+ ♔h8 25 ♘g5

Ebenfalls keine Rettung bietet 25 ♘c3 e4 26 ♕g5 ♕c7 27 ♕xd5 ♖ae8 mit entscheidendem schwarzen Vorteil.
25...♕d2
Schwarz besitzt sowohl Materialvorteil als auch die Initiative, und er gewann bald.

Wenden wir uns nun dem Thema der *Schacharithmetik* zu, die ebenfalls auf den weiter oben erläuterten Regeln der Schachgeometrie beruht.

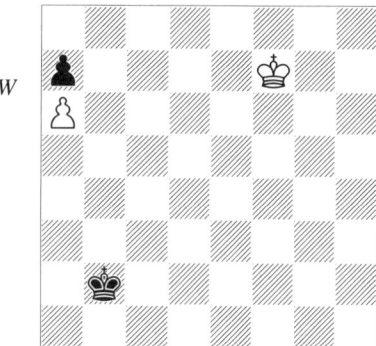

Schlage – Ahues
Berlin 1921

In dieser Stellung ist der Sachverhalt eindeutig: Um den schwarzen Bauern zu erreichen, muss Weiß vier Züge machen. Der schwarze König braucht ebenfalls vier Züge, um das Feld b6 zu erreichen, von wo aus er den Bauern verteidigen kann. Wenn Weiß am Zug ist, kann er auf einfache Weise seinen Plan ausführen und den gegnerischen stoppen. Indem er b7 besetzt, hindert Weiß den schwarzen König (der dann auf b5 oder c5 steht) daran, b6 zu erreichen (was wir auch als „Abdrängung" bezeichnen). Was muss Schwarz also in dieser Stellung tun? Die Antwort ist leicht: Wenn er seinen Bauern nicht direkt decken kann, muss er dessen Verlust akzeptieren (schließlich spielen wir kein Bauernspiel, sondern Schach!). Also muss er mit seinem König nach c7 oder c8 laufen, um den König auf der a-Linie einzusperren. Wie sieht diese Schlussfolgerung nun in Zügen auf dem Schachbrett aus? (Manchem mögen alle diese Details unnötig erscheinen, aber am besten ist eine vollständige Erklärung.) Zum Beispiel ist die Partie nach 1 ♔e7 ♔b3 2 ♔d7 ♔b4 3 ♔c7 ♔c5! 4 ♔b7 ♔d6 5 ♔xa7 ♔c7 remis. Überzeugt? Ich bezweifle es. Angesichts des gesunden schwarzen Verteidigungsplans reagierte Weiß viel zu primitiv und phantasielos. Versuchen wir es noch einmal: 1 ♔e7 ♚b3 2 ♔d7 ♚b4 3 ♔c6! ♚c4 4 ♔b7 ♚c5 5 ♔xa7, und der schwarze König schafft es nicht, c7 zu erreichen.

In dieser Variante drängte der akkurate dritte Zug des Weißen den gegnerischen König vom kürzesten Weg zu seinem Ziel ab. Im dritten Zug „trat Schwarz auf der Stelle" (3...♚c4 statt 3...♚c5). In der Zwischenzeit verlor der weiße König keine Zeit, und das war entscheidend.

Hier haben wir zu guter Letzt gesehen, wie Geometrie und Arithmetik des Schachs sich tatsächlich auf dem Schachbrett auswirken.

Doch das ist noch nicht alles! Durch eine logische Schlussfolgerung aus den obigen Beobachtungen, kann Schwarz den korrekten Weg für seinen König finden: b2-c3-d4-c5-d6-c7!

Was ist an dieser Marschroute auffällig? Der korrekte Weg erfolgt *entlang der Diagonalen*. Wie bereits erwähnt, ist der diagonale Weg in Zentimetern gemessen länger als der gerade, aber auf dem Schachbrett werden beide Entfernungen mit der gleichen Anzahl von Zügen zurückgelegt. Wenn Weiß allerdings die schlaue Idee seines Gegners durchschaut und die eigenen Möglichkeiten überdenkt, kann er seine Chancen verbessern, indem er nämlich einen entsprechenden diagonalen Weg geht: f7-e6-d5-c6-b7!

Überprüfen wir das:
1 ♔e6 ♚c3 2 ♔d5! *(D)*

Dies ist der Moment der Wahrheit – indem er seinen Gegenspieler *abdrängt*, sichert der weiße König den Gewinn! In der Partie spielte Weiß 2 ♔d6? und erreichte nach 2...♚d4! 3 ♔c6 ♚e5! nur Remis.

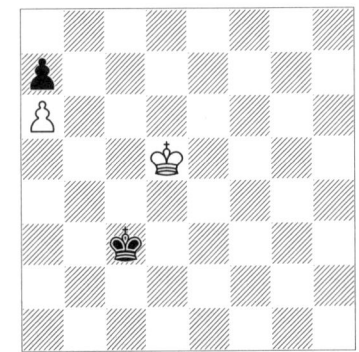

2...♚d3
2...♚b4 ändert nichts.
3 ♔c6 ♚d4 4 ♔b7 ♚c5 5 ♔xa7
Der Tempoverlust im zweiten Zug besiegelt das Schicksal des Schwarzen.

Wir betrachten nun einige weitere Beispiele, die sich die Besonderheiten der Schachgeometrie zunutze machen.

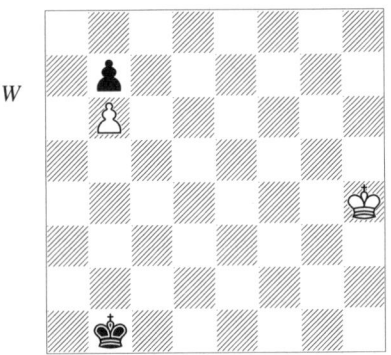

Weiß am Zug gewinnt
N. Grigoriew
Schachmatni Listok, 1931

In diesem Fall steht Weiß nicht so gut wie im vorigen Beispiel. Das liegt daran, dass sein König einen Zug weiter von c7 entfernt ist als der schwarze König von b5. Zum Beispiel wäre die folgende einfache Variante möglich: 1 ♔g5 ♚b2 2 ♔f6 ♚b3 3 ♔e7 ♚b4 4 ♔d7 ♚b5 5 ♔c7 ♚a6 *(D)*.

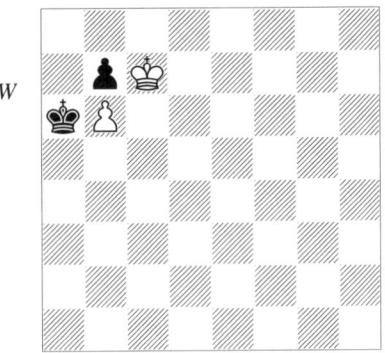

Die entstandene Stellung ist in der Theorie der Bauernendspiele wohlbekannt als Stellung mit gegenseitigem Zugzwang: Wer am Zug ist, verliert. Weiß hat nur eine Möglichkeit, das zu vermeiden. Zunächst muss er den Bauern als verloren abschreiben. Während Schwarz ihn abholt, muss er sich dem Feld b4 nähern, und es besetzen, sobald der schwarze König den Bauern nimmt. Damit entsteht eine Stellung, in der Weiß die Opposition besitzt, und mit Schwarz am Zug ist die Stellung remis. Der Rettungsplan ist klar: Man muss nur noch den Weg finden, ihn zu realisieren.

Hier ist ein wichtiger Punkt: *Wenn Weiß an eine passive Verteidigung gebunden ist, muss er zunächst herausfinden, was Schwarz beabsichtigt. Als Antwort muss er einen Weg finden, die Ausführung des schwarzen Planes zu verhindern.*

Was also ist die schwarze Absicht? Mit der Erfahrung des letzten Beispiels ist es offensichtlich, dass Schwarz versuchen wird, *zwei Ziele auf einmal zu erreichen – seinen eigenen Plan zu verwirklichen und den seines Gegners zu unterbinden.* Die Mittel zu diesem Zweck sind uns ebenfalls bekannt: Indem er die Besonderheiten der Schachgeometrie ausnutzt, muss Schwarz sich diagonal bewegen, um den gegnerischen König auf ungünstigere Felder abzudrängen. Also muss Weiß einen Weg finden, sein Ziel zu erreichen, ohne mit dem schwarzen König zu kollidieren – eine ziemlich weite Reise. In Schachzügen ausgedrückt, bedeutet das:

1 ♔g3! ♔c2 2 ♔f2! (D)

Aber nicht 2 ♔f3?? ♔d3, und Weiß muss einen Zug verschwenden, womit er ein wichtiges Tempo verliert. Das gleiche Schicksal hätte ihn ereilt, wenn er im ersten Zug nach g4 statt nach g3 gegangen wäre.

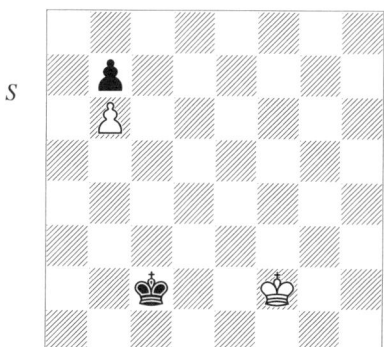

2...♔d3 3 ♔e1! ♔d4 4 ♔d2 ♔c5 5 ♔c3 ♔c6

Hinterlistig versucht Schwarz, den Weißen in Zugzwang zu locken.

6 ♔c4!

Nichts dergleichen!

6...♔xb6 7 ♔b4

Die Mission des Königs ist erfüllt: Die Partie ist remis.

Hier ist ein weiteres schönes und originelles Beispiel:

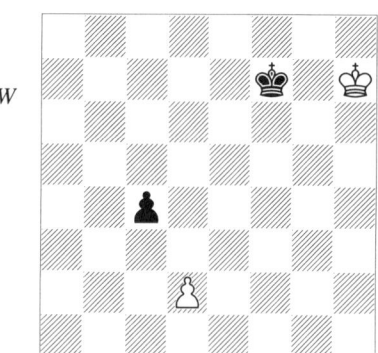

Weiß am Zug remisiert
J. Moravec
Ceskoslovensky Sach, 1952

Offensichtlich passen Logik und Arithmetik nicht immer zusammen – zumindest im Schach. Es ist klar, dass der schwarze Angriffsplan weiter fortgeschritten ist als der weiße Verteidigungsplan. Das einzige, was den Weißen retten könnte, ist ein Gegenangriff auf den Bauern c4. Doch sein König kann die h-Linie nicht verlassen, und der schwarze König wird ihn nicht entkommen lassen, während er sich selbst entlang der f-Linie dem Bauern nähert. Manchmal erweist es sich, dass der kürzeste Weg zum Ziel mit einem Schritt rückwärts beginnt!

1 ♔h8! ♔f6 2 ♔g8 ♔e5 3 ♔f7 ♔d4 4 ♔e6 ♔d3 5 ♔d5

Ich möchte Ihre Aufmerksamkeit auf die Tatsache lenken, dass der Tempoverlust Weiß die Möglichkeit gab, den König auf die Diagonale a2-g8 zu bringen!

Die folgende, sehr berühmte Studie *(siehe nächstes Diagramm)*, die bei ihrem ersten Erscheinen eine Sensation auslöste, ist ebenso kraftvoll wie paradox. Dennoch sollte es uns nicht schwerfallen, sie zu verstehen.

Die Aufgabe erscheint ganz unglaublich: Wie ist es möglich, dass Weiß remisiert?

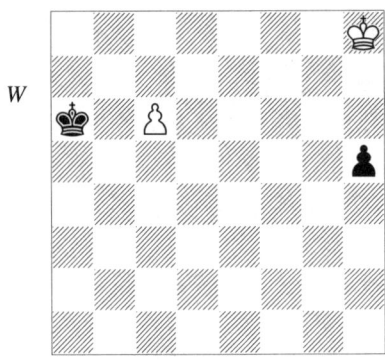

Weiß am Zug remisiert
R. Réti
Kagans Neueste Schachnachrichten, 1921

Doch da wir nun sowohl mit dem Prinzip der *Verfolgung zweier Ziele* als auch mit dem *Geheimnis der Diagonale* vertraut sind, sollten wir in der Lage sein, die Lösung zu finden: Der weiße König verfolgt den gegnerischen Bauern, während er gleichzeitig versucht, seinen eigenen zu unterstützen.

1 ♔g7! h4 2 ♔f6! ♔b6

Oder 2...h3 3 ♔e7 h2 4 c7 und beide Bauern erreichen das Umwandlungsfeld.

3 ♔e5! h3 4 ♔d6 h2 5 c7

Wir werden nun einige kompliziertere Beispiele betrachten, die ebenfalls auf den Besonderheiten der Schachgeometrie aufbauen:

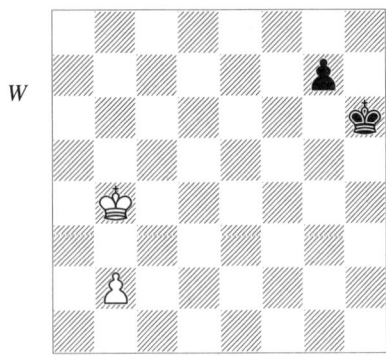

Weiß am Zug gewinnt
O. Duras
Narodni Listy, 1905

Diese Studie ist recht bedeutsam für die Theorie und Praxis der Bauernendspiele.

1 ♔c5!

Dieser Zug erfüllt zwei Funktionen. Erstens hindert er den schwarzen König daran, den weißen Bauern zu erreichen, zweitens nimmt er selbst den gegnerischen Freibauern ins Auge. Wieder handelt es sich um einen „Diagonalzug", aber diesmal ist das eher zufällig – auch mit dem König auf b5 wäre der gleiche Zug richtig. Als generelle Regel sollte das *Prinzip der Diagonalbewegung*, das von mir formuliert und aufgestellt wurde, nie als Dogma verstanden werden, da alles von der spezifischen Aufstellung der Figuren und Bauern abhängt. (*Ich behaupte nicht, dass ich in der Schachliteratur der Erste bin, der dies entdeckt hat, aber zumindest bin ich noch nie auf eine so klare Formulierung dieses für die Praxis äußerst wertvollen Prinzips gestoßen.*) Kurz gesagt, stellt sich das Prinzip oft als richtig heraus, aber häufiger hilft es uns, die richtige Lösung zu finden. Mit anderen Worten weist es uns die richtige Richtung. Das trifft übrigens mehr oder weniger auf alle Denksysteme zu.

1...g5

Instruktiv gewinnt Weiß nach 1...♔g6 2 b4 ♔f7 3 b5 ♔e7 4 ♔c6! ♔d8 5 ♔b7 g5 6 ♔a7 g4 7 b6 g3 8 b7.

2 b4 g4 3 ♔d4 ♔g5 4 b5 g3 5 ♔e3 ♔g4 6 b6 ♔h3

Oder 6...g2 7 ♔f2 ♔h3 8 ♔g1.

7 b7 g2 8 ♔f2!

Dieser Zug ist die Pointe des weißen Spiels: Nun muss der schwarze König ins Schach ziehen.

8...♔h2 9 b8♕+

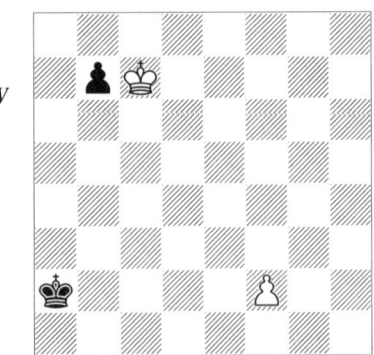

Weiß am Zug gewinnt
A. Mandler
Narodnoje Obrasowanje, 1938

Die Ausgangsstellung dieser Studie sieht völlig normal aus. Die Lösung zeigt sich als nicht weniger paradox und sicherlich nicht weniger komplex als die berühmte Réti-Studie, die wir bereits kennen. Die Hauptschwierigkeit liegt darin, den ersten Zug zu finden:

1 ♔d6!!

Sie werden zugeben, dass es schwer ist, den Sinn hinter diesem äußerst paradoxen Zug zu verstehen, oder ihn gar eigenständig zu finden. Doch wenn man mit dem Phänomen des „resultierenden Zugs" vertraut ist, das ich in *Rezepte aus der Großmeisterküche* erläutert habe, sollte man in der Lage sein, dieses Problem zu lösen. Tatsächlich ist der richtige Zug hier alles andere als offensichtlich. Er kommt nur in Betracht, nachdem man die Nachteile der anderen, nahe liegenden Möglichkeiten verstanden hat. In diesem Fall ist folgende, auf der Hand liegende Variante zu verbessern: 1 ♔xb7 b3 2 ♔c6 ♔c4 3 ♔d6 ♔d4 4 ♔e6 ♔e4 mit Remis.

1...♔a3!?

Das ist die hartnäckigste Fortsetzung des Schwarzen, da nach 1...b5 2 ♔c5 ♔b3 3 ♔xb5 ♔c3 4 ♔c5 ♔d3 5 ♔d5 der Sinn des ersten weißen Zugs deutlich wird.

2 ♔c5!

Durch die diagonale Marschroute des Königs hat Weiß zwei Ziele erreicht.

2...♔a4 3 f4 b5 4 f5 b4 5 ♔c4 b3 6 ♔c3 ♔a3 7 f6 b2 8 f7 b1♕

Schwarz schafft es sogar, seinen Bauern zuerst zu verwandeln, aber die unglückliche Stellung des Königs macht alles kaputt:

9 f8♕+ ♔a4 *(D)*

Oder 9...♔a2 10 ♕a8#.

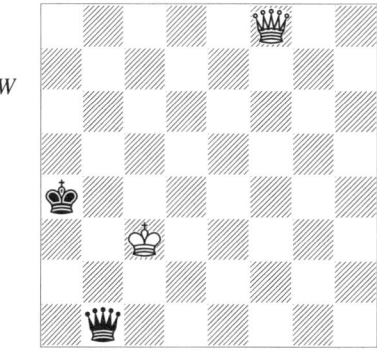

10 ♕a8+ ♔b5 11 ♕b7+

Durch einen Spieß verliert Schwarz die Dame.

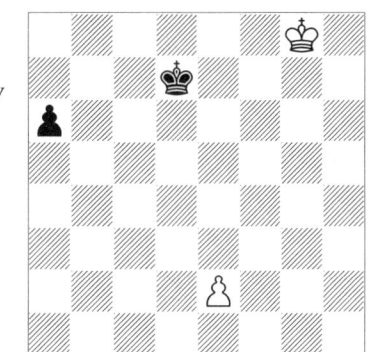

Weiß am Zug remisiert
J. Moravec
Ceskoslovensky Sach, 1952

In dieser auf den ersten Blick sehr simplen Studie können wir zwei für Bauernendspiele sehr wichtige Ideen finden. Zunächst ist das weiße Spiel einfach und offensichtlich:

1 ♔f7 ♔d6 2 ♔f6 ♔d5 3 ♔f5 a5 4 e4+ *(D)*

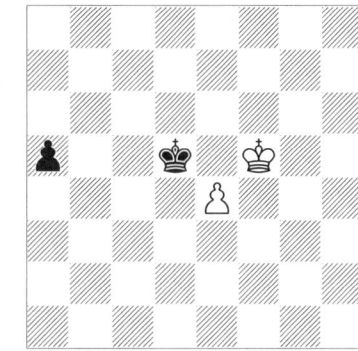

Schwarz wendet nun eine typische Methode an, um ein wichtiges Tempo zu gewinnen:

4...♔c6!

Um sich zu überzeugen, dass der gewählte Zug tatsächlich der stärkste ist, lohnt es sich, die anderen Möglichkeiten zu untersuchen:

a) 4...♔d6 5 ♔f6 ♔d7 6 ♔f7, und Schwarz hat nichts Besseres, als mit 6...♔d6 7 ♔f6 die Züge zu wiederholen.

b) Nach 4...♔c5 5 e5 a4 6 e6 ♔d6 7 ♔f6 a3 8 e7 zieht Weiß zuerst ein.

Es lohnt sich, ein wenig über diesen Punkt nachzudenken, und wir können einige nützliche Beobachtungen hinzufügen. Die Stellung ist offensichtlich sehr einfach, aber selbst in solchen Stellungen sollte man keine Gelegenheit auslassen, den Gegner vor weitere Probleme zu stellen. Denn was ist eine Schachpartie eigentlich? Zu Anfang ist die Lage so gut wie ausgeglichen, und am Ende steht eine Seite oft völlig überlegen – nämlich die Seite, die es schaffte, den Gegner zu Fehlern zu verleiten. Wenn Sie Ihren Gegner vor Probleme stellen können, tun Sie es – wie einfach zu parieren diese auch scheinen mögen! Wenn zehn einfache Drohungen hintereinander auftauchen, kann ihre gemeinsame Wirkung recht nachdrücklich sein! Wie dem auch sei, lassen Sie uns zum Partieverlauf zurückkehren.

5 e5 a4 6 e6 a3 *(D)*

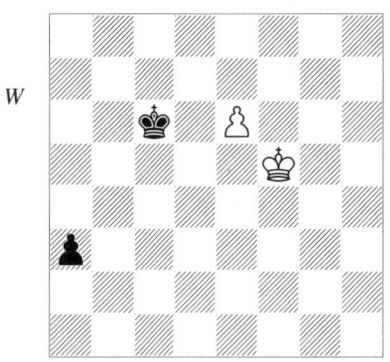

7 ♔g6!

Das ist der Rettungszug des Weißen: Der König unterstützt den Bauern und vermeidet das Feld f6, wo er einem Schachgebot ausgeliefert wäre. Nun ist die Partie remis.

Aufgaben

Ich werde dem Leser nun eine Reihe von Übungsaufgaben stellen. Natürlich ist es ganz und gar Ihre Sache, ob Sie sich mit diesen Aufgaben auseinandersetzen wollen. Für mich steht außer Zweifel, dass die fundamentalen Fähigkeiten, die man braucht, um mit den Geschehnissen auf dem Brett zurecht zu kommen, nur durch wiederholte Übungen ähnlicher Themen erworben werden können. Im Idealfall sollte man solche Übungen durcharbeiten, bis man an den Punkt kommt, wo ihre Lösung automatisch erfolgt. Das ist etwas, was nur durch regelmäßiges und zielgerichtetes Training zu erreichen ist.

Lösungen auf Seite 141.

1
W

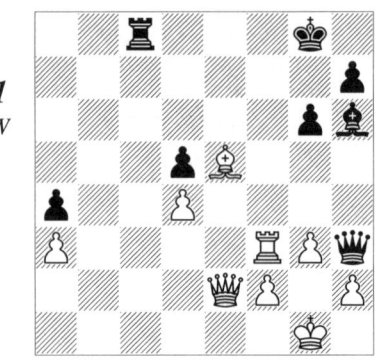

2
W

3
W

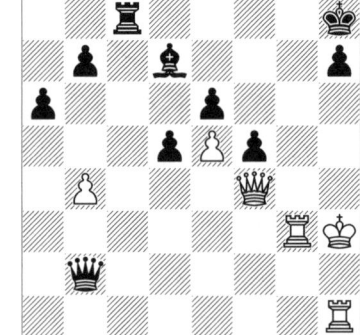

4
W

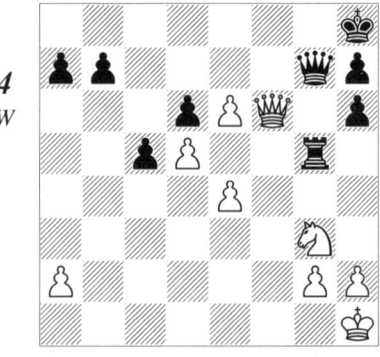

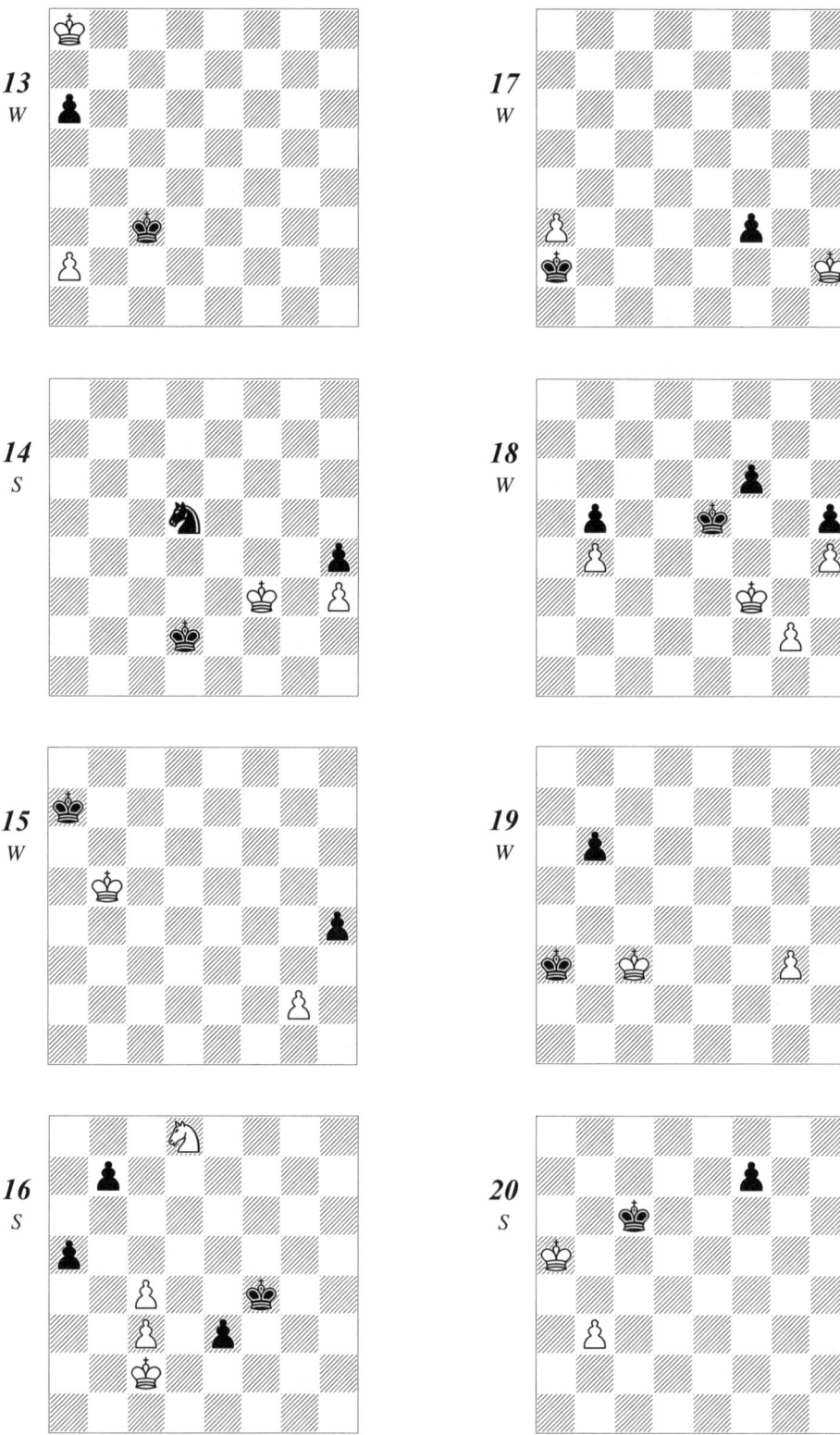

2 Die Schwerfiguren

Im Schach hat jeder Stellungstyp seine spezifischen Besonderheiten, die ihrerseits eine eigene, jeweils angemessene Spielweise erfordern. In diesem und in den folgenden Kapiteln werden wir die wichtigsten Stellungstypen untersuchen – anhand verschiedener Charakteristika wie Bauernstruktur, Materialverteilung etc.

Dabei ist zu beachten, dass es bei der Betrachtung dieser Themen grundsätzlich nicht so sehr darum geht, dass die jeweiligen Merkmale auf dem Brett vorhanden sind (nehmen wir zum Beispiel das Läuferpaar: Ihr Vorhandensein auf dem Brett ist nicht das Entscheidende – in Kapitel 7, „Das Läuferpaar" werden wir andere Aspekte dieses Themas betrachten). Stattdessen geht es uns um den Einfluss, den diese Merkmale auf den Gang der Ereignisse haben.

Wenn sich allerdings ein für uns interessantes Thema wie das Gleichgewicht der Kräfte auf dem Brett als unklar erweist, dann ist dies ein wichtiges Stellungsmerkmal – und mithin ein praktisch relevantes Thema, das wir entsprechend untersuchen werden.

In diesem Kapitel geht es uns um die charakteristische Spielweise in Stellungen, wo nur Türme und Damen auf dem Brett sind. Manchmal sind zusätzlich auch Leichtfiguren vorhanden, die dann jedoch nur eine nebensächliche Rolle spielen, wie etwa in folgendem Beispiel:

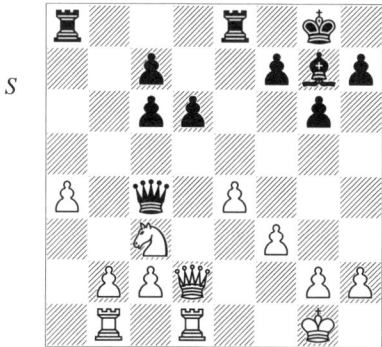

Nimzowitsch – Capablanca
St. Petersburg 1914

Schwarz hat eine äußerst angenehme Stellung. Sein Läufer ist deutlich stärker als der weiße Springer (der außerdem angegriffen ist), seine Figuren kontrollieren alle zentralen Felder, und die a- und b-Linie können von den schwarzen Türmen in Besitz genommen werden. Dagegen sind die weißen Türme weit davon entfernt, aktives Spiel zu entfalten. Unter diesen Umständen brauchen wir Varianten wie 22...♗xc3 23 ♕xc3 ♕xc3 24 bxc3 ♖xa4 25 ♖b7 gar nicht in Betracht zu ziehen, was fast den gesamten schwarzen Vorteil aufgeben würde. Eine deutlich stärkere Möglichkeit besteht darin, den bereits bestehenden Druck der schwarzen Figuren zu verstärken. Daher spielte Capablanca:

22...♖eb8!

Die weiße Verteidigung ist schwierig, und so unterläuft Weiß der entscheidende Fehler.

23 ♕e3?

Laut Kasparow bot nur die Variante 23 ♕d3 ♕c5+ 24 ♔h1 ♖b4 25 ♘e2 Verteidigungschancen, obwohl Schwarz auch hier unbestreitbaren Vorteil behält. Nun kommen die schwarzen Türme über die b-Linie ins Spiel, was zu einem schnellen Ende führt.

23...♖b4! 24 ♕g5 ♗d4+

Dieses Schach dient dazu, den weißen König in die Ecke zu treiben, wonach die schwarzen Türme ihren Druck verstärken und die Partie entscheiden.

25 ♔h1 ♖ab8 *(D)*

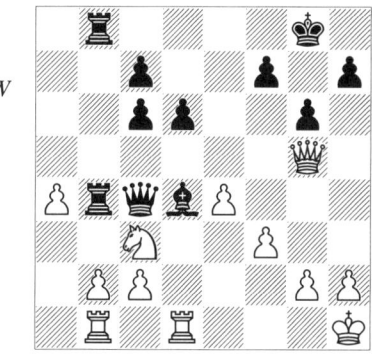

26 ℤxd4

Erzwungen – auch nach 26 ℤbc1 ℤxb2 hat Weiß es nicht leichter.

26...♕xd4 27 ℤd1 ♕c4 28 h4 ℤxb2 29 ♕d2 ♕c5

Der nächste Zug des Weißen beschleunigt die Niederlage, aber die Stellung ist sowieso verloren.

30 ℤe1? *(D)*

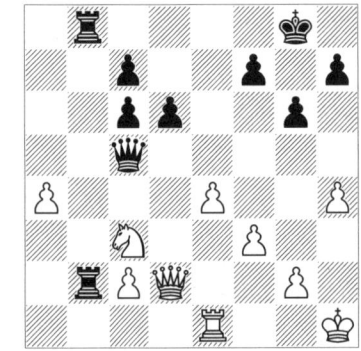

30...♕h5! 31 ℤa1

Der Bauer ist nicht zu decken – auf 31 ♕f2 folgt 31...ℤxc2!. Doch es fällt schwer, eine andere sinnvolle Fortsetzung zu finden.

31...♕xh4+ 32 ♔g1 ♕h5 33 a5 ℤa8 34 a6 ♕c5+ 35 ♔h1 ♕c4 36 a7 ♕c5 37 e5 ♕xe5 38 ℤa4 ♕h5+ 39 ♔g1 ♕c5+ 40 ♔h2 d5 41 ℤh4 ℤxa7 42 ♘d1 0-1

Allgemein gesagt, hatte Nimzowitsch gegen Capablanca einen schweren Stand. Vor dem Verlust seines Weltmeistertitels gewann Capablanca alle fünf Partien, in denen er gegen Nimzowitsch Schwarz hatte. Von den Weißpartien endeten zwei remis. Es ist bemerkenswert, dass drei der fünf Gewinnpartien für unser aktuelles Thema relevant sind!

Nimzowitsch – Capablanca
New York 1927

1 c4 ♘f6 2 ♘f3 e6 3 d4 d5 4 e3 ♗e7 5 ♘bd2 0-0 6 ♗d3 c5 7 dxc5?!

Weiß hat die Eröffnung anspruchslos gespielt und hofft, ein einfaches Remis ohne irgendwelche Komplikationen zu erreichen. Das ist eine zweifelhafte Strategie, denn gegen einen stärkeren Gegner ist es alles andere als wünschenswert, diesem ein einfaches, problemloses Spiel zu geben. Im Bewusstsein des Spielstärkenunterschieds sowie der risikolosen Stellung, wird der stärkere Spieler den Gegner nur zu gerne unter Druck zu setzen und nach Möglichkeiten suchen, die Partie zu gewinnen. Der letzte Zug des Weißen ist bereits eine Ungenauigkeit, da man natürlich der gegnerischen Entwicklung keinen Vorschub leisten sollte. Stattdessen sollte Weiß 7 b3 spielen.

7...♘a6 8 0-0?! *(D)*

Laut Aljechin ist dieser Zug ungenau. Stattdessen empfiehlt er 8 ♘b3, und gibt 8...dxc4 9 ♗xc4 ♕xd1+ 10 ♔xd1 ♘xc5 11 ♘xc5 ♗xc5 12 ♔e2 mit Ausgleich an. Allerdings kann Schwarz nach 8...♘xc5 9 ♘xc5 ♗xc5 10 cxd5 ♕xd5 11 0-0 b6 um Vorteil kämpfen.

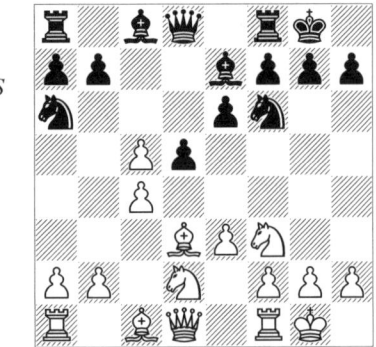

8...♘xc5 9 ♗e2 b6 10 cxd5?!

Alles, was über den 7. Zug von Weiß gesagt wurde, trifft auch auf diesen zu. Entsprechend ist 10 b3 wiederum besser.

10...♘xd5 11 ♘b3 ♗b7 12 ♘xc5 ♗xc5 13 ♕a4 ♕f6 14 ♗a6 ♗xa6 15 ♕xa6 ♘b4

Aljechin kritisierte diesen Zug und schlug stattdessen 15...ℤfd8 vor. Capablanca dagegen hielt seine eigene Entscheidung für korrekt. Es ist interessant zu bemerken, dass sogar eine vergleichsweise einfache und klare Stellung wie diese Anlass zur Meinungsverschiedenheit zwischen zwei Schachtitanen sein kann. Ich persönlich halte aber Capablancas Einschätzung für richtiger. In jedem Fall steht der schwarze Vorteil außer Zweifel.

16 ♕e2 ℤfd8 17 a3 ♘d3 18 ♘e1 ♘xe1

Genau so muss Schwarz spielen. Das Schlagen auf c1 wäre fehlerhaft, da es die weiße Entwicklung erleichtert und zu gleichem Spiel führt. Doch nun gelingt es Capablanca, die Initiative zu ergreifen, während Weiß immer noch in der Entwicklung nachhinkt. Dabei sind auch die Schwächen der Bauernstruktur und der weißen Felder am Damenflügel relevant.

19 ♖xe1 ♖ac8 20 ♖b1 (D)

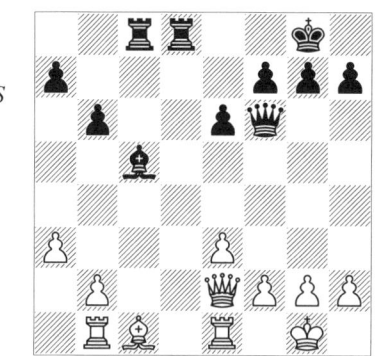

20...♕e5!

Mit dem starken Manöver, das durch diesen Zug eingeleitet wird, sichert sich Schwarz Vorteil.

21 g3

Der beste Zug. Wie Aljechin demonstrierte, ist Weiß sowohl nach 21 b4 ♗d6 22 g3 ♕e4 als auch nach 21 ♗d2 ♗d6 22 g3 ♖c2 23 ♕d3 ♖xb2 24 ♗c3 ♖xb1 25 ♗xe5 ♖e1+ im Nachteil.

21...♕d5! 22 b4 ♗f8! (D)

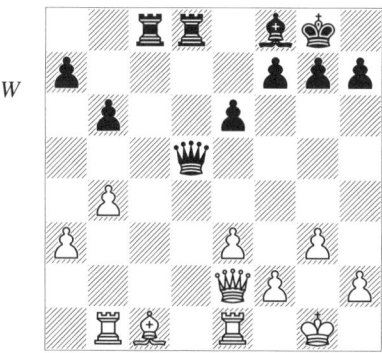

Dieser „bescheidene" Zug ist ein wichtiges Detail des schwarzen Plans. Der Läufer verteidigt die Grundreihe, womit er den Schwerfiguren diese Aufgabe abnimmt. Darüber hinaus kann der Läufer in Zukunft selbst auf der Diagonale a3-f8 aktiv werden.

23 ♗b2 ♕a2! 24 ♖a1?!

Laut Aljechin war 24 ♖bd1 notwendig. Das ist keinesfalls zu bestreiten, obwohl Schwarz auch hier mit 24...♕b3 Vorteil behält.

24...♕b3 25 ♗d4?

Entweder unterschätzt Weiß die Aktivität der schwarzen Figuren, oder es handelt sich – was wahrscheinlicher ist – um ein Übersehen. Notwendig war 25 ♖ac1, obwohl Schwarz nach 25...♖xc1 26 ♖xc1 a5 eine unangenehme Initiative am Damenflügel besitzt.

25...♖c2 26 ♕a6 (D)

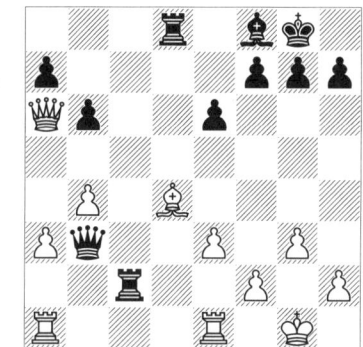

26...e5!

Ein ebenso natürlicher wie wirkungsvoller Zug. Die Türme werden verbunden, und das Zusammenspiel der Schwerfiguren entfaltet kraftvolle Wirkung.

27 ♗xe5 ♖dd2 28 ♕b7

Leider scheitert 28 ♖f1 an 28...♖xe3! 29 ♗f4 ♖xf2!. Vermutlich war es dieser Einschlag auf f2, den Nimzowitsch bei seinem 25. Zug übersehen hatte. Capablanca zeigte, dass auch 28 ♕f1 die Partie nicht rettet: 28...♕d5 29 ♗d4 ♕h5!.

28...♖xf2 29 g4 ♕e6 30 ♗g3 (D)

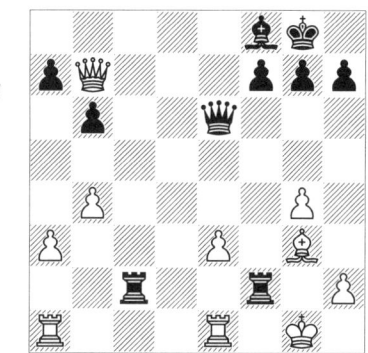

In der vorigen Partie demonstrierte Capablanca die geballte Kraft der Türme, die vertikal, d. h. auf einer Linie eingesetzt wurden. In dieser Partie erfolgt das erfolgreiche Zusammenspiel seiner Türme horizontal, und noch dazu auf der siebten Reihe!

30...♖xh2

Bevor er seinen Weltmeistertitel verlor, ging Capablanca in Gewinnstellungen immer mit der größten Genauigkeit vor. Ich möchte unterstreichen, dass diese äußerst wichtige Fähigkeit am besten aus den Partien der großen Meister zu lernen ist! Nach 30...♕xg4 31 ♖f1 könnte Weiß noch geringe Hoffnungen hegen.

31 ♕f3

Oder 31 ♗xh2 ♕xg4+ 32 ♔h1 ♕h3.

31...♖hg2+ 32 ♕xg2 ♖xg2+ 33 ♔xg2 ♕xg4 34 ♖ad1 h5 35 ♖d4 ♕g5 36 ♔h2 *(D)*

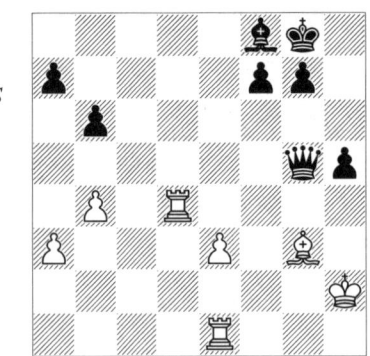

36...a5!

Weiß hat große Schwierigkeiten, seinen Königsflügel zusammenzuhalten, daher ist er gegen einen Schlag aus der anderen Richtung machtlos. Dies ist ein typisches Beispiel für das „Prinzip der zwei Schwächen" (das auch „Prinzip der Schaffung einer zweiten Front" genannt wird).

37 ♖e2 axb4 38 axb4 ♗e7 39 ♖e4 ♗f6 40 ♖f2 ♕d5 41 ♖e8+ ♔h7 0-1

Im selben Turnier, in dem jeder gegen jeden vier Partien spielte, hatte Nimzowitsch noch einmal Weiß gegen Capablanca:

Nimzowitsch – Capablanca
New York 1927

1 e4 c6 2 d4 d5 3 e5 ♗f5 4 ♗d3 ♗xd3 5 ♕xd3 e6 6 ♘c3 ♕b6 7 ♘ge2 c5 8 dxc5 ♗xc5 9 0-0 ♘e7 10 ♘a4 ♕c6 11 ♘xc5 ♕xc5 12 ♗e3 ♕c7 13 f4 ♘f5 14 c3

Wie in der ersten Partie verfolgt Weiß hier wiederum die gleiche dubiose Strategie: Er spielt die Eröffnung ohne irgendeinen Anspruch auf Vorteil und vermeidet alle aktiven Möglichkeiten. Über die Nachteile einer solchen Herangehensweise haben wir bereits gesprochen. 14 ♖ac1!? ♘d7 15 ♘d4!? ♘xd4 16 ♕xd4 sieht nach der angemessenen Spielweise aus.

14...♘c6 15 ♖ad1 g6!? *(D)*

„Früher oder später wird Schwarz diesen Zug spielen müssen. Schwarz möchte ...h5 ziehen und hofft, dass Weiß vorher g4 spielt." – Capablanca.

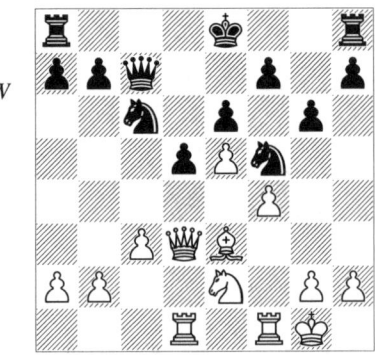

16 g4?

Capablancas Erwartung wird erfüllt. Dieser Zug muss ein Fehler sein. Die positionellen Nachteile eines solchen Zuges hätten einem Spieler von Nimzowitschs Klasse klar sein sollen. Nach 16 ♗f2 h5 17 ♔h1 0-0 18 ♘g1, gefolgt von der Überführung des Springers nach f3, hat Weiß eine vollkommen akzeptable Stellung.

16...♘xe3 17 ♕xe3 h5 18 g5

Da liegt der Hund begraben. Die weißen Figuren sind nicht in der Lage, den aggressiven Vorstoß des g-Bauern zu unterstützen. Die Varianten 18 h3 hxg4 19 hxg4 g5 und 18 f5 hxg4! 19 fxe6 fxe6 20 ♕g5 ♘xe5! 21 ♕f6 (21 ♘d4 ♘f7 22 ♕d2 e5) 21...♘f3+ 22 ♖xf3 ♕xh2+ 23 ♔f1 gxf3 24 ♕xe6+ ♔d8! sind vorteilhaft für Schwarz, was nicht weiter überrascht. Wenn man seine Figuren passiv aufstellt, kann man nicht erwarten, dass ein einzelner Bauernvorstoß von Erfolg gekrönt ist. Offensichtlich haben die Ergebnisse seiner früheren Begegnungen mit Capablanca von Nimzowitsch Tribut gefordert und seine Gemütsruhe zerstört, die für jeden Spieler ein wichtiger Faktor ist. Die zahlreichen Schwächen im weißen Lager werden sich trotz des geschlossenen Stellungstyps im Laufe der Zeit bemerkbar machen.

18...0-0 19 ♘d4 ♕b6 20 ♖f2 ♖fc8 21 a3 ♖c7 22 ♖d3 ♘a5

Capablanca findet den richtigen Plan zwar nicht sofort, aber er verdirbt auch nichts. Der geschlossene Stellungstyp erlaubt es ihm, einige Züge später zum korrekten Plan zurückzukehren.

23 ♖e2 ♖e8

Hier müssen die Drohungen f5 und e6 ernst genommen werden.

24 ♔g2 ♘c6 25 ♖ed2 ♖ec8 26 ♖e2 ♘e7!

Das ist der korrekte Plan!

27 ♖ed2 ♖c4 28 ♕h3 ♔g7 29 ♖f2 a5!

Ich möchte diesem Zug besondere Aufmerksamkeit schenken. Dies ist einer jener normal aussehenden Züge, die sehr selten erklärt werden. Das kann einerseits daran liegen, dass nicht jeder Kommentator in der Lage ist, die Bedeutung eines solchen Zuges zu bewerten oder den Sinn dahinter zu verstehen. Andererseits mag manchem ein solcher Zug recht unbedeutsam und „uninteressant" vorkommen. Tatsächlich hat dieser multifunktionale Zug bedeutsamen Einfluss auf die kommenden Ereignisse. Die Fähigkeit, solche Züge zur rechten Zeit zu finden, ist eines der wichtigsten Merkmale eines wahrhaft starken Spielers. Um die mit diesem Bauernvorstoß verbundenen Ideen zu verstehen, kehren wir zur Partie zurück.

30 ♖e2 (D)

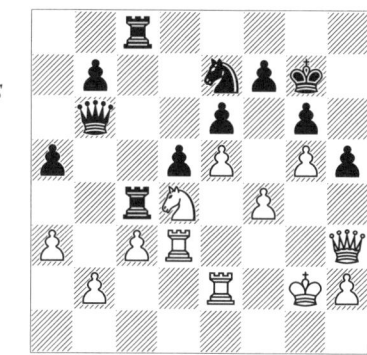

30...♘f5!

Dies ist der Abschluss des im 26. Zug begonnenen Manövers. Die Pointe ist, dass der einzige Weg, an die weißen Schwächen heranzukommen, in einem Durchbruch der Schwerfiguren auf der vierten Reihe besteht. Diese Idee wird insbesondere durch den weißen Springer auf d4 behindert. Hier wird eine der Bedeutungen des 29. Zuges von Schwarz deutlich: Schwarz nutzte diesen Zug als Abwartezug (wie übrigens auch den 28.), da der Springerzug nach f5 nach dem Wegzug des Turms von der f-Linie an Kraft gewinnt.

31 ♘xf5+ gxf5 32 ♕f3

Den Bauern zu schlagen, ist schlecht: 32 ♕xh5 ♖h8 33 ♕f3 ♖h4.

32...♔g6 (D)

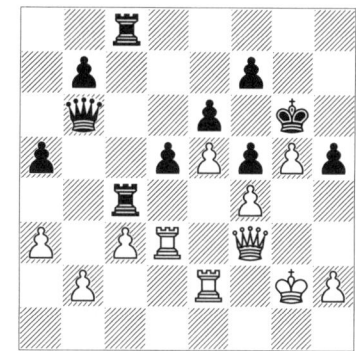

Hiermit ist eine Modellstellung entstanden: Das weiße Gegenspiel am Königsflügel ist ganz und gar verschwunden, und die schwarzen Schwerfiguren haben freie Bahn, um in die weiße Stellung einzudringen.

33 ♖ed2 ♖e4 34 ♖d4 ♖c4 35 ♕f2 ♕b5!

Dies ist ein weiterer gewöhnlich aussehender Zug, der normalerweise unkommentiert bleibt. Tatsächlich ist er ein wichtiger Teil des schwarzen Plans, indem er die überaus wichtigen Einbruchsfelder c4 und e2 kontrolliert.

36 ♔g3

Auch im Damenendspiel, das nach 36 ♖xc4 ♕xc4 37 ♖d4 ♕b3 entsteht, ist Weiß chancenlos.

36...♖cxd4 37 cxd4 ♕c4 38 ♔g2 (D)

38...b5!

Mit dieser, im 29. Zug eingeleiteten Bauernoffensive übernimmt Schwarz die Kontrolle über das gesamte Brett. Außerdem erleichtert er sich den Gewinn im Falle eines Damen- oder Turmendspiels.

39 ♔g1 b4 40 axb4 axb4 41 ♔g2 ♕c1 42 ♔g3

Weiß muss in völliger Passivität verharren. Seine Schwächen sind dem unglücklichen Zug g4 zuzuschreiben. Während in Stellungen

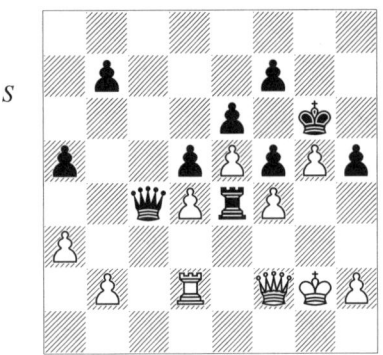

mit Leichtfiguren eine passive Verteidigung mitunter möglich ist, stellt sich das in Stellungen mit Schwerfiguren fast immer als fatal heraus.

42...♛h1 43 ♖d3 ♖e1 44 ♖f3 ♖d1 45 b3 ♖c1 46 ♖e3 ♖f1 0-1

Schwerfiguren haben eine große „Stoßkraft", und daher wiegt eine gegen den König gerichtete Initiative besonders schwer. *Angriffsmöglichkeiten gegen den feindlichen König zu schaffen, ist eines der wichtigsten Prinzipien beim Spiel mit Schwerfiguren.*

Wie zum Beispiel in der folgenden Partie:

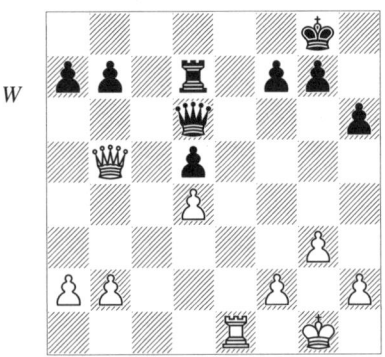

Aljechin – Eliskases
Olympiade, Buenos Aires 1939

Die weißen Figuren stehen deutlich aktiver als die gegnerischen. Allerdings ist die einzige wirkliche Schwäche von Schwarz – der Bauer d5 – im Moment gut verteidigt. Auf die siebte Reihe vorzudringen, ist ebenfalls unmöglich, und daher mag es so scheinen, als sei die schwarze Stellung völlig in Ordnung. Doch dem ist nicht so. Indem er seine größere Figurenaktivität ausnutzt, schafft Weiß Drohungen gegen den schwarzen König und zwingt den Gegner damit, seine ordentlich aufgebaute Verteidigungsformation zu schwächen.

Wenn nur noch Schwerfiguren auf dem Brett sind, stellt sich eine größere Figurenaktivität oft als entscheidender Vorteil heraus.

22 ♖e8+ ♚h7 23 h4! a6 24 ♛e2!

Weiß besetzt die für das Zusammenspiel seiner Figuren überaus wichtige e-Linie.

24...♖d8! *(D)*

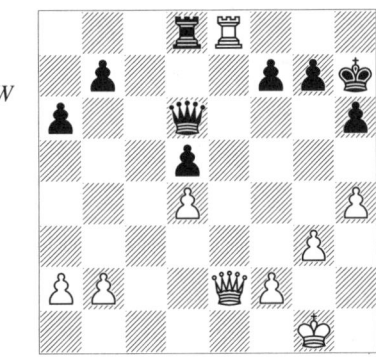

25 ♖e7!

Natürlich sollte Weiß die Türme nicht tauschen. Das Feld e5 ist ein guter Ausgangspunkt für Angriffsideen, aber zunächst muss Weiß überlegen, über welche Reihe er besser in die gegnerische Stellung eindringen kann. Aljechin entscheidet sich für die achte Reihe, was den unspektakulären, aber wichtigen 25. Zug von Weiß erklärt.

25...♖d7 26 ♖e5 g6

Nach 26...♛g6 27 h5 ♛b1+ 28 ♚g2 ♛xa2 29 ♛c2+ g6 30 ♛c8 bricht die schwarze Stellung zusammen.

27 h5 ♛f6

Nun wird die weiße Dame aktiviert, und die schwarze Verteidigung wird immer schwieriger.

28 ♛e3!? ♖d6 29 ♛b3 ♖b6 30 hxg6+ ♛xg6 31 ♛xd5 ♖xb2 32 ♖f5 ♖b5?

Weiß hat schon viel erreicht, und so begeht Schwarz, entmutigt durch den Lauf der Ereignisse, einen Fehler. Allerdings beschleunigt er damit nur das Unvermeidliche, denn auch nach 32...♚g8 33 ♖f4 ist seine Stellung äußerst schwierig.

33 ♖xf7+! ♚g8 34 ♖f6+ ♖xd5 35 ♖xg6+ ♚h7 36 ♖b6

Es ist offensichtlich, dass ein solches Endspiel nicht zu halten ist.

36...♖xd4 37 ♖xb7+ ♔g8 38 ♖b6 ♖a4 39 ♖xh6 ♖xa2 40 ♔g2 a5

Wenn der schwarze König wenigstens aktiv am Damenflügel stände... Aber so gibt es keine Hoffnung.

41 ♖a6 a4 *(D)*

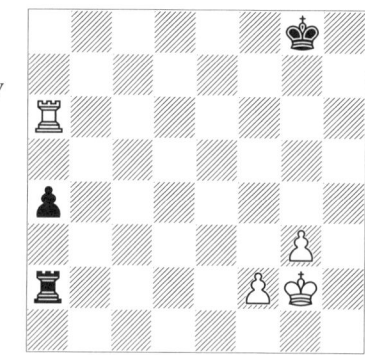

42 ♖a7

Es ist nützlich, den König abzuschneiden.

42...a3 43 g4 ♔f8 44 g5 ♔g8 45 ♔g3 ♖a1 46 ♔g4! ♖g1+ 47 ♔f5 ♖g2 48 f4 a2 49 ♔f6 1-0

Hier ist ein weiteres Beispiel zum selben Thema:

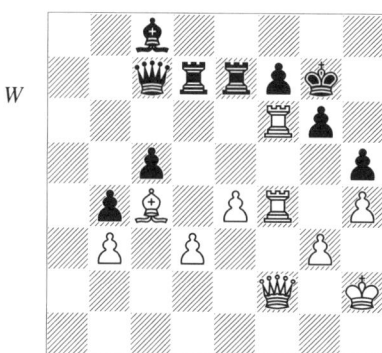

Geller – Liebert
Mannschaftseuropameisterschaft, Kapfenberg 1970

Auf den ersten Blick scheint es so, als hätte Weiß trotz des deutlichen schwarzen Positionsvorteils eine solide Verteidigung organisiert, und es wäre noch alles offen. Doch ein großer Meister wie Geller braucht nur zwei Züge, um den Gegner seiner Illusionen zu berauben:

43 ♕b2! ♔h7 44 ♖4f5!! gxf5

Es gibt keine Wahl. Auf 44...♗b7 folgt 45 ♖xh5+! gxh5 46 ♕d2 ♔g8 47 ♖g6+ ♔f8 48 ♕h6+. Die Schlüsselmerkmale der Stellung sind einerseits die nicht zu bremsende Aktivität der weißen Figuren, andererseits die schwerwiegenden Schwächen im schwarzen Lager.

45 ♖h6+! ♔xh6 46 ♕h8+ ♔g6 47 exf5+ 1-0

Ich möchte Ihnen nun eine klassische Partie aus einem der am wenigsten bekannten Weltmeisterschaftskämpfe vorstellen.

Schlechter – Lasker
Weltmeisterschaft (5), Wien 1910

1 e4 e5 2 ♘f3 ♘c6 3 ♗b5 ♘f6 4 0-0 d6 5 d4 ♗d7 6 ♘c3 ♗e7 7 ♗g5 0-0 8 dxe5 ♘xe5 9 ♗xd7 ♘fxd7 10 ♗xe7 ♘xf3+ 11 ♕xf3 ♘xe7 12 ♘d5 ♕d8 13 ♖ad1

Ohne ins Detail zu gehen, möchte ich in Bezug auf die Eröffnungsphase nur bemerken, dass Weiß sich einen leichten Raumvorteil gesichert hat. Er könnte versuchen, ihn entweder mit 13 ♕c3!? (Schlechter) oder 13 ♖fe1 nebst ♖e2 und ♖ae1 (Tarrasch) zu behalten.

13...♖e8 14 ♖fe1 ♘b6 15 ♕c3 ♘xd5 16 ♖xd5

Auch die andere Möglichkeit, 16 exd5, ist interessant.

Ausgehend von dieser Stellung, sollten wir unsere Aufmerksamkeit auf das zielgerichtete und systematische Spiel Emanuel Laskers richten, im Gegensatz zum etwas unstrukturierten Spiel seines Gegners.

16...♖e6 17 ♖d3 ♕e7 18 ♖g3 ♖g6 19 ♖ee3 ♖e8 20 h3 *(D)*

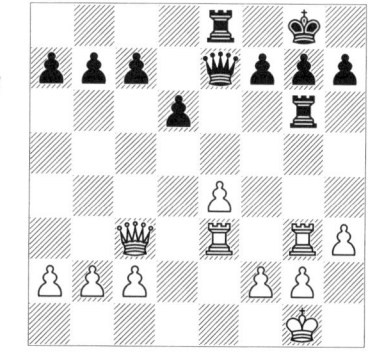

20...♔f8!

Lasker hat bereits die am Königsflügel entstehende Bauernformation im Auge und bringt seinen König näher an die Basis der neuen Bauernkette – den Bauern b7 – sowie an den Bauern d6 heran. Obwohl die Stellung laut Capablanca zur Zeit ausgeglichen ist, verändert sie sich bald zu Gunsten von Schwarz – planloses Spiel beschwört immer Probleme herauf.

21 ♖xg6 hxg6 22 ♕b4 c6!

Wie ich bereits sagte, spielt Schwarz mit einem klaren Plan. Er stellt seine Damenflügelbauern so auf, dass es nur eine Basis gibt, nämlich den Bauern b7. Außerdem bleibt seine Bauernformation beweglich.

23 ♕a3 a6 24 ♕b3 ♖d8 25 c4?!

Die ziellosen Damenzüge des Weißen haben Schwarz nur geholfen, seine Kräfte bequem aufzubauen. Der letzte weiße Zug sieht zwar aktiv aus, aber er wird nicht durch aktives Figurenspiel unterstützt. So schwächt er nur die eigene Stellung und verhilft den schwarzen Figuren zu Aktivität.

25...♖d7 26 ♕d1 ♕e5 27 ♕g4 ♔e8 28 ♕e2 ♔d8 29 ♕d2 ♔c7 30 a3 ♖e7 31 b4 *(D)*

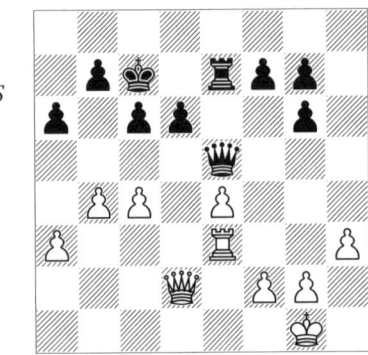

31...b5!

Alle schwarzen Figuren sind exzellent platziert, und nun ist es an der Zeit, die Offensive einzuleiten.

32 cxb5

Auch 32 ♕d3 ♕e6 oder 32 ♕c2 ♕d4 ändert nichts.

32...axb5 33 g3 g5!

Ein wichtiger Bauernzug, der die weißen Chancen auf Gegenspiel am Königsflügel beträchtlich einschränkt.

34 ♔g2 ♖e8 35 ♕d1 f6 36 ♕b3 ♕e6 37 ♕d1 *(D)*

Laut Schlechter hat Schwarz nach 37 ♕xe6 ♖xe6 leichten Vorteil. Wenn wir dieser Einschätzung Glauben schenken, dann war es nötig, die Damen zu tauschen. Doch in diesem Fall wäre Weiß mit einem langen und schwierigen Endspiel konfrontiert. Indem er die Damen behält, trifft er die korrekte praktische Entscheidung, da er Chancen auf Gegenspiel behält.

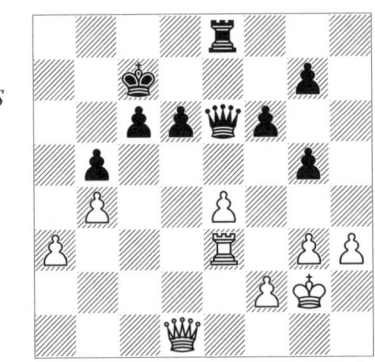

37...♖h8 38 g4 ♕c4 39 a4 ♕xb4

Laut Capablanca war 39...bxa4 40 ♕xa4 ♖b8 genauer, gefolgt von 41...♖xb4, 42...♖b1+ und 43...♕f1 mit Gewinn. Allerdings gelingt es Lasker, eine ähnliche Stellung etwas später in der Partie zu erreichen.

40 axb5 ♕xb5 41 ♖b3 ♕a6 42 ♕d4 ♖e8 43 ♖b1 ♖e5! 44 ♕b4 ♕b5

44...♖b5 ist schlecht wegen 45 ♕c4, mit der Drohung, auf f7 einzudringen (Schlechter).

45 ♕e1 ♕d3 46 ♖b4 *(D)*

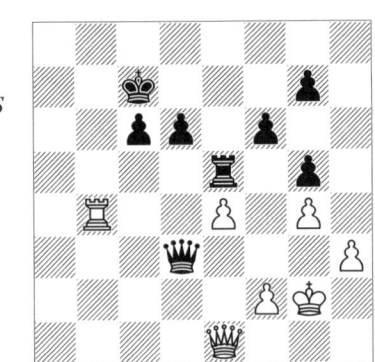

46...c5?!

Mit diesem nahe liegenden Zug macht sich Lasker seine Aufgabe bedeutend komplizierter, obwohl er damit seinen Freibauern dem Umwandlungsfeld einen Zug näher bringt und sogar den Gewinn eines zweiten Bauern mit Schach erzwingt.

Der einzige Nachteil dieses Zuges ist, dass er die Verteidigung des schwarzen Königs schwächt, und das in einer Stellung, in der nur Schwerfiguren auf dem Brett sind. Damit wird die ganze Arbeit zunichte gemacht, und die Stellung ist nun sehr schwer zu gewinnen. Mit 46...♖b5! 47 ♖a4 ♔d7 hatte Schwarz bessere Chancen, seinen Vorteil zu erhalten.

47 ♖a4 c4 48 ♕a1 ♕xe4+ 49 ♔h2 ♖b5 50 ♕a2!

Auf keinen Fall 50 ♖a7+ ♔b8 51 ♖xg7 ♕e5+ (Tarrasch).

50...♕e5+ 51 ♔g1 ♕e1+ 52 ♔h2 d5 53 ♖a8! ♕b4!

Schwarz kann jederzeit remis forcieren, aber mit seinen zwei Mehrbauern spielt er weiterhin auf Gewinn, obwohl er bereits vom richtigen Pfad abgekommen ist.

54 ♔g2 ♕c5?

In extremer Zeitnot unterläuft Schwarz ein tragischer Fehler. Wie Schlechter darlegte, ist der beste Zug 54...♖b7!. Nach 55 ♕a6 ♕e1!? wäre die Partie unklar, allerdings mit besseren Chancen für Schwarz. Nach dem nächsten weißen Zug hat Schwarz keine Verteidigung.

55 ♕a6! *(D)*

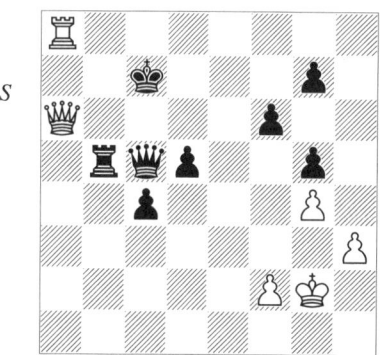

55...♖b8

Eine andere mögliche Variante ist 55...♖b7 56 ♕e6! ♖b8 57 ♕f7+ ♔c8 58 ♕e8+. Auch nach Laskers Vorschlag 55...c3 56 ♖a7+! ♔b8 57 ♖xg7 c2 58 ♖g8+! ♔c7 hat Weiß einen hübschen Gewinn: Er gewinnt mit einem wundervollen, thematischen (siehe unten) Damenmanöver: 59 ♕e6!! ♔b7 (oder 59...c1♕ 60 ♖g7+ ♔b8 61 ♕e8+) 60 ♖g7+ ♕c7 61 ♖xc7+ ♔xc7 62 ♕f7+ ♔b8 63 ♕g8+ ♔a7 64 ♕h7+.

56 ♖a7+ ♔d8 57 ♖xg7 ♕b6 58 ♕a3 ♔c8

Oder 58...♕b4 59 ♕a7!.

1-0

Angesichts von 59 ♕f8+ ♔d8 60 ♕c5+ gab Schwarz auf.

Lasker spielte diese Partie brillant, und in vielerlei Hinsicht könnte man sie als seine beste Partie des Wettkampfs bezeichnen. Im Mittelspiel gelang es ihm, Schlechter völlig auszuspielen, aber die zwei Fehler im 46. und 54. Zug ruinierten alles. Tatsächlich erwies sich in dieser Partie das Feld c5 als besonders kritisch für ihn (und beinahe für die gesamte Schachgeschichte!).

Die Existenz eines Freibauern ist ein weiterer wichtiger Faktor in Stellungen mit Schwerfiguren, vor allem wenn dies mit einem Spiel gegen den König verbunden ist.

Smyslow – O. Rodriguez
Capablanca-Memorial, Cienfuegos 1973

1 ♘f3 ♘f6 2 g3 g6 3 b3 ♗g7 4 ♗b2 0-0 5 ♗g2 c5 6 c4 ♘c6 7 0-0 d6 8 d4 cxd4 9 ♘xd4 ♗d7 10 ♘c3 ♘xd4?!

Nach dieser Ungenauigkeit hat der Nachziehende Schwierigkeiten, Ausgleich zu erreichen. 10...♕a5!? sieht besser aus.

11 ♕xd4 ♗c6 12 ♘d5!

Um seinen guten Läufer zu behalten, ist Weiß bereit, ein Leichtfigurenpaar zu tauschen.

12...♘e8 13 ♕d2 ♗xb2 14 ♕xb2 *(D)*

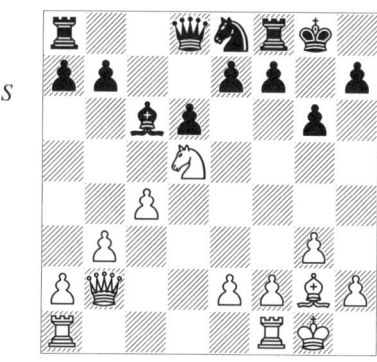

14...e6?

Das ist ein Fehler, da Schwarz nun Probleme mit seinem Bauern d6 bekommt. Die folgende, für die Behandlung solcher Stellungen typische Variante, sieht akzeptabel aus: 14...♖c8!? 15

🏳ad1 🏳xd5 16 🏳xd5 b6 17 h4 ♘f6 18 🏳f3 🏳c5, obwohl Weiß auch hier die besseren Chancen behält.

15 ♘c3 🏳xg2 16 ♔xg2 ♘f6 17 🏳ad1 ♛e7 18 🏳d3 🏳fd8 19 🏳fd1 a6 20 ♛d2 ♘e8 21 ♘e4 b5 22 ♘xd6 ♘xd6 23 🏳xd6 ♛b7+ *(D)*

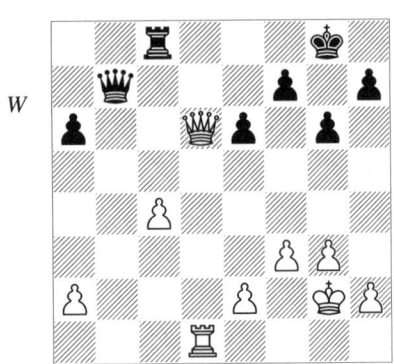

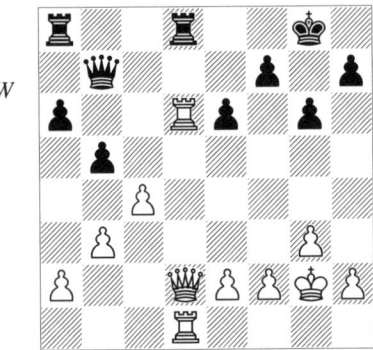

Weiß hat einen Bauern gewonnen und Kontrolle über die einzige offene Linie erlangt, aber die Verwertung dieses Vorteils ist immer noch nicht leicht – und keineswegs offensichtlich. Aus diesem Grund tun die Kommentatoren mit Anmerkungen wie „der Rest ist Sache der Technik" den Lesern alles andere als einen Gefallen. Diese technische Phase ist der Teil der Partie, in dem die Transformation eines Vorteils in einen Punkt in der Tabelle geschieht. Das ist der „Moment der Wahrheit" im Schach! Weiß muss sich nun überlegen, wie er auf das Schach reagiert – ein typisches Problem in Stellungen dieser Art.

Smyslow entscheidet sich, das Schach mit dem Bauern abzublocken, so dass Schwarz im nun folgenden taktischen Kampf kein Gegenspiel durch ein Schach auf der Grundreihe finden kann. Das ist eine Standardidee, aber in der vorliegenden Stellung kommt ihr besondere Bedeutung zu. Je besser ein Spieler mit diesen kleinen Feinheiten der Spielführung umgehen kann, desto leichter wird er die richtige Lösung finden.

24 f3!? 🏳xd6 25 ♛xd6 bxc4 26 bxc4 🏳c8 *(D)*

Die Bauernstruktur und die Materialverteilung werden nun für einige Zeit stabil sein. Die Stellung hat Gestalt angenommen, und es ist an der Zeit, einen konkreten Plan auszuarbeiten. Weiß demonstriert die beste Spielweise dieses Stellungstyps – er verbindet den Vormarsch des Freibauern mit Drohungen gegen den schwarzen König. Da er fast alle Zentrumsfelder kontrolliert, ist diese Idee recht leicht umzusetzen.

27 ♛e5! ♛b4 28 c5 ♛a5 29 🏳d7! ♛xa2

Schwarz kann den Freibauern nicht beseitigen, da 29...🏳xc5? an 30 ♛f6 scheitert, und so läuft der Bauer erfolgreich zur Dame. Das ist eine typische Idee in solchen Stellungen.

30 c6 ♛a4 31 ♛f6 🏳f8 32 ♛c3! e5

Wie Smyslow zeigte, hilft 32...🏳c8 nicht wegen 33 🏳d4! ♛b5 34 c7! ♛xe2+ 35 ♔h3 ♛f1+ 36 ♔h4 *(D)*, und der König entkommt.

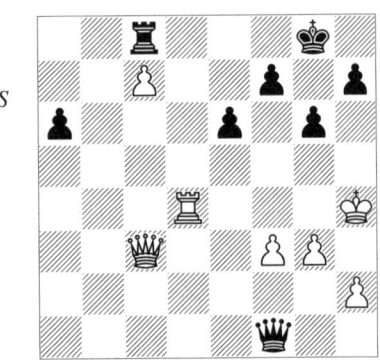

33 🏳d5 1-0

Angesichts der Varianten 33...🏳c8 34 c7 ♛e8 35 ♛d2 und 33...e4 34 c7 exf3+ 35 exf3 ♛a2+ 36 🏳d2 ♛e6 37 ♛c5! ♛e8 38 🏳d8 ♛e2+ 39 ♔h3 ♛f1+ 40 ♔h4 gab Schwarz auf.

Aufgaben

Wiederum präsentiere ich Ihnen hier eine Reihe von Aufgaben, an denen Sie Ihre Geschicklichkeit im Umgang mit den in diesem Kapitel diskutierten Themen überprüfen können. Lösungen auf Seite 146.

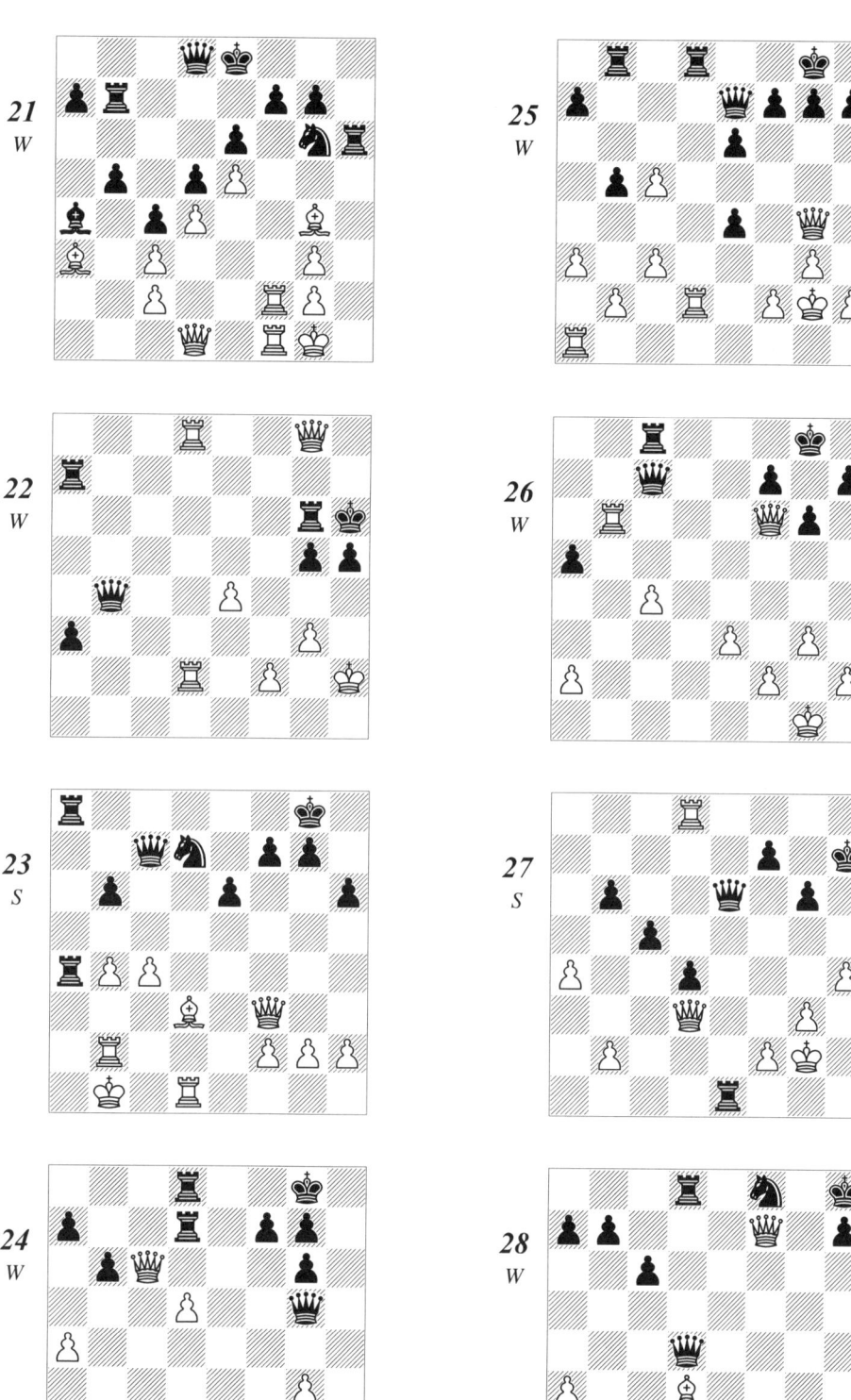

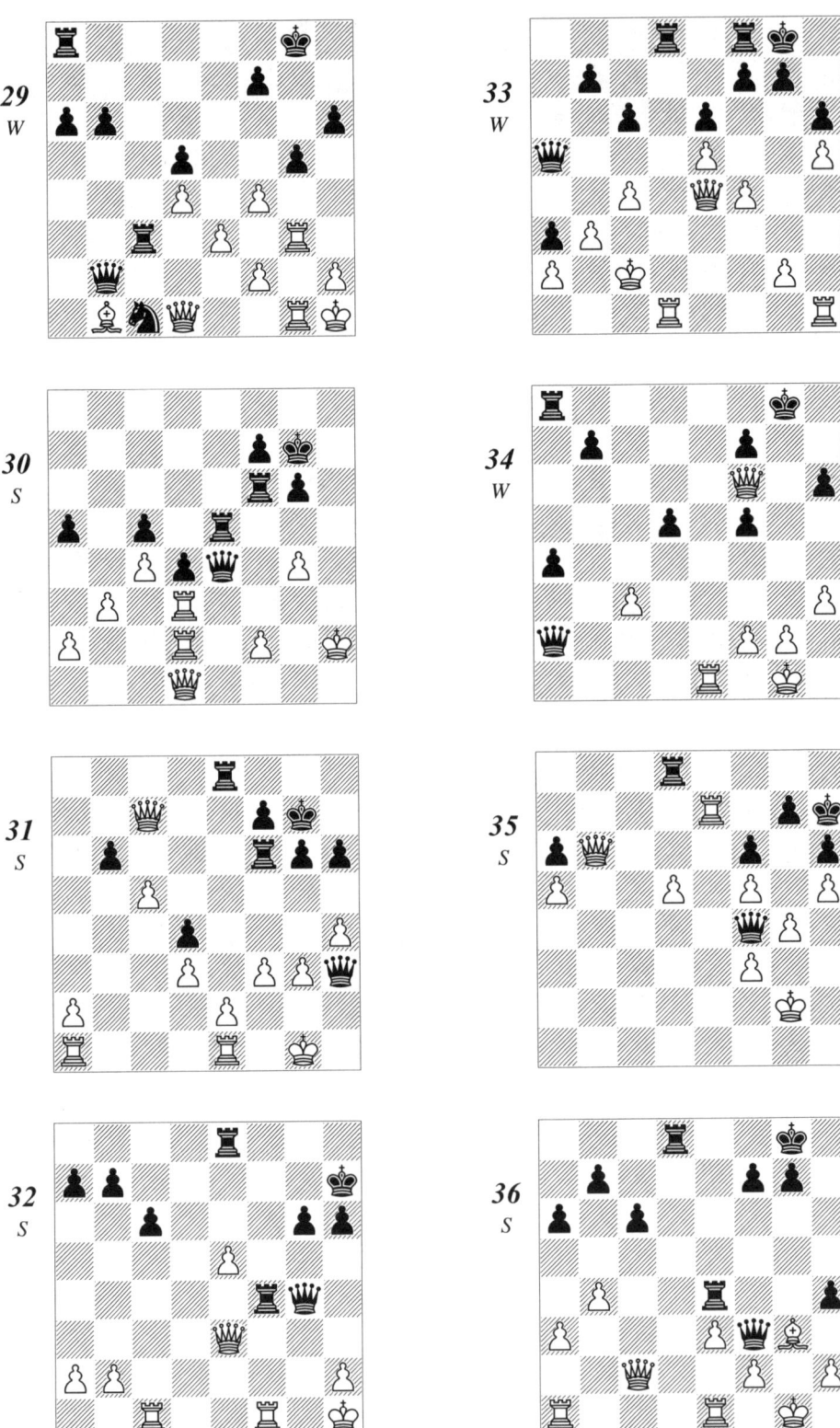

3 Der isolierte Zentrumsbauer

Stellungen mit isoliertem Zentrumsbauern können aus den verschiedensten Eröffnungen entstehen. Daher ist die Frage, wie man mit oder gegen den Isolani spielt, von großer praktischer Bedeutung und verlangt genaues Studium. Zunächst stellt sich die Frage, welcher Vorteil aus dem Vorhandensein eines Bauern gezogen werden kann, der nicht von anderen Bauern zu decken ist, und daher von Figuren verteidigt werden muss.

Wenn wir den Isolani sowohl als Schwäche als auch als Vorteil ansehen (und warum sollten wir die Schaffung eines solchen Bauern sonst zulassen?), müssen wir außerdem fragen, welche Konsequenzen daraus für den Gegner entstehen.

Um diese und andere für diesen Stellungstyp bedeutsame Fragen zu beantworten, werden wir uns eine typische Isolanistellung ansehen, die aus dem Angenommenen Damengambit entsteht:

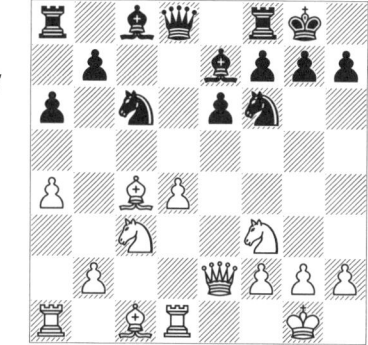
S

Die Vorteile der schwarzen Stellung sind offensichtlich – sie basieren alle auf der relativen Schwäche des weißen Bauern d4. Um die Pluspunkte der weißen Stellung zu beschreiben, muss man dagegen etwas weiter ausholen. So erstaunlich es auf den ersten Blick scheinen mag, basieren die Vorteile der weißen Stellung ebenfalls auf dem Bauern d4. Genauer gesagt, ist es ein Verdienst dieses Bauern, dass Weiß merkbaren Raumvorteil besitzt, wodurch wiederum die weißen Figuren aktiver stehen als die schwarzen. Der Vorposten auf e5 (und manchmal auch auf c5), spielt im weiteren Spiel fast immer eine wichtige Rolle. Außerdem kann der weiße Bauer unter günstigen Umständen vorstoßen und Linienöffnungen bewirken, was sich für Schwarz als unangenehm herausstellen könnte. Mit anderen Worten haben beide Seiten ihre Trümpfe für das folgende Spiel, und es kommt darauf an, wer sie günstiger einsetzen kann.

Um diesen Stellungstyp korrekt zu behandeln, müssen wir ein klares Bild der grundlegenden Prinzipien und Spielmethoden haben.

Machen wir uns mit einigen Beispielpartien herausragender Meister vertraut.

Einige Prinzipien des Spiels *gegen* den Isolani wurden bereits in *Rezepte aus der Großmeisterküche* untersucht. Daher werden wir uns hier mehr auf Beispiele konzentrieren, wo die Isolanipartie erfolgreich war.

Wie bereits erwähnt, liegt der Hauptvorteil des isolierten d-Bauern (in der überwiegenden Zahl der Fälle steht der Isolani auf der d-Linie) darin, dass er Raumvorteil sichert und damit den Figuren einen größeren Aktionsradius schafft. Das trifft insbesondere für die Leichtfiguren zu, manchmal auch für die Schwerfiguren – vor allem nach einer Stellungsöffnung.

Smyslow – Padewski
Aljechin-Memorial, Moskau 1963

1 c4 ♘f6 2 ♘c3 e6 3 ♘f3 d5 4 d4 c5 5 cxd5 ♘xd5 6 e3 ♘c6 7 ♗d3 ♗e7 8 0-0 cxd4 9 exd4 0-0 10 ♖e1

Smyslow spielte diese Variante gern mit Weiß.

10...♗f6 11 ♗e4 ♘ce7 12 ♘e5

12 ♕d3 ist populärer.

12...g6

Das ist nicht der genaueste Zug: 12...♘c6 und 12...♗d7 sind häufiger zu sehen.

13 ♗h6 ♗g7 14 ♕d2 ♘f6 15 ♖ad1 ♘xe4 16 ♖xe4 *(D)*

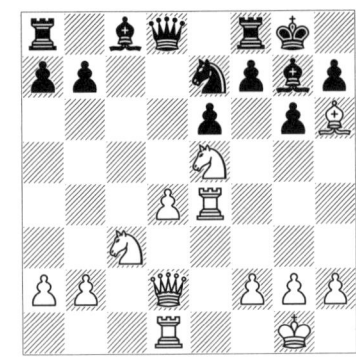

16...♘f5?

Nach dem ersten echten Fehler der Partie steht Schwarz sofort vor ernsthaften Problemen. Das passiert oft, wenn eine große Zahl von Figuren noch nicht miteinander in Kontakt getreten ist. Beim ersten großen Zusammenstoß der Kräfte kann sich der Fehler als teuer erweisen. Tatsache ist, dass Schwarz

a) einen zweiten Zug mit einer bereits entwickelten Figur macht und die Entwicklung seines Damenflügels vernachlässigt, und

b) einen sehr viel ernsteren Fehler dadurch begeht, dass er die Kontrolle des Feldes vor dem Isolani schwächt.

16...b6 ist praktisch erzwungen, mit der möglichen Folge 17 ♖h4 ♘f5 18 ♗xg7 ♔xg7 19 ♖h3 ♗b7, wie in Liberson-Podgaets, UdSSR-Meisterschaft, Alma-Ata 1968/69.

17 ♗xg7 ♔xg7 *(D)*

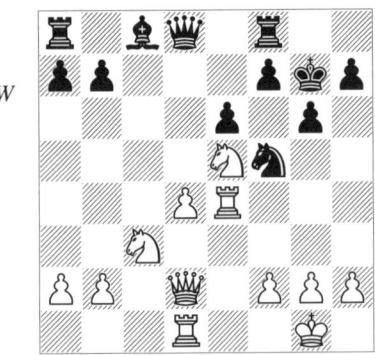

Nun stößt der Bauer nach vorne, das Spiel öffnet sich, und der weiße Entwicklungsvorsprung und Raumvorteil tragen Früchte.

18 d5!

Schwarz steht nun vor einer schwierigen Entscheidung. Der Zug 18...♕d6 nimmt dem schwarzen Springer „sein" Feld d6 und ermöglicht einen Angriff auf die viel versprechendste schwarze Figur. Nach 19 g4!? ♘h4 20 ♕g5!? ♕d8 (20...f6 21 ♕xh4 fxe5 22 ♕g5 oder 20...f5 21 ♖e2) 21 ♕e3 exd5 22 ♖xd5 ♕c7 23 ♕g3 f5 24 ♖c4 ♕e7 25 ♖xc8 gewinnt Weiß forciert.

Vermutlich ist die beste schwarze Fortsetzung 18...f6!? 19 ♘c4 ♖e8!? (schlechter ist 19...e5 20 f4! mit starker Initiative) 20 d6 ♗d7, obwohl Weiß auch hier nach 21 ♘e3 klaren Vorteil hat. Angesichts dieser Probleme entmutigt, reagiert Padewski nicht auf die beste Weise: Entweder hatte er den 20. Zug von Weiß übersehen oder dessen Konsequenzen unterschätzt.

18...exd5?! 19 ♘xd5 ♗e6 20 ♕c3! *(D)*

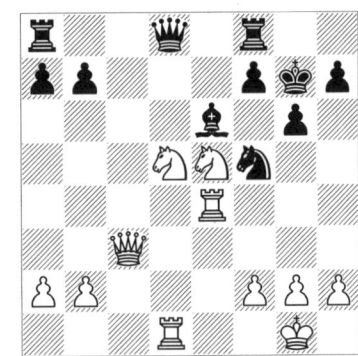

20...♗xd5

Es ist klar, dass Schwarz nun in ernsthaften Schwierigkeiten steckt: Sowohl 20...f6 21 ♘xg6! ♗xd5 22 ♘xf8 ♔xf8 (22...♖c8 23 ♘e6+) 23 ♕c5+ als auch 20...♔g8 21 ♘g4 ♖c8 22 ♘df6+ ♔h8 23 ♖xd8 ♖fxd8 24 ♕e1 sind für ihn verloren.

21 ♘d7+ ♔g8

21...f6 ist schlecht wegen 22 ♘xf8 ♔xf8 23 g4! ♗xe4 (23...♖c8 24 ♖xd5 oder 23...♘e7 24 ♕xf6+) 24 ♖xd8+ ♖xd8 25 ♕xf6+ ♔e8 26 ♕e6+.

22 ♖xd5!

Vermeidet Fallen wie 22 ♘f6+? ♕xf6 oder das giftigere 22 ♘xf8?! ♖c8! 23 ♕d2 ♕d6!.

22...♖c8 23 ♕d2 ♔g7 24 h3!

Nimmt dem Schwarzen die letzte Hoffnung, nämlich 24 ♘xf8?? ♕xd5 25 ♕xd5 ♖c1+.

Der Textzug gibt dem weißen König richtigerweise etwas Luft, wie die folgende Variante demonstriert: Nach 24...♖e8 gewinnt Weiß mit

25 ♖xe8 ♕xe8 26 g4!, z. B. 26...♘h4 27 ♕d4+ ♔h6 28 g5+ ♔h5 29 ♕g4#.
24...♖g8 *(D)*

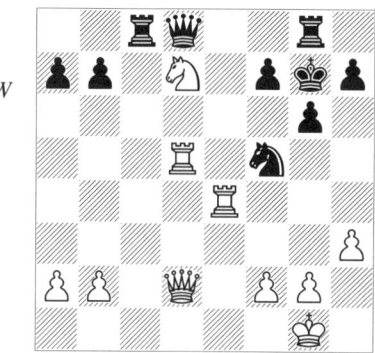

25 g4!
Diesen Vorstoß haben wir in verschiedenen Varianten gesehen, und er ist in solchen Stellungen gewissermaßen als Standardmöglichkeit anzusehen. Die Analyse von Meisterpartien kann sehr hilfreich sein, um wichtige, gebräuchliche Spielelemente zu erkennen und zu erlernen und dies wird dabei helfen, in den eigenen Partien die korrekten Entscheidungen zu treffen.
25...♘h4 26 ♖f4 ♖c4 *(D)*

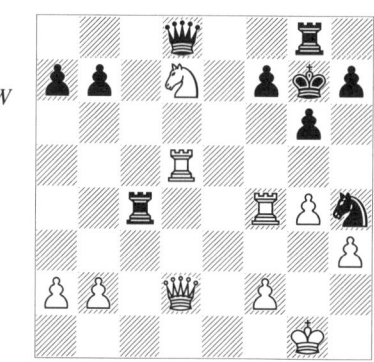

27 ♖xf7+!
Ein eleganter Abschluss. Obwohl auch 27 ♖dd4 zum Gewinn ausreicht, ist der Textzug nicht nur wirkungsvoll, sondern – was wichtiger ist – zwingend.
27...♔xf7 28 ♘e5+ ♔e7 29 ♕g5+ 1-0

Wie wir bereits gesehen haben, ist der Vorstoß des Isolanis eine äußerst wirksame Ressource – manchmal kann daraus ein sehr gefährlicher Freibauer entstehen.

Smyslow – Karpow
UdSSR-Meisterschaft, Leningrad 1971

1 c4 c5 2 ♘f3 ♘f6 3 ♘c3 d5 4 cxd5 ♘xd5 5 e3 e6 6 d4 cxd4 7 exd4 ♗e7 8 ♗d3 0-0 9 0-0 ♘c6 10 ♖e1 ♘f6

Dieser Zug ist ebenso gebräuchlich wie 10...♗f6 und wird als gleichwertig angesehen.
11 a3 b6 12 ♗c2 ♗b7 13 ♕d3 ♖c8? *(D)*

Das ist ein Fehler, der bei Karpow besonders überrascht. Eine gute Fortsetzung ist hier 13...g6 14 ♗h6 ♖e8 15 ♖ad1 ♖c8 wie in Brenke-Smirin, Dortmund 1990.

Doch solche Fehler kommen in dieser Art von Stellungen recht oft vor. Mit den typischen Fehlern vertraut zu sein, ist nicht weniger hilfreich, als ihre Widerlegung zu kennen.
14 ♗g5?!
Da in dieser Partie zwei Schachgiganten aufeinander trafen, ist es erstaunlich, dass beide die geradlinige (und sehr typische!) Widerlegung übersahen: 14 d5! ♘a5 (die Pointe ist, dass Schwarz den Bauern nicht mit 14...exd5? schlagen kann, wegen des standardmäßigen 15 ♗g5 g6 16 ♖xe7!) 15 ♗g5 ♖xc3 (forciert, da 15...g6? nach 16 d6! verliert) 16 ♕xc3 ♘xd5 17 ♕d3 mit großem Vorteil für Weiß.
14...g6 15 ♖ad1 ♘d5 16 ♗h6 ♖e8 *(D)*
17 ♗a4!
Nachdem er seine Chance im 14. Zug verpasst hat, kämpft Smyslow weiterhin mit allen zur Verfügung stehenden Mitteln um die Initiative. Dieses mutige Manöver (das ohne forcierte Varianten einen Bauern für die Initiative opfert) ist tatsächlich die natürliche Fortsetzung. Solche Züge erscheinen auf den ersten Blick oft ein wenig mysteriös, aber stellen sich fast

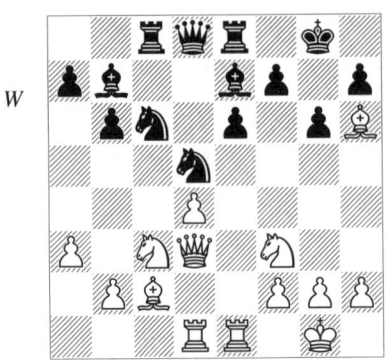

immer als effektiv heraus. Der tiefere Sinn dahinter wird bald klar.

17...a6?!

Das war offensichtlich nicht Karpows Tag! Es war nötig, die Springer zu tauschen: 17...♘xc3 18 bxc3!? (nach 18 ♕xc3 ♕d5 19 ♗b3 ♕h5 steht Schwarz ausgezeichnet) 18...♗xa3 19 c4 ♗d6, und obwohl Weiß für den Bauern Initiative hat, ist die Stellung unklar. Stattdessen baut Weiß nun ernsthaften Druck auf. Offenbar hat Schwarz den 19. Zug seines Gegners entweder übersehen oder unterschätzt.

18 ♘xd5! ♕xd5 *(D)*

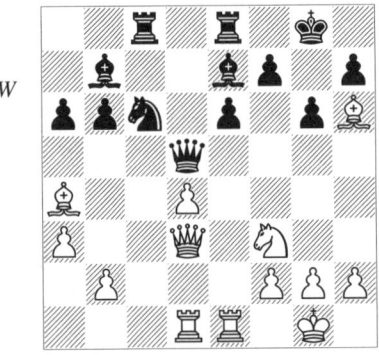

19 ♕e3!

Wenn Weiß nicht im 17. Zug seinen Läufer nach a4 gestellt hätte, könnte Schwarz nun stark mit ...♘a5! fortsetzen.

19...♗f6?!

Dies ist eine unglückliche Entscheidung – nun braust der d-Bauer nach vorne. Es scheint, dass Schwarz sich mit der schlechteren Stellung nach 19...♖ed8 20 ♗b3 ♕f5 21 d5! exd5 22 ♕xb6 abfinden sollte. Nach 19...♕h5 zeigt Smyslow die Variante 20 d5! ♗c5 21 ♕f4 exd5 22 ♖xe8+ ♖xe8 23 g4 ♕h3 24 ♘g5 ♗xf2+ 25 ♔xf2 ♕h4+ 26 ♔f1 mit Gewinn.

20 ♗b3 ♕h5 21 d5

Mission erfüllt!

21...♘d8 22 d6 ♖c5 23 d7

Die schwarze Stellung ist natürlich hoffnungslos. Karpow setzte bei seinem Weiterspiel wahrscheinlich auf die knappe Bedenkzeit des Gegners.

23...♖e7 24 ♕f4 *(D)*

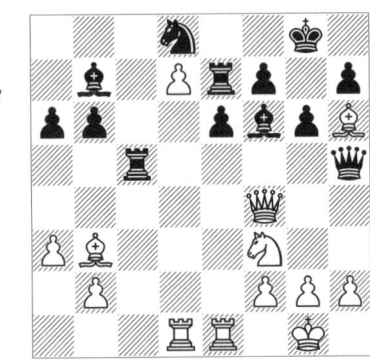

24...♗g7 25 ♕b8 ♕xh6 26 ♕xd8+ ♗f8 27 ♖e3!

Es lohnt sich, hier einen Moment innezuhalten. Obwohl die weiße Stellung zweifellos auch nach 27 ♕xf8+ ♕xf8 28 d8♕ ♗xf3 29 ♕xf8+ ♔xf8 30 gxf3 gewonnen ist, muss er immer noch ein paar kleine technische Schwierigkeiten bewältigen. Vielleicht hätte dies den Schwarzen zu weiterem Widerstand ermutigt und die Partie verlängert. Auch wenn das Endergebnis in diesem Fall gleich gewesen wäre, gibt es keinen Grund, dem Gegner auch nur die geringsten zusätzlichen Chancen einzuräumen. Diese Herangehensweise bei der Vorteilsverwertung können wir in den Partien aller großen Meister beobachten. Hervorragende Endspielkönner wie Smyslow sind in dieser Technik so geübt, das sie quasi eine automatische Reaktion ist. Für jeden, der sein Schach verbessern möchte, ist das Erlernen dieser Fähigkeit absolut grundlegend.

27...♗c6 28 ♕xf8+ ♕xf8 29 d8♕ 1-0

Aus diesen beiden Beispielen lassen sich zwei klare Folgerungen ziehen:

a) Die Seite mit dem isolierten Zentrumsbauer sollte versuchen, in einem günstigen Moment einen Durchbruch anzustreben.

Entsprechend gilt die Regel für die gegnerische Seite:

b) Ein potentieller Vorstoß des isolierten Zentrumsbauern sollte so gut wie möglich verhindert werden.

Mit anderen Worten sollte man das Feld vor dem Isolani unter die strikteste Kontrolle nehmen. Es ist nicht notwendig, das Feld mit einer Figur zu besetzen, aber es sollte so umsichtig wie möglich kontrolliert werden!

Natürlich reichen diese Regeln alleine nicht aus, um die Schwierigkeiten, mit denen man in einer Schachpartie konfrontiert ist, gänzlich verschwinden zu lassen.

Kortschnoj – Karpow
Weltmeisterschaft (9), Meran 1981

1 c4 e6 2 ♘c3 d5 3 d4 ♗e7 4 ♘f3 ♘f6 5 ♗g5 h6 6 ♗h4 0-0 7 ♖c1 dxc4 8 e3 c5 9 ♗xc4 cxd4 10 exd4 ♘c6 11 0-0 (D)

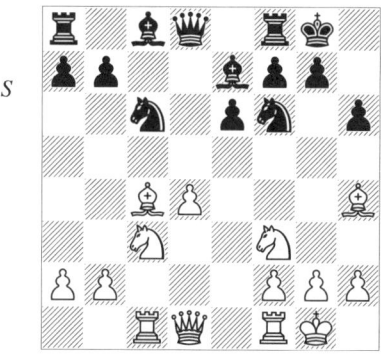

In dieser Stellung hat Schwarz Gelegenheit, einen günstigen Figurentausch zu erzwingen:

11...♘h5!

Deutlich schwächer ist 11...♘d5 12 ♗g3!.

12 ♗xe7 ♘xe7 13 ♗b3

Ebenfalls interessant ist 13 ♘e5 ♘f6 14 ♖e1, während 13 d5 zu völligem Ausgleich führt.

13...♘f6 14 ♘e5 ♗d7 15 ♕e2 ♖c8 16 ♘e4?

Dies ist schon eine ernste Ungenauigkeit, da Weiß bereitwillig ein weiteres Leichtfigurenpaar tauscht. Prinzipiell muss das ungünstig für ihn sein, denn *je weniger Leichtfiguren auf dem Brett sind, desto schwerer ist es, den vorhandenen Raumvorteil auszunutzen*. Es wird sogar noch schwieriger, Kompensation für die Schwäche des Isolanis oder tatsächlich für irgendwelche Art von Bauernschwächen im Allgemeinen zu finden. Dasselbe lässt sich über den Damentausch sagen: *Fast immer ist der Damentausch günstig für die Seite, die gegen den Isolani spielt.*

16 ♖fe1 ist natürlicher und stärker. Karpow plante darauf 16...♖c7, aber nicht 16...♗c6? wegen des für diese Stellungen typischen Einschlags 17 ♘xf7! ♖xf7 18 ♕xe6 ♘fd5 19 ♘xd5 ♗xd5 20 ♖xc8. Um die weißen Angriffspläne in diesem Stellungstyp zu verstehen, kann ich nur empfehlen, die herrliche Partie Botwinnik-Vidmar, Nottingham 1936, zu betrachten, insbesondere mit Botwinniks eigenen Kommentaren.

16...♘xe4 17 ♕xe4 (D)

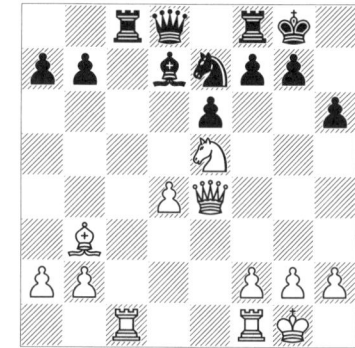

17...♗c6! 18 ♘xc6 ♖xc6! 19 ♖c3

Auf 19 ♖xc6 sollte Schwarz mit dem Bauern zurückschlagen: 19...bxc6!. Das verhindert dauerhaft den Vorstoß des weißen d-Bauern, und es wird für Weiß nicht leicht sein, Druck gegen die vereinzelten schwarzen a- und c-Bauern zu bekommen. Die klassische Beispielpartie für diese Idee ist Lasker-Capablanca, Weltmeisterschaft (10), Havanna 1921.

Dennoch sollte Weiß auf jeden Fall die Türme tauschen, auch wenn er damit seine Chancen verringert, durch ein Turmmanöver nach g3 Spiel gegen den schwarzen König aufzubauen. Genau diese potentielle Drohung wollte Karpow beseitigen, als er im 18. Zug mit dem Turm zurückschlug. Wir sehen, wie viele unscheinbare Nuancen bei solchen „einfachen", „klaren" und „offensichtlichen" Zügen eine Rolle spielen. Und deshalb kann ich nur noch einmal betonen, dass man, um sein Schach zu verbessern, *erstklassige* Erläuterungen braucht.

19...♕d6 20 g3?!

Wie uns jetzt klar ist, widerspricht dieser Zug der weißen Entscheidung, den zweiten Turm zu behalten, da er nun nicht mehr auf

den Königsflügel schwenken kann. Aber das ist noch nicht alles (siehe unten).
20...Td8 21 Td1 *(D)*

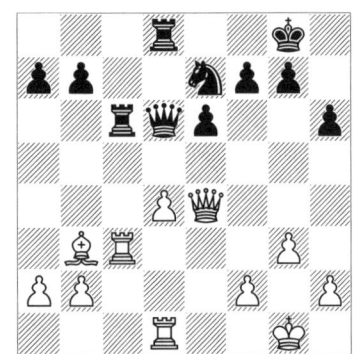

S

21...Tb6!
Das ist der Punkt! Nachdem Weiß seinem Turm die Möglichkeit genommen hat, nach g3 zu schwenken, kann Schwarz seinen eigenen Turm problemlos dem Abtausch entziehen. Dieser Turm wird in Kürze d4 angreifen, während der weiße Turm Verteidigungsaufgaben übernehmen muss.
22 De1 Dd7 23 Tcd3 Td6 24 De4 Dc6! *(D)*

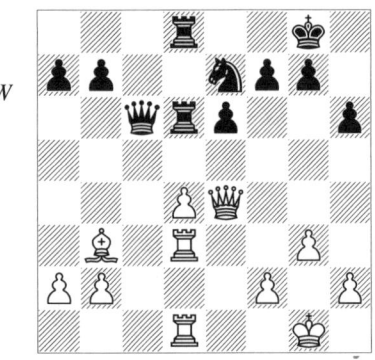

W

Für Weiß ist die Zeit des Leidens angebrochen. Der Druck auf den Isolani verstärkt sich, und es ist kein Gegenspiel in Sicht.
25 Df4
Der Damentausch würde Weiß einen Bauern kosten: 25 Dxc6 Sxc6 26 d5 Sb4.
25...Sd5 26 Dd2
26 De4 ist schlecht wegen 26...Sb4.
26...Db6 27 Lxd5
Mit 27 a3 den Läufer zu behalten, ist etwas hartnäckiger, obwohl auch hier der schwarze Vorteil offensichtlich ist.
27...Txd5 28 Tb3 Dc6 29 Dc3 Dd7 30 f4

Das ist ein ernsthafter Schwächungszug, aber er war notwendig, um ...e5 zu verhindern.
30...b6 31 Tb4 b5!
Erlaubt dem Turm nicht, nach c4 zu gehen.
32 a4
Auf 32 Tb3 folgt 32...Tc8.
32...bxa4 33 Da3 a5! 34 Txa4 Db5!
Mit den letzten beiden Zügen hat Schwarz die Beweglichkeit der weißen Figuren eingeschränkt und außerdem die Dame in eine aktive Stellung gebracht, von wo aus sie in Richtung des feindlichen Königs schielt.
35 Td2?!
Diese letzte Ungenauigkeit ermöglicht dem Nachziehenden, eindrucksvoll zu gewinnen. 35 b3!? ist hartnäckiger.
35...e5! 36 fxe5 Txe5 37 Da1 De8!! *(D)*

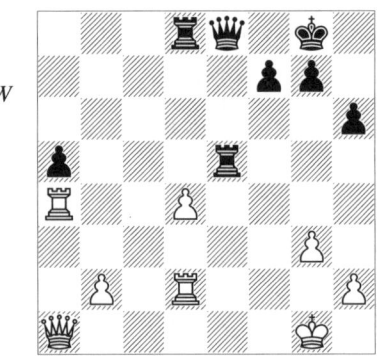

W

Nach diesem wunderbaren Zug gerät der weiße König unter direkten Angriff.
38 dxe5 Txd2 39 Txa5 Dc6 40 Ta8+ Kh7 41 Db1+ g6 42 Df1 Dc5+ 43 Kh1 Dd5+ 0-1
Eine erstklassige positionelle Leistung von Karpow!

Diese Partie demonstriert eindrucksvoll, dass es beim Spiel gegen den Isolani vorteilhaft ist, die Schwerfiguren zu behalten und die Leichtfiguren abzutauschen. Wenn die Leichtfiguren im Spiel bleiben, kann die Isolanipartei zumeist Nutzen daraus schlagen.

Dontschew – Eingorn
Mannschaftseuropameisterschaft, Debrecen 1992

1 e4 e6 2 d4 d5 3 Sd2 a6 4 Sgf3 c5 5 exd5 exd5 6 dxc5 Lxc5 7 Sb3 La7 8 Ld3 De7+ 9 De2 Sc6 10 c3 *(D)*

Weiß hat die Eröffnungsphase der Partie ohne irgendwelche Ambitionen gespielt. Mit seiner gemächlichen Fortsetzung strebt er nicht mehr als eine solide Stellung an. Dennoch ist in dieser scheinbar einfachen Eröffnung „Gift" enthalten – der schwarze Läufer kann auf der Diagonale g1-a7 sehr gefährlich werden. Daher ist es günstig, ihn rechtzeitig zu neutralisieren bzw. allzu starkes Gegenspiel zu vermeiden. Beide Ziele wären durch 10 ♗g5 ♕xe2+ 11 ♔xe2 ♘ge7 12 ♗e3 zu erreichen gewesen.

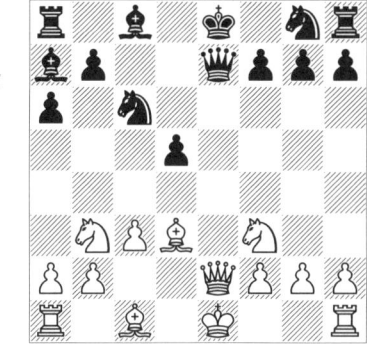

10...♗g4!

Wenn man einen Isolani besitzt, sollte man aktiv spielen. Genau das tut Schwarz: Er nimmt das wichtige Feld d4 unter Kontrolle und greift den Springer an.

11 0-0?!

Dieser Zug entschärft die Drohung des Schlagens auf f3 und setzt die Entwicklung fort, was äußerst logisch aussieht. Aber es sind auch andere Aspekte zu berücksichtigen: Recht bald wird ein Endspiel entstehen – und zwar ein ziemlich kompliziertes. Aus diesem Grund sollte der weiße König versuchen, eine aktivere Position einzunehmen – zum Beispiel durch die lange Rochade, oder indem er nach f2 oder d2 geht. Wenn wir auch das keinesfalls gelöste Problem des Läufers a7 mit einbeziehen, bietet sich eine Alternative an: 11 ♕xe7+ ♘gxe7 und nun 12 ♗e3 oder 12 ♘fd4. In beiden Fällen wäre die Stellung ungefähr ausgeglichen.

Wie schon erwähnt, widersprechen sich generelle Erwägungen im Schach oft gegenseitig, und es stellt sich in einer bestimmten Stellung oft als schwieriges Problem dar, die zutreffendste zu wählen. Doch gerade das ist einer der Gründe, die Schach so interessant machen und dem Spiel seine Langlebigkeit verleihen.

Es scheint, dass Weiß nach der kurzen Rochade bereits in Schwierigkeiten steckt.

11...♕xe2 12 ♗xe2 ♘f6 13 h3 ♗h5 (D)

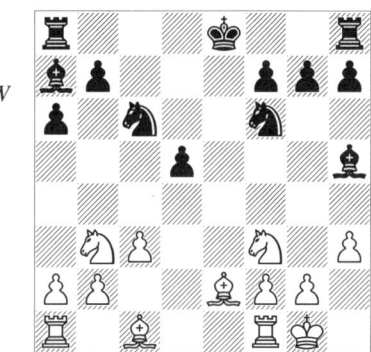

14 g4?!

Dieser Zug sieht höchst dubios aus. Ein kurzer Blick auf die Stellung genügt, um festzustellen, dass die weißen Figuren weniger aktiv postiert sind als die schwarzen. Aktive Bauernzüge sind in dieser Lage selten angebracht – in den meisten Fällen schaffen sie nur neue Schwächen. So ist es auch hier – mehr oder weniger erzwungen war 14 ♘fd4 mit der möglichen Fortsetzung 14...♗xe2 (nach 14...♘xd4 15 ♘xd4 ♗xd4 16 cxd4 ♗xe2 17 ♖e1 h6 18 ♖xe2+ ♔d7 19 ♗f4 ist die Stellung ausgeglichen) 15 ♘xe2 0-0-0 16 ♗g5 ♖de8 17 ♗xf6 ♖xe2 18 ♗xg7 ♖g8 19 ♗d4 ♘xd4 20 ♘xd4 ♗xd4 21 cxd4 ♖xb2 22 ♖fc1+ ♔d7 23 ♖c3 mit ernsthaften Gegenchancen.

14...♗g6 15 ♘fd4

Leider kann der Läufer nicht gefangen werden: 15 ♘h4 ♗e4 16 ♘d2 ♗c2.

15...h5 16 ♔g2?! (D)

Das ist zweifelhaft. Nachdem er einmal damit angefangen hat, sollte Weiß auch aktiv fortfahren, zum Beispiel mit 16 g5 oder 16 ♗f4.

16...hxg4 17 hxg4 ♘e5 18 f3?!
18 g5 ist besser, obwohl Schwarz nach 18...♘e4 19 ♗f4 ♘c4 zweifellos im Vorteil ist.
18...0-0-0 19 ♖f2 *(D)*

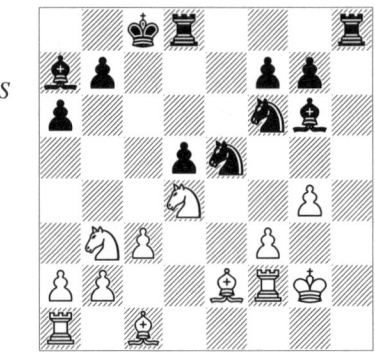

S

19...♖de8
Schwarz erhöht den Druck. Die weißen Figuren leiden unter Raummangel, und zum Schluss sind sie nur noch ein verknäulter Haufen. Das ist ein typisches Beispiel für erfolgloses Spiel gegen den Isolani.
20 ♗f4 ♘c4 21 ♗d1 ♘d7!
Die letzte schwarze Figur wird ins Spiel gebracht.
22 ♗c2 ♗xc2 23 ♖xc2 *(D)*

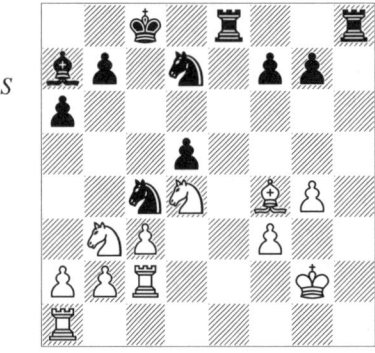

S

23...♗b8!
Nach diesem Schlag hat Weiß offenbar keine Verteidigung.
24 ♔g3 ♗xf4+ 25 ♔xf4 ♖h3!
Schneidet dem König den Rückweg ab.
26 ♖f2?
Weiß ist sichtlich entmutigt und leistet keinen Widerstand. Doch offenbar können seine Figuren ohnehin nicht mehr zur Hilfe eilen, wie die folgende (zugegebenermaßen nicht forcierte) Variante zeigt: 26 ♖e2 ♘de5 27 ♖ae1 f6! 28 g5 ♖f8! 29 gxf6 (29 ♔f5 fxg5+ 30 ♔xg5 g6! 31 ♖xe5 ♘xe5) 29...♖xf6+ 30 ♔g5 ♖g6+ 31 ♔f4 ♖h4+ 32 ♔f5 ♖h5+ 33 ♔f4 ♘d3#.
26...♘de5 27 ♖d1 ♘g6+ 28 ♔g5 *(D)*

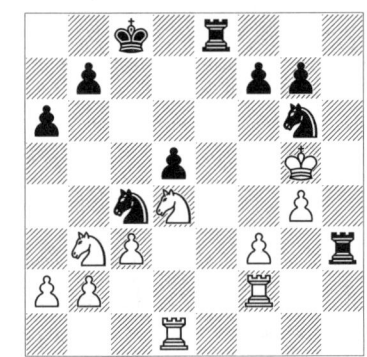

S

28...♖h6! 29 ♖e2 0-1
Angesichts von 29...f6+ 30 ♔f5 ♘d6#.

Also sehen wir, dass es nicht immer ausreicht, die Damen zu tauschen – auch die Aktivität der Leichtfiguren muss verhindert werden!

Manchmal kann die gegen den Isolani spielende Seite versuchen, sogenannte „hängende Bauern" zu schaffen. Natürlich ist das ein eigenes Thema, das spezifische Überlegungen erfordert. Dennoch lohnt es sich, einen Blick darauf zu werfen, da es in engem Zusammenhang mit unserem Thema steht.

Botwinnik – Ragosin
Trainingspartie, Moskau 1947

Ich kommentiere diese Partie in Anlehnung an Botwinniks eigene Kommentare. Direkte Zitate werden in Anführungszeichen gesetzt.
1 d4 d5 2 ♘f3 ♘f6 3 c4 e6 4 ♘c3 c5 5 cxd5 ♘xd5 6 e3 cxd4 7 exd4 ♘c6 8 ♗c4
Dieser Zug ist ebenso gebräuchlich wie 8 ♗d3. Das ist Geschmackssache – Botwinnik bevorzugte den Läuferzug nach c4, während Smyslow ihn lieber nach d3 entwickelte.
8...♗e7 9 0-0 0-0 10 ♖e1 ♘xc3
10...b6? ist hier kein glücklicher Zug, wie die berühmte Partie Botwinnik-Aljechin, AVRO Amsterdam 1938, zeigte: Nach 11 ♘xd5 exd5 12 ♗b5 ♗d7 13 ♕a4! ♘b8 14 ♗f4 hatte Weiß klaren Vorteil. Nach Kasparows hochgeschätzter Meinung ist der beste Zug 10...a6.

11 bxc3 b6 12 ♗d3 ♗b7 *(D)*

Es ist eine Stellung mit hängenden Bauern auf der c- und d-Linie entstanden. Ein Schlüsselmerkmal ist, dass die Hauptprobleme des Weißen nun auf die c-Linie verschoben sind, wo die Basis seiner kleinen Bauernkette liegt – nämlich der Bauer c3. Außerdem kann sich das Feld c4 als hervorragender Stützpunkt für den schwarzen Springer erweisen. In diesem Zusammenhang kann sich auch der Bauer d4 als schwach herausstellen. Die weißfeldrigen Schwächen sind nun merklich, da sowohl c4 als auch d5 geschwächt sind, während es vorher nur das Feld d5 war. Auf der anderen Seite hat Weiß einen Vorteil, den er zuvor nicht hatte: Seine Zentrumsbauern können sich als echte Kraftquelle erweisen. Sie können alle zentralen Felder kontrollieren. Außerdem drohen ständig Durchbrüche, um den Figuren wichtige Linien zu öffnen. In diesem Fall wählte Weiß allerdings einen anderen Plan, der ebenfalls typisch für diese Eröffnung ist. Zunächst führt er ein einfaches, aber wirkungsvolles Damenmanöver aus, um Schwächen zu provozieren.

13 ♕c2!? g6

Dieser Zug ist richtig, da Weiß nach 13...h6 mit 14 ♕e2 fortsetzt, wonach Schwarz Schwierigkeiten hat, seinen Königsflügel zu verteidigen.

14 ♗h6 ♖e8 15 ♕d2!

Die Dame kommt, um die schwarzen Felder am Königsflügel unter Kontrolle zu nehmen.

15...♖c8 16 ♖ab1!

„Ein wichtiger Teil des weißen Plans, da ...♕d5 nun immer mit ♖b5 beantwortet wird."

16...♗f6 *(D)*
17 h4!

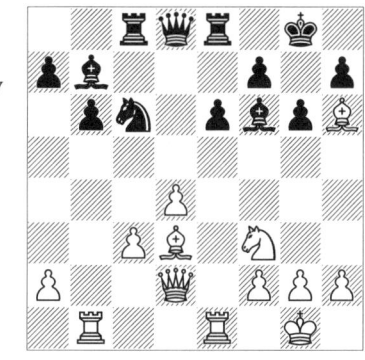

Ein für diese Art von Stellungen typischer Plan, der die positionelle Drohung aufstellt, den Springer nach g5 zu ziehen. Heutzutage wird dieser Zug oft schon im 13. Zug gespielt!

17...♕d6

17...♗xh4? scheitert an dem thematischen Vorstoß 18 d5!, zum Beispiel 18...♘a5 19 ♘xh4 ♕xh4 20 ♗g5.

18 ♗f4 ♕a3 19 h5 ♘a5 *(D)*

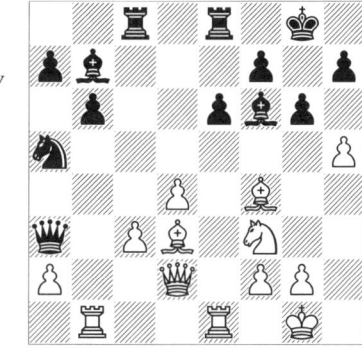

20 ♗e5

Man könnte meinen, dass dieser Zug der Regel widerspricht, die besagt, dass die Seite mit dem Isolani (oder in diesem Fall mit den hängenden Bauern) den Abtausch von Leichtfiguren vermeiden sollte. Aber natürlich muss es aufgrund der ernsthaften schwarzfeldrigen Schwächen im schwarzen Lager günstig für Weiß sein, die schwarzfeldrigen Läufer abzutauschen. Um es noch einmal zu sagen: *Im Schach widersprechen sich allgemeine Prinzipien oft gegenseitig.* Vielleicht werden wir das in meinem nächsten Buch genauer betrachten...

20...♕e7

„Der Rückzug der Dame ist erzwungen, da die schwarze Verteidigung nach 20...♗xe5 21

♘xe5 ♕xc3 22 ♕f4 schwierig ist." Weiß entkräftet die Drohungen gegen seinen schwachen Bauern mit eigenen Drohungen gegen den gegnerischen König.

In einem solchen Kampf ist es wichtig, so energisch wie möglich vorzugehen.

21 ♗xf6 ♕xf6 22 ♘e5 ♖ed8 23 ♘g4 ♕g7 24 hxg6 hxg6 *(D)*

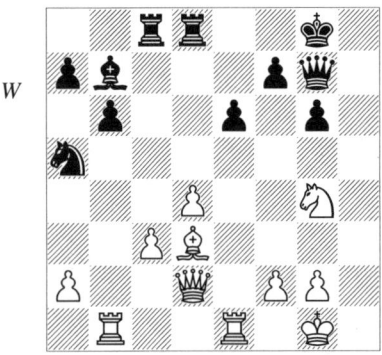

25 ♕g5

Hier sehen wir eine Illustration dessen, was wir weiter oben beschrieben haben: Weiß bringt seine Figuren auf den Königsflügel und ist für alle zukünftigen Komplikationen gewappnet.

Weiß muss versuchen, seine Initiative zu entwickeln, und kann sich daher nicht mit prophylaktischen Maßnahmen aufhalten. In den nächsten Zügen nimmt das Spiel einen schärferen Charakter an. Auch 25 ♖e3 ist interessant.

25...♔f8 26 ♖b5

Vermutlich wählte Botwinnik diesen scheinbar riskanten Zug, weil er übersehen hatte, dass nach 26 ♘f6!? ♖xc3 27 ♘h7+ das nahe liegende 27...♔e8? am Einschlag 28 ♖xe6+! scheitert, und Schwarz daher zu 27...♕xh7 28 ♕xd8+ ♔g7 29 ♖e3 gezwungen wäre.

26...♘c6 *(D)*

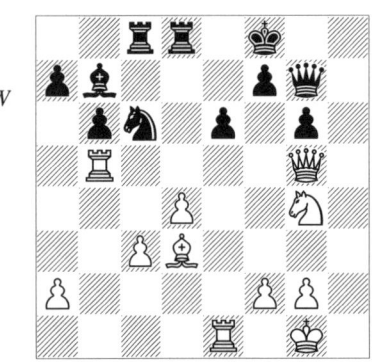

27 ♘f6!

Eine starke und praktisch erzwungene Entscheidung – Weiß findet die einzige Möglichkeit, seine Initiative zu verstärken.

27...♘e7?!

Ich denke, dass dieser Zug die einzige ernsthafte Ungenauigkeit der ganzen Partie darstellt. Doch in einer so angespannten Lage reicht ein einziger Fehler aus. Besser war 27...♗a6, z. B. 28 ♖e3 ♗xb5 29 ♗xb5 ♘e7 30 ♘d7+ ♖xd7 31 ♗xd7 ♖c7 32 ♗b5.

28 ♖e3 ♘g8 29 ♘xg8 ♔xg8 *(D)*

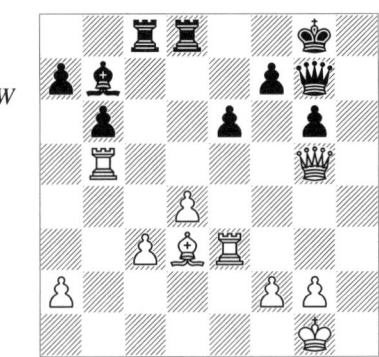

30 ♕e7!

Zwingt Schwarz, die c-Linie zu blockieren, was sein Gegenspiel behindert.

30...♗c6 31 ♖be5

Nun funktioniert alles für Weiß! Sehen Sie, wie die Topspieler spielen: Am Ende passt einfach alles perfekt zusammen.

31...♖d7 32 ♕h4 ♕h8 33 ♕f4 ♕g7 34 ♖g3 *(D)*

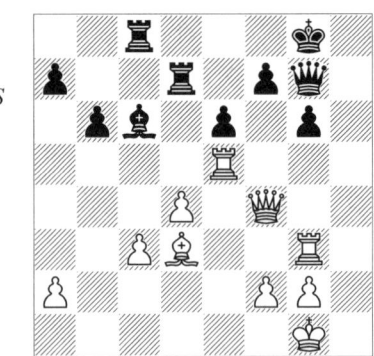

„Die Sturmwolken ziehen sich wiederum über der schwarzen Königsstellung zusammen. Der Korrektheit willen müssen wir sagen, dass es für Weiß nicht wirklich schwierig war, den

richtigen Plan zu finden: Er musste nichts anderes tun, als das Spiel Laskers in seiner Partie gegen Capablanca zu kopieren (Moskau 1936)."
„Umgekehrtes Denken" in Aktion! (siehe *Rezepte aus der Großmeisterküche*).

34...♗d5 35 ♖eg5 ♖xc3 36 ♗xg6! ♖xg3 37 ♗xf7+ ♔f8

37...♖xf7 38 ♕xg3.

38 ♖xg7 ♖xg7 39 ♗xe6+ 1-0

Das weiße Spiel in dieser Partie ist sehr lehrreich und typisch für diesen Stellungstyp – beachten Sie besonders den 13., 15., 16., 17. und 20. Zug von Weiß.

Übrigens sollte man auch beachten, dass viele der strategisch wichtigen Methoden auf typischen taktischen Motiven basieren, die ebenfalls studiert werden sollten.

Aufgaben

Nun folgen einige Aufgaben. Lösungen auf Seite 152.

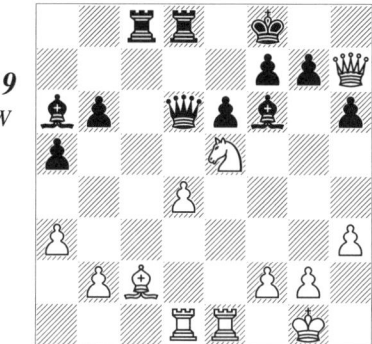

39
W

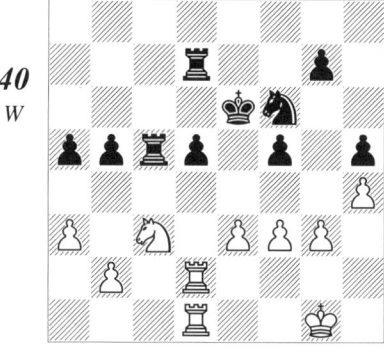

40
W

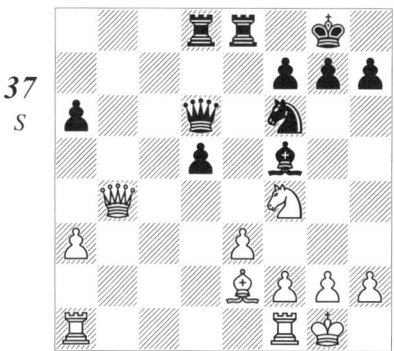

37
S

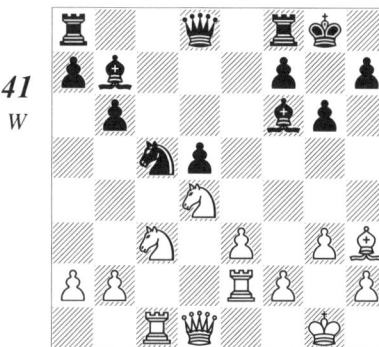

41
W

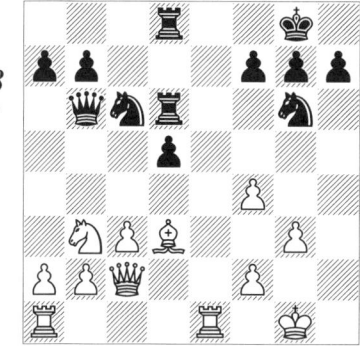

38
W

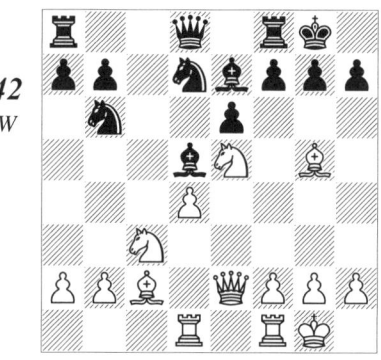

42
W

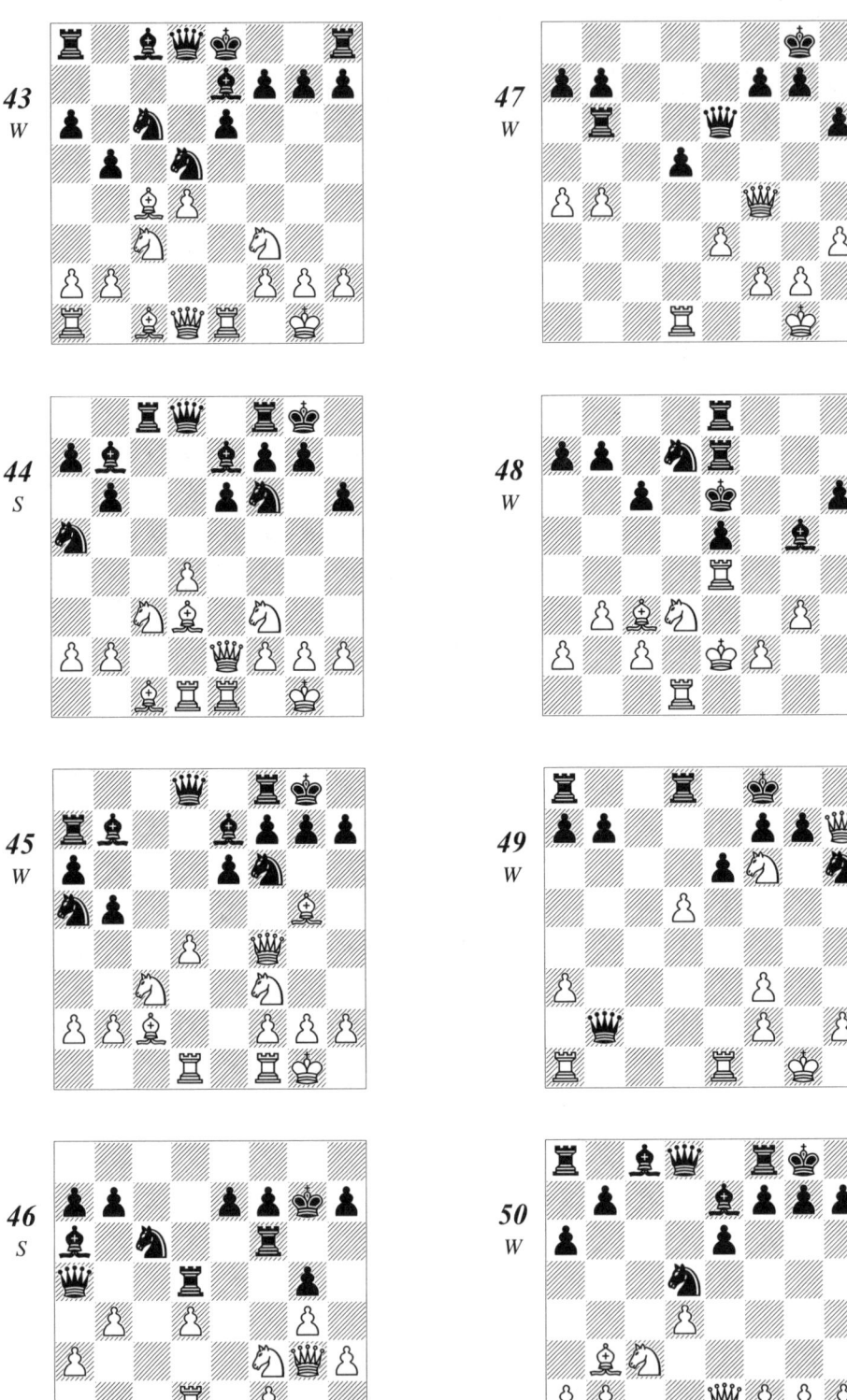

DER ISOLIERTE ZENTRUMSBAUER

51 S
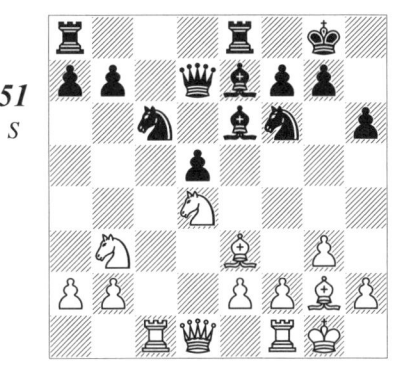

52 W
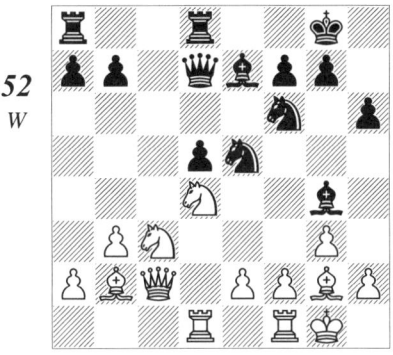

53 W
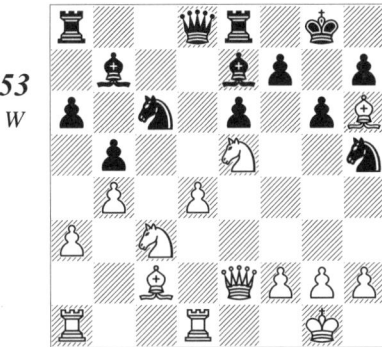

54 W

4 Der Freibauer im Zentrum

Wir haben schon gesehen, wie ein Isolani im Zentrum durchbrechen kann, wenn die Felder auf seinem Weg nach vorne unzureichend verteidigt sind. Wenn der Gegner in einem solchen Fall den Abtausch des Bauern als nachteilig einschätzt, kann der Bauer oft weiterlaufen und somit ein Freibauer werden (siehe die Partie Smyslow-Karpow im vorigen Kapitel). Natürlich gibt es auch andere Möglichkeiten der Schaffung eines Freibauern im Zentrum, aber wir werden uns hier nicht mit der Frage beschäftigen, wie der Freibauer entsteht. Stattdessen geht es uns darum, die Besonderheiten des Freibauern im Zentrum zu studieren, und zu verstehen, welche Faktoren vorteilhaft bzw. nachteilig sind, wenn man im Besitz eines solchen Freibauern ist, und wie man damit erfolgreich umgeht. Dabei ist anzumerken, dass wir in diesem Kapitel hauptsächlich Beispiele aus dem Mittelspiel betrachten werden, da in dieser Partiephase die interessantesten Ereignisse auftreten.

Smyslow – Keres
Kandidatenturnier, Zürich 1953

1 d4 d5 2 c4 dxc4 3 ♘f3 ♘f6 4 e3 e6 5 ♗xc4 c5 6 0-0 a6 7 ♕e2 b5 8 ♗b3 ♗b7 9 ♖d1 ♘bd7 10 ♘c3 ♗e7 11 e4 b4?!

Dieser Zug hat keinen guten Ruf. Die Theorie bevorzugt 11...cxd4.

12 e5 bxc3 13 exf6 ♗xf6 *(D)*

Auch nach 13...♘xf6 hat Schwarz Probleme, z. B. nach 14 dxc5 ♕c8 15 ♘d4 0-0 16 c6! ♗xc6 17 ♘xe6! c2 18 ♖e1, wie in Vescovi-Adianto, Bastia 1998.

Nun bricht Weiß durch.

14 d5 e5?!

Die schwarze Antwort ist sehr passiv. Sie räumt dem Gegner einen klaren Positionsvorteil ein, ohne selbst über echtes Gegenspiel zu verfügen. Anspruchsvoller ist 14...cxb2 15 ♗xb2 ♗xb2 (15...e5 16 ♘xe5 0-0 17 ♘xd7 ♗xb2 18 ♘xf8 ♗xa1 19 ♘e6! ist schlecht für Schwarz)

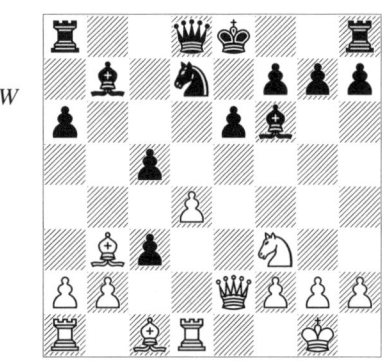

16 dxe6 fxe6 (nicht 16...♗xa1 17 exd7+ ♔f8 18 ♕c4 ♕f6 19 d8♕+) 17 ♕xb2 ♕f6 18 ♕d2 0-0-0, obwohl Weiß nach 19 ♘g5 auch hier die besseren Chancen hat.

15 bxc3 0-0 *(D)*

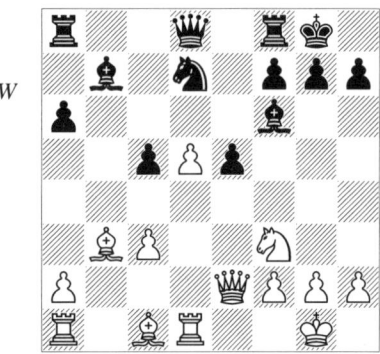

16 ♘d2!

Der wichtigste Faktor der Stellung ist der weiße Bauer d5, der die Möglichkeiten der schwarzen Figuren bedeutend einschränkt. Smyslow überführt den Springer nach c4, wo er den weiteren Vormarsch des Bauern unterstützt. Gleichzeitig blockiert er den Bauern c5, der die Beweglichkeit der eigenen Figuren behindert – eine sehr typische Strategie.

16...♗e7 17 ♘c4 a5!?

Offensichtlich ist sich Keres der drohenden Gefahren bewusst und sucht daher Gegenspiel. Nach 17...♖e8 ist 18 ♗a4 unangenehm.

18 ♘xe5 ♘xe5 19 ♕xe5 ♗f6?!
Eine unglückliche Entscheidung. Es gibt kein Gegenspiel, und der weiße Freibauer ist nicht unter Kontrolle zu bringen. Besser war 19...♗d6 oder vielleicht sogar 19...c4, obwohl letzteres etwas zweifelhaft ist.
20 ♕g3 c4 *(D)*

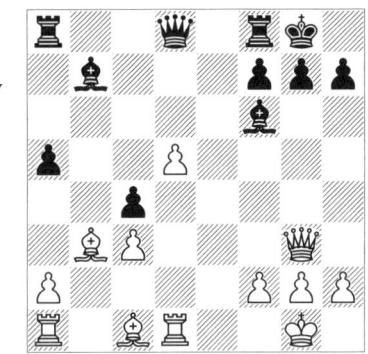

21 ♗a4!
Der letzte Zug von Schwarz war ein wichtiger Teil seines Plans. Nach 21 ♗xc4 ♖c8 22 ♕d3 ♕c7 23 ♖b1 ♕xc4 24 ♕xc4 ♖xc4 25 ♖xb7 ♖xc3 26 ♗b2 ♖c2 hat Schwarz Rettungschancen. Doch Weiß muss nicht schlagen. Smyslows Zug ist stärker – sein weißfeldriger Läufer bereitet sich darauf vor, den Vormarsch des Freibauern zu unterstützen.
21...♕e7 22 ♗f4!
Weiß hat nichts dagegen, den Bauern zurückzugeben, solange er nur seinen Freibauern nach vorne bringen kann.
22...♖fd8
Auch 22...♕a3 23 ♗c6 ♗xc6 24 dxc6 ♕xc3 25 ♕xc3 ♖xc3 26 ♖ac1 ist nachteilig für Schwarz, aber inzwischen ist alles schlecht.
23 d6 ♕e4 24 ♖e1 ♕f5 25 d7 h5 26 ♖e8+ ♔h7 *(D)*

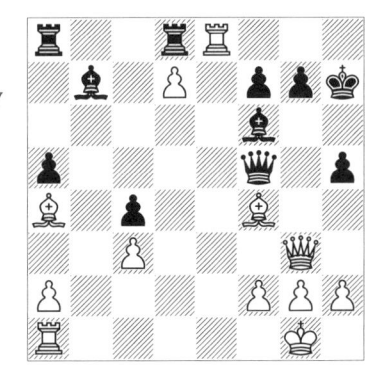

27 h4!
Die Einschätzung der Stellung ist einfach – Schwarz wird die Qualität für den Freibauern geben müssen. Aber großen Vorteil zu erreichen, ist eine Sache – und dessen Umwandlung in einen vollen Punkt eine vollkommen andere. Natürlich wäre auch 27 ♗c7 ♖xd7 28 ♗xd7 ♕xd7 29 ♖xa8 ♗xa8 möglich, aber hier hätte Weiß in Anbetracht des gegnerischen Läuferpaars noch eine lange Gegenwehr zu erwarten (zum Beispiel 30 ♗e5?? h4 31 ♕f4 ♕d5). Der Textzug zielt darauf ab, einen der Läufer abzutauschen, was den Widerstand des Schwarzen deutlich schwächen würde. Für jeden Spieler, der seine Technik verbessern will, sind Smyslows Partien eine hervorragende Hilfe, da er in der Vorteilsverwertung immer äußerst sorgfältig und akkurat vorging. Um die Wahrheit zu sagen, ist es ungemein schwierig, diesen Aspekt des Schachs vollständig zu meistern: Es wäre schöner, wenn man mit dieser Fähigkeit auf die Welt käme.
27...♖a6 28 ♗g5!
Wie schon erwähnt, ist dies stärker als 28 ♗c7 ♖xd7. Nun bleibt als letzte zu meisternde Schwierigkeit nur die Zeitnot.
28...♖xd7 29 ♗xd7 ♕xd7 30 ♖ae1 ♖d6 31 ♗xf6 ♖xf6 32 ♕b8 ♖f5 33 ♖h8+ ♔g6 34 ♖d8 ♕b5 35 ♖d6+ ♔h7 36 ♖d8
Durch die Zugwiederholung gewinnt Weiß Zeit, was wichtig ist, um die Zeitkontrolle zu erreichen. Der Rest ist einfach.
36...♕c5 37 ♖e3 ♗d5 38 ♖h8+ ♔g6 39 ♕d8! ♗f3 40 ♖xf3 ♖xf3 41 gxf3 1-0

In der nächsten Partie stellt sich ein Freibauer im Zentrum als ernsthafter Trumpf heraus.

Spasski – Petrosjan
Weltmeisterschaft (5), Moskau 1969

1 c4 ♘f6 2 ♘c3 e6 3 ♘f3 d5 4 d4 c5 5 cxd5 ♘xd5 6 e4 ♘xc3 7 bxc3 cxd4 8 cxd4 ♗b4+ 9 ♗d2 ♗xd2+ 10 ♕xd2 0-0 11 ♗c4 ♘c6 12 0-0 b6 13 ♖ad1 ♗b7 14 ♖fe1 ♖c8 *(D)*
15 d5 exd5

Das ist eine bekannte Variante des Damengambits. Statt des letzten schwarzen Zuges ist auch 15...♘a5 möglich, wonach Weiß normalerweise mit 16 ♗d3 exd5 17 e5! einen Bauern

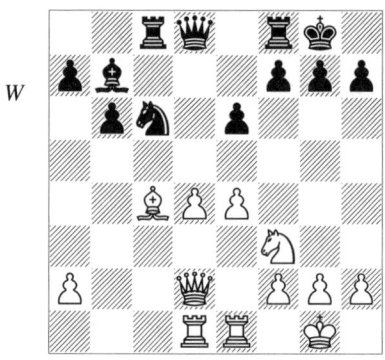

opfert und seine Aufmerksamkeit dem gegnerischen König zuwendet.

16 ♗xd5

Weniger populär ist 16 exd5 ♘a5.

16...♘a5?

Die Theorie hält diesen Zug für minderwertig und empfiehlt stattdessen 16...♛c7 oder 16...♛e7. Nun ist die schwarze Lage schwierig.

17 ♛f4 ♛c7 18 ♛f5 ♗xd5 19 exd5 ♛c2 (D)

Es ist nicht leicht, gute Züge zu finden – auch nach 19...♘c4 20 ♘g5 g6 21 ♛h3 h5 22 ♘e4 oder nach 19...♛d6 20 ♘g5 ♛g6 21 ♛xg6 hxg6 22 d6! ♘b7 23 d7 ♖cd8 24 ♖e7 ♘c5 25 ♖d6! besitzt Weiß klaren Vorteil.

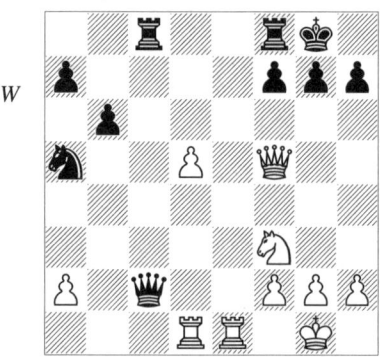

20 ♛f4!?

Spasski hatte die Wahl zwischen 20 ♛xc2 ♖xc2 21 ♖e7 ♖d8! 22 ♖xa7 h6!? mit unzweifelhaftem Vorteil, aber unklaren Konsequenzen – sowie dem Textzug, der den Vormarsch des Bauern mit Drohungen gegen den schwarzen König verbinden möchte. Es ist schwer zu sagen, welche der beiden Möglichkeiten genauer ist, da eine solche Entscheidung zum großen Teil von den persönlichen Vorlieben und dem Temperament des Spielers abhängt.

20...♛xa2 21 d6 ♖cd8 22 d7 ♛c4 23 ♛f5 h6

Falls 23...♛c6 24 ♘e5, dann scheint 24...♛e6 am besten mit 25 ♛xe6 fxe6 26 ♖c1 beantwortet zu werden, wonach der mächtige Springer und der Freibauer Weiß entscheidenden Vorteil geben. Auch 24...♛f6!? ist interessant, obwohl Schwarz hier ebenfalls in einer schwierigen Lage ist.

24 ♖c1 ♛a6 25 ♖c7 (D)

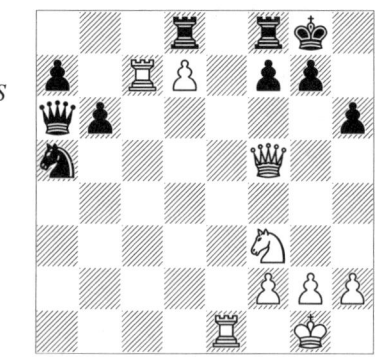

27...b5?!

Ich denke, dass 25...♘b3 stärker war, obwohl Weiß nach 26 ♛d5 ♘c5 27 ♘e5 unbestreitbar im Vorteil ist. Nach dem Textzug ist der weiße Vorteil überwältigend.

26 ♘d4

26 ♖e8! sieht zwingender aus. Nach 26...♘b7 27 ♖c8 ♛a1+ ist 28 ♘e1 möglich, wonach ich keine Fortsetzung für Schwarz sehe.

26...♛b6?

Unter dem steigenden Druck unterlaufen beiden Spielern Ungenauigkeiten, aber ihre Fehler haben recht unterschiedliche Konsequenzen! Schwarz findet nicht die beste Verteidigung 26...♛d6! 27 ♘xb5 ♛d2, nach der die Stellung alles andere als klar wäre. Doch nun gewinnt Weiß schnell.

27 ♖c8! ♘b7

Der Springer kann nicht mit 27...♛xd4 geschlagen werden, da dann 28 ♖xd8 ♖xd8 29 ♖e8+ gewinnt, und auch 27...g6 28 ♖xd8 ♛xd8 29 ♛xb5 rettet die Partie nicht. Die kritische Variante 27...b4 28 ♖e8 ♛xd4 29 ♖xf8+ ♖xf8 30 ♖xf8+ ♔xf8 scheitert an dem vernichtenden Schlag 31 ♛c5+!!, den Schwarz offensichtlich übersehen hatte, als er seinen 26. Zug ausführte.

28 ♘c6 ♘d6 (D)

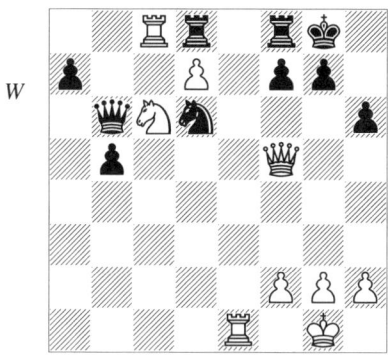

Vielleicht hatte Schwarz den nächsten weißen Zug übersehen, aber die Partie ist in jedem Fall vorbei.

29 ♘xd8! ♘xf5 30 ♘c6 1-0

Zusammenfassend lässt sich sagen, dass ein zentraler Freibauer im Mittelspiel ausgesprochen gefährlich sein kann, wenn sein Vormarsch von Figuren unterstützt wird. In solchen Fällen kann der Freibauer die gegnerischen Figuren zur Seite drängen, während die eigenen Figuren den Platz hinter ihm nutzen können. Gleichzeitig versucht der Bauer, sich in eine Dame zu verwandeln – und manchmal schafft er das auch! Somit lenkt ein solcher Bauer die gegnerischen Figuren von anderen Pflichten ab, deren Verteidigungspotential dadurch geschwächt wird.

Aber das ist noch nicht alles! Es kommt auch vor, dass der Freibauer im Zentrum sich opfert, um die Verteidigungsstruktur des Gegners zu zerstören. Die nächste Partie ist ein Beispiel dafür:

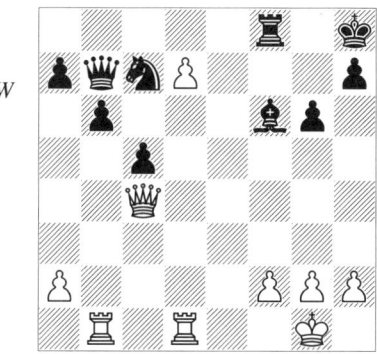

Kasparow – J. Přibyl
*Mannschaftseuropameisterschaft,
Skara 1980*

Zweifellos wird der weiße Materialnachteil durch den äußerst gefährlichen Freibauer kompensiert, aber auf den ersten Blick ist kein klarer Weg zu sehen, wie Weiß seine Initiative ausbauen könnte. Allerdings ist keine Zeit zu verlieren, da die schwarzen Chancen deutlich steigen würden, wenn er seine Dame nach c6 und/oder seinen Läufer nach d4 bringen könnte. Kasparow findet eine großartige Idee:

25 ♖d6! ♗e7 *(D)*

Nach 25...♕b8 26 ♖bd1 ♕d8 27 ♖c6 g5 (im Fall von 27...♗g7 28 h4! könnte sich Schwarz kaum noch bewegen) 28 ♕e4! ♖f7 29 ♕f3! ♔g7 30 ♕g3! kann Schwarz aufgeben. Schwieriger ist, die korrekte Antwort auf 25...♗d8 zu finden, aber mit 26 h4 ♕a6 27 ♕c3+!? ♔g8 28 ♕c2! ♔g7 29 h5 baut Weiß starken Druck auf, während die schwarzen Figuren sehr wenig Bewegungsfreiheit haben.

Nun wartet Kasparow mit einer Überraschung auf, indem er freiwillig seinen größten Trumpf aufgibt:

26 d8♕!! ♗xd8

26...♖xd8 27 ♖xd8+ ♗xd8 28 ♖d1!? ♗g5 29 ♖d7 gewinnt für Weiß.

27 ♕c3+ ♔g8 28 ♖d7 ♗f6

Durch das Bauernopfer hat Weiß ein einziges Tempo gewonnen, um seinen Angriff zu organisieren. In dieser Stellung ist dies Gold wert.

29 ♕c4+ ♔h8 30 ♕f4 *(D)*

30...♕a6?

Unter normalen Umständen können wir auf solche Fehler lange warten, aber in einer schwierigen Stellung sind sie nicht ungewöhnlich. Es ist selten, dass jemand genug Ausdauer hat, um einen ständigen und stetig ansteigenden Druck auszuhalten. Die einzige Art des Widerstands

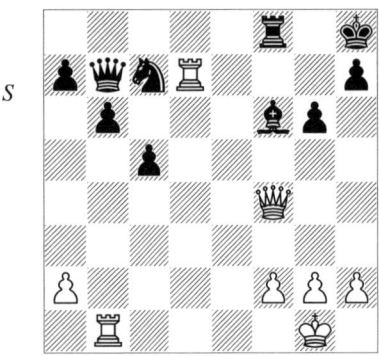

war 30...♗g7 31 ♕xc7 ♕xc7 (schlechter ist 31...♕e4 32 ♖f1 ♗e5 33 ♖xh7+ ♔g8 34 ♖e7) 32 ♖xc7 ♗d4, aber nach 33 ♖f1 könnte Weiß seinen Vorteil Schritt für Schritt vergrößern.

31 ♕h6 1-0

Zum gleichen Thema hier ein weiteres Beispiel, das mir sehr gut gefällt:

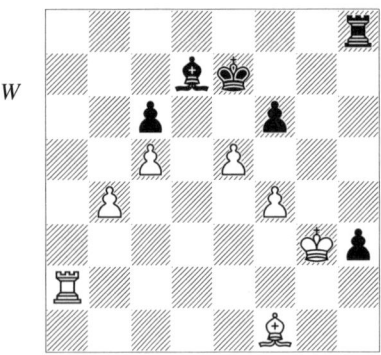

Tal – Trifunović
Palma de Mallorca 1966

Der weiße Vorteil steht außer Frage, aber die Umsetzung in einen Sieg ist alles andere als einfach, wie die folgenden Varianten demonstrieren: 45 exf6+ ♔xf6 46 ♖d2 ♗f5 47 ♖d6+ ♔e7 48 ♔h2 ♖b8; 45 ♖a7 fxe5 46 fxe5 h2; 45 ♔h2 fxe5 46 fxe5 ♖f8.

Tal trifft eine erstaunliche Entscheidung, die stärker ist als alle diese Varianten, und einfach ein Resultat dieser Analysen ist. Mit anderen Worten sehen wir hier den natürlichen „resultierenden" Zug – man kann den Zug finden, aber die Berechnung ist alles andere als einfach!

45 e6!! ♗xe6

Andere Fortsetzungen erleichtern das schwarze Los nicht: 45...h2 46 ♖xh2 ♖xh2 47 ♔xh2 ♗xe6 48 ♗g2, und Weiß gewinnt leicht. Oder 45...♖xe6 46 ♗xh3+ ♔e7 47 ♖e2+ ♔d8 48 ♗xd7 ♔xd7 49 ♔g4, und der König geht nach f5, der Turm nach e4 bzw. e6, was Schwarz jede Hoffnung nimmt.

46 ♖a7+ ♗d7 *(D)*

Das Bauernendspiel, das nach 46...♔d8 47 ♖a8+ ♗c8 48 ♗a6 ♖g8+ 49 ♔h2 ♔c7 (oder 49...♖g2+ 50 ♔h1) 50 ♖xc8+ entsteht, ist für Schwarz verloren.

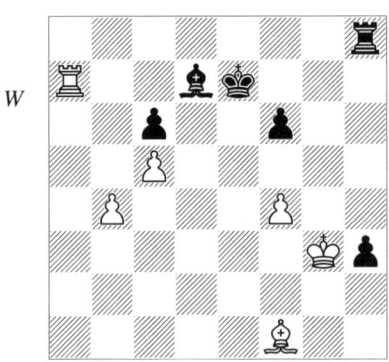

47 ♔h2!

Diese Stellung musste Weiß bei der Berechnung seines 45. Zugs sehen, und diesen Zug finden. Obwohl das nur zwei Züge zurück liegt, ist ein solcher Zug auf dem Höhepunkt des Kampfes immer schwer zu finden. Noch schwieriger ist vorauszusehen, dass Schwarz trotz materiellen Ausgleichs, und obwohl er am Zug ist, keine Rettungsmöglichkeit hat.

47...♖h5

47...♔d8 48 ♖a8+ ♗c8 49 ♗a6 und 47...♔e6 48 f5+ ♔e7 49 b5 sind ebenfalls für Schwarz verloren.

48 b5! *(D)*

Nicht 48 ♗e2? ♖h4 49 b5 ♖xf4 und Weiß macht nur remis.

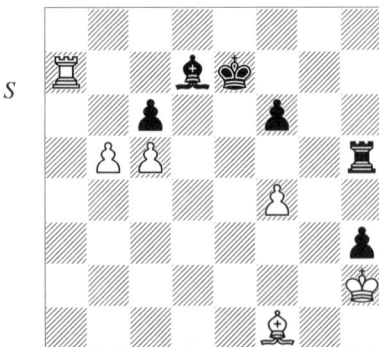

48...♖xc5 49 ♗xh3 f5 50 bxc6 ♖xc6 51 ♗xf5 ♖d6 *(D)*

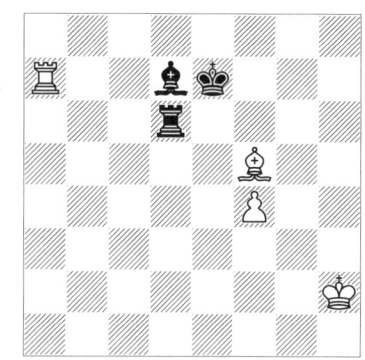

W

52 ♔g3!
Ein wunderbarer Schlussakkord. Einen solchen Zug zu finden, wenn einem diese Stellung vorgelegt wird, ist nicht weiter schwierig. Aber ihn am Ende einer langen und verzweigten Analyse vorauszusehen, ist etwas ganz anderes!
52...♔e8 53 ♖xd7 ♖xd7 54 ♗xd7+ ♔xd7 55 ♔g4 ♔e6 56 ♔g5 ♔f7 57 ♔f5 1-0
Ein wahres Meisterwerk von Genauigkeit und Eleganz!

Wenn der Freibauer im Mittelspiel so gefährlich sein kann, sollte es auch Möglichkeiten geben, ihn zu bekämpfen. Schauen wir uns an, wie das zu tun ist:

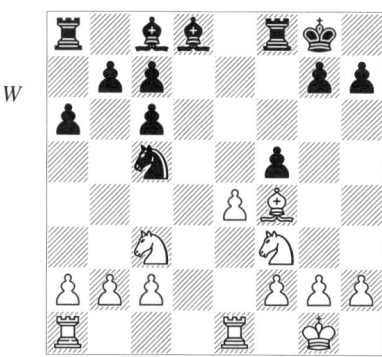

W

Bondarewski – Smyslow
Moskauer Meisterschaft 1946

Mit seinem letzten Zug (12...f5) beabsichtigte Schwarz eine Klärung der Situation im Zentrum. Weiß hat nun die Wahl, entweder den Bauern zu tauschen, was die Stellung öffnet, wobei Schwarz das Läuferpaar hat – oder den Bauern nach vorne zu schieben und damit der Partie einen eher geschlossenen Charakter zu geben, was beim Spiel gegen das Läuferpaar oft richtig ist. Darüber hinaus wird der weiße Bauer ein sicher gedeckter Freibauer. Es scheint so, als ob alles für die letztere Möglichkeit spräche. Daher spielte Weiß...
13 e5?
...was sich als falsch herausstellte! Wie Smyslow darlegte, hätte Weiß eine ungefähr ausgeglichene Stellung erreichen können, und zwar mit 13 ♗g5! (Läuferpaar ist Läuferpaar, und es ist günstig, einen davon abzutauschen) 13...♗xg5 14 ♘xg5 h6 15 b4!? ♘xe4 16 ♘gxe4 fxe4 17 ♘xe4 ♗f5.

Doch warum ist der Textzug so schlecht? Der Zug ist schlecht, weil er der Stellung einen blockierten Charakter verleiht. Bondarewski verstand nicht, dass die Blockade praktisch keinen Effekt auf die Aktivität der schwarzen Figuren hat. Der Beweglichkeit der eigenen Figuren versetzt Weiß mit diesem Zug hingegen einen ernsthaften Schlag, wovon wir uns bald überzeugen werden.

Von besonderer Bedeutung für unser derzeitiges Thema – wie auch für die Beurteilung der Stellung – ist die Tatsache, dass der Bauer nicht mehr nach vorne gehen kann, sobald der Springer auf e6 auftaucht. Das heißt, er wird nicht die Eigenschaften haben, die einen Freibauern im Mittelspiel besonders wertvoll machen (siehe oben). Außerdem nimmt der Bauer den Leichtfiguren das wichtige Feld e5, er schließt die nützliche Diagonale h2-b8 und blockiert die e-Linie für seinen Turm. Weiß wird sich bald wünschen, den Figuren ihre frühere Aktivität zurückgeben zu können, indem er seinen stolzen Freibauern auf irgendeine Weise aufgibt – die Frage ist nur, ob Schwarz das zulässt!

Aber das ist noch nicht alles! Nachdem er eine so ausgezeichnete Stellung erreicht hat, wird der schwarze Springer eine extrem wertvolle Figur. Dieses Thema ist von vielen verschiedenen Autoren, angefangen bei Nimzowitsch, ausführlich behandelt worden.
13...♘e6 14 ♗d2 *(D)*
14...g5!
Smyslow zeigt ein hervorragendes Positionsverständnis. Er demonstriert, dass es von größter

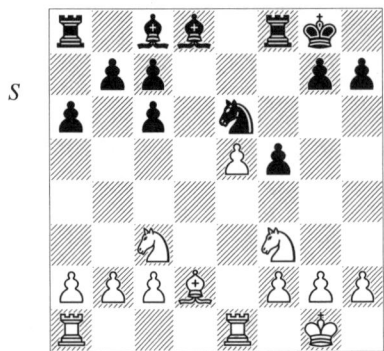

Bedeutung ist, den Abtausch des Springers e6 zu verhindern, der zur Zeit das Hauptkapital des Schwarzen darstellt. Mit seinem letzten Zug nimmt Smyslow seinem Gegner das Feld f4, und mit seinem nächsten Zug nimmt er ihm das Feld d4.

15 ♘e2 c5! 16 ♗c3 b5 17 b3 ♗b7 18 ♘g3 g4 19 ♘d2 ♗e7 20 ♘h5 ♔f7 21 ♘f1 ♔g6 22 ♘f6 ♖ad8 23 ♖ad1 *(D)*

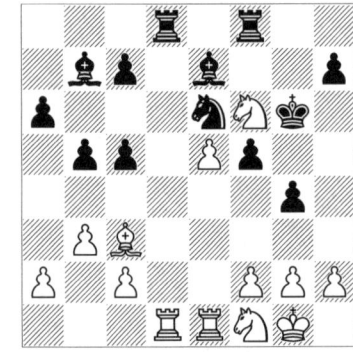

Die Lage hat sich geklärt. Die schwarzen Leichtfiguren nehmen bequeme Stellungen ein, während die weißen Figuren unkoordiniert und in ihrer Beweglichkeit eingeschränkt sind. Die Gründe dafür haben wir bereits recht detailliert betrachtet. Einzig die Türme könnten eine gewisse Kompensation für Weiß darstellen. Daher ist ihr Abtausch vorteilhaft für Schwarz, insbesondere da sein König sehr viel aktiver steht als der gegnerische.

23...♖xd1! 24 ♖xd1 ♖d8 25 ♖xd8 ♗xd8 26 ♘e3?!

Übersieht eine einfache Drohung. Besser war sofort 26 ♗b2!?.

26...f4! 27 ♘d1

Weiß kann nicht schlagen: 27 ♘exg4? h5. Nun ist die Zeit gekommen, weiter vorwärts zu drängen. Smyslow eliminiert die letzte verbliebene aktive Figur des Gegners.

27...♗xf6! 28 exf6 ♗e4 29 ♗b2 *(D)*

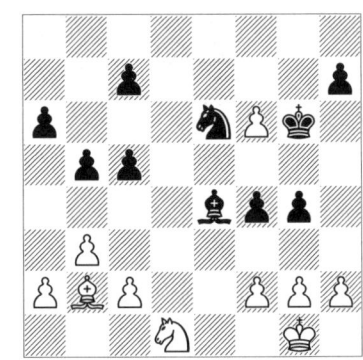

29...b4!

Auch 29...♗xc2 30 ♘c3 c6 ist möglich, aber der Textzug ist viel stärker, da Weiß mindestens zwei Bauern verliert. Der Rest ist einfach und logisch.

30 f3 ♗xc2 31 ♘f2 gxf3 32 gxf3 ♗b1 33 ♘e4 ♗xa2 34 ♘d2 a5 35 ♔f2 ♘d4 36 ♗xd4 cxd4 37 ♔e2 ♔xf6 38 ♔d3 ♔e5 39 ♔c2

Oder 39 ♘c4+ ♔d5 40 ♘xa5 ♗b1+, und Schwarz gewinnt.

39...a4 40 bxa4 c5 41 a5 c4 42 a6 d3+ 0-1

Somit haben wir die Blockade eines Freibauern als wirksame Waffe kennengelernt, aber wie man vor langer Zeit in meiner Geburtsstadt Odessa zu sagen pflegte: „Für jeden Topf muss es einen Deckel geben!" Die folgende Partie des berühmtesten Spielers aus Odessa bietet ein hervorragendes Beispiel für diese unbestreitbare Theorie.

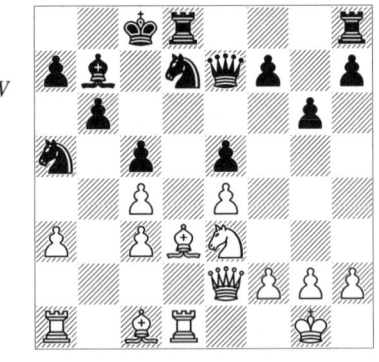

Geller – Lipnitski
UdSSR-Meisterschaft, Moskau 1951

Weiß hat klaren Eröffnungsvorteil erreicht und muss diesen nun umsetzen. Einer der wichtigsten Gesichtspunkte dabei ist der schwarze Springer, der auf den ersten Blick recht sicher steht, sich aber in Wirklichkeit – wie wir bald sehen werden – in einer ziemlich unbequemen Lage befindet. Außerdem sind die schwarzen Felder am Königsflügel schwach, weil der Nachziehende keinen Läufer dieser Farbe mehr besitzt. Ähnliche Fälle werden wir später noch detaillierter betrachten.

17 ♘d5 ♕d6 18 ♖b1! ♗xd5

Praktisch erzwungen. Nach 18...h6 19 ♗c2 ♗a6? hat Weiß 20 ♘xb6+, was durch seinen 18. Zug ermöglicht wurde.

Nun blockiert Schwarz den weißen Freibauern – aber das ist nicht die ganze Wahrheit. Erstens können die weißen Läufer und Schwerfiguren einen Angriff gegen den schwarzen König entfachen, und zweitens wird bald klar, dass Schwarz den weißen Bauern nicht günstig blockieren kann.

19 cxd5 ♘b8 20 a4 ♔c7 21 ♗d2 ♘b7 *(D)*

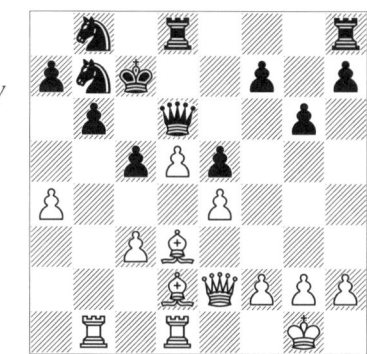

Wenn es Schwarz gelänge, die Dame als Blockadefigur durch den Springer zu ersetzen, würden seine Chancen natürlich beträchtlich steigen. Doch indem er unbarmherzig seine Drohungen verstärkt, lässt Weiß das nicht zu.

22 ♖b2! ♕e7 23 ♖db1 ♖d6

Hier haben wir das erste Ergebnis des korrekten weißen Anti-Blockade-Plans, da 23...♘d6 24 a5 schlecht für Schwarz ist. Dagegen stellt der Turm auch keine bessere Blockadefigur dar als die Dame.

24 ♗e3 a5

Erzwungen – sonst folgt 25 a5 ♘xa5 26 ♗xc5 bxc5 27 ♖b5. Mit einer Drohung nach der anderen übt Weiß so lange Druck auf die gegnerische Stellung aus, bis sie zusammenbricht.

25 ♗a6 ♘d7 *(D)*

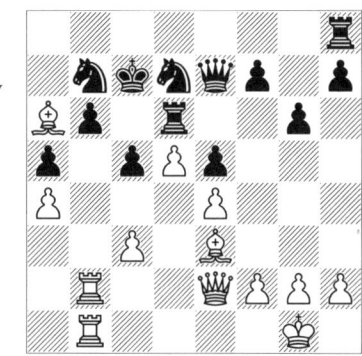

26 ♕b5?!

Leider nicht die glücklichste Entscheidung. Sehr viel einfacher wäre sofort 26 ♕c4 gewesen, mit folgenden Varianten:

a) 26...♖b8 ist schlecht: 27 ♗xb7 ♖xb7 28 ♗xc5 ♘xc5 29 ♕xc5+ bxc5 30 ♖xb7+ ♔d8 31 ♖b8+.

b) 26...♕h4 27 ♗xb7 ♔xb7 28 ♖b5 belässt Schwarz in einer kritischen Lage.

c) 26...♖c8 27 ♖b5 ♖a8 28 ♗xb7 ♔xb7 29 ♗xc5, und Weiß steht auf Gewinn.

Der dreiste Versuch des Weißen, die Partie durch direkten Angriff zu entscheiden, hätte seine Aufgabe komplizieren können.

26...♘d8 27 ♕c4

Die Dame hat den Springer vertrieben und kann von diesem Feld aus nun den wichtigen Bauern c5 im Auge behalten.

27...f5 28 ♖b5?!

Konsequent, aber ungenau. Besser war 28 f3 oder 28 f4, wodurch Weiß seine überwältigende Stellung behält.

28...♕f6 *(D)*

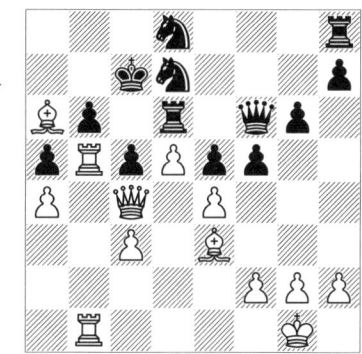

29 f4!
Dieser Zug basiert einerseits auf dem Prinzip, dass eine Stellungsöffnung dem Läuferpaar zugute kommt, andererseits auf dem Prinzip der „zweiten Front" beim Ausbau der Initiative.
29...♖e8? *(D)*
Wir sind diesem Phänomen schon oft begegnet: Unter erhöhtem Druck steigt die Wahrscheinlichkeit für Fehler dramatisch an. Das gesamte bisherige Spiel des Weißen ist nun gerechtfertigt. Wie ich mehr als einmal erwähnt habe, sind in den Partien großer Spieler sogar die Fehler lehrreich. Das ist der Fall, solange sie auf ernsthaften Ideen beruhen, denn auch wenn sie in der konkreten Stellung inkorrekt sind, können sie in einer anderen Stellung richtig sein.

Mehr Widerstand bot 29...♘f7!, wonach Weiß zum Rückzug blasen und, angefangen mit 30 ♖5b2, seine Türme zurück ins Zentrum dirigieren muss. Auch in diesem Fall wäre der große weiße Vorteil noch intakt und nur geringfügig verkleinert.

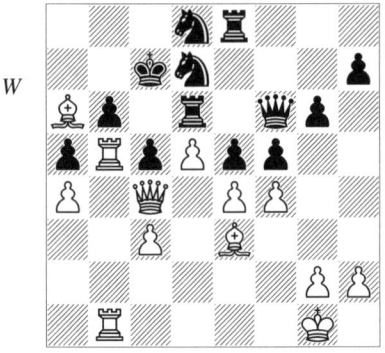

30 ♗xc5! bxc5 31 ♖xc5+ ♘xc5 32 ♕xc5+ ♔d7 33 ♕a7+ 1-0

Natürlich sollten wie die Gelegenheit nicht versäumen, zumindest ein beeindruckendes Beispiel für einen zentralen Freibauern im Endspiel zu untersuchen.

Kramnik – Nunn
Olympiade, Manila 1992

1 d4 ♘f6 2 c4 g6 3 ♘c3 ♗g7 4 e4 d6 5 f3 0-0 6 ♗e3 c5!? 7 dxc5 dxc5 8 ♕xd8 ♖xd8 9 ♗xc5 ♘c6 10 ♗a3 a5 11 ♖d1 ♗e6 12 ♘d5 ♗xd5 13 cxd5 ♘b4 14 ♗b5 ♘c2+ 15 ♔f2! ♘xa3 16 bxa3 *(D)*

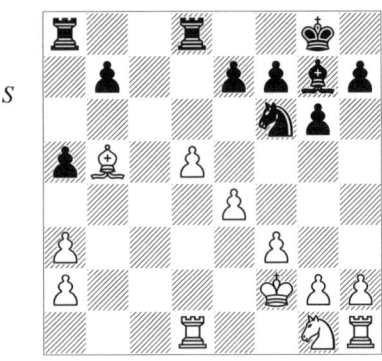

16...e6?
Die entstandene Stellung zeigt eine heute populäre Variante der Königsindischen Verteidigung. Basierend auf dieser Partie, wird der letzte schwarze Zug heute als unzureichend angesehen und stattdessen 16...♖ac8 empfohlen. Doch als diese Partie gespielt wurde, war dies noch nicht bekannt, und der herausragende Eröffnungsexperte Nunn folgte dem letzten Wort der damaligen Theorie.

17 d6 e5 18 ♘e2 ♗f8 19 d7 ♗xa3 *(D)*

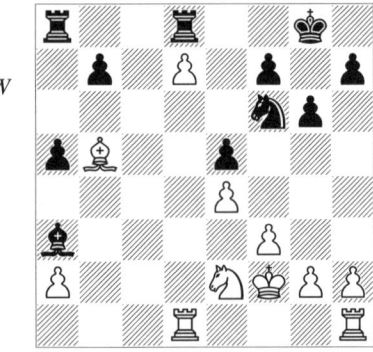

20 g4!
Genau dieser Zug stellte damals eine Neuerung dar. Allerdings war es keine Neuerung, die eine bestimmte forcierte Variante verbesserte, sondern eine, die zu einer ganz neuen Spielweise führte. Damit wurde die Auffassung in Bezug auf den richtigen Plan grundsätzlich verändert – und zwar in einer wohlbekannten Stellung, die für Schwarz bis dahin als vollkommen akzeptabel galt. Das gesamte weiße Spiel ist nun darauf ausgerichtet, den Freibauern mit möglichst vielen Figuren zu unterstützen.

20...h6 21 h4 a4!?
Nunn findet einen Weg, seine Figuren ins Spiel zu bringen. Er räumt das Feld a5 für

seinen Turm und möchte den Läufer auf bessere Felder überführen, aber unglücklicherweise ist der weiße Freibauer zu stark.

22 ℤd3! *(D)*

Nach 22 g5 ℤa5!? hat Schwarz Gegenspiel. Der akkurate Zug des Weißen reduziert dieses Gegenspiel.

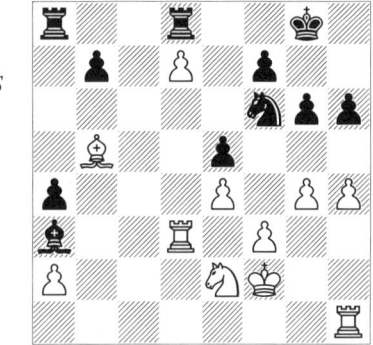

22...♗b2! 23 g5!

Wie Kramnik zeigte, muss Weiß nun schnell handeln, auch wenn dies ein gewisses Risiko mit sich bringt. Nach 23 ℤb1 a3 24 ℤbd1 ℤa5 könnte Weiß keine Initiative entfalten.

23...hxg5

23...a5 24 gxf6 ℤxb5 25 ℤhd1! ℤb6 26 ℤd6 ist besser für Weiß.

24 hxg5 ♘h7 *(D)*

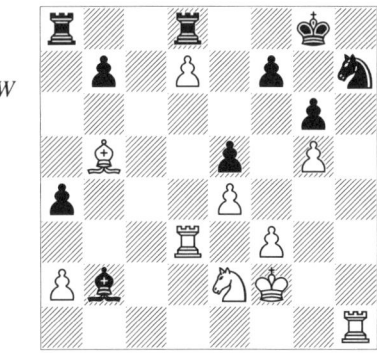

25 f4!

Der vorausgeplante Zug – ohne ihn würde der Bauernvorstoß g5 nicht funktionieren.

25...ℤa5?

Schwarz hält den Druck nicht aus. Er musste 25...exf4 26 ℤd5 f6 27 ♘xf4 ♘xg5 28 ♔e3 ♔g7 29 ℤg1 spielen, wonach Weiß für den geopferten Bauern Druck auf allen offenen Linien hätte. Schwarz hätte zwar kein einfaches Leben, aber es gab keine wirkliche Alternative.

26 ℤd5 f6?! *(D)*

Auf 26...♘f8 gewinnt die Antwort 27 f5, während 26...exf4 einfach mit 27 ♘xf4 beantwortet wird, wonach Schwarz im Vergleich zur obigen Variante statt des Bauern auf f6 den Turm auf a5 stehen hat. Trotzdem hätte er damit größeren Widerstand leisten können.

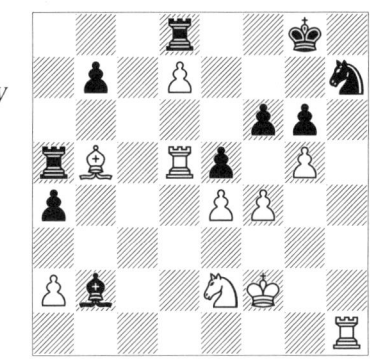

27 ℤxh7!

Die Schönheit dieses nahe liegenden Einschlags basiert darauf, dass von nun an bis zum Ende der Partie alles forciert ist.

27...ℤxh7 28 gxf6 exf4 29 e5 ♔h6

Auch 29...♗xe5 30 ℤxe5 ℤxd7 31 ℤe7+ ist für Weiß gewonnen.

30 ♘xf4 ♗xe5 31 ℤxe5 ℤxd7

31...ℤxb5 32 ℤxb5 ℤxd7 33 ♔f3 g5 34 ♘d5.

32 ♗xd7 ℤxe5 33 f7 1-0

33...♔g7 34 f8♕+.

Aus dem Bisherigen können wir noch einige weitere Schlussfolgerungen ziehen. Sowohl im Mittelspiel als auch im Endspiel ist ein zentraler Freibauer auf seinem Weg zum Umwandlungsfeld mit größerem Widerstand konfrontiert als ein Bauer am Brettrand. Der Grund dafür ist klar: Figuren streben generell ins Zentrum. Aus dem gleichen Grund kann der Freibauer im Zentrum allerdings auch mit mehr Unterstützung seiner eigenen Figuren rechnen. Daher ist ein solcher Bauer meist stärker, wenn es viele Figuren auf dem Brett gibt – mit anderen Worten, im Mittelspiel oder in einem komplexen Endspiel. Hier ist es, wo der Spieler mit einem gesunden Freibauern seine Chancen suchen sollte.

Aufgaben

Mit den folgenden Aufgaben können Sie Ihre Fähigkeiten bezüglich der besprochenen Themen testen. Lösungen auf Seite 162.

55 S
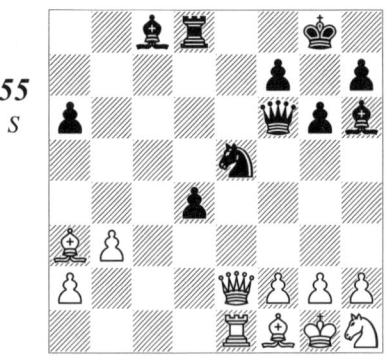

56 W
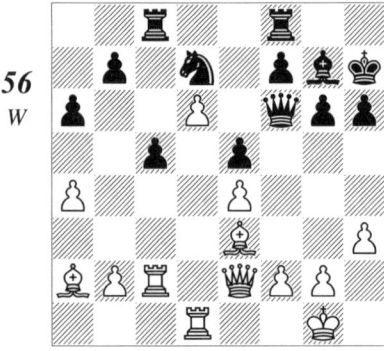

57 W
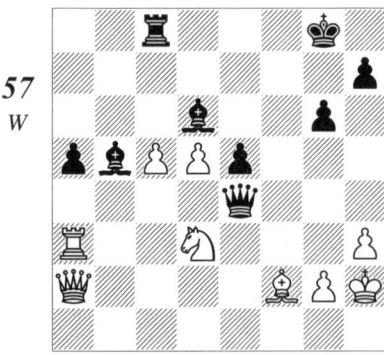

58 W
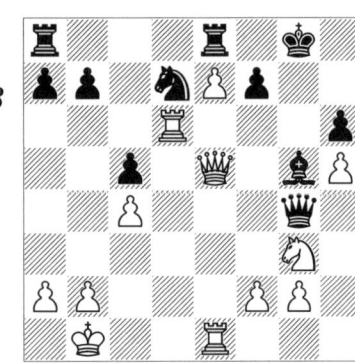

59 S
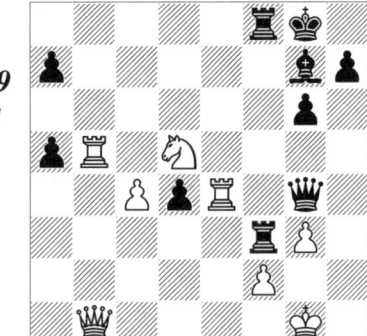

60 W
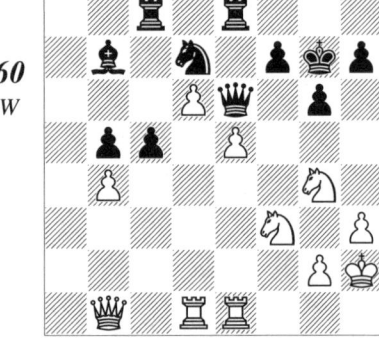

61 W

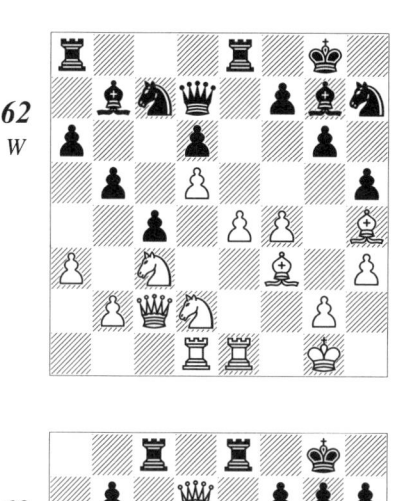

62 W

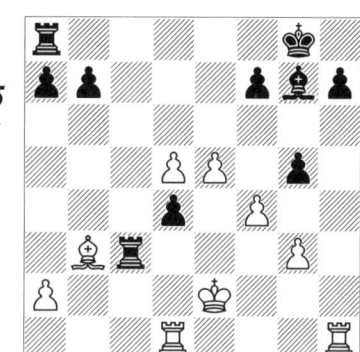

65 W

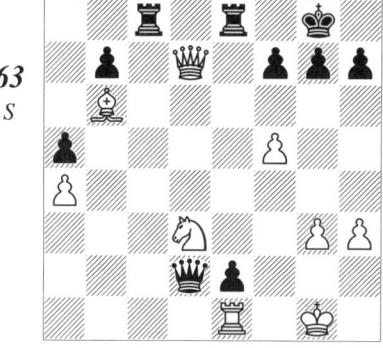

63 S

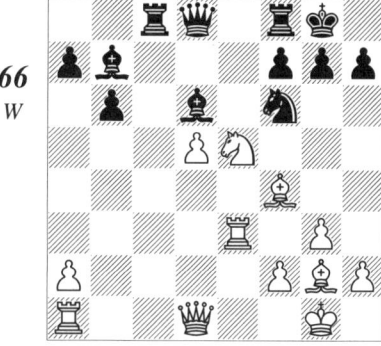

66 W

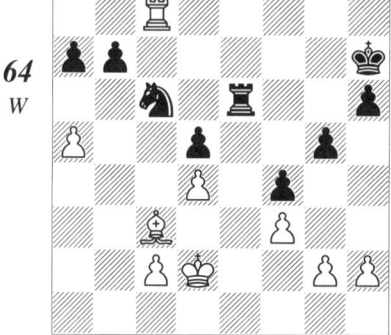

64 W

5 Der Raumvorteil

Nun werden wir einen der wichtigsten Aspekte im Schach betrachten – den Raum. Eigentlich ist dieses Konzept sehr leicht zu verstehen, da wir alle im Alltag mit seinen Auswirkungen konfrontiert sind. Zum Beispiel ist es sehr viel bequemer und angenehmer, in einem großen Apartment – mit hohen Decken und genügend Räumen, in denen man tun kann, was man will – zu leben, als in einer kleinen, engen Besenkammer.

Das Gleiche gilt fürs Schach! Im Schach wie im Leben muss man für mehr Komfort oft einen hohen Preis bezahlen. Es ist prima, wenn man von den Eltern ein geräumiges Haus geerbt hat (das Äquivalent im Schach ist schwaches Spiel des Gegners), aber was ist, wenn man alles selbst bezahlen muss?

Schauen wir uns an, welche Vorteile es hat, wenn man mehr Raum besitzt als der Gegner.

Karpow – Unzicker
Olympiade, Nizza 1974

1 e4 e5 2 ♘f3 ♘c6 3 ♗b5 a6 4 ♗a4 ♘f6 5 0-0 ♗e7 6 ♖e1 b5 7 ♗b3 d6 8 c3 0-0 9 h3 ♘a5 10 ♗c2 c5 11 d4 ♕c7 12 ♘bd2 ♘c6 13 d5 ♘d8 14 a4 ♖b8 15 axb5 axb5 16 b4 ♘b7

Offensichtlich nicht der stärkste Plan. Relativ bessere Chancen verspricht 16...c4!? 17 ♘f1 ♘e8 18 ♘3h2 f6 19 f4 ♘f7 20 ♘f3 g6, wie in Karpow-Spasski, UdSSR-Meisterschaft, Moskau 1973.

17 ♘f1 ♗d7 18 ♗e3 ♖a8 19 ♕d2 ♖fc8?

Aus der Eröffnung ist Schwarz mit einer soliden, aber passiven und beengten Stellung herausgekommen. Die Kombination der beiden letzteren Faktoren ist ein schlechtes Zeichen, besonders wenn man bedenkt, dass es eine offene Linie gibt, die Weiß gerne nutzen möchte. Wie Karpow darlegt, war es daher notwendig, 19...♖fb8!? 20 ♗d3 ♕c8 zu spielen. Der Sinn dessen wird klar, wenn wir mit dem gleichen Plan wie in der Partie fortsetzen: Nach 21 ♘g3 g6 22 ♖a2 ♖xa2 23 ♕xa2 ♖a8 sehen wir, dass Schwarz auf der offenen Linie erfolgreich dagegenhalten kann. Allerdings sind die Probleme der beengten Position auch in dieser Variante deutlich: Die Figuren haben wenig Spielraum, und die kleinste Ungenauigkeit (wie in der Partie, wo Schwarz den Turm um ein einziges Feld falsch platziert) kann zu ernsthaften Problemen führen.

20 ♗d3 g6 21 ♘g3 ♗f8 22 ♖a2!

Als Folge des 19. Zugs von Schwarz übernimmt Weiß nun die Kontrolle der a-Linie.

22...c4 (D)

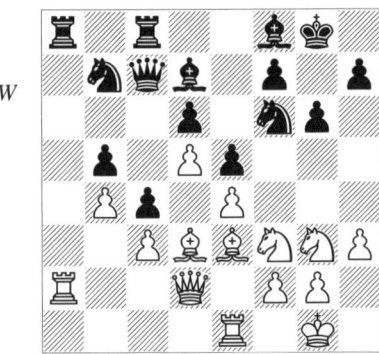

23 ♗b1!

Dieser Zug – eine alles andere als offensichtliche Entscheidung – ist wichtig für den weiteren Verlauf. Nach dem „natürlichen" 23 ♗f1 ♘e8 24 ♖ea1 ♖xa2 25 ♖xa2 f5 bekommt Schwarz Gegenspiel. Weiß hält den Läufer daher auf der Diagonale b1-h7, um das Feld f5 zu kontrollieren. Es ist interessant zu bemerken, dass Karpow diesen Zug weder kommentiert, noch mit einem Ausrufezeichen versieht. Für Karpow ist ein solcher Zug offensichtlich und bedarf keiner Erklärungen!

23...♕d8 (D)

Wie Karpow zeigt, gewinnt Weiß den Kampf um die offene Linie auch nach 23...♘d8 24 ♖e2! (24 ♖xa8!? ♖xa8 25 ♗h6 ist auch gut) 24...♖xa2 25 ♕xa2 ♕b7 26 ♕a1! ♖a8 27 ♖a2. Einen ähnlichen Lauf nehmen die Dinge nach 23...♖xa2 24 ♕xa2 ♕d8 25 ♕a6 ♖b8 26 ♗c2 ♕c8 27 ♖a1.

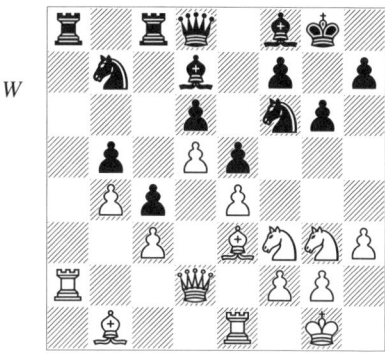

24 ♗a7!

In der Spanischen Partie ist dies zum Standardzug geworden. Die Idee dieses Zugs besteht darin, einen Abtausch auf der offenen Linie zu verhindern. Indem er die völlige Bewegungsfreiheit in seinem eigenen Lager – seinen Raumvorteil – ausnutzt, platziert Weiß beide Türme auf der offenen Linie und übernimmt somit die Kontrolle. Wegen seiner gedrängten Figurenstellung – einer Folge seines Raumnachteils – hat Schwarz keine Möglichkeit, ein ähnliches Manöver durchzuführen. Was genau passiert hier also? Wenn wir zum Beispiel beide Turmpaare und vielleicht die Springer von g3 und b7 wegnehmen würden, wäre die Bewegungsfreiheit der Figuren im schwarzen Lager um einiges verbessert. *Es ist klar, dass der Figurentausch für den Spieler, der eine beengte Position hat, vorteilhaft ist. Entsprechend ist es für den Spieler mit Raumvorteil günstiger, den Abtausch von Figuren zu vermeiden.* Natürlich sind das nur generelle Prinzipien, die immer durch konkrete Details der Stellung modifiziert werden.

24...♘e8 25 ♗c2 ♘c7 26 ♖ea1 ♕e7 27 ♗b1! *(D)*

Ein sinnvoller Zug für Weiß. Er stellt die bestmögliche Koordination zwischen seinen Figuren her, bevor er sich auf eine direkte Konfrontation einlässt, die immer mit Linienöffnungen einhergeht und möglicherweise die eingesperrten gegnerischen Figuren befreien könnte. Daraus resultiert noch eine wichtige Regel: *Wenn man Raumvorteil hat und die gegnerischen Figuren passiv stehen, sollte man sich nicht beeilen, die Stellung zu öffnen, sondern zuerst die eigene Stellung so gut wie möglich organisieren.* Zumeist hat die Partie mit der beengten Stellung weniger Möglichkeiten, die eigene Stellung auf die gleiche Weise zu verstärken.

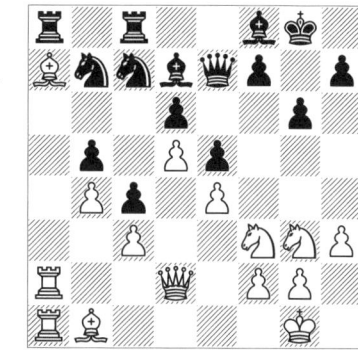

27...♗e8 28 ♘e2 ♘d8 29 ♘h2 ♗g7 30 f4 f6

Es ist wichtig, dass Schwarz aus einer sofortigen Öffnung kein Kapital schlagen kann, da 30...exf4 31 ♘xf4 ♗h6? an 32 ♘xg6 scheitert. Dennoch denke ich, dass Schwarz auf f4 hätte schlagen sollen, da er nun für den Rest der Partie eingeschnürt bleiben wird.

31 f5 g5 *(D)*

Nach dem Bauerntausch 31...gxf5 32 exf5 stände Weiß auch das Feld e4 zur Verfügung.

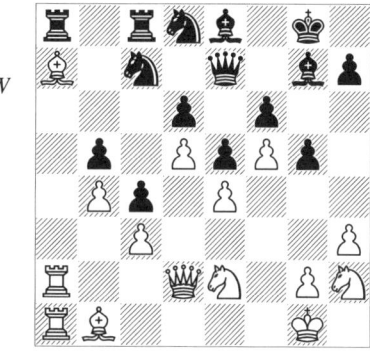

32 ♗c2!

Hier sehen wir den Unterschied in Raum und Aktivität! Während die schwarzen Figuren Schwierigkeiten haben, auf engstem Raum zu manövrieren, ständig ihre Zehen anstoßen und in Möbelstücke hineinlaufen, kann Weiß sich gemütlich umgruppieren, die Figuren auf die optimalen Positionen überführen und eine ideale Koordination zwischen ihnen herstellen. Schwarz kann nur abwarten und zuschauen.

32...♗f7 33 ♘g3 ♘b7 34 ♗d1 h6?

Ich denke, dass man diesen Zug nur einem Gefühl totaler Verwirrung zuschreiben kann:

Die Schwächung des Feldes g6 wird sich bald bemerkbar machen. Ohne dieses „Geschenk" hätte Weiß noch einige Arbeit vor sich.

35 ♗h5

Es stellt sich heraus, dass die generelle Regel, nach der die Seite mit Raumvorteil keine Figuren tauschen sollte, hier nicht zutrifft. Der Vorteil der Kontrolle über die weißen Felder in der gegnerischen Stellung überwiegt alle anderen Überlegungen.

35...♕e8 36 ♕d1 ♘d8 37 ♖a3

Bereitet die Vertripelung auf der a-Linie vor.

37...♔f8 38 ♖1a2 (D)

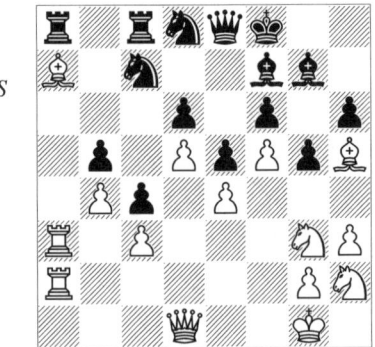

38...♔g8 39 ♘g4 ♔f8 40 ♘e3 ♔g8 41 ♗xf7+ ♘xf7

Nichts ändert 41...♕xf7 42 ♕h5 ♘b7 (oder 42...♕xh5 43 ♘xh5 ♘b7 44 h4) 43 ♕g6! ♖f8 44 ♘g4.

42 ♕h5 ♘d8

Karpow macht auf eine amüsante, aber logische und durchaus mögliche Folge aufmerksam: 42...♘h8 43 ♘g4 ♕xh5 44 ♘xh5 ♔f7 45 ♗b6 ♖xa3 46 ♖xa3 ♖a8 47 ♖xa8 ♘xa8 48 ♗a5 (D). Es wäre schade, dieses extreme Beispiel für Raumvorteil nicht in einem Diagramm zu zeigen:

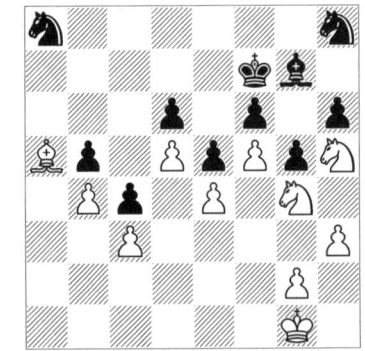

43 ♕g6 ♔h8 44 ♘h5 (D)

Natürlich verdient auch diese Stellung ein Diagramm:

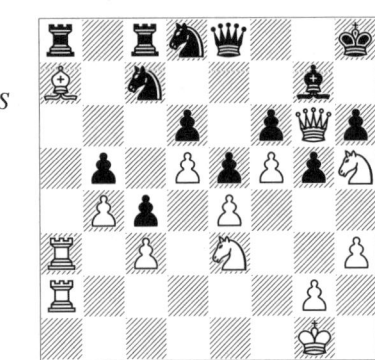

Bei vollem Brett gibt Schwarz auf – und das ist völlig korrekt!

1-0

Diese brillante Positionspartie Karpows ist so ziemlich die überzeugendste Partie, die ich in Bezug auf die Bedeutung des Raumvorteils gesehen habe. Es schadet nicht, junge Spieler von heute daran zu erinnern, welch ein phänomenaler Spieler der 12. Weltmeister in seinen besten Zeiten war.

In der vorigen Partie spielten dynamische Spielelemente fast keine Rolle, aber auch unter diesen Umständen konnte sich der Raumvorteil in vollem Maße zeigen.

Steinitz – Lasker
St. Petersburg 1895/96

Diese Partie wurde von Garri Kasparow für *ChessBase* kommentiert, was man bei der Betrachtung der Partie nicht ignorieren kann. Während ich in manchen Stellungen den 13. Weltmeister zitiere, habe ich es in anderen gewagt, meine eigene Meinung darzustellen.

1 d4 d5 2 c4 e6 3 ♘c3 ♘f6 4 ♗f4 ♗e7 5 e3 0-0 6 c5!? ♘e4

Mit diesem Zug erreicht Schwarz keinen Ausgleich. In seinen Anmerkungen erwähnt Kasparow die stärkste Fortsetzung, die in der Partie Lerner-Geller, UdSSR-Meisterschaft, Riga 1985, fast 90 Jahre später aufs Brett kam. Nach 6...b6 7 b4 a5 8 a3 axb4 9 axb4 ♖xa1 10 ♕xa1 ♘c6 11 ♕a4 bxc5!! 12 ♕xc6 cxd4 hatte Schwarz hervorragende Kompensation und gewann später – aber es dauerte sehr viele Jahre, bis das entdeckt wurde!

7 ♘xe4 dxe4 8 ♕c2 f5 9 ♗c4 ♘c6 10 a3 ♗f6 11 0-0-0!

Mit der Absicht, die Entwicklung seiner Figuren zu beschleunigen, verschärft Weiß das Spiel.

11...♔h8 12 f3 ♕e7! 13 ♗g3!

Wie Kasparow zeigte, ist es schlecht, den Bauern zu nehmen. Nach 13 fxe4? e5 14 dxe5 ♘xe5 steht Schwarz besser.

13...f4? (D)

An diesem Punkt stimme ich nicht vollkommen mit Kasparows Kommentaren überein. Kasparow findet, dass dieser Zug ein „?!" verdient, während ich denke, dass es sich hier praktisch um den entscheidenden Fehler handelt (siehe zum Beispiel den Kommentar zum nächsten Zug des Schwarzen). In Anbetracht der Tatsache, dass nach diesem Zug die Verwicklungen starten, kann sich diese Bewertung auf eine konkrete Analyse stützen. Betrachten wir zum Beispiel, wie die Partie sich nun entwickelt. Lasker wollte der gegnerischen Entwicklung nicht nachhelfen, aber er hätte sich dennoch auf 13...exf3 14 ♘xf3 e5 15 ♖he1 e4 16 ♘g1!? einlassen sollen. Danach stände Weiß etwas besser, aber die Partie wäre noch offen.

14 ♕xe4!

Kasparow gab diesem starken Zug zwei Ausrufezeichen. Ich beschränke mich auf ein Ausrufezeichen, da ich keine Alternative zu diesem Zug sehe. Wie Kasparow zeigt, musste Weiß 14 ♗xf4? e5 15 dxe5 ♘xe5 16 ♕xe4 ♗f5! 17 ♕xf5 ♘xc4 vermeiden, wonach Schwarz gewinnt. Auch 14 ♗f2 fxe3 15 ♗xe3 e5 ist nichts für Weiß.

Zweifellos hatte Steinitz dieses Opfer bei seinem 13. Zug vorausgesehen – jetzt hat er jedenfalls keine Wahl.

14...fxg3?

Danach sind die folgenden Ereignisse größtenteils forciert, und es sind keine klaren Verbesserungen für Schwarz mehr zu sehen. Daraus können wir schließen, dass Lasker hier seine letzte Chance verpasste, den direkten und sehr gefährlichen weißen Angriff zu vermeiden. Die beste Chance bot der paradoxe Zug 14...e5!? mit der möglichen Variante 15 exf4 exd4 16 ♕xe7 ♗xe7, wonach Weiß zwar Vorteil hat, aber die Partie noch offen ist.

15 hxg3 (D)

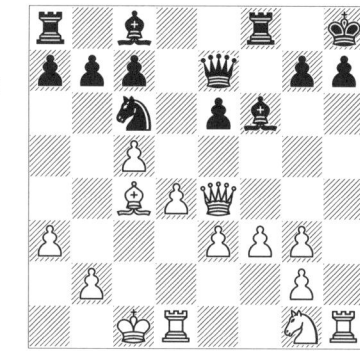

Nun besitzt Weiß eine starke „direkte Schusslinie".

15...g6!?

Kasparow demonstriert überzeugend, dass 15...g5 das schwarze Schicksal nicht verbessert hätte: Nach 16 f4 g4 17 ♘e2 ♗d7 (auch nach 17...♖f7 18 ♕c2 b6 19 e4 ♗g7 20 e5 h6 21 ♕g6 ♕e8 22 ♗d3 ist Schwarz im Nachteil – Kasparow/Fritz) 18 ♕c2 nebst e4-e5 „würde Schwarz ohne einen letzten Atemzug sterben" (Kasparow). Mit anderen Worten würde Schwarz am Raummangel seiner Figuren zugrunde gehen – eine Situation, die wir bereits aus der letzten Partie kennen.

Laskers Entscheidung bietet die besten Chancen.

16 ♕xg6 ♗d7

Wie Kasparow zeigt, ist auch 16...♖g8 17 ♕e4 ♖xg3 18 ♘e2 ♖g7 19 ♘f4 schlecht für Schwarz. Gehen wir einige Züge weiter, um die Sache zu verdeutlichen: 19...♖g8 20 ♖h2 ♗g5 21 ♘h5 ♖f7 22 f4.

17 f4 (D)

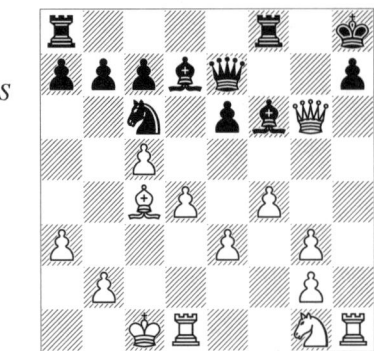

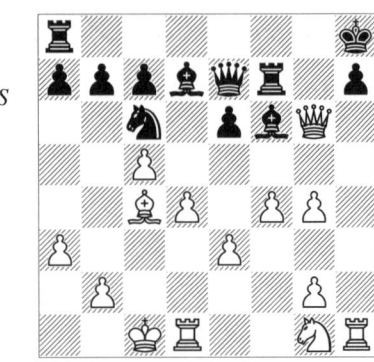

17...♖f7

Hier ist ein weiterer wichtiger Moment. Kasparow gibt diesem Zug ein Fragezeichen und denkt, dass es sich dabei um den entscheidenden Fehler handelt. Stattdessen schlägt er 17...♖g8 mit besseren Widerstandsmöglichkeiten vor, wozu er die Variante „18 ♕e4 ♖xg3 19 ♘e2 ♖g7 20 ♖h6 nebst ♖dh1" angibt. Dazu habe ich zwei Anmerkungen: Erstens sehen wir, wenn wir die Variante mit den Zügen 20...♘a5 21 ♗a2 ♗a4 fortsetzen, dass Weiß danach keinen klaren Vorteil mehr hat. Zweitens können wir einen anderen Damenrückzug versuchen: Eine Möglichkeit ist 18 ♕h6, und nach 18...♖xg3 19 ♗d3 ist die kritische Antwort 19...♖xe3. Offensichtlich ist es nur dieser Zug, der den Unterschied zwischen der Turmstellung auf g3 bzw. auf g4 ausmacht (siehe unten), da 19...♖g7 mit Zugumstellung zur Partie führt. Eine mögliche Folge wäre 20 ♕xh7+ ♕xh7 21 ♖xh7+ ♔g8 22 ♖xd7 ♗xd4 23 ♗h7+! ♔f8 (ebenso schlecht für Schwarz ist 23...♔h8 24 ♘f3 ♗xc5 25 ♖h1 ♗d6 26 ♘e5! ♘xe5 27 ♗f5+ ♔g8 28 ♗xe6+ ♘f7 29 ♗xf7+ ♔g7 30 ♗e6+ ♔g6 31 f5+) 24 ♖1xd4 ♘xd4 25 ♖xd4 mit Gewinnstellung für Weiß. Soweit alle diese Varianten korrekt sind, wird damit die Annahme bestätigt, dass die entscheidenden Fehler schon früher geschehen sind, insbesondere im 13. und 14. Zug.

18 g4 *(D)*
18...♖g7

Wie Kasparow zeigte, gibt 19 ♕h5 dem Schwarzen nun ein wichtiges Tempo, um den Läufer mit ...♗e8-g6 zur Verteidigung des Königs zu überführen. Steinitz, der ein hervorragendes Verständnis für die entscheidenden Partiemomente hatte, gibt mutig noch einen weiteren Bauern für die Initiative:

19 ♕h6! ♖xg4 20 ♗d3 ♖g7

Auch 20...♖h4 ist schlecht: 21 ♖xh4 ♗xh4 22 ♘f3 ♗f2 23 ♖h1 ♗xe3+ 24 ♔b1, und Weiß gewinnt (Kasparow).

21 ♘f3 ♕f7 22 g4!

Genau genommen kommt unser derzeitiges Thema erst jetzt zum Tragen.

Im Moment hat Weiß keinen direkten Angriff gegen die geschwächte schwarze Königsstellung. Doch indem er mit seinen Bauern nach vorne marschiert, schränkt er seinen Gegner immer mehr ein. Sogar mit einer Mehrfigur ist Schwarz nicht mehr in der Lage, eine Verteidigung zu organisieren.

22...♖ag8 23 g5 ♗d8 *(D)*

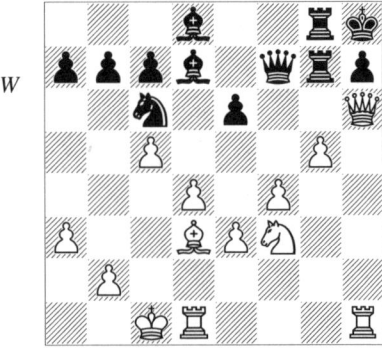

Schauen Sie sich diese Stellung genau an – und sehen Sie, welch schlechtes Bild die schwarzen Figuren abgeben! Wie die vorige Partie ist dies ein extremes Beispiel für „Übervölkerung". Es ist klar, dass die Figuren unter diesen Umständen nur einen kleinen Teil der Kraft zeigen können, die ihnen laut Schachregeln zusteht. Entsprechend zeigen sich die weißen Figuren trotz ihrer geringeren Zahl deutlich überlegen. Im gegebenen Moment werden sie eine Angriffsstraße öffnen und die Partie gewinnen.

Erst einmal bringt Weiß weitere Reserven heran (siehe vorige Partie).

24 ♖h2 ♖g6 25 ♕h5! *(D)*

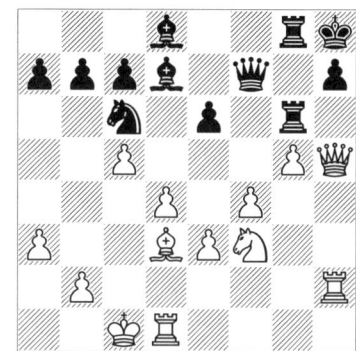

Steinitz gibt seinen starken Läufer nicht auf. Er versteht, dass diese Figur hier stärker ist als einer der eingeengten Türme. Natürlich war diese Entscheidung auch durch eine Analyse gestützt, ohne die kein Zug gemacht werden sollte.

25...♖6g7

Hier sehen wir die in der letzten Anmerkung erwähnte Analyse: Nach 25...♖8g7 hat Weiß den kräftigen Schlag 26 ♘e5!, der die Partie entscheidet: 26...♘xe5 27 dxe5 ♔g8 (oder 27...♗a4 28 ♗xg6 ♖xd1 29 ♕xd1) 28 ♗xg6 ♖xg6 29 ♖hd2.

26 ♖dh1! ♕xh5 27 ♖xh5 *(D)*

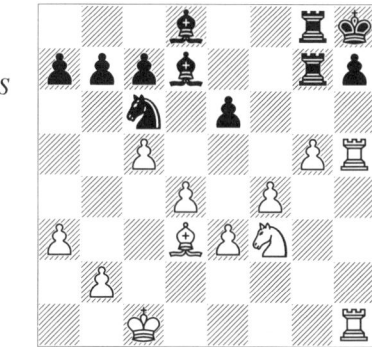

Die Stellung spricht für sich. Wir können nur vermuten, dass Schwarz im Hinblick auf die knappe Bedenkzeit des Gegners noch nicht aufgab.

27...♖f8 28 ♖xh7+ ♖xh7 29 ♖xh7+ ♔g8 30 ♖xd7 ♖f7 31 ♗c4! 1-0

Eine wunderbare Partie des ersten Weltmeisters. Nach der Betrachtung dieser Partie wird es keine Überraschung darstellen, dass wir für einen sicheren Raumvorteil oft Material geben dürfen. So auch in der nächsten Partie:

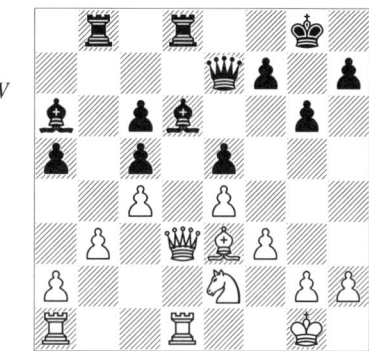

Ljublinski – Botwinnik
Moskau 1943/44

24 ♘c3?

Ich beginne die Betrachtung der Partie bewusst an diesem Punkt und nicht später, da der weiße Zug auf den ersten Blick kaum als Fehler wahrzunehmen ist. Dennoch ist er sehr wohl ein echter Fehler und in Anbetracht unseres derzeitigen Themas von besonderer Bedeutung. Der Punkt ist, dass der folgende schwarze Plan, der durch Materialopfer sowohl die Schwächen der eigenen Stellung repariert als auch Raum gewinnt (gedulden Sie sich nur noch ein bisschen!), seine Lage nicht nur verbessert, sondern vollen Ausgleich bringt. Weiß musste zuerst ein Turmpaar tauschen, was mit 24 ♕c2! ♗c7 25 ♖xd8+! ♖xd8 26 ♘c3 zu erreichen war. Nicht nur, dass einem ein solcher Fehler in einer praktischen Partie sehr leicht unterlaufen kann – auch beim Nachspielen der Partie ist er sehr schwer zu verstehen. Die deutlich vorteilhafte weiße Stellung verwandelt sich nach und nach in eine verlorene. Für eine ganze Weile wird es keine taktischen Gefechte geben, und im Folgenden übersieht Weiß auch nichts Konkretes. Ohne gute Kommentare ist es für einen durchschnittlichen Spieler nahezu unmöglich zu verstehen, was hier vor sich geht.

24...♗c7 25 ♕c2 *(D)*

25...♖d4!

Dieses standardmäßige Qualitätsopfer, das auf eine Verbesserung der Bauernstruktur abzielt, ist recht oft zu sehen. Aber was genau ist die Pointe?

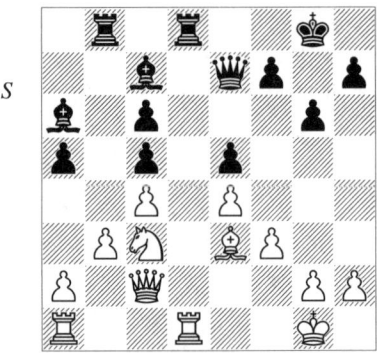

Tatsächlich ist das Einzige, was beim Schlagen des Turms passiert, dass ein Bauer von c5 nach d4 kommt, aber das hat mancherlei Konsequenzen. Schwarz erhält einen gedeckten Freibauern in der Brettmitte, der im Moment noch keine große Rolle spielt, aber im Endspiel einen Vorteil darstellen kann. Der von Schwarz kontrollierte Raum wird bedeutend größer, während der Raum der weißen Figuren deutlich zusammenschrumpft.

Natürlich muss Schwarz für alle diese Vorteile den Preis einer Qualität bezahlen. Doch in einer geschlossenen Stellung können die Türme ihre volle Stärke nicht ausspielen, da sie offene Linien brauchen. Deshalb wird sich der Qualitätsverlust hier nicht so stark bemerkbar machen. Alle diese Überlegungen reichen völlig aus, um das Qualitätsopfer als günstig für Schwarz zu bewerten. Doch das wirft die Frage auf, welchen Unterschied es macht, ob Schwarz noch einen Turm hat oder nicht? Es stellt sich heraus, dass dies eine große Rolle spielt: Wenn Schwarz keinen Turm hätte, wäre es äußerst gefährlich für ihn, irgendwelche Bauern zu bewegen, da er ihren Vormarsch auf keinerlei Weise unterstützen könnte. Außerdem würde der Abtausch eines Turmpaars die Koordination der weißen Figuren auf dem engem Raum verbessern, und nach einer Stellungsöffnung wäre es günstig für Weiß, wenn nur noch er einen Turm hätte, um die schwarzen Bauern anzugreifen.

Es ist interessant, den Hintergrund dessen zu beleuchten. Das Verhältnis zwischen Raum und Bauernstruktur kann sich sehr unterschiedlich darstellen. Der Grund dafür ist, *dass Raum durch Bauern gewonnen und durch Figuren ausgenutzt wird*. Daher müssen wir stets die mögliche Koordination zwischen Figuren und Bauern im Auge behalten.

Aber wir wollen nicht zu weit von unserer Partie abschweifen.

26 ♘e2 ♗c8 *(D)*

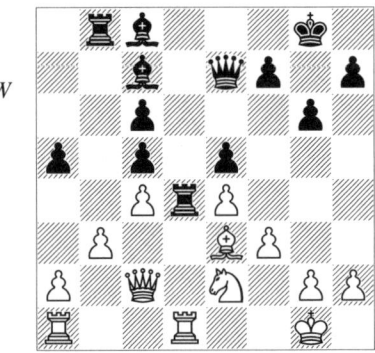

27 ♘xd4?!

Weiß hat zwei Möglichkeiten, den Turm zu schlagen, und er trifft eine unglückliche Entscheidung. In geschlossenen Stellungen sind Springer oft nützlicher als Läufer. Außerdem könnte der Springer das hervorragende Blockadefeld d3 einnehmen. Daher war 27 ♗xd4!? cxd4 28 ♘c1 c5 29 ♘d3 zweifellos die bessere Wahl. Die resultierende Stellung wäre als unklar, mit Chancen für beide Seiten, einzuschätzen. Da Weiß in der ersten Diagrammstellung klar im Vorteil war, stellte das Qualitätsopfer die beste schwarze Fortsetzung dar.

27...cxd4 28 ♗f2 c5 29 ♖f1 f5 30 ♗g3 ♗d7 31 ♖ad1?! *(D)*

Ich denke, dass 31 exf5!? gxf5 bessere Chancen bot. Schwarz würde eine bewegliche Bauernkette erhalten, aber Weiß könnte hoffen, seine Türme ins Spiel zu bringen. Übrigens war dieser Tausch auch einen Zug früher möglich.

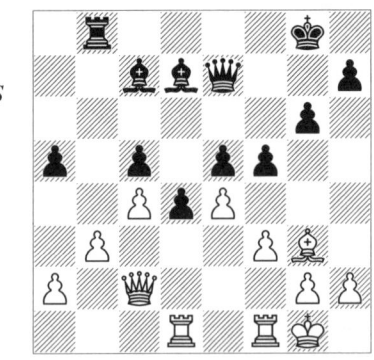

Nach dem Textzug wird die Stellung nun komplett abgeriegelt.

31...f4 32 ♗f2 g5 33 g4

Weiß möchte kein schwarzes ...g4 zulassen, aber nun werden seine weißen Felder schwach.

33...fxg3 34 ♗xg3

Auch 34 hxg3 ♗h3 35 ♖fe1 g4 gibt Weiß keine Hoffnung.

34...♗h3 35 ♖f2 h5 36 ♖fd2 h4 37 ♗f2 ♖f8 *(D)*

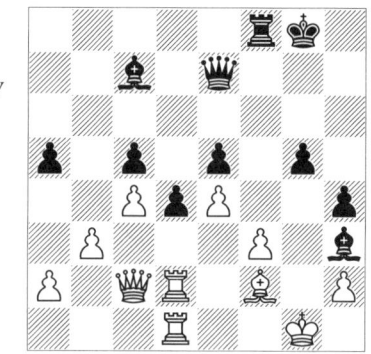

Jetzt ist deutlich, dass die weiße Lage sehr viel einfacher wäre, wenn Schwarz nicht einen seiner Türme behalten hätte. Außerdem gibt es keinen Zweifel an der Stellungseinschätzung: Weiß steht schlecht. Seine Figuren sind eingeengt und in ihrem Zusammenspiel behindert, während Schwarz völlige Bewegungsfreiheit hat.

38 ♖d3 ♖f4 39 ♔h1 ♔h7 40 ♖g1 ♗d8 41 ♕e2 ♕f7 *(D)*

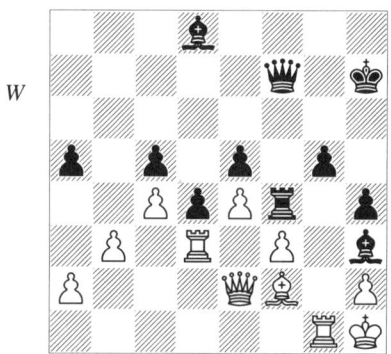

42 ♕d1

In dieser Stellung wurde die Partie abgebrochen (ich kann mich nicht des nostalgischen Gefühls für die Zeiten erwehren, als wir noch Hängepartien spielten: Ich habe das Gefühl, dass wir damals „richtiges" Schach spielten). Basierend auf seiner Hausanalyse zeigt Botwinnik, dass Weiß hier keine Verteidigung mehr hat: 42 ♗e1 g4! 43 fxg4 ♖xg4 44 ♖xg4 ♖xg4 45 ♕xg4 ♕f1+ 46 ♕g1 ♕xd3 47 ♕g4 (47 ♕g2 h3) 47...♕f1+ 48 ♕g1 ♕e2.

42...♕h5! 43 ♗e3

Weiß unternimmt einen erfolglosen Versuch, seine Figuren zu befreien. Auch 43 ♗e1 g4 44 ♗d2 ♖xf3 45 ♖xf3 gxf3 ist schlecht für Weiß, aber nun verliert er das Endspiel.

43...♕xf3+ 44 ♕xf3 ♖xf3 45 ♗xg5 ♖xd3 46 ♗xd8 ♖e3 *(D)*

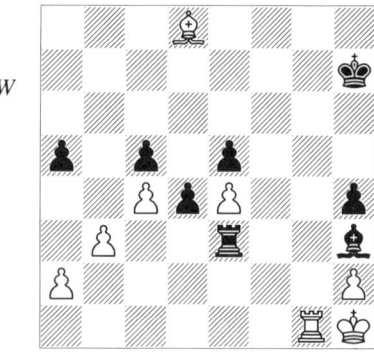

47 ♗b6

Sogar im Endspiel wird dem Weißen die Enge seiner Stellung zum Verhängnis, die wiederum das Resultat des fehlenden Zusammenspiels seiner Figuren ist. Auch andere Läuferzüge verlieren: 47 ♗xa5 ♖xe4 48 ♖e1 ♖f4 49 ♗c7 d3, oder 47 ♗xh4 ♖xe4 48 ♗d8 ♖e2. Der Rest bedarf keines Kommentars.

47...♖xe4 48 ♗xc5 ♖e2 49 ♖d1 ♗g4 50 h3 ♗xh3 51 b4 ♗f5! *(D)*

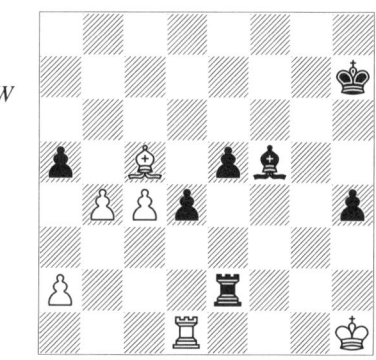

52 ♗d6 d3 53 bxa5 h3 0-1

Kehren wir noch einmal zu der Aussage zurück, die in den Kommentaren zum 25. Zug von

Schwarz erwähnt wurde: Raum wird durch Bauern erobert und durch Figuren ausgenutzt, und alles hängt von der *Organisation zwischen Figuren und Bauern* ab. Betrachten wir zur Verdeutlichung das folgende unkomplizierte Beispiel:

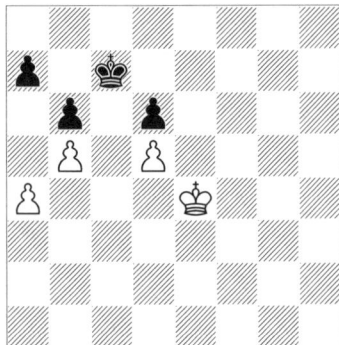

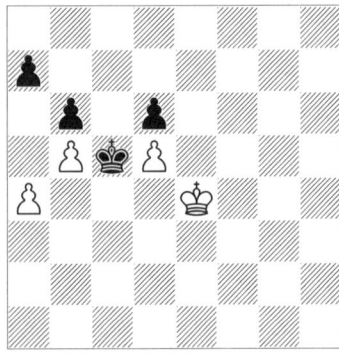

Der einzige Unterschied zwischen diesen beiden Stellungen ist die Position des schwarzen Königs. In beiden Stellungen haben die weißen Bauern Raum gewonnen, aber in der ersten Stellung gewinnt Weiß, und in der zweiten gewinnt Schwarz. In beiden Fällen hängt die jeweilige Einschätzung nicht davon ab, wer am Zug ist. Der Grund dafür ist einfach: In der zweiten Stellung besitzt Schwarz keine eingesperrten Figuren, und daher hat der gegnerische Raumvorteil keine Auswirkungen. In exakt dieser Weise manifestiert sich die zuvor erwähnte *Beziehung zwischen Figuren und Bauern*. Daraus können wir den folgenden Schluss ziehen: *Raum alleine entscheidet keine Partie*. Es ist wichtig festzustellen, wie gut die Figuren platziert sind, um den Raum auszunutzen. Wenn eine Seite sowohl Raumvorteil besitzt als auch Figuren, um ihn auszunutzen, dann kann dies das entscheidende Partieelement darstellen.

Das gilt sogar für Endspiele, obwohl man denken könnte, dass eine beengte Stellung nach einem Massenabtausch von Figuren keine große Unbequemlichkeit verursachen sollte. Doch in diesem Fall spielen andere Faktoren eine größere Rolle.

Als erstes Beispiel für „Raumvorteil im Endspiel" wollen wir den Schluss einer klassischen Partie betrachten:

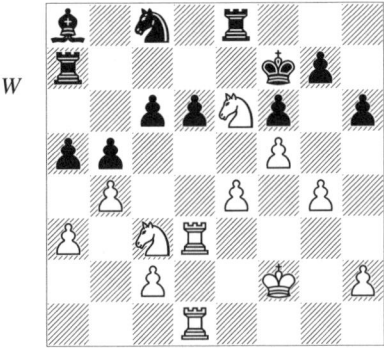

Lasker – Capablanca
St. Petersburg 1914

Ein wenig überraschend ist Capablanca, der große Meister des Positionsspiels, hier völlig ausgespielt worden. Seine Stellung sieht äußerst unangenehm aus, was vor allem an der beengten Stellung seiner Figuren liegt. Doch wenn wir den schwarzen Läufer und den Springer e6 vom Brett nehmen würden, wären die schwarzen Chancen nicht mehr schlechter. Obwohl der fest verankerte Bauer f5 für den Raumvorteil verantwortlich ist, liegt der Schlüssel zum weißen Positionsvorteil in der unterschiedlichen Stärke der Leichtfiguren: Während der weiße Springer stolz auf e6 steht, spielt der schwarze Läufer einerseits selbst nicht mit und stört außerdem die Beweglichkeit der eigenen Figuren.

Ein solcher Fall, wo die unterschiedliche Stärke zweier Figuren der Schlüssel zur Stellungsbewertung ist, kommt am häufigsten im Endspiel vor: Je weniger Figuren auf dem Brett sind, desto mehr Bedeutung gewinnen einzelne Details. Obwohl beide Spieler bald auf „ihrer" Brettseite Linien öffnen, wirkt sich das recht unterschiedlich aus. Während die weißen Figuren dorthin schwenken können, wo sie gebraucht werden, haben die schwarzen Figuren untereinander ernste Kommunikationsprobleme, was wiederum durch ihre beengte Stellung bedingt ist. Schließlich werden wir sehen, dass die Linien, die Schwarz für sich öffnet, am Ende von Weiß ausgenutzt werden!

25 h4 axb4 26 axb4 ♖ae7 27 ♔f3 ♖g8 28 ♔f4 (D)

Bevor er durchbricht, verstärkt Weiß seine Stellung so gut wie möglich.

28...g6 29 ♖g3! g5+

Capablanca möchte nicht zulassen, dass ein weißer Bauer dieses Feld betritt. Kasparow unterstützt diese Einschätzung mit der folgenden Variante: 29...gxf5 30 exf5 d5 31 g5! hxg5+ 32 hxg5 fxg5+ 33 ♘xg5+ ♔f8 34 f6 ♖a7 35 ♔e5!.

30 ♔f3 ♘b6 31 hxg5 hxg5 (D)

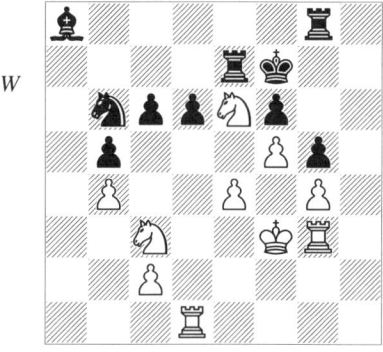

32 ♖h3!

Weiß lässt sich nicht durch das Schlagen des Bauern ablenken, womit er seinem Gegner nach 32 ♖xd6 ♘c4 33 ♖d1 ♖h8 Gegenspiel geben würde. Auch ohne den Bauern ist sein Vorteil vollkommen ausreichend.

32...♖d7 33 ♔g3!

Beachten Sie diesen wichtigen Vorbereitungszug.

33...♔e8 34 ♖dh1 ♗b7 (D)

35 e5!

Effektiv, stark und thematisch! Bei Weiß steht fast alles für die entscheidende Invasion bereit, und dieser Durchbruch bringt die letzten unbeteiligten Figuren ins Spiel. Außerdem nimmt er die schwarzen Felder im gegnerischen Lager unter Kontrolle.

35...dxe5

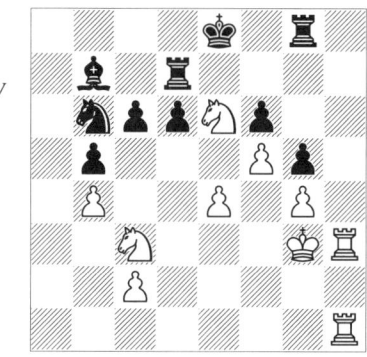

Auch wenn der andere Bauer schlägt, hat Schwarz es nicht leichter: 35...fxe5 36 ♘e4 ♘d5 37 ♖h7! ♗a6 38 f6.

36 ♘e4 ♘d5 37 ♘6c5 ♗c8 38 ♘xd7 ♗xd7 39 ♖h7 ♖f8 (D)

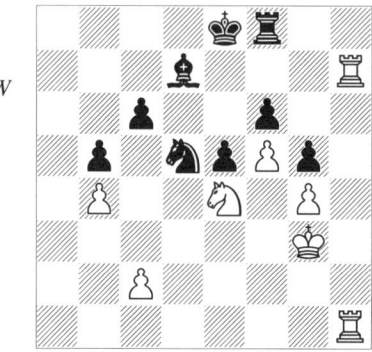

40 ♖a1 ♔d8 41 ♖a8+ ♗c8 42 ♘c5 1-0

Dieser wunderbare Sieg Emanuel Laskers war die zweite Begegnung zwischen den beiden großartigen Spielern und ereignete sich in einem historisch sehr bedeutsamen Turnier.

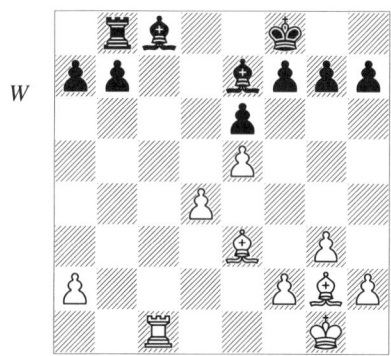

Kramnik – Lautier
Horgen 1995

Aus der Eröffnung hat Weiß einen gewissen Vorteil erreicht. Aber da nur wenige Figuren auf dem Brett verblieben sind und im Moment beide Läufer recht passiv stehen, kann er seinen Entwicklungsvorsprung nicht unmittelbar ausnutzen. Kramnik findet einen Weg, seine Stellung zu verbessern, indem er mehr Raum erobert.

19 ♗h3!

Kramnik zeigt, dass Weiß nur geringen Vorteil erreicht, wenn er mit folgender Variante einen Bauern gewinnt: 19 d5 exd5 20 ♗xd5 ♗e6 21 ♗xe6 fxe6 22 ♖c7! (es ist unklar, ob das Endspiel nach 22 ♗xa7 ♖a8 23 ♗c5 ♖xa2 24 ♗xe7+ ♔xe7 25 ♖c7+ ♔f8 26 ♖xb7 ♖a5 27 f4 ♖a2 28 ♖c7 ♖b2 zu gewinnen ist) 22...b5! 23 ♖xa7 b4!.

Mit seinem 19. Zug will Kramnik mehr erreichen.

19...♔e8 20 d5 ♗d7 21 d6 ♗d8 *(D)*

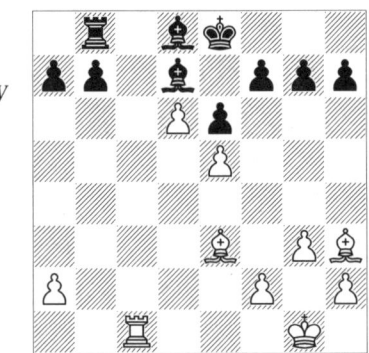

22 ♗g2

Selbstverständlich sollte man dem Gegner kein Gegenspiel mit 22 ♗xa7? ♖a8 23 ♗e3 ♖xa2 erlauben.

22...b6 23 f4 ♖c8 24 ♔f2 ♖xc1 25 ♗xc1 ♗b5

Weiß hat die Aktivität der gegnerischen Figuren eingeschränkt und außerdem einen Freibauern erhalten. Dennoch wird es ohne eine geballte Invasion seiner Figuren keinen Gewinn geben, und im Moment ist keine Möglichkeit dafür zu sehen. Daher verstärkt Kramnik seine Stellung erst einmal so weit wie möglich – eine uns schon bekannte Vorgehensweise.

26 ♗e4 h6 27 ♗e3 ♔d7 28 ♗e1 ♗c6 29 ♗d3

Diesen Läufer muss Weiß unbedingt behalten, denn sonst könnte der schwarze König über die geschwächten weißen Felder eindringen.

29...♗d5 30 a3 f6 31 ♔d2 fxe5 32 fxe5 ♔c6 33 ♔c3 ♗f3 34 ♗c4 ♗d5 35 ♗a6 ♗f3 36 ♔d4 ♗d5 *(D)*

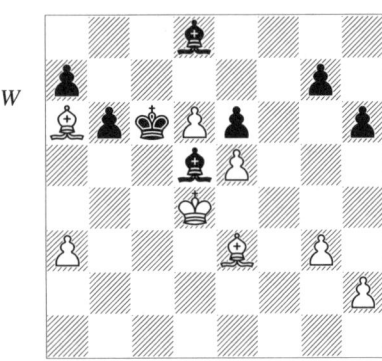

37 a4! ♗b3

Deutlich stärker ist Kramniks Vorschlag, mit 37...♔d7 38 ♗b5+ ♔c8 das wichtige Einbruchsfeld d7 zu kontrollieren. Allgemein ist es sowohl objektiv als auch psychologisch schwer, eine derartig beengte Stellung ohne jegliches Gegenspiel zu verteidigen. Es ist eine frustrierende Aufgabe, sich ohne irgendwelche Siegeshoffnungen abzumühen und nur ums nackte Überleben zu kämpfen.

38 ♗b5+ ♔b7 39 ♗d7! ♗d5 40 ♔c3 ♗a2 41 ♔b4 ♗d5?! *(D)*

In dieser Stellung verpasste Lautier die Möglichkeit, seinem Gegner das Leben mit 41...g5!? etwas schwerer zu machen. Damit hätte er den folgenden Zug verhindert, der ihn noch mehr einschnürt:

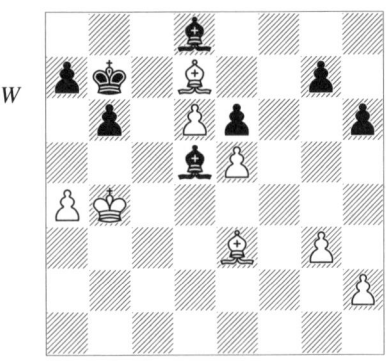

42 h4!

Ein wichtiges, thematisches Detail – mit diesem Zug fixiert Weiß die schwarze Bauernkette am Königsflügel. Damit ermöglicht er einerseits einen späteren Angriff auf die Bauern, und außerdem bringt er in Anbetracht eines möglichen Bauernrennens seinen eigenen Bauern einen Schritt weiter in Richtung Umwandlungsfeld. Offensichtlich hat Schwarz nach diesem Zug keine Verteidigung mehr.

42...♗a2 43 ♗d2!

Ein ebenso starker wie thematischer Zug: Weiß bringt seinen Gegner in Zugzwang und kann seinen Plan ohne Hindernisse ausführen. Den Sinn dieses Zugs offenbart die Variante 43 ♗c1 ♗d5 44 ♗a3 ♗a2 45 ♔c3 ♗d5 46 ♗e8 ♗c6, wonach der Sieg verpasst wäre. Als allgemeine Regel lässt sich sagen, dass eine beengte Stellung immer die Gefahr von Zugzwang in sich birgt.

43...♗d5

Nun läuft alles wie am Schnürchen.

44 ♗c1 ♗a2 45 ♔c3 ♗d5 46 ♗a3 ♗a2 *(D)*

Weiß war bereit, 46...a6 mit 47 ♗b4 zu beantworten, wonach Schwarz wiederum in Zugzwang ist und den Verteidigungsplan, ♗e8 mit ...♗c6 zu beantworten, aufgegeben muss.

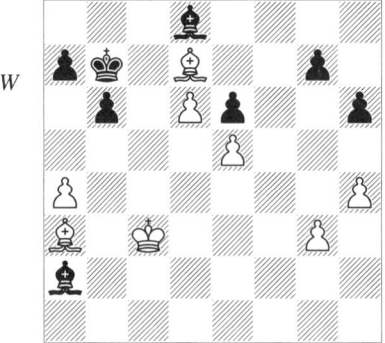

W

47 ♗e8! ♗d5 48 d7 ♗c6 49 ♗f8 ♗xa4 50 ♗xg7 ♔c7 51 ♗xh6 ♗xd7 52 ♗f7 ♔c6 *(D)*

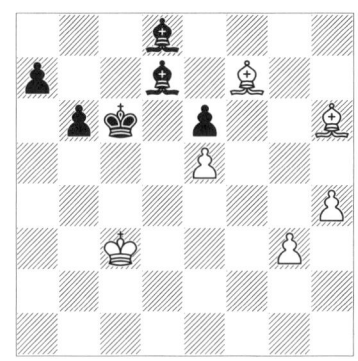

W

Kramnik weist auf die kritische Variante 52...♗e7 53 h5 ♔d8 54 ♗g7 ♗e8 55 h6! hin.

53 h5?!

Nachdem er eine Gewinnstellung erreicht hat, unterläuft Kramnik eine kleine Ungenauigkeit. Sofort gewann 53 ♗g5! ♗c7 (53...♔c7 54 ♗f6) 54 ♔d4, während jetzt einige Varianten mehr zu berechnen sind.

53...♔d5 54 ♗g7 ♗g5 55 g4 ♔e4 56 h6 ♗xh6 57 ♗xh6 ♔xe5 58 g5 ♔f5 59 g6 ♔f6 60 ♗g5+ ♔g7 61 ♔d4 ♗a4

Oder 61...b5 62 ♔e5 a5 63 ♗f6+ ♔f8 64 ♗xe6 ♗xe6 65 ♔xe6 b4 66 ♔d5 mit Gewinn.

62 ♔e5 ♗c2 63 ♗f6+ ♔f8 64 ♔f4 1-0

Im Endspiel kann Raumgewinn oft als technisches Hilfsmittel eingesetzt werden, mit dem ein Vorteil in einen Sieg verwandelt wird. Wir werden das mit einem einfachen, aber klaren und überzeugenden Beispiel illustrieren:

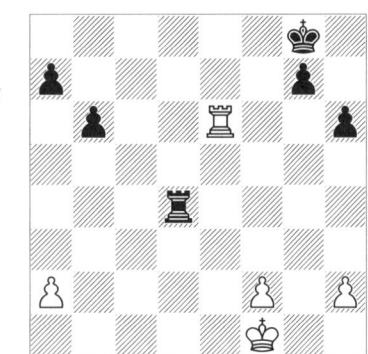

S

Petrosjan – Smyslow
*UdSSR-Mannschaftsmeisterschaft,
Moskau 1961*

In einem komplexen Mittelspiel hat Smyslow durch eine brillante Kombination Materialvorteil erreicht und die Partie danach in ein Endspiel abgewickelt. Von einem technischen Gesichtspunkt aus ist die Partie zweifellos gewonnen, aber wie oft passiert es, dass die dafür nötige Technik nicht vorhanden ist! Es ist sehr lehrreich, die Spielweise des großen Endspielmeisters zu verfolgen.

31...♖a4!

Ein sehr wichtiges, und gleichzeitig sehr typisches Hilfsmittel in Turmendspielen. Der Turm nimmt seine Idealstellung ein: Durch den Angriff auf den Bauern zwingt er den gegnerischen Turm in eine passive Rolle. In den vorigen Beispielen habe ich oft versucht, die Aufmerksamkeit auf thematische Manöver zu lenken, da eine bessere Kenntnis typischer Positionen und Hilfsmittel vor allem im Endspiel große Bedeutung hat.

32 ♖e2 ♔f7 33 f3 b5 34 ♔f2 ♔f6 35 ♔g3 g5! 36 h3 h5! *(D)*

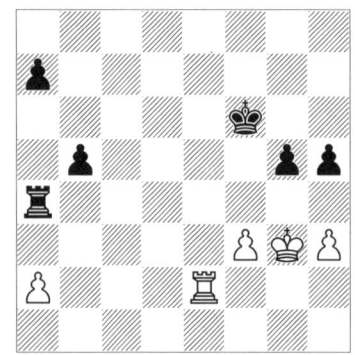

sehr viel leichter. Allerdings ist dies nur möglich, weil sein Gegner zur Passivität gezwungen ist.

41 ♔g2 ♖c3 0-1

Weiß gab auf, da er nicht verhindern kann, dass Schwarz seinen Turm nach b5 überführt, z. B. mit 42 ♔f2 ♖c5 43 ♖d2 ♖b5 44 ♔e3 a4.

Aufgaben

Lösungen auf Seite 166.

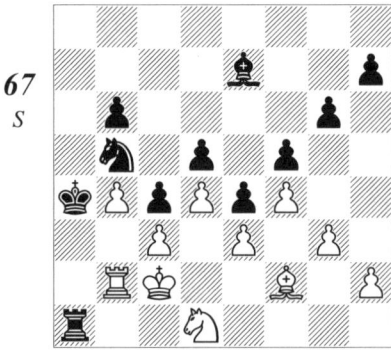

67
S

Um am Damenflügel einen Freibauern zu schaffen, wird Schwarz die Bauern auf dieser Brettseite vorziehen müssen – aber warum fängt er an, die Bauern am Königsflügel nach vorne zu ziehen? Wir werden nicht lange auf die Antwort warten müssen, da die angestrebte Position bald erreicht ist.

37 ♔g2 h4 38 ♔f2 ♖a3 39 ♔g2 b4 40 ♔f2 a5 *(D)*

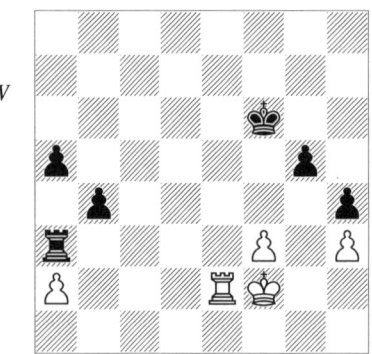

68
W

Die Lage hat sich geklärt – die schwarzen Bauern am Königsflügel blockieren Weiß völlig, so dass er nicht einmal den leisesten Gedanken an Gegenspiel hegen kann. Beachten Sie, wie die isolierten weißen Bauern „festgenagelt" sind: Weiß ist nicht in der Lage, einen von ihnen zu tauschen, um seine Verteidigung zu erleichtern. Durch diese Vorgehensweise macht sich Schwarz die Aufgabe der Vorteilsverwertung

69
W

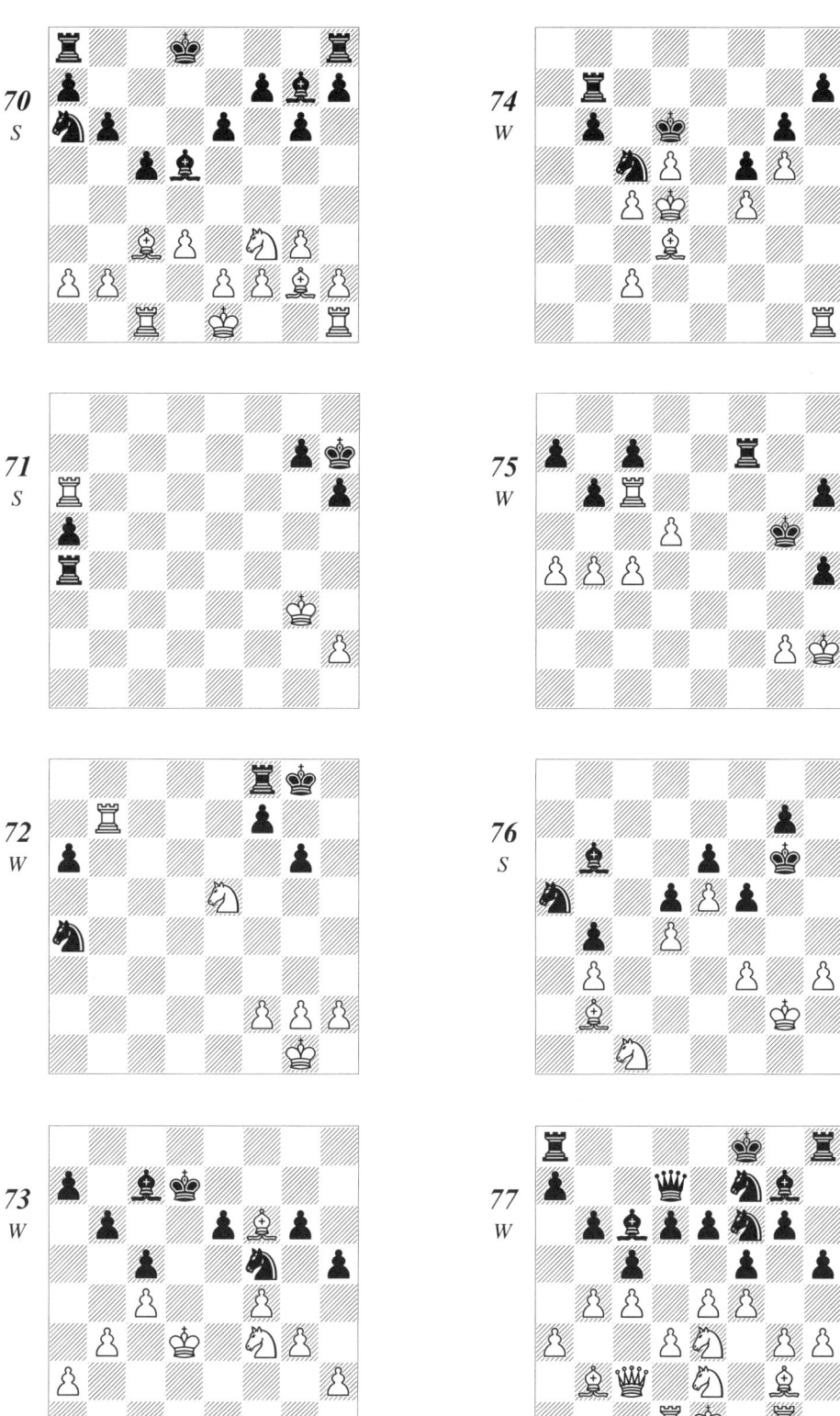

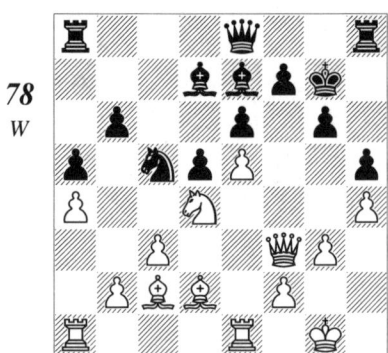

78 W

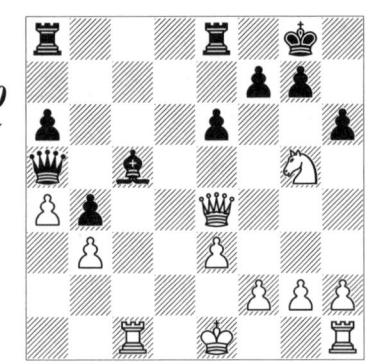

80 W

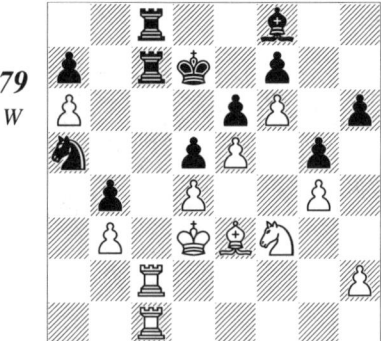

79 W

6 Zugzwang

Jeder Schachspieler kennt den Begriff „Zugzwang", der in vielen Büchern und Partiekommentaren erwähnt wird. Auch in meinem Buch *Rezepte aus der Großmeisterküche* habe ich das Thema angesprochen. Wie dem auch sei, nun wollen wir dieses Thema genauer und vielleicht aus einem etwas anderen Blickwinkel betrachten.

Wir werden hier nicht die Frage behandeln, was Zugzwang ist und wie er sich auf dem Brett darstellt (da dies bereits vielfach besprochen worden ist), sondern vielmehr, wie und unter welchen Umständen er auftritt. Dabei geht es vor allem darum, potentielle Zugzwangsituationen im kritischen Moment zu bemerken, und keine derartige Chance zu verpassen.

Der letzte Aspekt ist für die Praxis besonders wichtig. Erstens tritt Zugzwang gewöhnlich im Endspiel auf, wo er generell eine große Rolle spielt. Zweitens glaube ich behaupten zu dürfen, dass Sie in keinem anderen Buch einen Hinweis darauf finden, wie man Zugzwang in unbekannten Stellungen entdeckt – und zwar weniger als plötzliche Erkenntnis, sondern als Resultat systematischer Suche.

An dieser Stelle möchte ich Ihre Aufmerksamkeit insbesondere auf diese Denkmethode lenken. Dieses Kapitel hat nicht nur den Anspruch, das erste zu sein, das schon bekannte, aber noch nicht „für den allgemeinen Gebrauch" formulierte Methoden erklärt – außerdem glaube ich, damit zumindest teilweise Neuland zu beschreiten.

All das wird im Laufe des Kapitels erläutert werden.

Um diese Themen besser zu verstehen, erinnern wir uns zunächst daran, was Zugzwang ist und wie er typischerweise auftritt.

Im folgenden Diagramm haben wir die einfachste aller Zugzwangsituationen. In diesem Fall ist der Zugzwang gegenseitig, denn für beide Spieler ist es fatal, am Zug zu sein – Weiß könnte nicht gewinnen, und Schwarz hätte

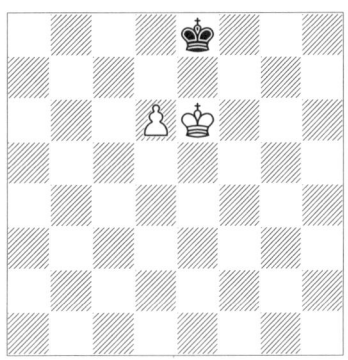

keine Verteidigung. In beiden Fällen verliert der im Zugzwang befindliche Spieler die Kontrolle über ein wichtiges Feld – womit wir den Schlüssel zu dieser Stellung gefunden haben. Das wirft die folgende Frage auf: Wie kann man in diesem einfachsten Beispiel feststellen, dass man den Gegner im nächsten Zug in Zugzwang bringen kann? In diesem Abschnitt geht es insbesondere um die Beantwortung dieser Frage.

In obigem Beispiel können uns zwei Faktoren zur Hilfe kommen – entweder die Kenntnis dieser in der Theorie der Bauernendspiele allseits bekannten Stellung, oder das Verständnis des Prinzips der Opposition, das direkt mit dem Zugzwangprinzip verknüpft ist.

Aber was tun wir, wenn die Stellung neu und komplex genug ist, so dass Kenntnisse alleine nicht ausreichen? (Hier ist Michail Botwinniks Regel relevant, dass sich das Talent eines Schachspielers in der Fähigkeit zeigt, Lösungen in *unbekannten* Stellungen zu finden.)

Also gut – mit größter Wahrscheinlichkeit können wir einige Richtlinien finden, die uns weiterhelfen.

Zu diesem Zweck werden wir etwas weiter ausholen (*siehe folgendes Diagramm*):

In diesem theoretisch wohlbekannten Endspiel gewinnt Weiß mit dem Zug...

1 ♖e1!

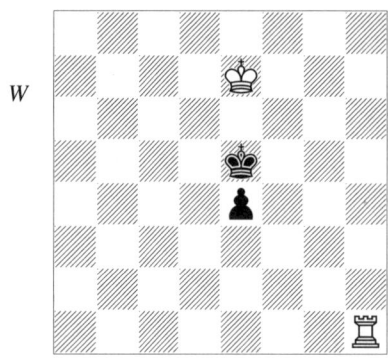

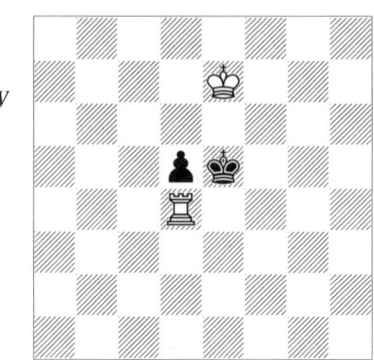

Weiß am Zug gewinnt
R. Réti
Münchener Neueste Nachrichten, 1928

Aber nicht 1 ♔d7 e3! 2 ♔c6 ♔d4 3 ♔b5 e2 4 ♔b4 ♔d3!.

1...♔d4

Einen ähnlichen Verlauf nehmen die Dinge nach 1...♔f4 2 ♔d6 e3 3 ♔d5 ♔f3 4 ♔d4.

2 ♔e6 e3 3 ♔f5 ♔d3 4 ♔f4

Doch nehmen wir nun an, dass Weiß in der Stellung nach 1 ♖e1 aus irgendeinem Grund das Recht (oder vielmehr die Pflicht!) hat, den nächsten Zug auszuführen:

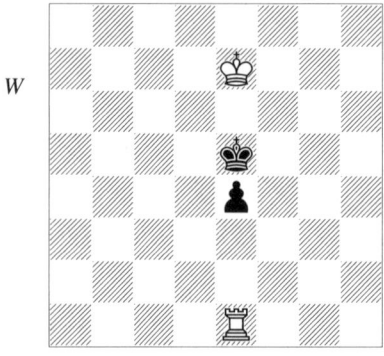

Nun sind die weißen Chancen nicht so gut:

1 ♔d7 ♔d5!

Nur so! Man darf den weißen König nicht vorbei lassen, um den Turm zu unterstützen. 1...♔d4? 2 ♔e6! (nun kommt er auf der anderen Seite herum!) 2...e3 3 ♔f5.

2 ♔c7

2 ♔e7 ♔e5!.

2...♔d4! 3 ♔c6 e3 4 ♔b5 ♔d3 5 ♔b4 ♔d2

Wie wir sehen, basiert das Spiel in dieser Stellung auf gegenseitigem Zugzwang.

Nach der Betrachtung dieser Varianten sind wir nun in der Lage, die Lösung zu folgender Studie zu finden, die auf den ersten Blick paradox anmutet (wie übrigens die meisten Réti-Studien):

Der natürliche Rückzug 1 ♖d1 führt nach 1...d4 2 ♔d7 ♔d5 zu einer (uns bereits aus dem vorigen Beispiel bekannten) Stellung mit gegenseitigem Zugzwang. Wie wir wissen, muss Schwarz am Zug sein, damit Weiß gewinnt. Daher müssen wir die Variante verbessern. Das ist nicht weiter schwierig:

1 ♖d2!

Nun funktioniert alles wunderbar.

1...d4

Auf diese Antwort hat Weiß gewartet, und jetzt kann er seinen Turm auf das korrekte Feld ziehen:

2 ♖d1!

Die Partie ist vorbei – Schwarz ist in Zugzwang.

Für jemanden, der mit dieser Stellung vertraut ist – genauer gesagt, mit den Varianten des vorigen Beispiels –, stellt die Lösung dieser Studie keinerlei Probleme dar. Wie wir gesehen haben, muss man nur einen einzigen (in diesem Fall den ersten) Zug finden, der die geradlinige Variante verbessert.

Einen solchen korrigierenden Zug nennen wir – wie in *Rezepte aus der Großmeisterküche* dargestellt – „resultierenden Zug".

Auf die Gefahr der Verallgemeinerung hin, können wir nun sagen: Um die in einer unbekannten Stellung „versteckten" Zugzwangmöglichkeiten zu finden, können wir nicht umhin, die Kandidatenzüge zu analysieren. Manchmal wird die Analyse uns sofort zu einer Stellung führen, in der der Gegner einen Zug machen muss, der seine Stellung verschlechtert. Eine solche Stellung heißt „Zugzwangstellung". In gleicher Weise stellen wir oft fest, dass wir selbst in eine solche Lage geraten können. In diesem Fall müssen wir einen Weg finden, diese spezifische Variante zu korrigieren, d. h. wir müssen einen Weg finden, den Gegner an den Zug zu bringen. Um dies zu erreichen, müssen wir den **resultierenden Zug** finden.

Wir stellen also fest, dass man keine Erleuchtung oder überwältigende Inspiration braucht, um eine Zugzwangstellung zu finden. Stattdessen ist alles eher Routine und mitunter eine recht arbeitsame Angelegenheit – man muss Varianten berechnen. Das ist der alltäglichste, aber gleichzeitig auch der wichtigste Teil des Schachs. Bei der oben dargestellten Regel, wie Zugzwang aufzufinden ist, sind auch andere Aspekte des Problems zu beachten. Diese werden wir anhand weiterer Beispiele untersuchen, in denen Zugzwang in den unterschiedlichsten Stellungen auftritt.

Hier haben wir ein weiteres unkompliziertes und wohlbekanntes Beispiel:

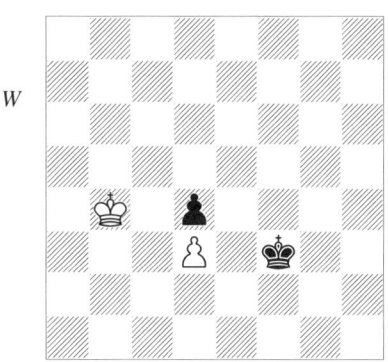

Mit Weiß am Zug sieht es so aus, als sei die natürlichste Fortsetzung der „ernsthafte" Angriff auf den Bauern – 1 ♔c4?. Doch unglücklicherweise scheitert dies an 1...♔e3. (Hier sehen wir – wie versprochen – einen weiteren Aspekt unseres Themas: Man darf nicht „vergessen", ein wenig tiefer zu schauen – sich vorzustellen, was einen Zug später passieren kann. Nur so können wir das fehlende Glied der Kette entdecken. Natürlich gibt es kompliziertere Beispiele als diese geradlinige Variante.)

Nun fängt Weiß an, eine Verbesserung dieser Variante zu suchen – den resultierenden Zug. Und so spielen wir:

1 ♔c5! ♔e3 2 ♔c4

Die Kenntnis dieser Zugzwangstellung hilft uns auch, die Lösung der nächsten Studie zu finden. (Ich habe zwei Vorbereitungszüge ausgelassen):

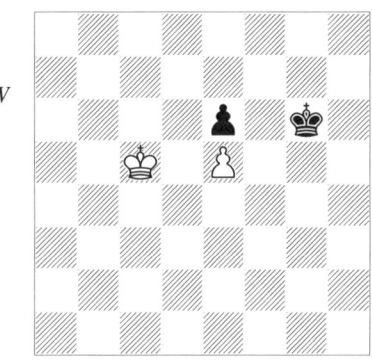

Weiß am Zug gewinnt
A. Chéron (Schluss einer Studie)
1926

Aus dem obigen Beispiel wissen wir, dass der Königszug nach d6 nicht in Frage kommt. Doch wir können die passivere Stellung des schwarzen Königs ausnutzen und uns von der Seite annähern:

1 ♔c6! ♔g5

Wie wir wissen, darf Schwarz nicht nach f5 gehen. Auch 1...♔g7 rettet die Partie nicht: 2 ♔d6 ♔f7 3 ♔d7 ♔f8 4 ♔xe6 ♔e8 5 ♔d6 ♔d8 6 e6.

2 ♔d7

Aus dem Bisherigen können wir nun weitere Schlüsse ziehen, die zwar offensichtlich sind, aber mannigfaltige Konsequenzen haben:

a) Zugzwang tritt am häufigsten im Endspiel auf.

b) Wenn das Endspiel näher kommt, spielen oft Müdigkeit, Zeitknappheit, psychologisches Unwohlsein bzw. alle diese Faktoren zusammen eine Rolle. Unter diesen Umständen ist oft gerade die Rechenfähigkeit beeinträchtigt, womit das konkrete Wissen und die Kenntnis typischer Situationen um so hilfreicher sind. Je mehr Endspielstellungen ein Spieler kennt, desto besser sind seine Chancen daher, an einem kritischen Punkt der Partie die richtige Entscheidung zu treffen. Aus diesem Grund ist die Zeit, die Sie auf das Lösen von Endspielstudien verwenden, nie verschwendet!

Fahren wir fort – wie gehen wir zum Beispiel an die Lösung der nächsten Studie heran?

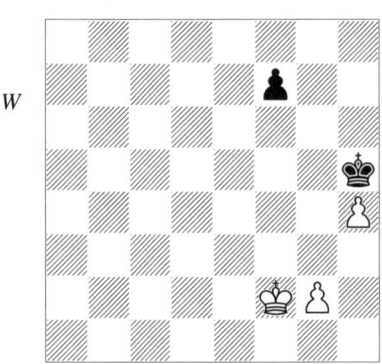

Weiß am Zug gewinnt
A. Herberg
Deutsche Schachzeitung, 1936

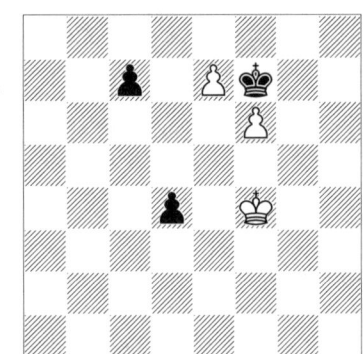

Weiß am Zug gewinnt
J. Behting
Rigaer Tageblatt, 1894

Zunächst einmal müssen wir erkennen, dass es notwendig ist, den Bauern h4 zu verteidigen. Dafür gibt es nur zwei Möglichkeiten. Die erste, 1 g3, führt zu nichts: 1...♔g4 2 ♔g2 f5 3 ♔f2 f4. Daher spielen wir:
1 ♔g3 f5
1...f6 verliert nach 2 ♔h3 f5 3 ♔g3.
Erst jetzt fangen wir an, Varianten zu berechnen. So können wir herausarbeiten, dass 2 ♔h3? f4 zu nichts führt. Der zweite logische Zug scheint 2 ♔f4 zu sein, (diese Züge klassifizieren wir als Kandidatenzüge), aber 2...♔xh4 führt zu einer Stellung, in der Weiß am Zug ist – was genau das ist, was wir vermeiden wollen. Es wäre auf jeden Fall sehr vorteilhaft, wenn der Gegner am Zug wäre. Daher müssen wir den resultierenden Zug suchen:
2 ♔f3! ♔xh4 3 ♔f4
...und die Studie ist gelöst.

Das nächste Problem können wir auf sehr ähnliche Weise angehen (*siehe folgendes Diagramm*).
Um zu gewinnen, muss Weiß den Angriff auf den c-Bauern, die Unterstützung seines e-Bauern und Mattdrohungen gegen den gegnerischen König miteinander kombinieren. Wenn wir den nahe liegenden Zug 1 ♔e4 analysieren, sehen wir, dass der geradlinige Weg nicht zum Erfolg führt: 1...c5 2 ♔d3 ♔e8 3 ♔c4 ♔f7 4 ♔d5? d3 5 ♔d6 d2. Doch lenken wir die Aufmerksamkeit auf die Stellungen nach dem ersten, zweiten und dritten Zug von Schwarz: In allen drei Fällen handelt es sich um eine Stellung, in der es für beide Seiten ungünstig ist, am Zug zu sein – eine Stellung gegenseitigen Zugzwangs. Also bleibt nur noch die Frage, wie man den Gegner an den Zug bringt. Dies kann durch einfache Züge bewerkstelligt werden, die sich aus der oben erwähnten Hauptvariante ergeben:
1 ♔f3! c6
Nach 1...♔e8 2 ♔e4 c5 3 ♔d5 entsteht eine Stellung, die wir weiter unten betrachten werden.
2 ♔f4! c5 3 ♔e4!
Gerade zur richtigen Zeit! Schwarz ist in Zugzwang, und nun klappt alles wunderbar.
3...♔e8 4 ♔d5 ♔d7 5 ♔c4! ♔e8 6 ♔xc5 d3 7 ♔d6 ♔f7 8 ♔d7
In diesem Beispiel war es nicht schwer, die Lösung zu finden, da die Analyse des einzigen Kandidatenzugs direkt zum Erfolg führte. Oft ist es sehr viel schwieriger, während der Analyse zu bemerken, wann der zuvor erwähnte kritische Moment auftaucht. Genauer gesagt, war es nötig, unsere Analyse weiter fortzusetzen (wobei man allerdings wissen muss, wonach genau man sucht!). Es gilt, die sich rasch wandelnden Besonderheiten der Stellung wahrzunehmen, um zu wissen, an welchen Punkt man zurückkehren muss, um den kritischen Moment zu erkennen. Generell ist die Fähigkeit, die interessantesten Momente während der Analyse zu erkennen, für jeden Schachspieler äußerst wichtig. Das erlaubt ihm, die Analyse abzubrechen, wenn deutlich wird, dass dieser Weg zu

nichts führt, bzw. seine Aufmerksamkeit auf einen bestimmten Punkt zu konzentrieren, der weitere Berechnungen erfordert. Durch das regelmäßige Lösen von Übungsaufgaben, die dafür geschaffen sind, die Technik der Variantenberechnung zu üben, lässt sich diese wichtige Fähigkeit gut trainieren. Ich hoffe, dass die Notwendigkeit solcher Übungen für jeden Spieler, der sein Schach verbessern möchte, offensichtlich ist.

Nicht nur in Bauernendspielen ist Zugzwang ein häufiger Gast, sondern auch in anderen Endspieltypen, vor allem in Springerendspielen. Das liegt daran, dass der Springer eine kurzschrittige Figur ist – ein Merkmal, das Zugzwangmotive in besonderem Maße anzieht.

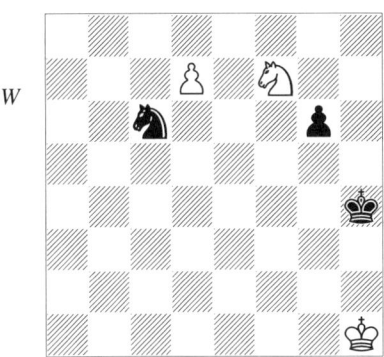

Weiß am Zug gewinnt
S. Kaminer
Schachmati, 1925

Durch die Notwendigkeit, den weißen Bauern in seinen Schranken zu halten, ist die Mobilität der schwarzen Figuren ernsthaft eingeschränkt. Auf der anderen Seite träumt Weiß davon, den schwarzen Springer in einer Gabel auf e5 zu erwischen. Dies sind die Umstände, die den Kampf bestimmen. Weiß hat keine große Auswahl an Zügen und kann seine Suche nach einer Lösung mit dem nahe liegenden Zug 1 ♔g2 beginnen. Doch nach 1...g5 2 ♔h2 g4 3 ♔g2 g3 muss Weiß zurückweichen, wonach es keinen Gewinn mehr gibt. Wenn wir uns vom Ende zum Anfang zurückarbeiten (eine wichtige Analysetechnik), fangen wir an zu verstehen, was in unserer Variante fehlt. Es wird klar, dass nach dem ersten, zweiten und dritten Zug von Schwarz jeweils eine Stellung gegenseitigen Zugzwangs entsteht. Nun sollte alles klar sein – wir entdecken die Schlüsselidee, und damit den resultierenden Zug:

1 ♔h2!

Danach läuft alles wie am Schnürchen.

1...g5

Nach 1...♔h5 2 ♔g3! g5 3 ♔h3 g4+ 4 ♔g3 nehmen die Dinge einen ähnlichen Verlauf.

2 ♔g2 g4 3 ♔h2 g3+ 4 ♔g2 ♔h5 5 ♔xg3 ♔g6 6 ♘e5+

Die nächste Studie ist komplizierter, aber dennoch kann die Lösung auf ähnliche Weise gefunden werden.

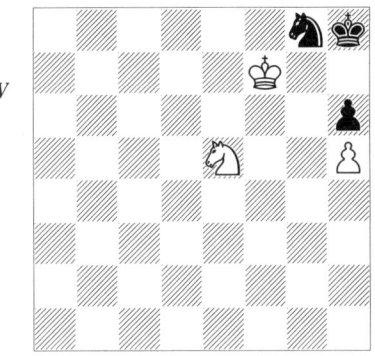

Weiß am Zug gewinnt
W. Bron
Fiskultura i Sport, 1948

Schauen wir uns diese Stellung genau an. Die Idee ist, einerseits die schwarzen Figuren nicht entkommen zu lassen, und andererseits eine Stellung herbeizuführen, in der Schwarz am Zug ist, aber nicht ziehen kann, ohne Material zu verlieren. Es ist unschwer zu erkennen, dass dafür die folgende Stellung aufs Brett kommen muss: Der Springer des Weißen muss auf f8 stehen, sein König auf f7 und der schwarze König auf h8, mit Schwarz am Zug.

Das ist unsere hauptsächliche Zugzwangstellung! Nachdem wir die zu erreichende Stellung gefunden haben, müssen wir diese zu der jetzigen Stellung „zurückspulen". Anders gesagt, müssen wir die Methode benutzen, die in *Rezepte aus der Großmeisterküche* als „Umgekehrtes Denken" beschrieben wurde. Wie wird das gemacht? Nichts erreicht die geradlinige Variante 1 ♘g6+ (oder 1 ♘d7) 1...♔h7 2 ♘f8+ ♔h8 3 ♘g6+ ♔h7 4 ♘e5 ♔h8, denn (ich bitte um Aufmerksamkeit!) *der Springer kann kein Tempo gewinnen*. Daraus folgt, dass der König in die Aktion mit einbezogen werden muss. Also ist es nötig, einen anderen Weg zu finden, die gegnerischen Figuren unter Verschluss zu halten – das bedeutet vor allem, die Felder g7 und f6 zu kontrollieren. Zu diesem Zweck muss der Springer nach e8 überführt werden. Nun haben wir den ersten Teil unseres Plans gefunden:

1 ♘c4!

Natürlich kann man auch eine andere Route wählen – vorausgesetzt, dass der Springer am Ende das Feld e8 erreicht.

1...♔h7 2 ♘d6 ♔h8 3 ♘e8! ♔h7

Nun, da der König frei ziehen kann, führt er den traditionellen Tanz aus, der zum Gewinn (bzw. zum Verlust) eines Tempos führt, während er gleichzeitig die Kontrolle über das Feld e7 behält.

4 ♔e6! ♔h8 5 ♔d6!

Sofort nach d7 zu gehen, wäre verfrüht: 5 ♔d7 ♔h7 6 ♔e6 ♔h8. Dies ist noch ein weiterer zwischenzeitlicher Zugzwang.

5...♔h7 6 ♔d7! ♔h8 7 ♔e6! ♔h7 8 ♔f7 ♔h8 9 ♘c7 ♔h7 10 ♘e6 ♔h8 11 ♘f8!

Eine interessante Studie, in der es nicht so sehr um die Berechnung einfacher Varianten ging, sondern um die logische Aufstellung der weißen Figuren. Ohne die Idee zu verstehen, ist die Lösung nicht zu würdigen, selbst wenn sie einem vom ersten bis zum letzten Zug gezeigt wird.

Das nächste Beispiel ist äußerst bedeutsam für das Verständnis von Läuferendspielen:

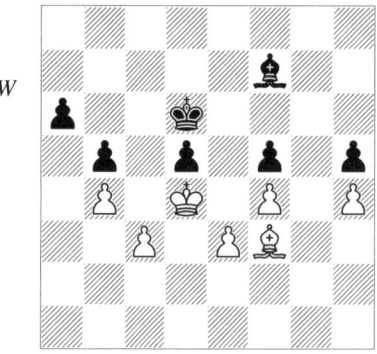

Weiß am Zug gewinnt
J. Awerbach
1954

Diese Studie illustriert eindrucksvoll das Problem des sogenannten „schlechten Läufers", sowie die Methode, wie man seine Beweglichkeit einschränkt. Sie bringt auch einen anderen Lerneffekt mit sich: Ein Spieler, der mit dieser Studie vertraut ist, wird mehr auf die Beweglichkeit seiner Bauern achten. Die Grundidee dieser Studie zu finden, ist nicht weiter schwierig. Wenn wir bemerken, dass die schwarzen Figuren damit überlastet sind, einerseits ihre Bauern und andererseits die Einbruchsfelder zu decken, drängt sich sofort die Frage auf: Was wäre, wenn Schwarz am Zug wäre? Die Antwort ist: Schwarz wäre in Schwierigkeiten. Daher bleibt nur das Problem, wie Weiß seinen Gegner an den Zug bringen kann. In diesem Fall besteht das Schlüsselprinzip darin, die Beweglichkeit des schwarzen Läufers weiter einzuschränken.

1 ♗e2 ♗e8

Nach 1...♗g6 2 ♗d3 ♗h7 muss Weiß den starken Zug 3 ♗f1!! finden, mit dem der Läufer Zugang zu beiden Diagonalen hat. Danach ist alles vorbei: 3...♗g8 4 ♗e2 ♗f7 5 ♗f3 oder 3...♗g6 4 ♗g2 ♗f7 5 ♗f3. In beiden Fällen schafft es Weiß, seinem Gegner die Zugpflicht zu übertragen.

2 ♗d3! ♗g6

Oder 2...♗d7 3 ♗c2! ♗e6 4 ♗d1 ♗f7 5 ♗f3.

3 ♗c2! ♗h7 4 ♗b3! *(D)*

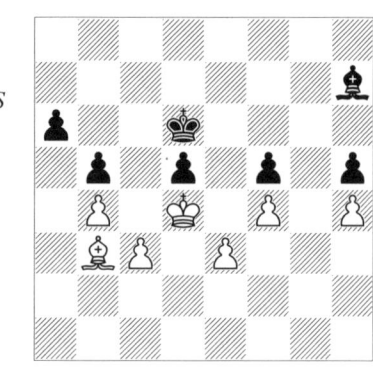

4...♗g8 5 ♗d1 ♗f7 6 ♗f3

Es liegt auf der Hand, dass man nicht einfach darauf warten kann, dass zufällig eine Zugzwangposition entsteht. Man sollte wissen, wie man sie herbeiführt.

Schauen wir uns an, wie das getan wird:

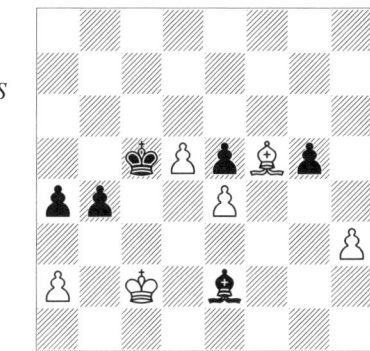

Schwarz am Zug
Nach J. Awerbach
1956

Für einen Spieler, der seine Endspieltechnik verbessern möchte, ist diese Stellung sehr wertvoll. Auch hier ist die Lösung größtenteils logisch fundiert. Wir können eine nützliche Feststellung treffen: Wie wir schon im letzten Beispiel deutlich gesehen haben, ist es sehr gefährlich, Bauern auf der Farbe des eigenen Läufers zu haben – insbesondere in Endspielen mit gleichfarbigen Läufern. In diesem Fall behindern die Bauern die Beweglichkeit des eigenen Läufers, während sie gleichzeitig vom gegnerischen Läufer attackiert werden können. Der folgende, für einen erfahrenen Spieler völlig offensichtliche Zug basiert genau auf diesen Überlegungen:

1...a3!

Auf diese Weise wird der a-Bauer auf dem ungünstigsten Feld festgelegt, was seine ständige Bewachung nötig macht und den weißen König zu völliger Passivität verdammt.

2 ♗g6

Der Läufer darf seine kurze Diagonale nicht verlassen: 2 ♗g4 ♗d3+. Auch dies ist eine Konsequenz von 1...a3!. Nun sperrt Schwarz den gegnerischen König ein:

2...♗d3+! 3 ♔a1

Der König muss in die Ecke gehen. 3 ♔c1 scheitert an 3...♗d4! 4 d6 b3! 5 ♔d2 (5 d7 ♔c3!) 5...♗b5 6 ♗f7 b2 7 ♔c2 ♗d3+.

Der schwarze Vorteil ist offensichtlich: Die weißen Figuren haben so gut wie keine Züge. Es bleibt nur noch, den weißen Läufer lahmzulegen, was zu Zugzwang führen und Weiß zwingen würde, seinen gedeckten Freibauern auf der d-Linie zu ziehen. Ohne Deckung würde der Bauer schnell verloren gehen. Wie lässt sich das also erreichen? Die Lösung ist einfach: Schwarz bringt den König nach g7, wenn der weiße Läufer auf f5 steht. Beachten Sie, dass diese Studie praktisch ohne Rechnen zu lösen ist. Wie bereits erwähnt, kommt das selten vor und ist nur möglich, wenn eine Seite ganz und gar passiv steht.

3...♔d6! 4 ♗f5 ♔e7 5 ♗g6 ♔f6 6 ♗h7 ♔f7

Auch möglich war die Fortsetzung 6...♔g7 7 ♗f5 ♗c2.

7 ♗f5 ♔g7! 8 d6 ♔f6 9 d7 ♔e7

Der Bauer geht verloren, und sehr bald werden auch die anderen fallen.

Sogar in einem Endspiel mit ungleichfarbigen Läufern kann der „schlechte" Läufer die Partie verlieren.

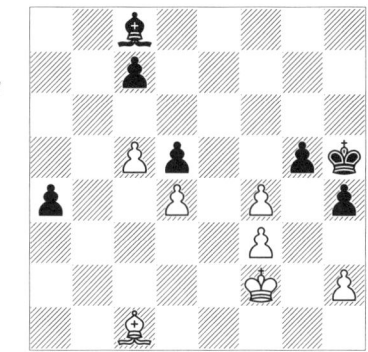

Kurajica – Karpow
Skopje 1976

Schwarz hat klaren Vorteil, was auf der Stärke des Freibauern auf der a-Linie sowie der unterschiedlichen Figurenaktivität basiert. Normalerweise würde ein solcher Vorteil zum Gewinn ausreichen, aber in diesem Fall handelt es sich um ein Endspiel mit *ungleichfarbigen Läufern*, das für seine Remistendenz bekannt ist. Das gilt um so mehr, als das Material ausgeglichen ist. Dennoch lässt sich der schwarze Vorteil in dieser Stellung in einen Gewinn verwandeln. Der Grund dafür ist der große Unterschied in der Figurenaktivität, der, wie wir schon wissen, oft zu Zugzwang führt.

46...g4

Für Schwarz ist es absolut notwendig, mit dem König durchzubrechen, um seinen entfernten Freibauern zu unterstützen. Ab diesem

Zug ist das gesamte schwarze Spiel darauf ausgerichtet, sich „den Weg freizukämpfen".

47 ♔g2 ♗f5 48 ♔f2 gxf3 49 ♔xf3 ♗e4+ 50 ♔f2 ♔g4 51 ♗b2 *(D)*

Zum ersten, aber nicht zum letzten Mal in dieser Partie finden sich die passiven weißen Figuren in Zugzwang. Nach 51 c6 ♗g6 52 ♔g2 ♗e8 53 f5 ♔xf5 54 ♔h3 ♔e4 55 ♗b2 ♔d3 56 ♔xh4 ♔c2 erreicht Schwarz sein Ziel.

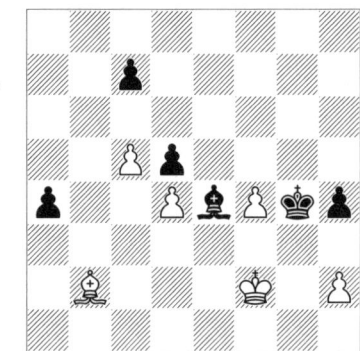

51...♔xf4 52 ♗c1+ ♔g4 53 ♗b2 c6 54 ♗c1

Schwarz muss nun einen anderen Weg des Durchbruchs finden. Wiederum geraten die eingeengten weißen Figuren in Zugzwang. Also:

54...♔h3! *(D)*

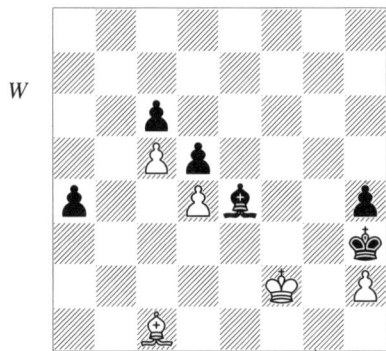

55 ♔g1 ♗g6! 56 ♔h1

Eine neue Zugzwangstellung: Nach 56 ♗b2 ♔g4 57 ♔f2 ♔f4 58 ♔e2 ♔e4 bricht der schwarze König sogar noch schneller durch.

56...♗h5!

Der Läufer geht auf diese Diagonale, um dem weißen König das Feld f3 zu nehmen – der Grund dafür wird bald klar.

57 ♔g1 ♗d1! 0-1

Weiß gab auf, da er wiederum in Zugzwang ist und den schwarzen König nicht aufhalten

kann, wie die folgenden Varianten zeigen: 58 ♗b2 ♔g4 59 ♔g2 ♗f3+! (das Feld f3!) 60 ♔f2 ♔f4 oder 58 ♔h1 ♔g4 59 ♔g2 ♗f5 60 ♔f2 (auch hier ist die Bedeutung des Feldes f3 zu beachten!) 60...♔e4. Passivität im Endspiel ist etwas sehr Gefährliches!

An dieser Stelle lässt sich die Frage diskutieren, wie das Prinzip des resultierenden Zugs eingesetzt werden kann, um Zugzwangbedingungen herzustellen. In diesem Fall war es nicht nur ein einzelner Zug, sondern vielmehr ein ganzes Manöver, um den Läufer auf die entscheidende Diagonale zu überführen. Dem zugrunde lag eine Variante, in der der weiße König das Feld f3 hätte erreichen können: Diesen Zug galt es zu verhindern.

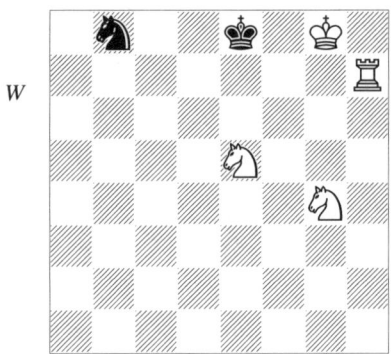

Weiß am Zug setzt in drei Zügen matt
A. de Musset
La Régence, 1849

Auch Schachprobleme arbeiten oft mit Zugzwang. Das folgende Beispiel stammt von einem berühmten französischen Schriftsteller und Schachliebhaber:

In dieser Stellung können wir noch ein anderes interessantes Detail bemerken. Bei der Lösung dieses Problems tritt die uns bereits bekannte Methode, Zugzwang anhand des resultierenden Zugs zu finden, in einer besonders überraschenden Form auf. Wenn Weiß versucht, dem schwarzen König mit „normalen" Mitteln beizukommen, flieht dieser nach d8, zum Beispiel 1 ♘f6+ ♔d8 oder 1 ♖b7 ♔d8. Der Versuch, dieses Feld mit 1 ♘c6 zu kontrollieren, ist wegen 1...♘xc6 unmöglich. Nachdem wir uns von all dem überzeugt haben, kann die Lösung nur als resultierender

Zug aus den bisherigen Varianten gefunden werden:

1 ♖d7! ♘xd7 2 ♘c6!

Hier ist ein Beispiel für Zugzwang in einer sehr viel komplizierteren Stellung.

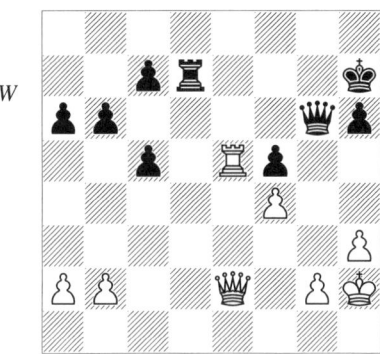

Morphy – Löwenthal
London (14) 1858

Das dieser Stellung vorausgehende Spiel war sehr interessant – Morphy hatte einen Bauern für eine lang anhaltende Initiative geopfert und anschließend Druck aufgebaut, obwohl einige Figuren getauscht worden waren. In der entstandenen Stellung ist der weiße Vorteil offensichtlich, aber es ist nicht klar, wie er die Verteidigung des Gegners durchbrechen kann.

31 ♖e6 ♕g7

Es ist notwendig, das Feld e5 zu kontrollieren. Nach 31...♕f7 32 ♕e5 c4 entscheidet Weiß das Spiel durch einen direkten Angriff – er spielt 33 g4!, mit der Absicht, den Turm bei Gelegenheit nach e8 zu spielen.

32 ♕h5 ♖d5

Schlecht ist 32...♕f7 wegen 33 ♖xh6+ ♔xh6 34 ♕xf7+ ♔h8 35 ♕xf5.

Nun ist klar, dass die schwarzen Figuren nicht ziehen können (die Varianten sind einfach und klar zu sehen), und Weiß muss nur noch die gegnerischen Bauern am Damenflügel blockieren. Also:

33 b3! (D)
33...b5

Noch schlechter steht Schwarz nach 33...a5 34 a4. Es ist interessant zu bemerken, dass Schwarz, obwohl er mehrere scheinbar mobile Figuren und Bauern besitzt, keine davon ohne Nachteil ziehen kann. Der Grund dafür ist

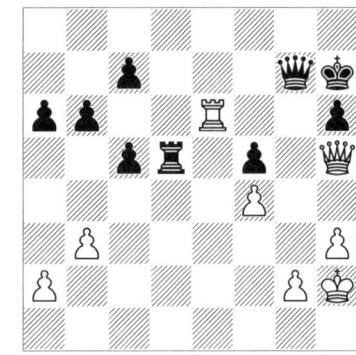

derselbe wie in anderen Zugzwangsituationen: Zugzwang tritt auf, wenn die Figuren der defensiven Seite entweder räumlich beengt sind, oder wenn ihre Aktivität durch die Notwendigkeit, wichtige Felder zu verteidigen, eingeschränkt ist. Übrigens trifft das Gleiche für die Seite des Angreifers zu: Obwohl er scheinbar genügend Raum zur Verfügung hat, kann auch er von gegenseitigem Zugzwang betroffen sein. In diesem Fall liegt der Grund dafür in der Notwendigkeit, wichtige Felder zu kontrollieren: Aber wir wollen nicht versuchen, die Partie zu retten, sondern sie zu gewinnen!

Um es kurz zu sagen: *Die wichtigsten Anzeichen, die bei der Suche nach potentiellen Zugzwangsituationen helfen können, sind Figuren, die entweder räumlich stark eingeschränkt oder durch die Kontrolle essentiell wichtiger Felder überlastet sind.*

34 ♖xa6 ♖d6

Nach 34...b4 35 ♖c6 ist Schwarz wiederum in Zugzwang, und Verluste sind unvermeidlich.

35 ♕xf5+ ♕g6 36 ♕xg6+ ♔xg6 37 ♖a5

Noch einfacher war der Übergang ins Bauernendspiel: 37 ♖xd6+ cxd6 38 ♔g3 h5 (oder 38...b4 39 ♔f3 d5 40 g4) 39 ♔f3! h4 40 ♔e4.

37...♖b6

37...c6 stellt Weiß vor mehr Schwierigkeiten, obwohl er sicherlich auch dann gewinnen sollte, zum Beispiel nach 38 a4 bxa4 39 bxa4 ♖d5 40 ♖a6! ♖d6 41 ♖b6! ♔f5 42 a5 ♔xf4 43 a6.

Nach dem Textzug ist die Sache recht einfach.

38 g4 c6 39 ♔g3 h5 40 ♖a7 hxg4 41 hxg4 ♔f6 42 f5 ♔e5 43 ♖e7+ ♔d6 44 f6 ♖b8 45 g5 ♖f8 46 ♔f4 c4 47 bxc4 bxc4 48 ♔f5 c3 49 ♖e3 1-0

Das obige Beispiel gehört zur Kategorie der Schwerfigurenendspiele. Man sollte diesen

Endspieltyp nie als reines Endspiel ansehen, da es darin viele Elemente von Mittelspielstrategie gibt.

Obwohl es nicht häufig passiert, kann Zugzwang auch in einem echten Mittelspiel mit zahlreichen Figuren auf dem Brett vorkommen. In diesem Fall nimmt er allerdings einen etwas anderen Charakter an.

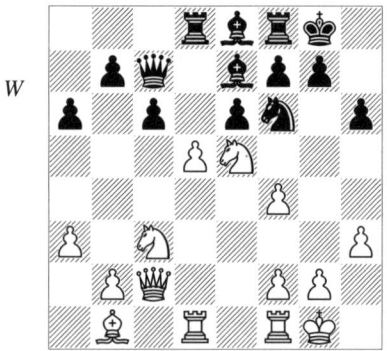

Kramnik – Lputjan
Mannschaftseuropameisterschaft, Debrecen 1992

Das bemerkenswerteste Detail dieser Partie ist der folgende Zug von Weiß, der auf den ersten Blick wie der natürlichste Zug überhaupt aussieht.

18 ♖fe1!

Nachdem der weiße Bauer nach d5 vorgestoßen ist, würden wir normalerweise forciertere Maßnahmen erwarten: Wir fangen an, nach etwas Drastischem und Überraschendem in Richtung des schwarzen Königs zu suchen. Entsprechend kommen einem Varianten wie 18 dxe6 fxe6 19 ♘e4 g6 20 ♘g3 ♗d6 21 ♘xg6 ♗xg6 22 ♕xg6+ ♕g7 in den Sinn, wonach Weiß, wie Kramnik erläuterte, im Endspiel unzweifelhaft im Vorteil wäre. Doch Kramnik hatte den Eindruck, dass sich aus der Stellung mehr herausholen ließe. Um diese Erklärung fortzuführen, können wir annehmen, dass ihn die extrem beengte Stellung der schwarzen Figuren dazu gebracht haben könnte, nach Zugzwangthemen zu suchen. Zweifellos wurde seine Suche von Erfolg gekrönt.

Es muss auch erwähnt werden, dass die Ereignisse nach der äußerlich sehr aggressiven Fortsetzung 18 g4 einen ähnlichen Verlauf hätten nehmen können. Doch in diesem Fall gibt es eine wichtige taktische Feinheit: Nach 18...♔h8 19 dxe6 (19 g5 hxg5 20 fxg5 ♕xe5 21 gxf6 ♕g5+ 22 ♔h1 ♕h4 führt nur zum Remis – das ist die oben erwähnte Verteidigungsressource) 19...fxe6 20 ♖xd8 ♗xd8 21 ♘e4 erreichen wir die gleiche Stellung wie in der Partie, mit dem einzigen Unterschied, dass statt des Turms auf e1 der Bauer auf g4 steht. Dieser Unterschied ist zwar klein, aber würde dennoch die schwarze Verteidigung erleichtern.

Wir sehen, wie starke Spieler Varianten berechnen und dabei durch ihre Analyse eine manchmal schwer nachzuvollziehende Tiefe und Genauigkeit erreichen. Der Zug des Weißen bringt einen Turm ins Zentrum, während Schwarz trotz vollem Brett keinen einzigen Zug hat, der seine Stellung nicht verschlechtern würde. Natürlich ist etwas Derartiges sehr selten und nur als Konsequenz einer erstaunlichen Enge innerhalb der schwarzen Stellung möglich.

(Übrigens können wir annehmen, dass der Zug 18 ♖fe1, der allein den Zugzwang möglich macht, aus der Analyse von 18 g4 resultierte – alles nach Plan!)

18...♔h8

Die folgenden Varianten verdeutlichen die Probleme des Schwarzen: 18...cxd5 19 ♘xd5; 18...exd5 19 ♘xd5 ♗xd5 20 ♖xd5; 18...♖c8 19 d6! ♗xd6 20 ♘g4; 18...♕b8 19 dxe6 fxe6 20 ♘e4; oder 18...♖d6 19 dxe6 fxe6 20 ♘e4 ♘xe4 21 ♕xe4 ♖f5 22 g4. In allen diesen Fällen ist die schwarze Stellung deutlich schlechter als in dem zuvor von Kramnik verworfenen Endspiel.

19 dxe6 ♖xd1 20 ♖xd1 fxe6 21 ♘e4 g6 *(D)*

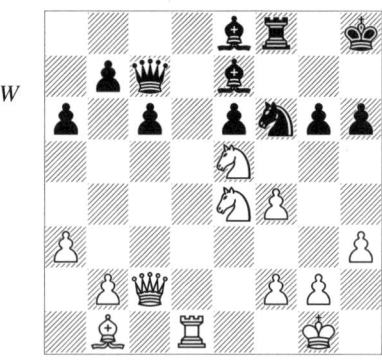

22 ♘c5!

Nun wird die Verschlechterung der schwarzen Stellung, die das Resultat des Zugzwangs nach 18 ♖fe1! ist, spürbar. Sogar die beste Antwort im 18. Zug hat seine Stellung ein bisschen verschlechtert, da sie dem Turm auf f8 die Deckung genommen hat. Daraus gewinnt Weiß nur ein einziges Tempo, aber das genügt, um entscheidenden Vorteil zu erlangen. Das ist einerseits Können der höchsten Klasse (oder darf ich es Genius nennen?) und außerdem ein weiteres Beispiel, das meine Theorie bezüglich des Auffindens von Zugzwangstellungen unterstützt. Der 18. Zug von Weiß war zweifellos ein resultierender Zug!

Nun ist der Gewinn einfach:

22...♗xc5 23 ♕xc5 ♖g8 24 ♗a2 ♔g7

Nichts ändert 24...♘d5 25 ♗xd5 exd5 26 ♖xd5.

25 ♗xe6 ♖f8 26 ♘d7! 1-0

Nach 26...♘xd7 wird die Partie durch 27 ♖xd7+! entschieden, also gab Schwarz auf.

Ein weiteres Beispiel haben wir übrigens im Kapitel 5 („Der Raumvorteil") besprochen, wo Schwarz sich am Ende der Partie Karpow-Unzicker in totalem Zugzwang befand, obwohl fast noch alle Figuren auf dem Brett waren!

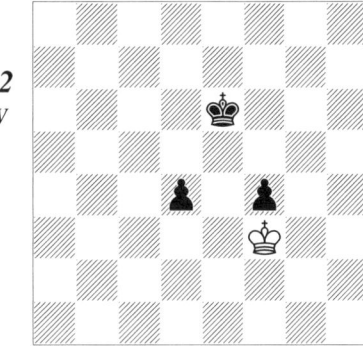

82
W

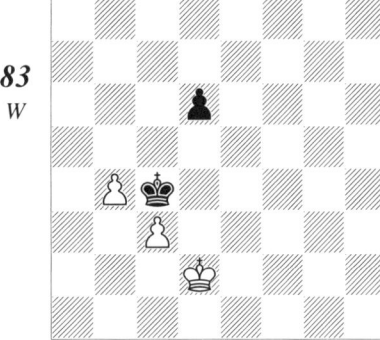

83
W

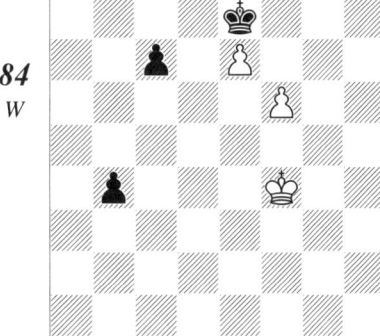

84
W

Aufgaben

Lösungen auf Seite 172.

81
W

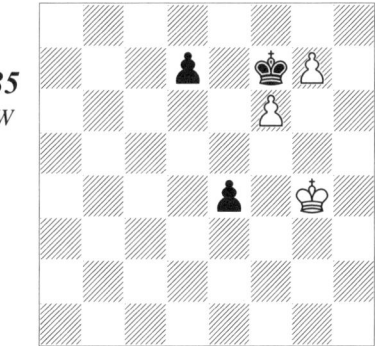

85
W

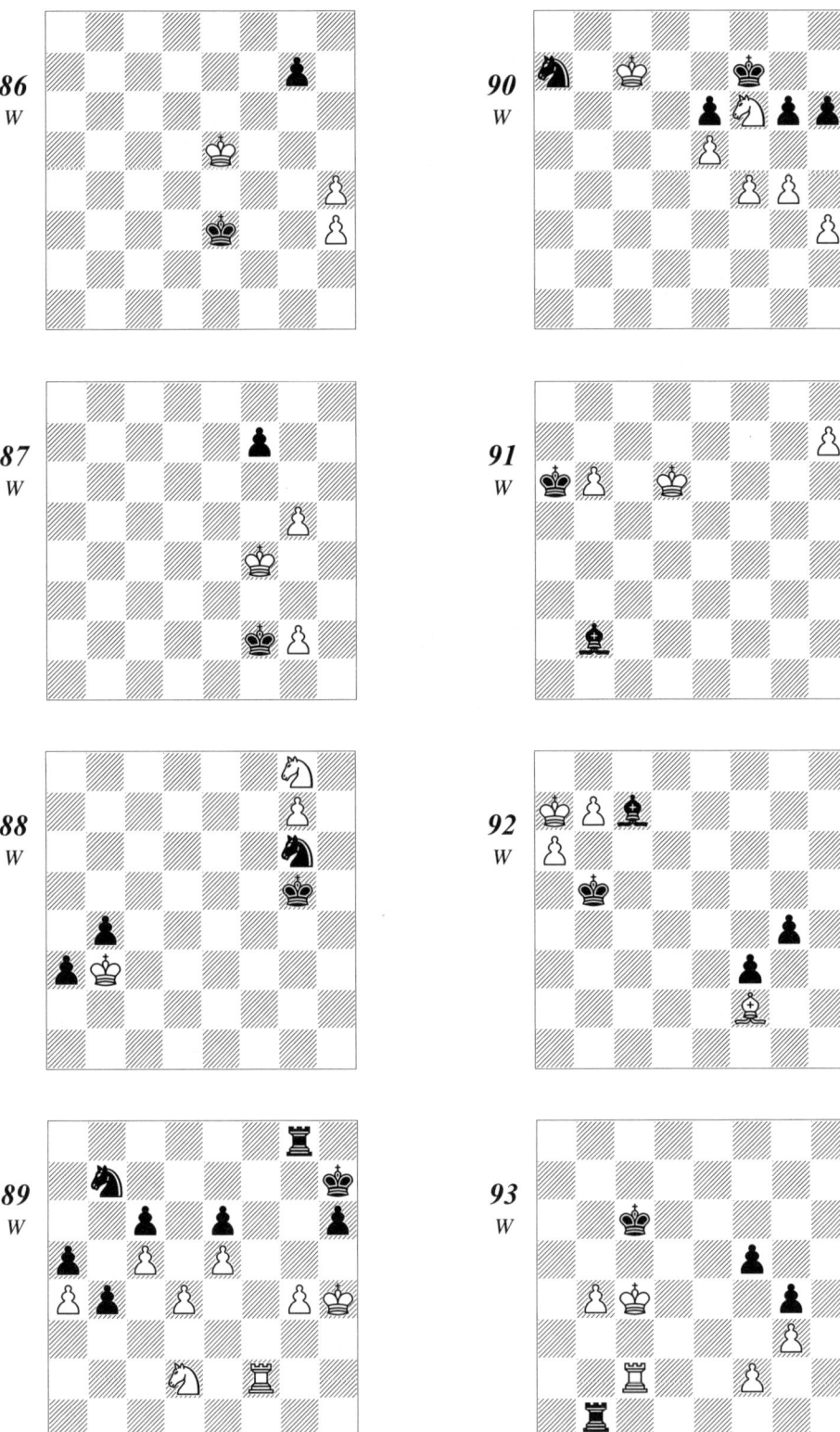

94
W

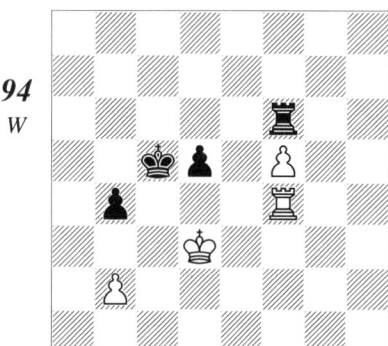

96
S

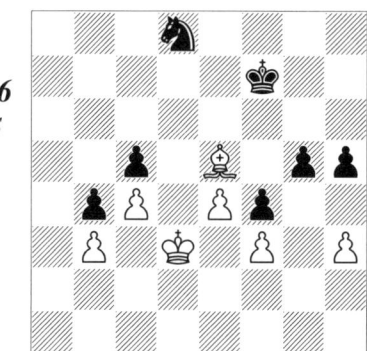

95
W

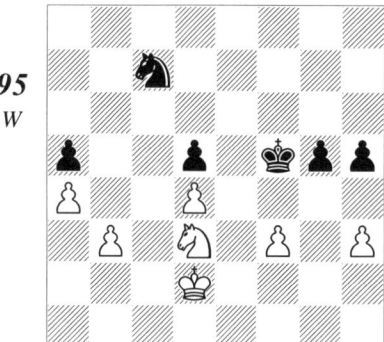

7 Das Läuferpaar

In diesem Kapitel behandeln wir ein Thema, das für Schachautoren zu den angenehmsten gehört: Die Punkte, um die es dabei geht, sind sowohl in psychologischer Hinsicht erfreulich als auch einfach zu erklären. Daher bleibt nur die Aufgabe, dieses Kapitel auch für den Leser interessant zu gestalten.

Das Läuferpaar ist ein wichtiger Faktor: Wenn die Läufer zusammenarbeiten, können sie das gesamte Brett kontrollieren – was manchmal tatsächlich vorkommt! Zum Beispiel:

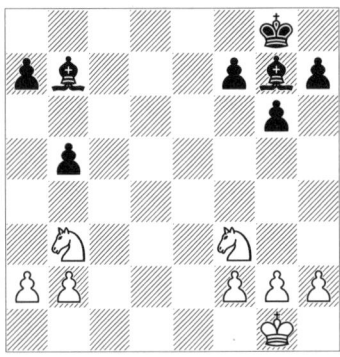

Diese Stellung ist als günstig für Schwarz zu bewerten: Er hat großen, wenn nicht gar entscheidenden Vorteil.

Doch nehmen wir nun ein paar Änderungen vor:

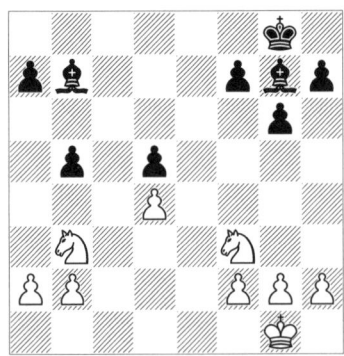

Wenn man für beide Seiten nur einen einzigen Bauern hinzufügt (der die Läuferdiagonalen blockiert), sieht die Sache ganz anders aus. Schwarz kann keinen Vorteil mehr für sich beanspruchen – die Stellung ist ungefähr ausgeglichen.

Ziehen wir daraus ein paar erste Schlüsse: Das Läuferpaar kann eine große Kraft darstellen – aber nur, wenn die Läufer koordiniert zusammenarbeiten und wenn ihre Diagonalen nicht dauerhaft von Bauern blockiert sind. Das entspricht der Regel: Je mehr Raum die Läufer haben, desto stärker sind sie.

Betrachten wir einige Beispiele, in denen das Läuferpaar in Aktion tritt, um uns mit den grundsätzlichen Prinzipien und Charakteristika vertraut zu machen.

Lasker – Blackburne
London (4) 1892

1 d4 d5 2 ♘f3 ♘f6 3 e3 ♗g4 4 c4 ♗xf3?! *(D)*

Eine äußerst dubiose Entscheidung. Ohne jede Not trennt sich Schwarz freiwillig von seinem bereits entwickelten Läufer. Auf der anderen Seite erhält Weiß das Läuferpaar, ohne ein einziges Tempo dafür gegeben oder Konzessionen irgendeiner Art gemacht zu haben. Die normalen Fortsetzungen sind hier entweder 4...e6 5 ♕b3 ♕c8 6 ♘c3 c6, oder der Übergang zu einer Variante des Angenommenen Damengambits mit 4...dxc4 5 ♗xc4 e6 6 h3 ♗h5.

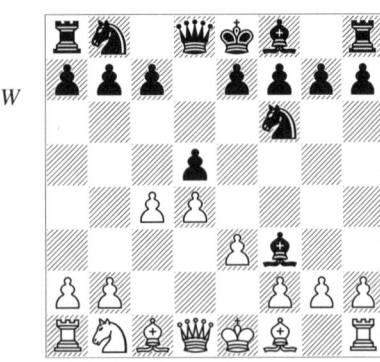

5 gxf3!?

Aus zwei Gründen eine ausgezeichnete Entscheidung. Erstens würde sich die Dame nach 5 ♕xf3 vom schwarzen Damenflügel entfernen, der durch das Fehlen des Läufers leicht geschwächt ist. Zweitens wird Schwarz ohne den weißfeldrigen Läufer geringe Chancen haben, die Schwächung durch 5 gxf3 auszunutzen. Außerdem verstärkt Weiß auf diese Weise seine Kontrolle im Zentrum.

5...c6 6 ♘c3 e6 7 ♕b3 ♕c7

Ich würde 7...♕b6 vorziehen, um erst nach 8 c5 mit 8...♕c7 fortzusetzen.

8 ♗d2 ♘bd7 9 f4 dxc4?!

Dieser Zug gibt das Zentrum auf und öffnet die Stellung ein bisschen weiter, was grundsätzlich die Seite mit dem Läuferpaar begünstigt. Die Hoffnung, das Feld d5 als Stützpunkt für den Springer zu gewinnen, wiegt diese Nachteile nicht auf. Schwarz sollte seine Entwicklung mit 9...♗e7 10 ♖c1 ♕b6 fortsetzen.

10 ♗xc4 ♘b6 (D)

11 ♗d3

Auf den ersten Blick sieht 11 ♗e2 natürlicher aus, da es die d-Linie freimacht, und der Läufer die lange Diagonale besetzen kann. Doch Lasker ist tiefer in die Stellung eingedrungen.

11...♘bd5 12 a3 ♗e7

Ich würde den Läufer lieber nach g7 entwickeln.

13 ♘e2!

Früher oder später möchte Weiß seine Zentrumsbauern in Bewegung setzen. In diesem Fall wird der d-Bauer eine Deckung benötigen. Außerdem ist es in vielen Fällen wichtig, dass der Springer das Feld g3 erreichen kann – das ist der Grund, warum der Läufer nicht nach e2 gegangen ist.

13...♕b6?!

Jetzt funktioniert dieser Zug nicht mehr. Notwendig war entweder 13...0-0 oder der Vorbereitungszug 13...g6.

14 ♕c2 ♕d8 (D)

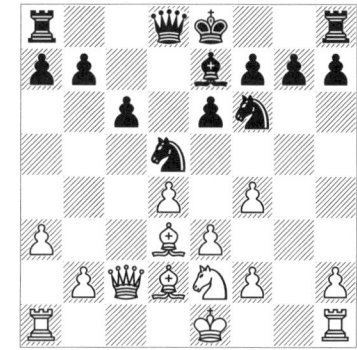

Schwarz hat Angst, dass der Dame auf b6 der Rückzug abgeschnitten wird, wenn Weiß e4 spielt. Aber nun öffnet Lasker das Spiel, und seine Läufer erlangen die ersehnte Freiheit.

15 f5 exf5 16 ♗xf5 g6 17 ♗h3 0-0 18 0-0 ♘h5 19 e4!

Richtig gespielt: Nur mit aktivem Spiel kann Weiß seine Trümpfe nutzen. Nach 19 ♔h1 kann Schwarz mit 19...f5!? 20 ♖g1 ♗d6 die Entfaltung der weißen Initiative erschweren und 21 ♗xf5 mit 21...♘g7 beantworten.

19...♘c7 20 f4 (D)

20...♗f6?!

Die schwarze Stellung ist bereits schwierig, aber dieser Zug spielt Weiß in die Hände. Es ist besser, die Figuren mit 20...♘g7 21 ♖ad1 ♔h8 22 f5 ♗g5 umzugruppieren, obwohl der weiße Vorteil nach 23 ♗a5!? unbestreitbar ist.

21 e5 ♖e8?!

Schwarz spielt unbedacht, aber auch nach 21...♗e7 22 ♗a5! f5 23 ♗g2 sieht es nicht gut für ihn aus, da die weißen Läufer ins Spiel kommen.

22 ♗g4 ♗g7 *(D)*

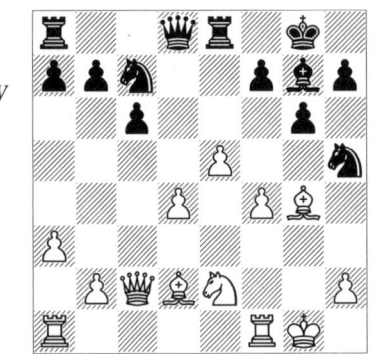

23 ♖f2!

Deutlich stärker als das sofortige 23 ♗xh5. Lasker erkennt richtig, dass Schwarz diesen Abtausch nicht verhindern kann, und nimmt zunächst eine Umgruppierung seiner Figuren vor.

23...♕h4 24 ♖g2 ♘d5 25 ♖f1! *(D)*

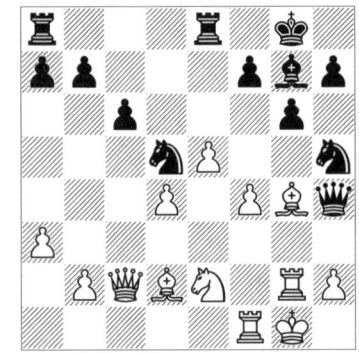

Ein wunderbarer Anblick: Die weißen Figuren spielen optimal zusammen. Beachten Sie insbesondere den weißfeldrigen Läufer, der die weißen Felder beherrscht und alle gegnerischen Hoffnungen auf Gegenspiel zerstört. Dieser Läufer ist so stark, weil der Gegner ihm nichts entgegenstellen kann. Daraus können wir eine weitere Schlussfolgerung ziehen: Von den zwei Läufern ist der wichtigere meist derjenige, den der Gegner nicht mehr besitzt. Dies mag einfach und offensichtlich erscheinen, aber bei der Suche nach einem Plan ist es oft hilfreich, sich daran zu erinnern.

25...f5

Auf 25...♔h8, mit der Absicht, den Läufer nach h6 zu bringen und ein potentielles Schach auf b3 zu vermeiden, ist sowohl 26 ♖f3 als auch 26 f5 stark.

26 ♗e1 ♕e7 27 ♗xh5 gxh5 28 ♘g3

Die Partie ist entschieden, und der Rest ist einfach.

28...♖f8 29 ♘xf5 ♖xf5 30 ♕xf5 ♘e3 31 ♕g5 ♕xg5 32 ♖xg5 ♘xf1 33 ♔xf1 ♖f8 34 ♗d2 h6 35 ♖xh5 ♔h7 36 ♔e2 *(D)*

Erlaubt kein potentielles Gegenspiel nach 36 f5 c5.

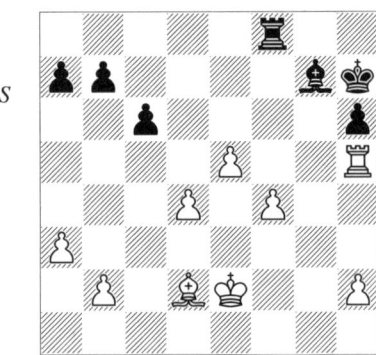

36...♔g6 37 ♖h3 ♔f5 38 ♔f3 ♖d8 39 ♗e3 c5 40 dxc5 ♖d3 41 ♖g3 ♗f8 42 b4 ♖xa3 43 ♖g8 ♗e7 44 ♖g7 ♗h4 45 ♖f7+ ♔g6 46 ♖xb7 ♗e1 47 ♔e4 ♖a4 48 f5+ ♔h5 49 f6 1-0

Im Mittelspiel können wir mit Hilfe von zwei aktiven (und mit den anderen Figuren koordinierten) Läufern oft starken Angriff gegen den gegnerischen König aufbauen.

Kasparow – Anand
*PCA-Weltmeisterschaft (10),
New York 1995*

Diese Partie wurde in verschiedenen Publikationen ausführlich kommentiert. Natürlich werden wir uns nicht eingehend mit den vielen langen Varianten der Eröffnungsphase befassen, sondern uns vielmehr auf die Ereignisse konzentrieren, die für unser derzeitiges Thema relevant sind.

1 e4 e5 2 ♘f3 ♘c6 3 ♗b5 a6 4 ♗a4 ♘f6 5 0-0 ♘xe4 6 d4 b5 7 ♗b3 d5 8 dxe5 ♗e6 9 ♘bd2 ♘c5 10 c3 d4 11 ♘g5 dxc3 12 ♘xe6 fxe6 13 bxc3 ♕d3 14 ♗c2!!

Eine starke Neuerung – hervorragend ausgearbeitet für diese äußerst wichtige Wettkampfpartie.

14...♕xc3 *(D)*

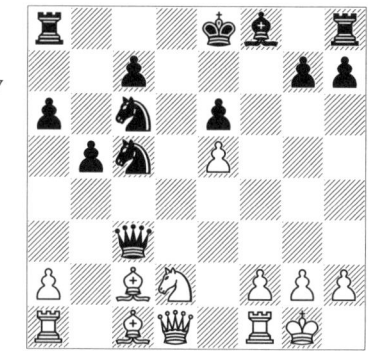

15 ♘b3!

Tatsächlich fängt Kasparows bemerkenswerte Analyse erst an diesem Punkt an. Der vorhergehende Zug, der diese wunderbare Neuerung einleitet, wurde schon lange vor der Partie von Michail Tal vorgeschlagen.

15...♘xb3 16 ♗xb3 ♘d4

Anand demonstriert seine hohe Meisterschaft in der Rolle des Verteidigers, und es ist nicht seine Schuld, dass die Partie verloren geht. Selbstverständlich ist das Nehmen des Turms sehr gefährlich. Ich gebe hier nur die kritische Variante in verkürzter Form wieder: 16...♕xa1 17 ♕h5+! g6! 18 ♕f3 ♘d8!? 19 ♖d1!? ♖b8!? 20 ♕d3! ♗e7 21 ♕d7+ ♔f7 22 ♗g5 ♕xd1+ 23 ♗xd1 ♖e8 24 ♕xc7 (24 ♗g4!? h5 25 ♗h3 mit Initiative verdient ernsthafte Aufmerksamkeit) 24...♖b7 25 ♕c1, und Weiß hat deutlichen Vorteil.

17 ♕g4 ♕xa1 18 ♗xe6 *(D)*

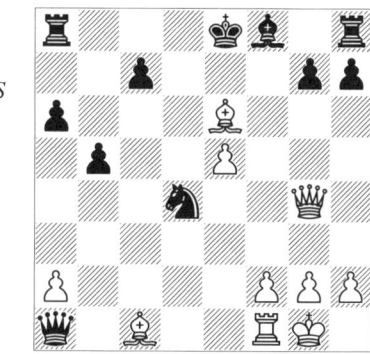

Eine erstaunliche Stellung, die an die Partien des 19. Jahrhunderts erinnert. Weiß hat einen Turm weniger, aber die schwarzen Figuren sind schlecht koordiniert, der König hängt im Zentrum fest, und seine Dame steht weit entfernt im gegnerischen Lager. Der starke weißfeldrige Läufer des Angreifers hat keinen Gegenspieler, was uns nicht mehr überraschen sollte. Wenn sich dieser Läufer mit seinem schwarzfeldrigen Kollegen verbünden kann, sind die Tage des Schwarzen gezählt.

18...♖d8

Auch in dieser Stellung gibt es viele komplexe Varianten. Wir werden uns wieder auf die wichtigsten beschränken: 18...♕c3 19 ♗d7+ ♔f7 20 ♗e3 ♕c5 21 e6+!? ♔g8 22 ♗xd4! ♗xd4 (22...♕xd4? 23 ♕f3 ♖f8 24 e7! gewinnt eindrucksvoll) 23 ♕f5! ♗f6 24 ♕d5, und Schwarz ist in Schwierigkeiten.

19 ♗h6! *(D)*

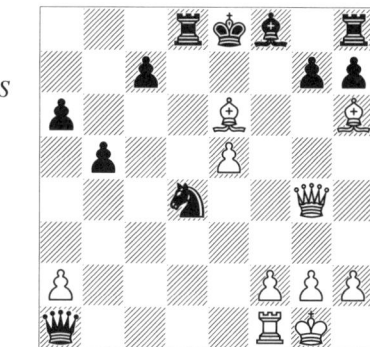

Wie versprochen, wird der zweite Läufer ins Spiel gebracht. Die schwarzen Probleme sind jetzt offensichtlich.

19...♕c3

Sicherlich nicht 19...♕xf1+ 20 ♔xf1 gxh6 21 ♕h5+.

20 ♗xg7 ♕d3 21 ♗xh8 *(D)*

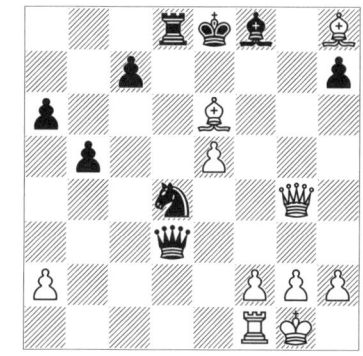

Wenn auch nur kurz, konnten wir die zerstörerische Kraft des Läuferpaars erkennen! Wie ein Tornado sind die beiden Läufer in den letzten vier Zügen durch die schwarze Stellung gefegt.

21...♕g6

Nach 21...♘e2+ 22 ♔h1 ♘g3+ 23 hxg3 ♕xf1+ 24 ♔h2 ♕d3 25 ♗f5! hat Schwarz keine Verteidigung mehr.

22 ♗f6 ♗e7 23 ♗xe7 ♕xg4

23...♔xe7 verliert schnell: 24 ♕h4+ ♔e8 25 ♗g4. Die einzige schwarze Hoffnung liegt im Endspiel.

24 ♗xg4 ♔xe7 *(D)*

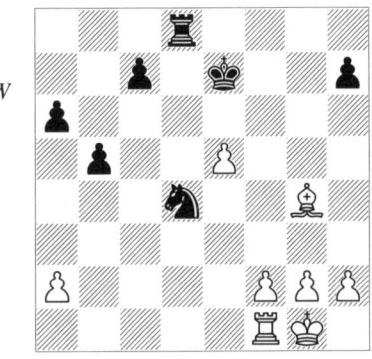

25 ♖c1!

Nach diesem starken Zug, der ...c5 verhindert, sehen wir, dass die schwarzen Probleme mit dem Abtausch der Damen nicht verschwunden sind. Nicht nur, dass Weiß einen Bauern mehr hat, seine Figuren arbeiten auch hervorragend zusammen.

25...c6 26 f4 a5 27 ♔f2 a4 28 ♔e3 b4 *(D)*

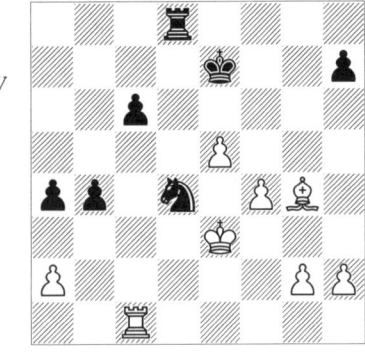

29 ♗d1!

Ein notwendiger Zug im kritischen Moment. Hier steht der Läufer am besten, um die schwarzen Bauerndurchbrüche zu verhindern. Im Fall von 29 ♖c4 a3! fällt der wichtige Läufer einem Gegenschlag zum Opfer: 30 ♗d1? ♘f5+ 31 ♔e2 ♖xd1!. Nach dem Textzug ist Schwarz verloren.

29...a3

Etwas besseren Widerstand bot 29...b3, aber nach 30 axb3 a3 (30...axb3 31 ♖b1 c5 32 ♗xb3 ♖b8 33 ♗a2) 31 ♖a1 sollte Weiß gewinnen.

30 g4 ♖d5 31 ♖c4 c5 32 ♔e4 ♖d8 33 ♖xc5 ♘e6 *(D)*

33...b3 ist nutzlos: 34 ♗xb3 ♘xb3 35 axb3 ♖a8 36 ♖c7+ ♔f8 37 ♖c1.

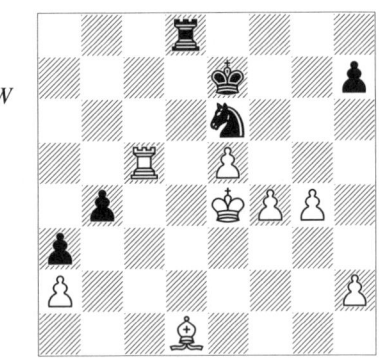

34 ♖d5 ♖c8

Auch 34...♖xd5 35 ♔xd5 ♘xf4+ 36 ♔c4 gibt Schwarz keine Hoffnung. Zum Beispiel 36...♔e6 37 ♔xb4 ♔e5 38 ♔xa3 ♔d4 39 ♔b4.

35 f5 ♖c4+ 36 ♔e3 ♘c5 37 g5! ♖c1 38 ♖d6!
1-0

Gerade haben wir die kombinierte Kraft des Läuferpaars gesehen. Auf der anderen Seite sollte man wissen, unter welchen Bedingungen die Läufer bekämpft werden können, und wie genau man das macht.

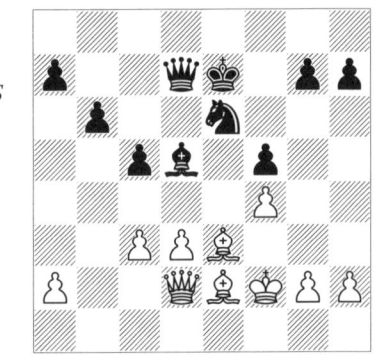

Suba – Smyslow
Interzonenturnier, Las Palmas 1982

Weiß hat das Läuferpaar, aber hier bringt es ihm nicht viel Freude. Im Moment (wie auch in absehbarer Zukunft) stehen die Läufer passiv. Es ist nicht schwer zu sehen, dass der Grund dafür die weiße Bauernstruktur ist. Eine winzige Änderung der Stellung, wie zum Beispiel den Bauern von f4 nach f3 zurückzustellen, könnte die Lage des Weißen bedeutend verbessern. Doch leider ist das nicht möglich – die Stellung ist *blockiert*, was für die Läufer nachteilig und für den Springer günstig ist. Außerdem hat Schwarz die bessere Bauernstellung und eine wunderbare Diagonale für seinen Läufer. Das folgende Manöver vergrößert seinen Vorteil:

37...♕c6! 38 ♗f1 c4! 39 d4

Auch nach 39 dxc4 ♗xc4 steht Weiß schlecht. Der Tausch eines Läufers ist eine Standardmethode im Spiel gegen das Läuferpaar. In diesem Fall wäre der verbleibende Läufer nicht in der Lage, die schwachen weißen Felder abzudecken.

39...a5 40 ♕b2 ♘c7 41 ♗c1 ♘b5 42 ♕c2 *(D)*

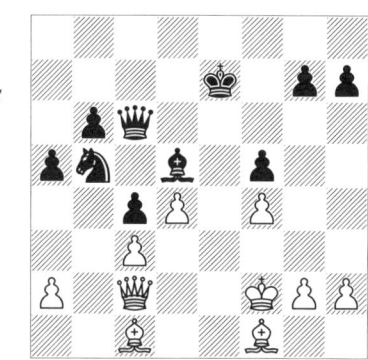

42...♔f6!

Natürlich wäre es ein Fehler, den Abtausch des mächtigen schwarzen Springers gegen den schlechteren weißen Läufer zuzulassen. Nach 42...♘d6 43 ♗a3 ♔f6 44 ♗xd6 ♕xd6 45 g3 könnte Weiß sich halten.

43 ♔g1 ♗e4 44 ♕f2!? ♔f7!

In Anbetracht des deutlichen schwarzen Vorteils wäre es dumm, sich auf unnötige Komplikationen einzulassen, die nach 44...♘xc3 45 ♕h4+ ♔f7 46 ♕xh7 entständen. Das ist ein Grundprinzip guter Technik im Schach.

45 ♗d2 ♘d6 46 ♕h4 h6!?

Schafft einen sicheren Unterschlupf für den König.

47 ♕h5+ ♔g8 48 ♕g6 ♗d5! 49 ♗e1 ♗f7 50 ♕g3 *(D)*

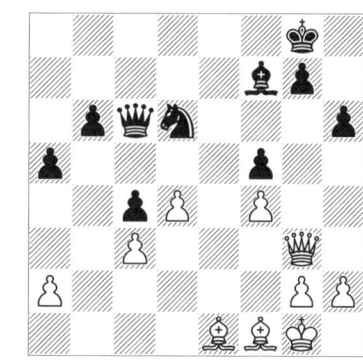

50...♕e4!

Die zentralisierte Dame entscheidet die Partie. Ich möchte Sie auf das hervorragende „gegenseitige Verständnis" von Dame und Springer hinweisen. Wie wir später sehen werden, arbeiten Läufer hervorragend mit Türmen zusammen.

51 ♕h4 ♔h7 52 ♗f2 ♗d5 53 ♕d8 ♘b5 54 ♕xb6 ♘xc3 *(D)*

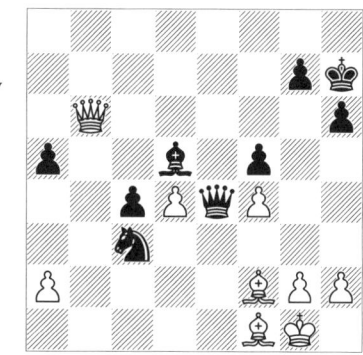

55 ♕xa5?

55 ♕b2 hätte mehr Widerstand geboten, aber – wie Smyslow demonstriert – die Partie ebenfalls nicht gerettet: 55...♘b1! 56 ♕e2 c3 57 ♕xe4 fxe4! 58 a4 c2 59 ♗e3 ♘c3 mit Gewinn.

55...♘e2+ 56 ♗xe2

56 ♔h1 c3 ist nicht einfacher.

56...♕xg2# (0-1)

In dem gerade gesehenen Partieteil konnte Weiß nur mit seiner Dame agieren. Die Läufer erwiesen sich als erstaunlich machtlos.

Die folgende, äußerst bekannte Partie ist – um es milde auszudrücken – nicht fehlerlos.

Auf der anderen Seite ist sie heiß umkämpft und voller interessanter Momente, und sie passt ausgezeichnet zu unserem Thema.

Lasker – Tschigorin
Hastings 1895

1 d4 d5 2 ♘f3 ♗g4 3 c4 ♗xf3 4 gxf3 ♘c6 5 ♘c3 e6 6 e3 ♗b4?!

Tschigorin war für seine Vorliebe für Springer bekannt: Gerne gibt er beide Läufer für die gegnerischen Springer. Während der erste Abtausch absolut akzeptabel erscheint (und außerdem ein wichtiger Teil der Tschigorin-Verteidigung ist), geht der mit dem letzten Zug angestrebte Abtausch des zweiten Läufers zu weit. In dieser Stellung, die auch in modernen Meisterpartien vorkommt, ist der normale Zug 6...♕d7.

7 cxd5 ♕xd5

Möglich ist auch 7...exd5, aber die schwarzen Pläne sind auf aktives Figurenspiel ausgerichtet.

8 ♗d2 ♗xc3?

Den Grund für das Fragezeichen hinter diesem Zug habe ich bereits erklärt. Gut möglich war 8...♕d7 9 ♖g1 g6, aber das entsprach nicht der schwarzen Absicht.

9 bxc3 ♘ge7 10 ♖g1 *(D)*

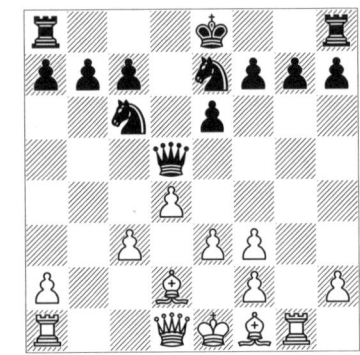

10...♕h5

Weiß müsste nur ein wenig Unentschlossenheit zeigen und anfangen, seine Bauernschwächen zu verteidigen, und der schwarze Plan würde aufgehen. Doch offensichtlich hat Lasker die Situation bestens verstanden; sein nächster Zug zielt darauf ab, alle weißen Figuren ins Spiel zu bringen.

11 ♕b3! ♘d8

Schwarz tritt den Rückzug an, da ihm Varianten wie 11...♕xh2 12 ♖xg7 ♘g6 13 ♕xb7 oder 11...♖b8 12 f4 ♕xh2 13 ♖xg7 ♘g6 14 f5 ♔f8 15 ♖xf7+ ♔xf7 16 ♕xe6+ nicht gefallen, obwohl letztere alles andere als klar ist. Aber mit dem Damentausch nimmt Weiß seinem Gegner nun einen wichtigen Trumpf im Kampf gegen das Läuferpaar (siehe oben).

12 ♕b5+ ♕xb5 13 ♗xb5+ c6 14 ♗d3 ♘g6 15 f4 0-0 16 ♔e2

Obwohl der letzte Zug für sich genommen völlig akzeptabel ist, scheint es mir, als sei Weiß hier schon vom korrekten Weg abgekommen. Interessant ist 16 a4!? c5 17 ♗c1 mit dem Plan, seine Vormachtstellung auf dem ganzen Brett auszubauen.

16...♖c8 17 ♖g3?!

Dieser Zug gefällt mir nicht – stark war das natürliche 17 f5! exf5 18 ♗xf5. Es ist bemerkenswert, dass diese Partie drei Jahre nach der Partie gespielt wurde, in der – wie wir weiter oben gesehen haben – Lasker diesen Plan erfolgreich ausführte.

17...c5 18 ♖ag1?! *(D)*

Setzt den falschen Plan fort. Besser war hier 18 f5 c4 19 ♗c2.

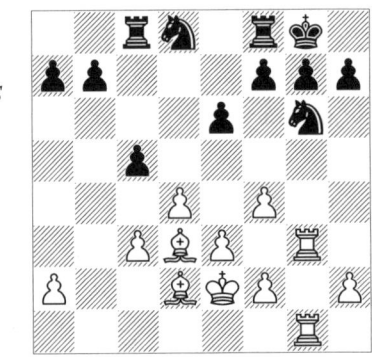

Schwarz nutzt das lahme Spiel seines Gegners aus (das, wie ich hinzufügen muss, in der Assoziation mit Emanuel Lasker erstaunlich ist), und fängt an, Blockaden aufzubauen, um die gegnerischen Läufer einzuschränken und den Stützpunkt d5 für seinen Springer zu gewinnen. Vor Nimzowitschs Zeiten konnte Tschigorin in blockierten Stellungen einige brillante Erfolge verbuchen, zum Beispiel seine berühmte Partie gegen Pillsbury im Jahre 1895.

18...c4 19 ♗c2 f5 20 ♗c1

Sinnvoller erscheint der Versuch, mit 20 h4 ♖f7 21 h5 ♘e7 22 f3 Raum am Königsflügel zu gewinnen.

20...♖f7 21 ♗a3 ♖c6

Schwarz lässt sich auf ein riskantes Manöver ein, wobei der Turm am Brettrand verbleibt. Die Partie wird um so spannender.

22 ♗c5 ♖a6 23 a4 ♘c6 24 ♖b1

Lasker bemerkt, dass sein Plan fehlgeschlagen ist und bringt seine Figuren schnellstens auf die andere Brettseite.

24...♖d7 25 ♖gg1 ♘ge7 26 ♖b2 ♘d5 27 ♔d2 ♖a5 28 ♖gb1 b6 29 ♗a3 g6 30 ♖b5 (D)

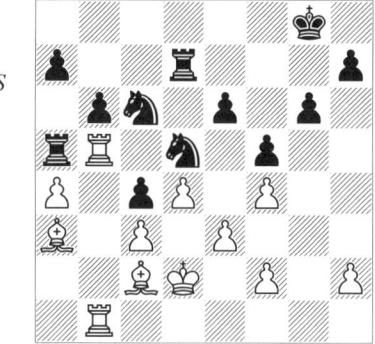

S

30...♖a6?!

Mir scheint, dass Tschigorin seine Stellung überschätzte. Mit diesem Turmrückzug versucht er, den Druck weiter zu erhöhen. Doch während die schwarzen Springer ausgezeichnet mit den Läufern zurecht kommen, solange das Spiel nur am Damenflügel stattfindet, wäre das nach einer Öffnung des Spiels nicht mehr der Fall. Nach dem Textzug hat Weiß nun Zeit, seine Figuren umzugruppieren, und daher waren sowohl 30...♘c7 als auch 30...♔f7 bessere Optionen. Wenn wir das Diagramm vor dem letzten schwarzen Zug mit dem vorigen Diagramm vergleichen, sind die schwarzen Fortschritte deutlich. Ziehen wir also eine weitere, wenn auch offensichtliche Schlussfolgerung: *Die Blockade ist ein wichtiges Mittel im Spiel gegen das Läuferpaar.*

31 ♗c1 ♘d8 32 ♖a1 ♘f7 33 ♖bb1 ♘d6 34 f3 ♘f7?!

Das schwarze Spiel wird immer seltsamer – unglaublicherweise zielt er darauf ab, das Spiel am Königsflügel zu öffnen. 34...♖a5 sieht zufrieden stellend aus.

35 ♖a3!?

Lasker versteht die Situation und bereitet sich auf die unangemessene Aggression des Gegners vor.

35...g5? (D)

Der letzte weiße Zug hätte als zusätzliches Argument gegen diesen selbstmörderischen Plan dienen sollen. Was war der Sinn des Turmzugs nach a3? Wieder war 35...♖a5 besser.

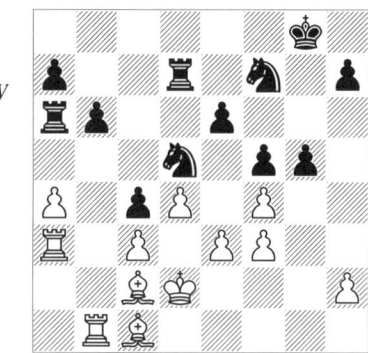

W

36 ♔e2!

Das war die Idee des weißen Turmzugs – nun ist der Bauer c3 gedeckt! Weiß ist auf eine Öffnung des Spiels vorbereitet, und die weißen Läufer kommen bald zum Einsatz.

36...gxf4 37 e4 ♘f6 38 ♗xf4 ♘h5

Tschigorin versucht, am Königsflügel eine Blockade aufzubauen, aber die Umstände haben sich bedeutend verändert. Der weiße Doppelbauer, eines der bevorzugten Blockadeobjekte, ist vom Brett verschwunden, und für die Türme haben sich Linien geöffnet. Andererseits muss Schwarz natürlich etwas unternehmen.

39 ♗e3 f4 40 ♗f2 ♖a5 (D)

Das sofortige 40...e5 wird mit 41 ♖b5 beantwortet.

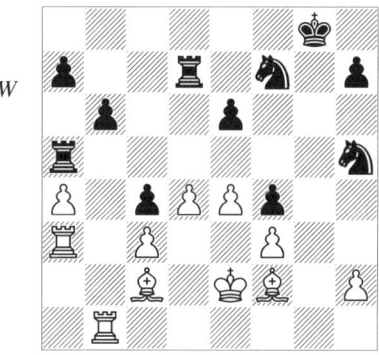

W

41 ♖g1+

Obwohl dieser Zug nicht unbedingt notwendig ist, verdirbt er auch nichts. Sehr stark war 41 e5!, was dem Weißen eine überwältigende Stellung gibt, zum Beispiel nach 41...♘g7 42 ♖b5! ♖d5 43 ♖b4.

41...♔f8 42 ♖aa1

In der vereinfachten Stellung greift Weiß noch einmal fehl. Wieder ist es nach 42 e5! schlecht um Schwarz bestellt. Ganz offensichtlich war Lasker in dieser Partie außer Form.

42...e5 43 ♖ab1 ♘g7 44 ♖b4?!

Noch eine unverständliche Entscheidung, die zu dem folgenden üblen Patzer führt. Wir können annehmen, dass der folgende fehlerhafte Zug hier bereits beabsichtigt war. Nach 44 ♖gd1!? hat Weiß die etwas besseren Chancen.

44...♖c7 45 ♗b1 ♘e6 46 ♖d1 ♘ed8 (D)

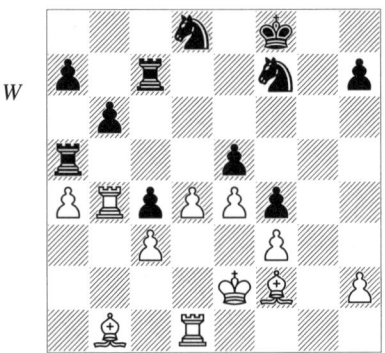

47 ♖d2?

Ein schrecklicher Fehler, der den Gang der Ereignisse grundlegend ändert. Das war wirklich nicht Laskers Tag! Nach 47 ♗c2 ♘c6 48 ♖b5 exd4 49 cxd4 ♖xb5 50 axb5 ♘b4 entsteht eine unklare Stellung.

47...♘c6 48 ♖b5?!

Sogar in dieser Stellung war es noch möglich, die schwarze Aufgabe durch ein Qualitätsopfer zu erschweren: 48 ♖xc4 ♘d6 49 ♖xc6 ♖xc6 50 dxe5, und nach 50...♘f7 (stärker ist 50...♖xe5 mit klarem Vorteil) kann Weiß auf Gegenspiel mit 51 ♗a2 hoffen.

Nach dem Textzug ist die weiße Stellung hoffnungslos.

48...♖xa4 49 dxe5 ♘fxe5 50 ♗h4 ♖g7 51 ♔f2 ♖g6 52 ♖dd5 (D)

Das ist die Art von Stellung, von der Tschigorin träumte, als er seine Eröffnungsstrategie entwarf. Die schwarzen Springer arbeiten hervorragend zusammen und sind den unkoordinierten

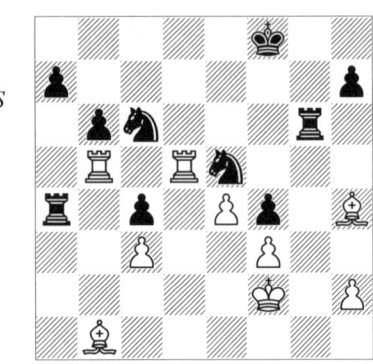

weißen Läufern in jeder Hinsicht überlegen – insbesondere der Läufer b1 hat keinerlei Perspektiven. Schwarz führt die Partie nun energisch zum Ende. Wer zuletzt lacht, lacht am besten!

52...♖a1! 53 ♗d8 ♘d3+! 54 ♗xd3 cxd3 55 ♖xd3 ♖ag1 56 ♖f5+ ♔e8 57 ♗g5 ♖6xg5 0-1

Emanuel Lasker war für seine außergewöhnliche Gemütsruhe und exzellente Technik berühmt – in dieser Partie war er nicht wiederzuerkennen.

Obwohl in der obigen Partie die Damen früh getauscht wurden, war es nicht wirklich ein Endspiel – die Partie wies viele Mittelspielmerkmale auf. Und wie verhält sich das Läuferpaar in einem „echten" Endspiel? Die nächste Partie wurde von Kramnik selbst kommentiert, und daher werde ich mich an seinen erstklassigen Erläuterungen orientieren.

Kramnik – Ulibin
Halkidiki 1992

1 d4 e6 2 c4 ♘f6 3 ♘f3 ♗b4+ 4 ♗d2 ♕e7 5 g3 ♘c6 6 ♘c3 0-0 7 ♗g2 ♗xc3 8 ♗xc3 ♘e4 9 ♖c1 d6 10 d5 ♘d8 11 dxe6 ♘xe6 12 ♗b4

Eine Neuerung Kramniks, die interessante Komplikationen mit sich bringt.

12...♗d7

Es überrascht nicht, dass Ulibin – mit einem neuen Zug konfrontiert – das Risiko scheut, sich auf Varianten einzulassen, die sein Gegner vor der Partie analysiert hat. Doch indem er Komplikationen vermeidet, macht Schwarz positionelle Konzessionen – eine sehr typische Situation. Laut Kramnik ist die beste schwarze Fortsetzung 12...a5 13 ♗a3 ♘4c5 14 0-0 ♗d7 mit Chancen für beide Seiten.

13 ♘e5!? ♘6c5?!

Kramnik meint, dass es hier falsch ist, die Komplikationen zu vermeiden. Nach 13...♕f6 zeigt er basierend auf einigen scharfen Varianten einen kleinen Vorteil für Weiß auf.

14 ♘xd7 ♘xd7 15 0-0 a5 16 ♗a3 *(D)*

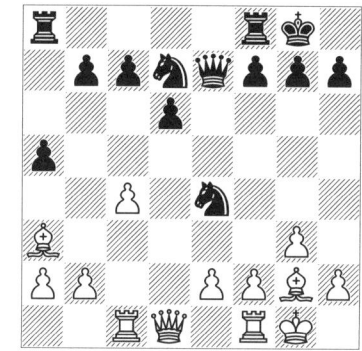

16...♖fe8?!

Kramnik demonstriert einen besseren Plan für Schwarz: 16...b6!? 17 ♕c2 f5, was den Stützpunkt e4 – das wichtigste Feld für seine Figuren – „in Beschlag nimmt". Nun wächst der weiße Vorteil.

17 b3 b6 18 ♗b2 ♖ad8 19 ♕d4 ♕f6

Wie wir bereits wissen, sollte die Springerpartei im Kampf gegen das Läuferpaar generell versuchen, die Damen auf dem Brett zu behalten. Allerdings steht der weiße Vorteil nach 19...♘ef6 20 ♖ce1! ♘c5 21 e4 außer Zweifel.

20 ♕xf6 ♘dxf6 21 ♖fd1 h6?!

Schwarz begeht noch einen positionellen Fehler. Wie Kramnik zeigt, sollte Schwarz in einer solchen Stellung einen Bauern nach f6 stellen und den h-Bauern auf h7 behalten. Daher war 21...♘d7 22 e3 f6 korrekt. Dies ist eine hervorragende Illustration, wie wichtig das Studium typischer Pläne ist. Es ist interessant zu verfolgen, wie sich der weiße Vorteil nun entwickelt.

22 e3 ♘d7 23 ♔f1 ♖e7 24 ♔e2 ♖de8 *(D)*
25 g4!

In diesem Stellungstyp eine äußerst typische Spielweise. Aus zwei Gründen haben die weißen Läufer jetzt sehr viel bessere Perspektiven als die schwarzen Springer. Erstens haben die Springer keine sicheren Stützpunkte und können, wenn nötig, von e4 oder e5 vertrieben werden. Zweitens ist die Wahrscheinlichkeit einer Stellungsöffnung bedeutend größer als die

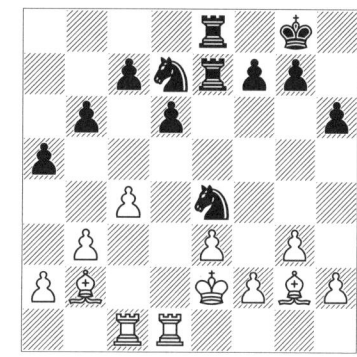

Möglichkeit einer Blockade. Die weißen Bauernzüge am Königsflügel zielen auf genau diese Stellungsöffnung ab.

25...♖e6

Wiederum war 25...f6!? hier nützlicher.

26 h4 ♖6e7 27 ♗f3!?

Dieser unscheinbare und harmlos anmutende Zug schafft die Bedingungen für eine weitere Verstärkung der weißen Stellung. Weiß verteidigt den Bauern g4, um einen Turm auf d5 postieren zu können, während die g-Linie für den anderen Turm geräumt wird.

27...♘dc5 28 ♖d5 ♘a6 29 a3!

Eliminiert taktische Gegenchancen des Gegners, wie zum Beispiel 29 ♖h5 ♘b4 30 a3 ♘g3+!.

29...♘ac5 *(D)*

Im Fall von 29...♘ec5 beabsichtigte Kramnik 30 g5! ♘xb3 31 ♖g1 mit starker Initiative.

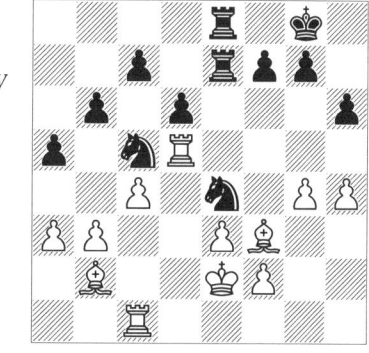

30 b4 axb4 31 axb4 ♘a6 32 b5!

Auch möglich war 32 ♗a3, was zweifellos Vorteil sichert. Doch die Stellung ist reif für eine direkte Attacke gegen den König. Im Hinblick darauf ist es akzeptabel, dem gegnerischen Springer einen sicheren Stützpunkt zuzugestehen, der weit entfernt vom Schauplatz des hauptsächlichen Kampfes liegt. Aus dem gleichen Grund sollte Weiß nicht zulassen, dass sein Läufer an den Brettrand abgelenkt wird.

32...♘ac5 33 ♖a1 ♘f6 34 ♖dd1!

Es ist unschwer zu erkennen, dass der Läufer in dieser Stellung sehr viel stärker als der Springer ist, und 34 ♗xf6 gxf6 würde einen großen Teil des Vorteils einbüßen.

34...♘fe4 35 ♖a7 ♔f8 *(D)*

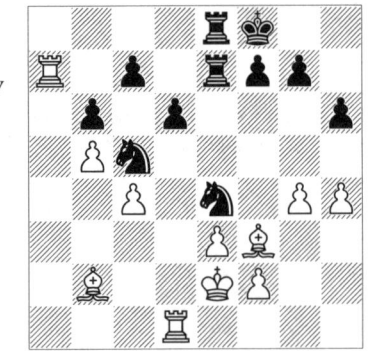

Weiß hat seine Stellung so weit wie möglich verstärkt, und nun ist die Zeit für entschiedenes Handeln gekommen. Objektiv ist das folgende Bauernopfer in keiner Weise erzwungen. Doch ist zu beachten, dass eine Initiative, die nicht weiter entwickelt wird, schnell verschwinden kann.

36 g5! hxg5 37 hxg5 ♘xg5 38 ♗c6 ♖c8 39 ♖h1 ♔g8 40 ♖aa1! *(D)*

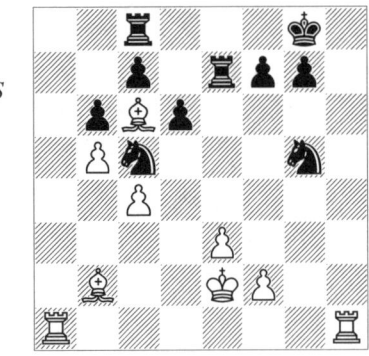

Die Ergebnisse des Opfers haben sich manifestiert: Die weißen Türme und Läufer befinden sich auf offenen Linien bzw. Diagonalen, die auf den schwarzen König gerichtet sind. Obwohl die Damen vom Brett sind, kann sich Schwarz nicht erfolgreich gegen den Angriff verteidigen.

40...♘ce6

Auch 40...f6 verliert: 41 ♗d5+ ♘f7 42 ♖ag1 ♔f8 43 ♖h7.

41 ♖h4!

Der Turm geht auf die vierte Reihe, um die Felder e4 und f4 zu kontrollieren.

41...f6

Auch nach 41...♘h7 42 ♖ah1 ♘ef8 43 ♗e4! g6 44 ♗d5 ♖d8 45 f4 kann sich Schwarz nicht gegen die weißen Drohungen verteidigen.

42 ♖g1 ♔f7 43 ♗d5!

Nimmt dem Gegner die letzte vage Hoffnung in der Variante 43 f4 ♘h3!.

43...♔e8 44 ♖h8+ ♘f8 45 f4 ♘e6 *(D)*

Oder 45...♘gh7 46 ♖g8.

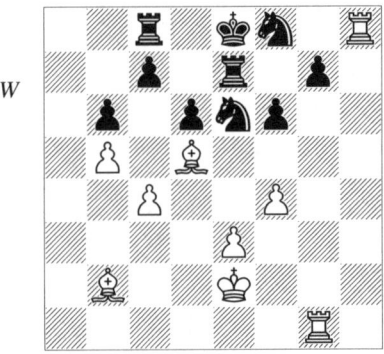

46 ♔f3!

Auch 46 ♗xe6 ♖xe6 47 ♖xg7 ist möglich, aber Weiß wählt einen klareren Plan. Schwarz befindet sich in Zugzwang, und mit jedem nun folgenden Zug verschlechtert er seine Stellung. Außerdem steht der weiße König auf f3 besser als auf e2.

46...f5 47 ♖g6! ♘c5 48 ♗xg7 ♖f7 49 ♗xf8 1-0

Ein überzeugendes Beispiel für die gute Zusammenarbeit zwischen Läufern und Türmen im Endspiel. Das Bauernopfer mit dem Ziel, ein starkes Läuferpaar im Endspiel zu erhalten, ist heutzutage ein strategisches Standardmittel. Betrachten wir als weiteres Beispiel zu diesem Thema noch eine Partie des 14. Weltmeisters.

Kamsky – Kramnik
Monaco Amber Blindpartie,
Monte Carlo 1996

1 e4 c5 2 ♘f3 ♘c6 3 d4 cxd4 4 ♘xd4 ♘f6 5 ♘c3 d6 6 ♗g5 e6 7 ♕d2 a6 8 0-0-0 h6 9 ♗e3

♘xd4 10 ♗xd4 b5 11 ♕e3 ♗d7 12 e5 dxe5 13 ♕xe5 ♕b8 14 ♕xb8+ ♖xb8 15 ♗xf6 gxf6 16 ♘e4 *(D)*

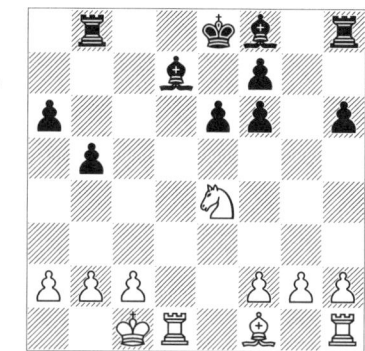

16...♗c6

Die Eröffnungsvariante, die wir in dieser Partie sehen, wird selten gespielt und hat einen guten Ruf für Schwarz. Das Bauernopfer ist notwendig, weil 16...♗e7 17 ♘d6+ ♗xd6 18 ♖xd6 kaum im Sinne des Schwarzen sein kann. Außerdem ist ein solches Bauernopfer, das auf die Abwicklung in ein Endspiel mit Läuferpaar abzielt, sehr typisch für viele Sizilianisch-Varianten. Um mehr über diesen strategischen Plan herauszufinden, empfehle ich, die Partie Suetin-Botwinnik, UdSSR-Meisterschaft, Moskau 1952, zu studieren.

17 ♘xf6+ ♔e7 18 ♘h5 ♖g8 19 f3 ♖g5 20 ♘f4 h5 21 h4

All das wurde schon früher gespielt, ebenfalls ohne Weiß viel Freude zu bereiten.

21...♖e5 22 ♘d3 ♗h6+ 23 ♔b1 ♖e3 *(D)*

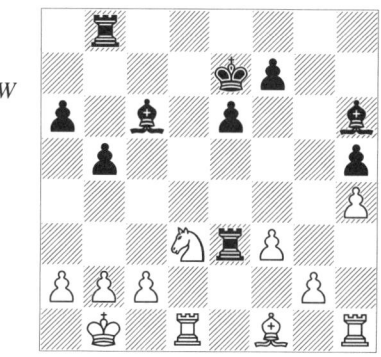

24 ♖e1?

Nun ist klar, daß Weiß für den Bauern viele Leiden ertragen muss. Hier begeht er einen ernsten positionellen Fehler, der praktisch die Partie entscheidet. Zur Zeit ist der Turm d1 die wichtigste Verteidigungsfigur und sollte daher auf dem Brett bleiben. Weiß sollte den unangenehmen schwarzen Turm vertreiben, und zwar mit 24 ♘b4! nebst c3 und dem folgenden Transfer des Springers nach c2.

24...♖g8 25 ♖xe3 ♗xe3 26 c3 f5 27 ♔c2 ♔f6 28 ♖h3 *(D)*

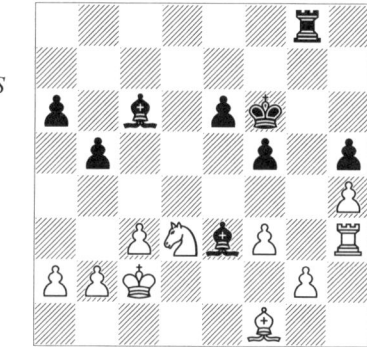

28...f4!

Die Kontrolle über die schwarzen Felder, sowie vor allem die passive weiße Figurenstellung sichern Schwarz klaren Vorteil. Daher sollte er sich nicht auf Varianten wie 28...e5 29 g4!? hxg4 30 fxg4 f4 31 g5+ einlassen, was für die überlegene Seite unnötig wäre. Der Textzug ist um so stärker, als er die Koordination der weißen Figuren noch mehr erschwert. Nun wird deutlich, dass das schwarze Bauernopfer positionell völlig gerechtfertigt war.

29 ♔d1 e5 30 ♔e2 ♗d7! *(D)*

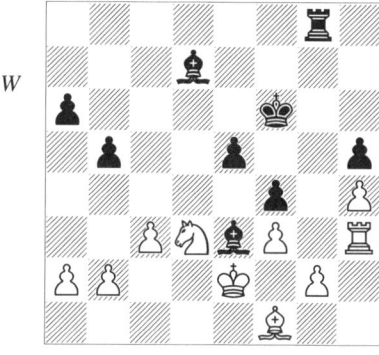

Es ist die reinste Freude, in dieser Stellung die schwarzen Steine zu führen. Es ist ebenso einfach wie erfreulich, ein Manöver zu finden, bei dem der eigene Läufer auf eine Angriffsdiagonale überführt und gleichzeitig der weiße

Turm zurück in seine Ausgangsposition getrieben wird.

31 ♖h1 ♗f5 32 ♔d1 ♖d8!

Es war auch möglich, mit 32...♗xd3 33 ♗xd3 ♖xg2 34 ♗e2 in ein gewonnenes Endspiel mit ungleichfarbigen Läufern abzuwickeln. Aber der Gewinn ist einfacher, wenn der Gegner fast vollständig in Zugzwang ist.

33 ♔c2 e4! 34 fxe4 ♗xe4 35 b3 a5 36 a3?! *(D)*

Das erleichtert die schwarze Aufgabe, aber auch nach 36 ♖h3 b4 37 c4 a4 38 bxa4 ♖d4 ist der Gewinn nur eine Frage der Zeit, zum Beispiel 39 c5 ♖d5 40 c6 ♔e7 etc.

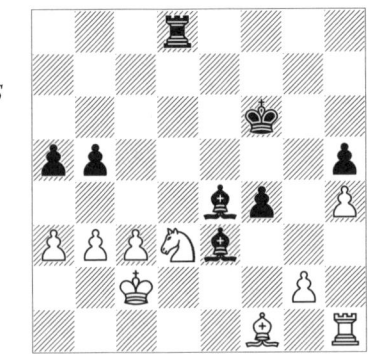

36...b4!

All das ist geradlinig und erfordert kaum ernsthafte Berechnungen. Es ist klar, dass die kombinierte Kraft des Turms und der beiden Läufer gegenüber einem einsamen König und einem toten Springer bald Zinsen einbringen wird.

37 axb4 axb4 38 cxb4 ♖c8+ 39 ♔b2 ♗d4+ 40 ♔b1 ♖a8 *(D)*

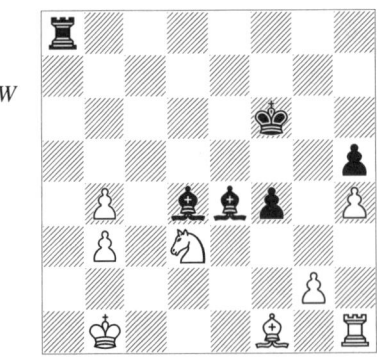

Nun gewinnt Schwarz eine Figur und der Rest ist einfach.

41 ♔c1 ♖a1+ 42 ♔d2 ♖a2+ 43 ♔c1 ♗e3+ 44 ♔b1 ♖d2 45 b5 ♖d1+ 46 ♔c2 ♖c1+ 47 ♔b2 ♗xd3 48 b6 ♖xf1 49 b7 ♗d4+ 50 ♔a3 ♗e5 0-1

Obwohl die Partie blind gespielt wurde, ist sie äußerst lehrreich und eine hervorragende Leistung von Kramnik.

Aufgaben

Lösungen auf Seite 178.

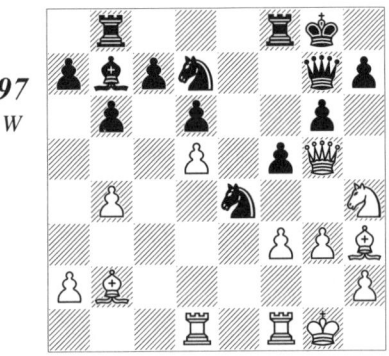

97
W

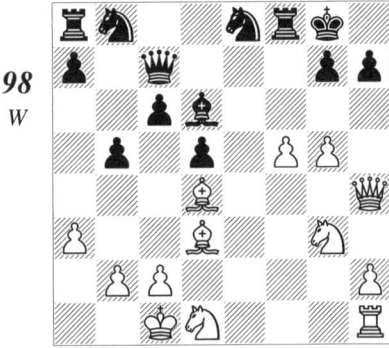

98
W

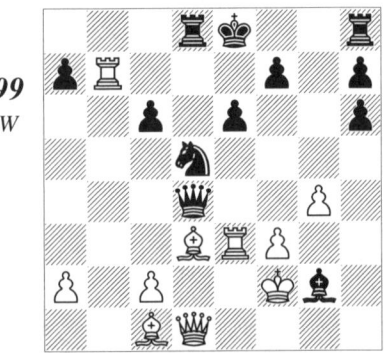

99
W

DAS LÄUFERPAAR

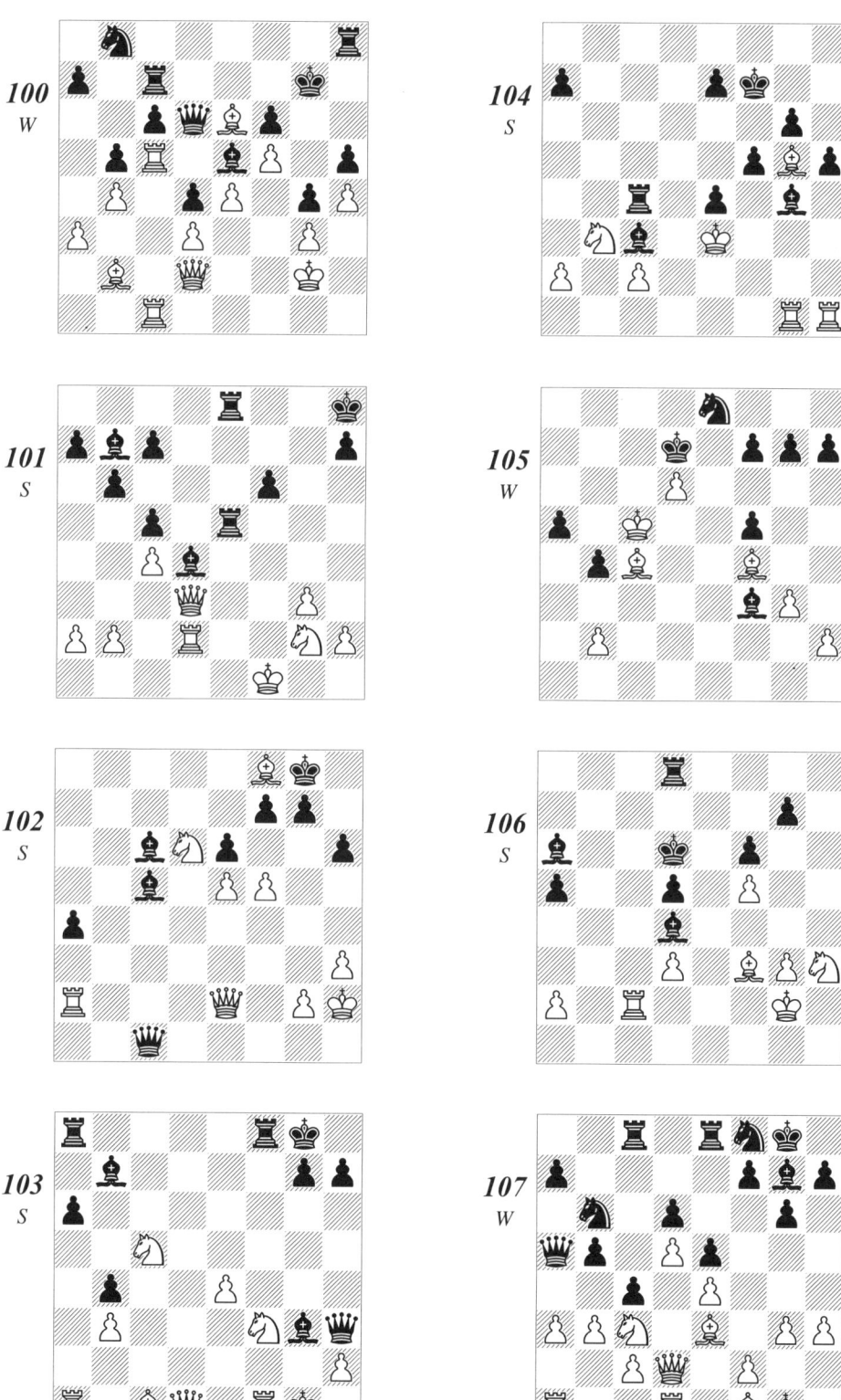

108
S

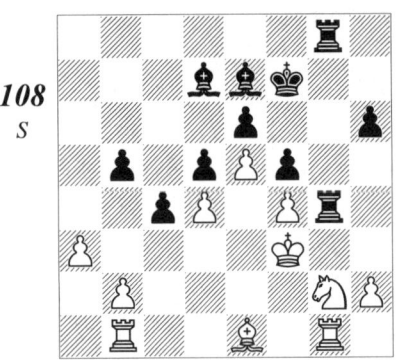

110
W

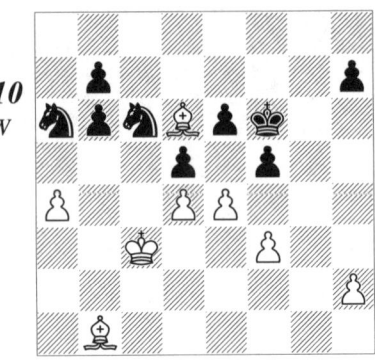

109
W

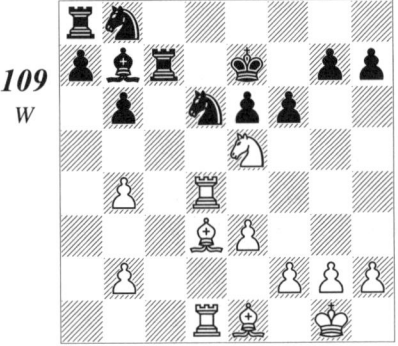

8 Symmetrische Bauernstrukturen

Um den Titel dieses Kapitels etwas genauer zu erläutern, muss ich hinzufügen, dass wir in diesem Abschnitt in erster Linie Stellungen mit *offenem Zentrum* betrachten werden. Das heißt, es geht um Stellungen, in denen zwei (oder sogar drei) Zentrumsbauern fehlen (normalerweise der c- und d-Bauer, bzw. der d- und e-Bauer), was recht häufig vorkommt. Die Spielweise in diesem Stellungstyp zeichnet sich durch eine Reihe spezifischer Merkmale und Regeln aus, die man kennen sollte. Wie immer werden wir diese Merkmale und Regeln schrittweise anhand der verschiedenen Beispiele behandeln. Das erste Beispiel ist die folgende berühmte Partie:

Sämisch – Nimzowitsch
Kopenhagen 1923

1 d4 ♘f6 2 c4 e6 3 ♘f3 b6 4 g3 ♗b7 5 ♗g2 ♗e7 6 ♘c3 0-0 7 0-0 d5 8 ♘e5 c6 9 cxd5

Nicht der schärfste Zug – heutzutage gilt 9 e4 als der nachhaltigere Weg, um Vorteil zu kämpfen.

9...cxd5 *(D)*

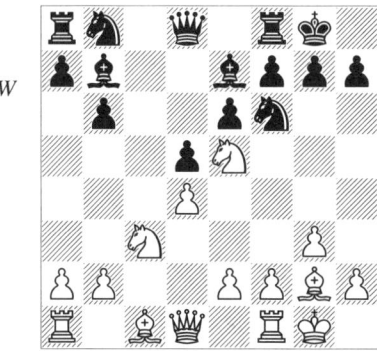

Es ist eine Stellung entstanden, in der die Bauernstruktur für eine Weile fixiert sein wird. Im strengsten Sinne gehört sie nicht zu dem Stellungstyp, den wir in diesem Kapitel studieren wollen, da hier nur ein Zentrumsbauer fehlt (der c-Bauer). Doch das folgende sehr typische und lehrreiche Spiel, das mit einem interessanten Plan verknüpft ist, rechtfertigt die Auswahl dieser Partie.

10 ♗f4 a6 11 ♖c1 b5

Nimzowitsch fängt sofort an, um die Initiative zu kämpfen. Er kümmert sich nicht um das Risiko, das Bauernzüge immer mit sich bringen, die nicht von aktivem Figurenspiel unterstützt sind. Allerdings ist das Risiko in diesem Fall nicht sehr hoch.

12 ♕b3

Vermutlich besser ist 12 a4 b4 13 ♘b1 ♕b6 14 ♘d2!, was den Springer auf das ausgezeichnete Feld b3 überführt, wie in Maderna-Guimard, La Plata 1941.

12...♘c6!

Nach diesem präzisen Zug hat Schwarz Ausgleich.

13 ♘xc6

13 ♘xd5 ♘xd4 14 ♘xe7+ ♕xe7 ist völlig ausgeglichen.

13...♗xc6 *(D)*

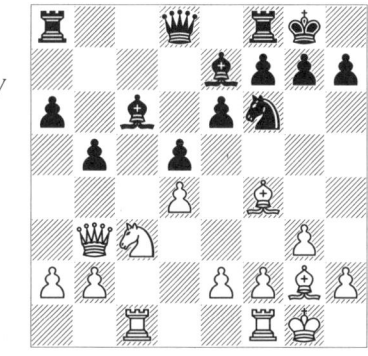

14 h3

Ab diesem Moment ist das Spiel sehr lehrreich. Für Weiß ist es bereits recht schwierig, die Partie im Gleichgewicht zu halten. Zum Beispiel ist er nach 14 a4 ♕b6 mit einigen Schwierigkeiten konfrontiert. Möglicherweise ist das aggressive 14 ♘e4!? der einzige Zug, der die weißen Schwierigkeiten löst. Die mögliche Folge 14...dxe4 15 ♖xc6 ♕xd4 16 ♖d1

♕b4 17 ♕xb4 ♗xb4 18 ♗g5 ♖fc8 19 ♖dc1 ♖xc6 20 ♖xc6 h6 21 ♗xf6 gxf6 22 ♗xe4 f5 23 ♗f3 ♖a7 führt zum Ausgleich, vielleicht sogar zu einem winzigen Vorteil für Weiß. Doch Weiß spielt sowohl jetzt als auch später sehr passiv – eine Strategie, die sich bald als verfehlt herausstellt. Tatsächlich könnten wir jedem der Züge, die Weiß von nun an macht, ein ?! und manchmal sogar ein ? beifügen.

14...♕d7 15 ♔h2 ♘h5!?

Im Gegensatz dazu spielt Schwarz kreativ und resolut. Er fürchtet sich nicht vor potentiellen Schwächen und versucht richtigerweise, seine Figuren zu aktivieren.

16 ♗d2 f5 17 ♕d1 *(D)*

Rückzug! Es war so gut wie forciert, sofort eine Gegendrohung aufzustellen und 17 ♗f3 zu spielen, mit der Idee 17...♘f6 18 ♗f4. Weiß hat eine andere Art des Gegenspiels im Auge, das allerdings ganz und gar inkorrekt ist. Sein Gegner verliert keine Zeit:

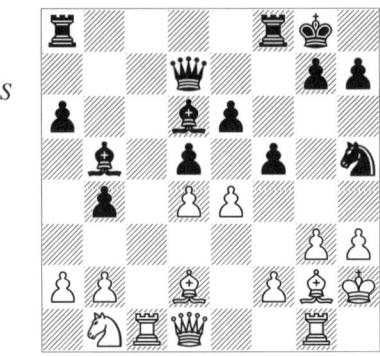

Dieses zweifellos im Voraus geplante und berechnete Opfer ist eindrucksvoll, aber nicht besonders kompliziert.

21 ♕xh5 ♖xf2 22 ♕g5

Andere Varianten sind ebenso hoffnungslos, z. B. 22 ♖ge1 ♖af8 23 b3 ♖8f5! 24 ♕g4 ♖5f3.

22...♖af8 23 ♔h1 ♖8f5 *(D)*

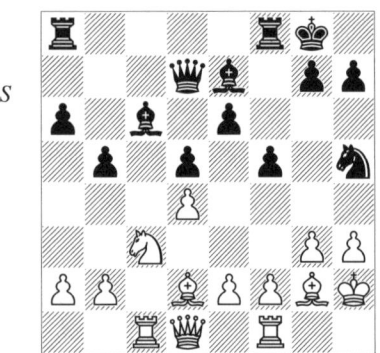

17...b4! 18 ♘b1 ♗b5! 19 ♖g1

Verfolgt weiter den gleichen falschen Plan. Der Turm zieht aus der Fesselung heraus, aber wohin?! Korrekt war 19 ♗f3.

19...♗d6!

Nimzowitsch wählt den spektakulärsten und energischsten Weg zum Erfolg. 19...f4 20 e4 fxg3+ 21 fxg3 g6 ist weniger energisch, aber auch nicht schlecht.

20 e4? *(D)*

Führt die Idee aus, die er mit seinem 17. Zug verfolgte, aber bringt sich dabei selbst um! Wiederum war 20 ♗f3 mit der Idee 20...♘f6 21 ♗f4 die einzige angemessene Spielweise, obwohl die Stellung auch dann nicht angenehm wäre.

20...fxe4!

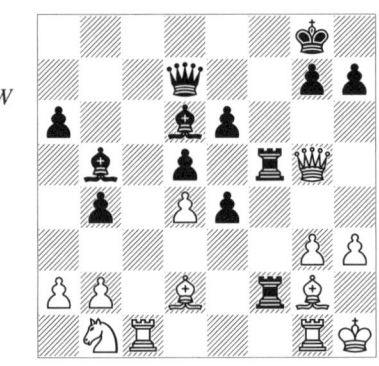

24 ♕e3

Auch andere Damenrückzüge verlieren: 24 ♕h4 (24 ♕g4 ♗e2) 24...♗e7 25 ♖c8+ ♔f7 26 ♕xh7 ♕xc8. Doch diese Varianten sind nicht das Wichtigste: Der äußerliche Anblick der Stellung spricht für sich. Wenn man diese Stellung einfach nur betrachtet, wird ohne weitere Analyse deutlich, wie schlecht Weiß steht. Das wirft eine interessante Frage auf: Hätte Sämisch, wenn er diese Stellung vorausgesehen hätte, sie trotzdem zugelassen? Die Antwort liegt auf der Hand: Entweder war Sämisch nicht in der Lage, die entstandene Stellung vorauszusehen, oder er konnte die Analyse des Bauerndurchbruchs e4 nicht rechtzeitig stoppen, um die resultierende Stellung korrekt einzuschätzen. Wenn er dazu in der Lage war, muss er versäumt haben, in die richtige Richtung zu schauen! Daraus können wir zwei Schlussfolgerungen ziehen, von denen wir die erste bereits kennen: In einer Stellung, in der die Figuren auf die letzte Reihe zurückgewichen sind, stellt sich ein energischer Bauernzug fast immer als ernster Fehler heraus! Die zweite Schlussfolgerung betrifft die äußerst wichtige Fähigkeit, bei der Analyse sogar der kompliziertesten Varianten „in beide Richtungen" zu schauen. Man sollte sehen, wohin einen der eingeschlagene Kurs führt, bevor es zu spät ist.

24...♗d3

Es war auch möglich, mit 24...♖e2 25 ♕b3 ♗a4 26 ♖c8+ ♔f8 27 ♖xf8+ ♔xf8 die gegnerische Dame zu gewinnen, aber offensichtlich entschied sich Nimzowitsch dafür, ein großes satirisches Werk zu schaffen.

25 ♖ce1 h6! (D)

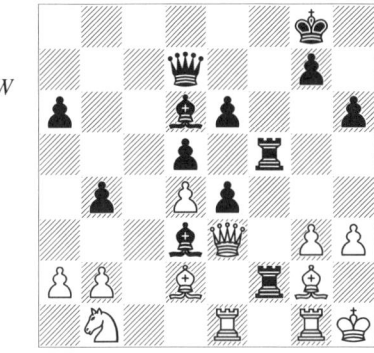

0-1

Die Schlussstellung verdient ein Diagramm. Wir sehen eine fürs Mittelspiel sehr erstaunliche Situation: Auf einem Brett voller Figuren hat Weiß keinen vernünftigen Zug mehr.

Die folgende klassische Partie ist vielleicht sogar noch brillanter.

Rotlewi – Rubinstein
Lodz 1907/08

1 d4 d5 2 ♘f3 e6 3 e3 c5 4 c4 ♘c6 5 ♘c3 ♘f6 6 dxc5 ♗xc5 7 a3 a6 8 b4 ♗d6 9 ♗b2 0-0 10 ♕d2

Die erste und die harmloseste Ungenauigkeit des Weißen in dieser Partie. Bessere Alternativen anstelle dieses seltsamen Zugs sind z. B. 10 cxd5 exd5 11 ♗e2 und 10 ♗d3. Schwarz reagiert energisch:

10...♕e7!? 11 ♗d3?!

Noch ein Fehler, der Weiß diesmal ein Tempo kostet. Wieder war es besser, mit 11 cxd5 exd5 12 ♗e2 fortzusetzen (den Bauern d5 zu nehmen, wäre schrecklich für Weiß).

11...dxc4 12 ♗xc4 b5 13 ♗d3 ♖d8 14 ♕e2 ♗b7 15 0-0 (D)

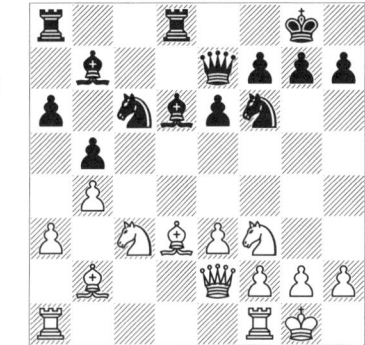

Eine erstaunliche Situation: Nach 15 ruhigen Zügen, in denen beide Spieler ausschließlich auf ihrer Brettseite manövriert haben, hat es Weiß dennoch geschafft, zwei (!) Züge zu verlieren. Trotzdem ist seine Stellung immer noch recht solide. Mit seinem nächsten Zug, der später zu einem Standardmanöver in diesem Stellungstyp wurde, ergreift Rubinstein nun die Initiative.

15...♘e5!

Öffnet Diagonalen für beide schwarzen Läufer und tauscht den wichtigsten Verteidiger des weißen Königsflügels ab.

16 ♘xe5 ♗xe5 17 f4?

In schwieriger Lage greift Weiß fehl und lässt eine ernste Schwächung seiner Stellung zu. Nach seinen früheren Fehlern ist er hier schon mit ernsthaften Schwierigkeiten konfrontiert, wie die Varianten 17 ♖ac1? ♗xh2+ 18 ♔xh2 ♕d6+ und 17 h3 ♕d6! 18 ♖fd1 ♕c6! 19 e4 ♗xc3 20 ♖ac1 ♘xe4 illustrieren. Der einzige angemessene Zug war 17 ♖fd1!, was die Tatsache ausnutzt, dass Weiß nach 17...♕c7 18 ♖ac1 ♗xh2+ 19 ♔h1 ♕b8 mit 20 ♗xh7+! ♘xh7 21 ♖xd8+ ♕xd8 22 ♔xh2 vollen Ausgleich erreichen kann. Es scheint, dass Schwarz danach nichts Besonderes hat und am besten mit 17...♕c6!? fortsetzen sollte, was die siebte Reihe für die Dame frei macht und beabsichtigt, eine Batterie auf der Diagonale aufzubauen. Oder vielleicht zuerst 17...♖ac8 18 ♖ac1 und erst dann 18...♕c6!? (so dass er nach f4 seinen Läufer nach b8 zurückziehen könnte). In beiden Fällen behält Schwarz einen gewissen Vorteil.

17...♗c7 18 e4

Nach 18 ♖ac1 hatte Weiß vermutlich Angst vor 18...e5, wonach 19 f5 mit 19...c4 beantwortet wird.

18...♖ac8 *(D)*

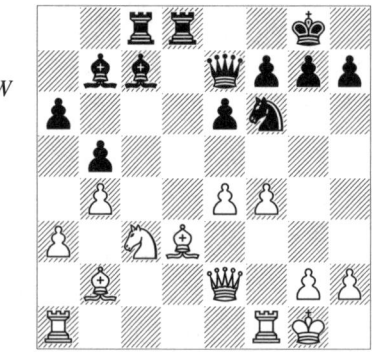

19 e5?

Im Gegensatz zu Schwarz, der energisch alle Figuren ins Spiel bringt, greift Weiß weiterhin nur mit seinen Bauern an. Dabei vernachlässigt er die Entwicklung beider Türme, während sein schwarzfeldriger Läufer alles andere als eine ideale Figur ist. Nach dem logischeren 19 ♖ac1 verdient 19...♘h5!? Aufmerksamkeit. Doch wenn Rotlewi diesen Zug nicht gespielt hätte, wären wir nicht Zeuge einer der schönsten Kombinationen der Schachgeschichte geworden!

19...♗b6+ 20 ♔h1 *(D)*

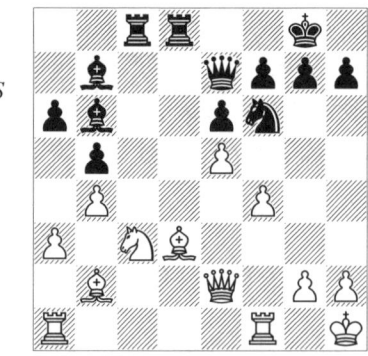

Von diesem Punkt an ist die Partie praktisch forciert. Damit ist diese Stellung sehr gut zum Training der Rechentechnik geeignet, wobei die erforderliche Analyse äußerst verzweigt ist.

20...♘g4! 21 ♗e4

Nun kommen die Figuren beider Seiten miteinander in Berührung, was zu einer großen Menge von Varianten führt. Nach 21 ♕xg4 ♖xd3 droht sowohl das Nehmen auf c3 als auch das Eindringen des Turms auf d2. Ebenfalls schlecht ist 21 ♘e4 ♖xd3! 22 ♕xd3 ♗xe4! 23 ♕xe4 ♕h4 24 h3 ♕g3 oder 21 ♗xh7+ ♔xh7 22 ♕xg4 ♖d2.

Nach dem Textzug kann der Nachziehende mit 21...♘xh2 22 ♗xh7+ (oder 22 ♖fd1 ♘f1!) 22...♔xh7 23 ♕h5+ ♔g8 24 ♖fd1 ♘f1! gewinnen. Doch wir sollten Rubinstein für sein ästhetisches Gefühl und vielleicht sogar für sein Verantwortungsgefühl gegenüber dem Schach Dank zollen. Zweifellos hätten die meisten professionellen Spieler von heute nicht daran gedacht, die ebenso brillanten wie komplizierten Varianten zu berechnen. Ohne das ästhetische Element geht dem Schach eine Menge verloren!

21...♕h4! *(D)*

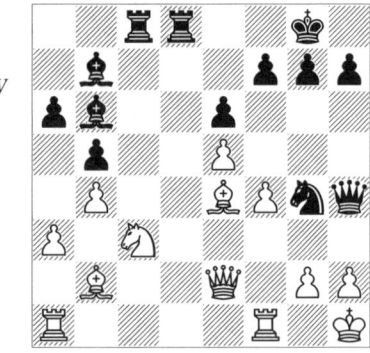

Tatsächlich sehen Sie ab hier nichts Neues: Den Schluss dieser wunderbaren Partie haben wir bereits recht detailliert im ersten Kapitel („Die Geometrie des Schachbretts") analysiert. Daher werde ich hier nur die verbleibenden Züge hinzufügen:

22 g3 ♖xc3!! 23 gxh4 ♖d2!! 24 ♕xd2 ♗xe4+ 25 ♕g2 ♖h3! 0-1

Das ist die berühmteste aller Rubinstein-Partien. Er spielte Stellungen mit einer solchen Bauernstruktur sehr gerne – und er spielte sie meisterlich. Im Anschluss werden wir eine weitere seiner Partien untersuchen, aber zuvor sollten wir einige Schlussfolgerungen aus den beiden ersten Partien ziehen. Die betrachteten

Bauernstrukturen erlauben nicht viele Bauernzüge, und somit hat das Figurenspiel Vorrang. Tatsächlich ist das der wichtigste Aspekt in diesem Stellungstyp: Mehr als sonst spielt hier der richtige Umgang mit dem *Figurenspiel* die entscheidende Rolle.

Vidmar – Rubinstein
Prag 1908

1 d4 d5 2 e3 ♘f6 3 ♘f3 c5 4 c4 e6 5 ♘c3 a6 6 dxc5

Die andere Schlagmöglichkeit, 6 cxd5, führt zu komplizierterem Spiel.

6...♗xc5 7 a3 dxc4

Beide Seiten behandeln die Eröffnung anspruchslos. Trotzdem ist die schwarze Spielweise etwas besser begründet, was daran liegt, dass der weiße Springer schon nach c3 entwickelt ist. Es wird sich herausstellen, dass er hier schlecht postiert ist, da er die Läuferdiagonale blockiert und weniger Manövriermöglichkeiten hat, als er von d2 aus hätte. Natürlich wird Schwarz seinen eigenen Springer auf d7 platzieren. All das verspricht dem Schwarzen noch nicht viel, aber Rubinstein gefiel es, kleine Vorteile wie diese anzusammeln, und sehr oft hatte er damit Erfolg!

8 ♕xd8+ ♔xd8 9 ♗xc4 b5 *(D)*

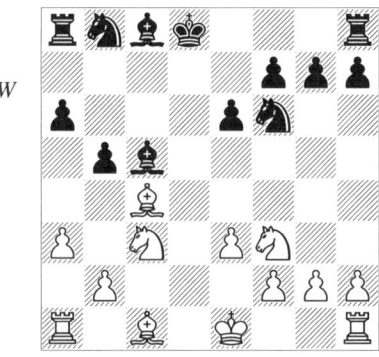

10 ♗e2?!

Eine unglückliche Entscheidung, da dieses Feld für den König vorgesehen ist. Außerdem ist es – wie wir in der letzten Partie gesehen haben – in solchen Stellungen wichtig, das Feld e4 zu kontrollieren (bzw. für Schwarz das Feld e5). Daher ist 10 ♗d3 korrekt.

10...♗b7 11 b4 ♗d6 12 0-0 ♘bd7 13 ♗b2 ♔e7 14 ♖fd1 ♖hd8 15 ♖d2?!

Ein klarer Fehler, nach dem Weiß ernste Probleme bekommt. Es war notwendig, den Springer auf den Damenflügel zu überführen, um die wichtigsten Felder zu kontrollieren: 15 ♘d4 ♘b6 16 ♘b3.

15...♘b6 *(D)*

Der für Weiß ungünstige Charakter der Partie ist nun klar definiert. Der weiße König steht deutlich passiver als der gegnerische, und die schwarzen Figuren haben weitaus besseren Zugang zu den fixierten Felderschwächen am Damenflügel – insbesondere entlang der c-Linie – als die weißen Figuren.

16 ♖ad1 ♖d7

Rubinstein verfolgt seinen zuvor entworfenen Plan, aber vermutlich hätte er gleich die c-Linie besetzen sollen.

17 ♔f1 ♖ad8

Wieder sieht 17...♖c8 wie der natürlichste Zug aus.

18 h3 h6 19 ♖d4?!

Weiß hat bereits Probleme, spielbare Züge zu finden – vielleicht war es das, was Rubinstein mit seiner Spielweise im Sinn hatte? Interessant ist das überraschende Opfer 19 ♘xb5 axb5 20 ♗xb5, aber nach 20...♘e4 21 ♖c2 ♗d5!? behält Schwarz Vorteil. Wahrscheinlich hätte Weiß eine Umgruppierung mit 19 ♖c2 ♖c8 20 ♘e1 versuchen sollen. Der weiße Textzug bringt Schwarz nun auf den richtigen Weg:

19...♖c8! 20 ♖4d2 *(D)*

Schwarz kann seine Stellung nicht weiter verstärken – die Zeit ist reif für entschiedenes Handeln. Unter diesen Umständen machen die allgemeinen Überlegungen oft den konkreten Besonderheiten der Stellung Platz. Deshalb ist der folgende Abtausch, der auf den ersten Blick merkwürdig aussieht, sehr stark:

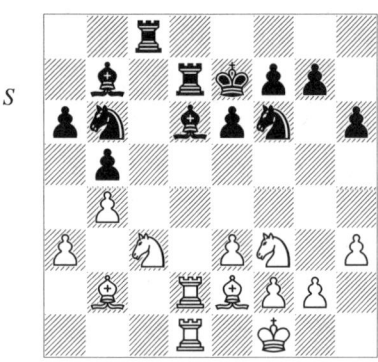

20...♗xf3! 21 gxf3

Natürlich nicht 21 ♗xf3 wegen 21...♘c4 – das ist die Pointe der schwarzen Spielweise.

21...♗e5!

Ein grundlegender Teil des Plans.

22 ♘a4?

Weiß gerät in Panik! Dieser Zug führt zu einem schnellen Ende. Nach 22 ♖xd7+ ♘fxd7 23 ♖c1 g5!? hätte Schwarz klaren positionellen Vorteil, aber noch einigen Kampf vor sich.

22...♖xd2 23 ♖xd2 ♗xb2 24 ♘xb2

24 ♘xb6 ist schlecht wegen 24...♖c1+ 25 ♔g2 ♗xa3.

24...♖c1+ 25 ♖d1 ♖c2 26 ♘d3 ♖a2 27 ♘e5 ♘fd5!

Wie erwartet. Nach diesem Zug schwinden die weißen Hoffnungen, während Schwarz alle Trümpfe behält.

28 ♖d3 ♖a1+ 29 ♔g2 (D)

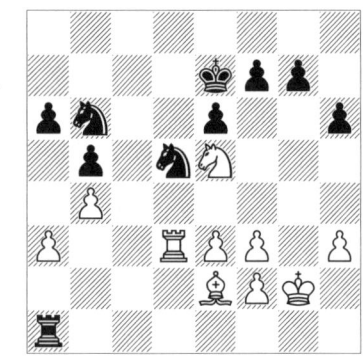

29...♘c4! 30 ♘c6+ ♔f6 31 ♘b8 ♘xa3 32 ♘xa6 ♘c2 33 ♖d2 ♘e1+ 34 ♔f1 ♘c3! 35 ♗d1 ♘xf3 36 ♖d3 ♘xd1 0-1

Eine eindrucksvolle und für unser Thema typische Partie. Ab dem 11. Zug wurde die ganze Partie praktisch nur von einer Seite dirigiert.

Das kreative Vermächtnis Rubinsteins hat sich als dauerhaft erwiesen, und der Einfluss seiner Ideen auf die Entwicklung des Schachs war bedeutsamer als seine Turnierergebnisse.

Petrosjan – R. Byrne
Moskau 1975

1 d4 ♘f6 2 c4 e6 3 ♘c3 d5 4 ♘f3 ♗e7 5 ♗f4 0-0 6 e3 c5 7 dxc5 ♗xc5 8 ♕c2 dxc4?!

Eine konkrete Ungenauigkeit, nach der der Nachziehende mit Problemen konfrontiert ist. Heutzutage ist die normale Folge 8...♘c6 9 a3 ♕a5.

9 ♗xc4 a6

Man kann auch ohne diesen Zug auskommen und den Springer nach c6 oder nach d7 entwickeln.

10 ♗d3 ♘bd7

10...♘c6 ist vermutlich angemessener.

11 0-0 b5 (D)

Es ist gut möglich, dass das bescheidene 11...b6 klüger ist. In diesem Fall würden die schwarzen Felder nicht so sehr geschwächt.

Das folgende Manöver gehört zu Rubinsteins Erbe und ist heute eine Standardidee.

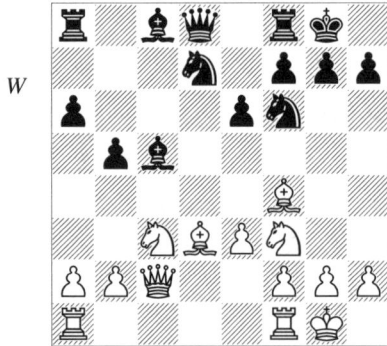

12 ♘e4! ♕b6

Auf keinen Fall 12...♗e7? 13 ♗c7 ♕e8 14 ♘d6 ♗xd6 15 ♗xd6, aber das Bauernopfer 12...♗b7!? ist interessant: 13 ♘xc5 ♘xc5 14 ♗xh7+ ♘xh7 15 ♕xc5 ♗xf3 16 gxf3 ♖c8 mit Gegenchancen.

Nun besitzt Weiß die Initiative, und wir wissen bereits, wie wichtig das in Stellungen mit symmetrischer Bauernstruktur ist.

13 ♖ac1 ♗e7 14 ♗c7! ♕a7

Jetzt tauscht Weiß die wichtigste schwarze Figur ab – den schwarzfeldrigen Läufer. Danach kann Weiß die Kontrolle über die schwarzen Felder ergreifen.

15 ♗d6! ♗xd6 16 ♘xd6 ♕b8

Die schwarze Dame ist in dieser Stellung eine sehr wichtige Figur: Ohne sie wäre Schwarz zur passiven Verteidigung verdammt. Doch es ist nicht klar, wie er diesen Abtausch vermeiden kann.

17 ♖fd1 ♗b7 18 ♘g5 g6 *(D)*

19 ♕c7!

Aufgrund seiner ernsten Schwächen wird sich Schwarz von hier ab nur noch in der Defensive befinden – eine ziemlich trübe Aussicht.

19...♗d5 20 b3 ♖a7

Schwarz will die Verbindung seiner Figuren nicht unterbrechen, aber die natürlicher aussehende Folge 20...♕xc7 21 ♖xc7 ♖ad8 läuft in 22 ♘gxf7! ♖xf7 23 ♘xf7 ♔xf7 24 e4 ♗a8 25 f3 ♔e8 26 ♖a7 hinein, wonach Schwarz kämpfen muss.

21 ♕xb8 ♘xb8 22 e4! ♗c6 *(D)*

Der Gegenangriff 22...♖d7 funktioniert nicht wegen 23 ♘dxf7 ♗xe4 24 ♗xe4 ♖xd1+ 25 ♖xd1 ♘xe4 26 ♘h6+ ♔g7 27 ♘xe6+.

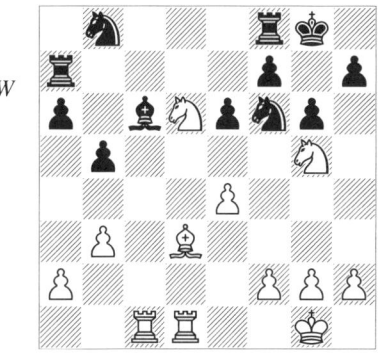

23 e5!

Obwohl er dem Schwarzen das wichtige Zentralfeld d5 überlässt, wiegen die Vorteile dieses Zugs deutlich schwerer: Er gewinnt Raum, die weißen Figuren können das Feld e4 nutzen, der Springer auf d6 wird gestützt, die schwarzen Königsflügelbauern werden blockiert (und bald zu Angriffsobjekten), und der Druck auf die geschwächten schwarzen Felder wird erhöht. All das ist mehr als genug!

23...♘d5 24 h4!

Dieser Zug ist eine wichtige und notwendige Konsequenz von 23 e5!. Weiß verstärkt seine Kontrolle über die schwarzen Felder und plant einen weiteren Bauernvorstoß, um Linien am Königsflügel zu öffnen. In gewisser Weise werden wir nun Zeuge einer neuen Situation – Weiß hat die bessere Figurenstellung erlangt, aber findet nicht mehr genügend Angriffsobjekte. Daher versucht er, neue zu schaffen, indem er mit seinen Bauern vormarschiert.

24...h6 25 ♘ge4 ♗a8 *(D)*

Der Versuch von Schwarz, mit 25...♘f4 aktiv zu spielen, führt angesichts von 26 ♘f6+ ♔g7 27 ♗f1 zu nichts. Interessant ist dagegen 25...♘e7!? mit der Idee, eine bequemere Figurenstellung zu erreichen.

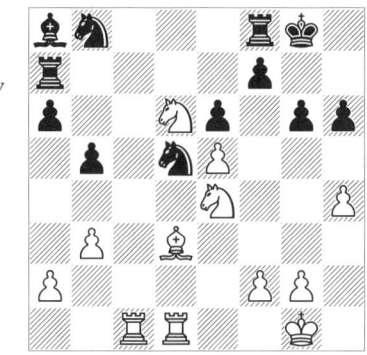

26 g3! ♘c6 27 f4 ♘d4

27...♘ce7!?.

28 ♖c5! ♘f5 29 ♖dc1 ♘xd6 30 ♘xd6 ♖d7

Die schwarze Stellung ist äußerst schwierig, und daher sollten kleine Verbesserungen nichts am Endergebnis ändern. Etwas mehr Widerstand bietet 30...h5, da Weiß nun noch schneller Linien öffnet.

31 a4! ♘b4 32 ♗e2 bxa4 33 bxa4 f6 *(D)*

Um nicht völlig untätig herumzusitzen, sucht Schwarz Gegenspiel, aber damit klärt sich die

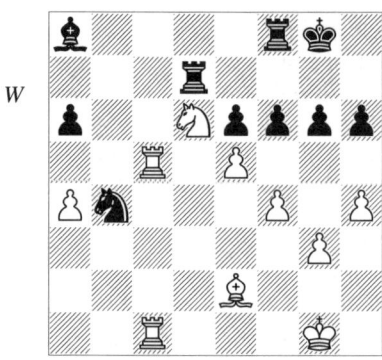

Lage nur noch schneller. Mit seinem nächsten Zug verweist Weiß den Gegner energisch in seine Schranken:

34 ♗g4! f5

Andere Züge sind unmöglich: 34...♗d5? 35 ♖xd5 oder 34...♖e7 35 ♖c7 ♖xc7 36 ♗xe6+.

35 ♗e2 g5

Obwohl es Schwarz auch nicht hilft abzuwarten, öffnet diese neue Schwächung mehr Linien für den Gegner als für ihn selbst. Die nun folgende Antwort des Weißen beruht auf einer exakten, wenn auch nicht besonders schwierigen Berechnung.

36 ♖c8! ♖dd8

Auch nach 36...♗d5 37 ♖xf8+ ♔xf8 38 ♖c8+ ♔g7 39 ♘e8+ ♔g6 40 ♘f6! kann Schwarz die Partie nicht retten.

37 ♖8c7! gxf4 38 gxf4 *(D)*

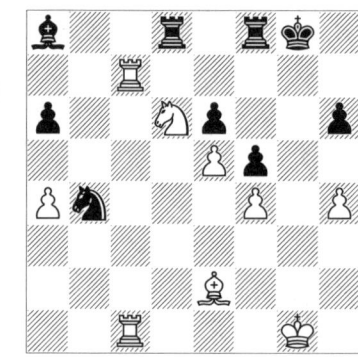

38...♖b8

Hier ist die Variante, die Weiß finden musste, bevor er seinen 36. Zug ausführte: 38...♘d5 39 ♖a7 ♘xf4 40 ♖cc7! ♘xe2+ 41 ♔f2 ♖fe8 42 ♘xe8.

39 ♔f2!

Die einfachste Lösung: Auf diese Weise bringt Weiß seinen zweiten Turm ins Spiel. Wiederum ist von Weiß eine akkurate, aber geradlinige Berechnung gefragt.

39...♘d5 40 ♖a7 ♖b2

Oder 40...♘xf4 41 ♖g1+ ♔h8 42 ♖gg7 ♖fd8 43 ♖h7+ ♔g8 44 ♖ag7+ ♔f8 45 ♖g3 ♖xd6 46 exd6 ♖b2 47 ♖h8+ ♔f7 48 ♖xa8 ♘xe2 49 d7.

41 ♖g1+ 1-0

Schwarz gab auf, da wir nach 41...♔h8 42 ♖gg7 entweder die oben angeführten Stellungen oder sehr ähnliche Varianten erreichen.

Heutzutage spielt Garri Kasparow diese Art von Stellungen außergewöhnlich stark. Übrigens sollte das nicht überraschen, wenn wir bedenken, dass es in diesen Stellungen in erster Linie darum geht, das Figurenspiel zu meistern.

Kasparow – Karpow
Weltmeisterschaft (4),
London/Leningrad 1986

1 d4 ♘f6 2 c4 e6 3 ♘c3 ♗b4 4 ♘f3 c5 5 g3 cxd4 6 ♘xd4 0-0 7 ♗g2 d5 8 ♕b3 ♗xc3+ 9 bxc3 ♘c6 10 cxd5 ♘a5! 11 ♕c2 ♘xd5 12 ♕d3! ♗d7?!

Hier sehen wir eine komplizierte Eröffnungsvariante, in der Karpow mit diesem scheinbar natürlichsten Zug eine Ungenauigkeit begeht. Wie man später herausfand, ist 12...♕c7 am stärksten, denn wenn Weiß schematisch fortsetzt, wird er bald mit Schwierigkeiten auf der c-Linie konfrontiert. Kasparow findet den korrekten Plan:

13 c4! ♘e7 14 0-0 *(D)*

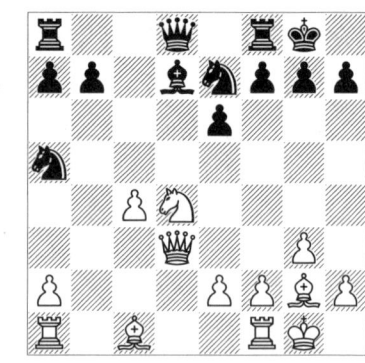

14...♖c8?!

Noch ein natürlich aussehender Zug – und noch eine Ungenauigkeit. Kasparow demonstriert die beste Fortsetzung 14...♗c6! 15 ♘xc6

(Kasparow hält 15 ♗a3!? für das Stärkste, wonach Weiß die Initiative behält) 15...♘exc6, und wegen des halb-blockierten Charakters der Stellung können die Springer den Kampf mit dem Läuferpaar aufnehmen. Nun findet Weiß einen Weg, um die Stellung zu öffnen, und die Läufer erlangen Freiheit.

15 ♘b3! ♘xc4 16 ♗xb7 ♖c7 17 ♗a6!

Eine unblockierte, symmetrische Bauernstruktur ist entstanden, in der Weiß dank des Läuferpaars die besseren Chancen hat. Doch wie in vielen Stellungen mit symmetrischer Struktur ist der weiße Vorteil zeitweiliger und dynamischer Natur, was sehr genaues und energisches Spiel erfordert – sowohl um den Vorteil zu erhalten als auch, um ihn auszubauen. In solchen Fällen ist Kasparow stets auf der Höhe. Weiß musste den stereotypen Rückzug des Läufers auf „seiner" Diagonale, 17 ♗e4?, vermeiden, da er nach 17...h6 keinen klaren Weg hat, um seine Position zu verstärken.

17...♘e5 *(D)*

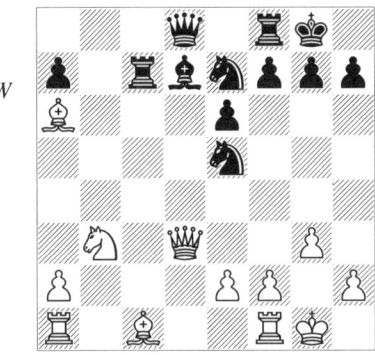

18 ♕e3!

Hier haben wir noch einen weiteren „einzigen" Zug, der den Vorteil aufrechterhält. Andere Züge sind deutlich schwächer: 18 ♕d6?! ♘7g6 bietet Weiß nur geringem Vorteil, während 18 ♕e4?! ♘7g6 19 ♗a3 seinem Gegner den äußerst wichtigen Zug 19...♗c6 erlaubt. Nach 20 ♕d4 ♕xd4 21 ♘xd4 ♖d8 hat Weiß nur einen winzigen Vorteil.

18...♘c4

Andere Züge verbessern die Stellung nicht, z. B. 18...f6 19 ♗a3 ♖f7 20 ♖ac1 mit starker Initiative für Weiß. Auch nach 18...♘7g6 19 ♗a3 ♖e8 20 ♖fd1 ist die Lage schwierig für Schwarz.

19 ♕e4 ♘d6?!

Wie Kasparow zeigt, kann Schwarz nach diesem Zug kaum hoffen, die Partie zu retten. Er hält 19...♕a8 20 ♕xa8 ♖xa8 für den einzigen Zug, aber nach 21 ♗g5! ♘d5 (21...f6?! ist schlechter wegen 22 ♖fc1!) 22 ♖fc1 steht der weiße Vorteil außer Zweifel.

Noch einmal findet Weiß nun die stärkste Fortsetzung. Da sie auf einer wichtigen taktischen Nuance basiert, erfordert sie eine genaue Berechnung,

20 ♕d3! ♖c6 21 ♗a3! ♗c8

Das wichtigste Detail ist, dass 21...♕b6? an 22 ♘d4! mit Gewinn scheitert. Aber auch ein weiterer Figurentausch vereinfacht die Lage nicht, was Weiß ebenfalls voraussehen musste, als er seinen 20. Zug ausführte.

22 ♗xc8 ♘dxc8 *(D)*

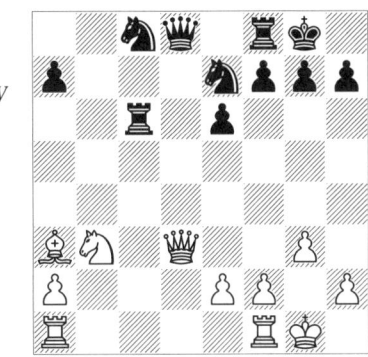

23 ♖fd1!

Großartig! Trotz der folgenden Vereinfachungen wird die Lage nicht einfacher für Schwarz. Weiß macht jeden Zug mit Tempo – ein herrliches Beispiel für das Spiel mit der Initiative.

23...♕xd3 24 ♖xd3 ♖e8 25 ♖ad1 f6

Nach 25...g6!? 26 e4! ♖c2 27 ♖d8 ♖xd8 28 ♖xd8+ ♔g7 29 ♖e8 hat Schwarz eine sehr schwierige Stellung – er hat nichts, was er dem gegnerischen Läufer entgegenstellen könnte.

26 ♘d4! ♖b6

Im Fall von 26...♖a6 hat Weiß 27 ♘b5!.

27 ♗c5 ♖a6

Nach 27...♖b2!? demonstriert Kasparow die Variante 28 ♘xe6 ♖xe2 29 ♘c7 ♖f8 30 ♖a3 mit guten Gewinnchancen.

28 ♘b5 ♖c6 *(D)*

Schlechter ist 28...♖xa2 29 ♘c7 ♖f8 30 ♘xe6 ♖e8 31 ♘c7 ♖f8 32 ♖e3 ♘f5 33 ♖e6 mit Gewinn für Weiß.

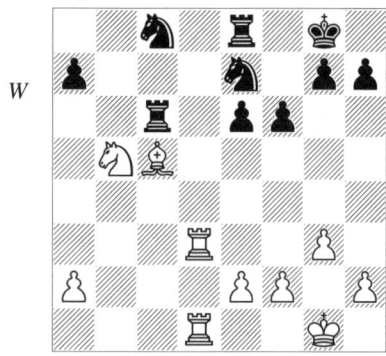

W

Mit der nun folgenden Kombination gewinnt Weiß Material. Es lohnt sich anzumerken, dass das weiße Spiel, obwohl es einer sehr logischen Strategie folgt, ständig auf den kleinsten taktischen Gegebenheiten der Stellung basiert. Eine solche Harmonie von Strategie und Taktik ist selten zu sehen und ist ein Zeichen höchster Meisterschaft.

29 ♗xe7! ♘xe7

Auf keinen Fall 29...♖xe7 wegen 30 ♖d8+ ♔f7 31 ♖xc8.

30 ♖d7! ♘g6 31 ♖xa7 ♘f8 32 a4 ♖b8 33 e3 h5 34 ♔g2 e5 (D)

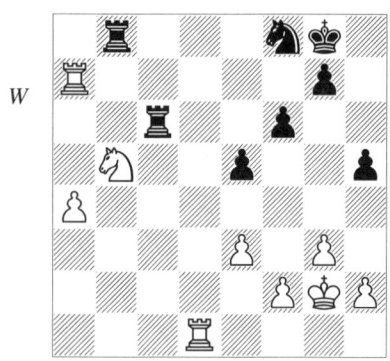

W

35 ♖d3!

In einem harten Kampf hat Weiß ein Endspiel mit einem Mehrbauern erreicht, das nun Genauigkeit und Geduld erfordert, um den Vorteil in einen Sieg zu verwandeln. Weiß beabsichtigt, ein Turmpaar zu tauschen, um das gegnerische Gegenspiel zu reduzieren – noch ein typisches strategisches Hilfsmittel.

35...♔h7 36 ♖c3 ♖bc8 37 ♖xc6 ♖xc6 38 ♘c7 ♘e6 39 ♘d5!

Das Turmendspiel hätte Schwarz gute Chancen gegeben, die Partie zu retten.

39...♔h6 40 a5 e4 (D)

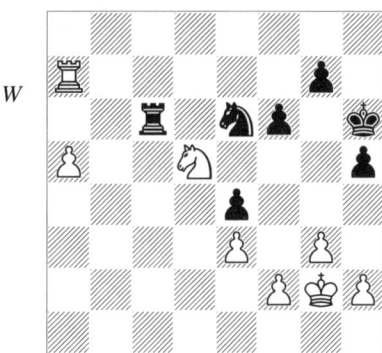

W

41 a6!

Die Verwandlung eines Materialvorteils in einen vollen Punkt macht es oft nötig, einen ständigen Variantenstrom zu berechnen. Nach dem prophylaktischen 41 h4 ♖d6 42 ♘e7 ♖d1 wäre der Gewinn für Weiß schwerer.

1-0

Karpow gab auf – angesichts der Varianten 41...♖d6 42 ♘e7! ♖d1 43 ♖a8 ♔h7 44 a7 ♖a1 45 ♘c6 ♔g5 46 ♖e8 und dem äußerst wichtigen 41...♘c5 42 ♖c7!.

Diese Partie ist ein prächtiges Beispiel für die konsequente und zielstrebige Entfaltung der Initiative. In solchen Stellungen ist Kasparow unübertroffen.

Aufgaben

Lösungen auf Seite 183.

111

W

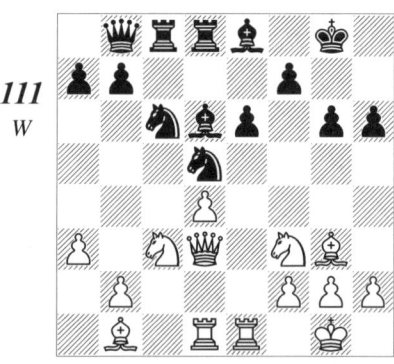

SYMMETRISCHE BAUERNSTRUKTUREN

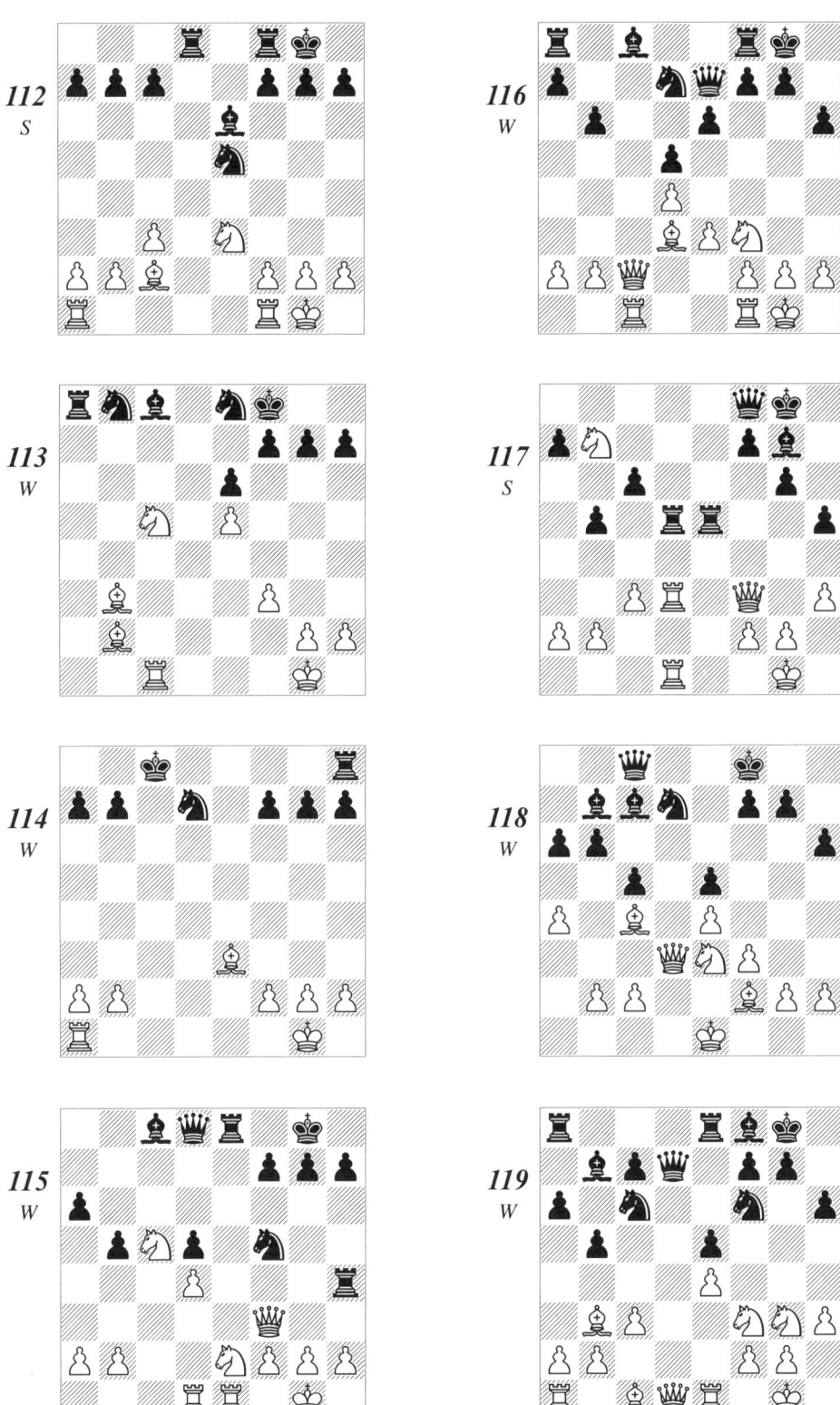

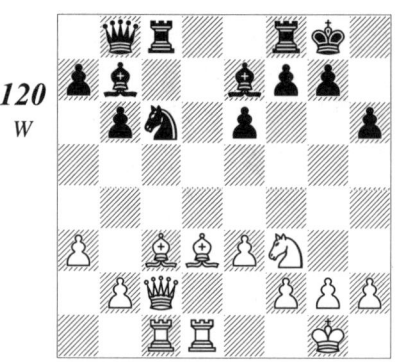

120
W

123
W

121
W

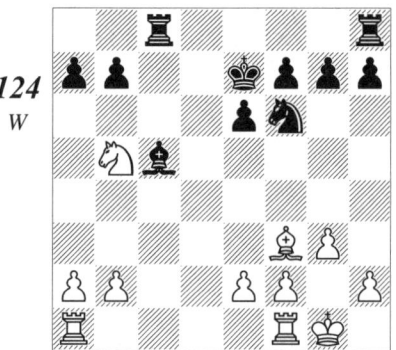

124
W

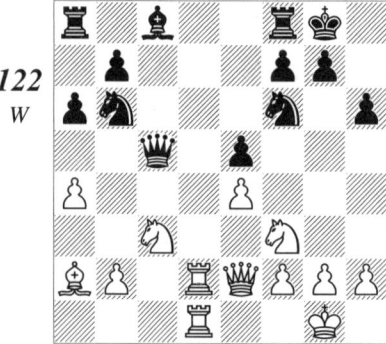

122
W

9 Statische und dynamische Merkmale

Die in diesem Kapitel behandelten Themen sind sehr wichtig, um das Wesen des Schachs zu verstehen. Auch wenn sie bereits in vielen Büchern und Artikeln besprochen worden sind, bin ich noch nie auf eine *ausführliche Erläuterung* des eigentlichen Kerns dieser Konzepte gestoßen. Ich hielt es für wichtig, diese Lücke zu füllen, und ich hoffe, dass mir das gelungen ist.

Was genau sind also statische und dynamische Merkmale im Schach?

In der Regel reden wir weniger über die Konzepte als über ihre Auswirkungen – nämlich die statischen und dynamischen Faktoren der Stellung.

Statische Faktoren werden generell als *dauerhafte Stellungsmerkmale* klassifiziert, wie zum Beispiel die Bauernstellung, die Sicherheit des Königs, die Existenz fester Figurenstützpunkte, die Materialverteilung auf dem Brett (zum Beispiel zwei Leichtfiguren und Dame gegen Turm und Dame). Dabei meinen wir Materialverteilungen und andere Faktoren, die für eine gewisse Dauer auf dem Brett erhalten bleiben.

Wenn wir über dynamische Faktoren sprechen, meinen wir *kurzzeitige* Merkmale, wie Entwicklungsvorsprung, unterschiedliche Figurenaktivität, sowie ähnliche Merkmale, die sich in den nächsten Zügen verändern können. Allerdings müssen wir anmerken, dass die Grenze zwischen statischen und dynamischen Faktoren nicht immer eindeutig ist (im Schach wie im Leben ist alles eng miteinander verwoben, und Kategorisierungen sind nicht immer einfach). Um diese Beziehungen zu verstehen, brauchen wir Erfahrung.

Also gut – unser Vokabular ist nun mehr oder weniger definiert, aber welchen praktischen Nutzen kann der durchschnittliche Turnierspieler daraus ziehen? Tatsächlich eine ganze Menge, obwohl es nicht leicht sein wird, das zu erläutern. Versuchen wir es trotzdem.

In der gröbsten Verallgemeinerung ist der Kern der Sache folgender: Jeder von uns würde natürlich gerne eine Stellung mit irgendeiner Art von substantiellem Vorteil haben – sei er statischer oder dynamischer Natur. Auf der anderen Seite will unser Gegner genau das Gegenteil! Zweifelsohne wird er entweder versuchen, unsere Pläne zu stoppen, oder er wird sie zulassen und hoffen, dabei Vorteile für sich selbst herauszuschlagen. Solche „Tauschaktionen" gehören zu den Grundelementen des Schachkampfes.

Wenn der Gegner uns einen Vorteil statischer Natur gestattet, wird er in der Regel versuchen, einen Vorteil dynamischer Art zu erlangen – und umgekehrt. Daher ist klar, dass wir nicht einfach sagen können, ob ein statischer Vorteil größer ist als ein dynamischer oder umgekehrt. Alles hängt von den spezifischen Merkmalen der jeweiligen konkreten Situation ab, und es ist oft sehr schwer, den richtigen Weg zu finden. Zu einem großen Teil hängt die Spielstärke eines Spielers von der Fähigkeit ab, nicht zu viel Zeit zu verbrauchen, um sich unter diesen Umständen für einen Zug zu entscheiden.

Als theoretische Beschreibung sollte dies ausreichen. Untersuchen wir lieber einige starke Meisterpartien, um daraus Schlüsse zu ziehen.

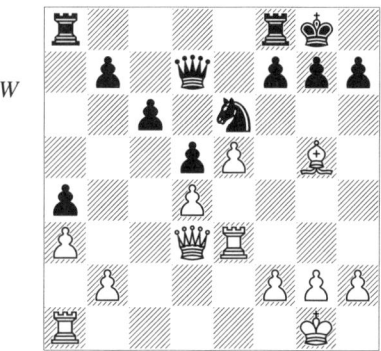

Smyslow – Keres
*„Absolute" UdSSR-Meisterschaft,
Leningrad/Moskau 1941*

In dieser Stellung ist offensichtlich, dass beide Seiten ihre Vorteile haben. Schwarz hat ein klares Plus am Damenflügel, insbesondere auf den weißen Feldern. Wenn wir uns vorstellen, dass die schwarzen Figuren es schaffen, über diese Felder einzudringen (der Turm auf der b-Linie und der Springer auf den gesicherten Feldern b3 und c4), könnte die Lage für Weiß sehr unangenehm werden. Des weiteren ist der weiße Bauer d4 ein wichtiger Faktor in dieser Stellung. Andererseits hat Weiß einen deutlichen Raumvorteil am Königsflügel und – was wichtiger ist – ein unumstrittenes Plus in der Figurenaktivität.

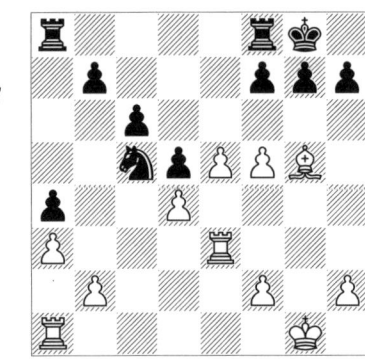

Also haben alle schwarzen Trümpfe einen *statischen* Charakter. Von ihnen kann Schwarz nur nach einer entsprechenden Umgruppierung seiner Figuren profitieren – und das wird längere Zeit in Anspruch nehmen. Weiß hingegen steht aktiv – sein Vorteil hat einen dynamischen Charakter. Somit sollte er, um davon zu profitieren, entschieden und energisch agieren. Falls jedoch sein Gegner die nötige Zeit bekommt, sich umzugruppieren, den Angriff abzuschlagen und dabei die Vorteile seiner Stellung zu behalten, wird er danach an ihre Verwertung gehen können.

Wir wissen also, dass Weiß nur an aktives Spiel denken sollte. Doch sein nächster Zug war ungenau:

22 ♕f5?!

Korrekt war das schärfere 22 ♗f6! ♘f4 (22...gxf6 scheitert an 23 ♕f5! ♖fd8 24 ♖g3+ ♔f8 25 exf6 ♕d6 26 ♕xh7 ♔e8 27 ♖e1) 23 ♖g3! ♘g6 24 ♗g5 ♔h8 25 ♕f3. Danach wäre es für Schwarz schwer, dem Druck standzuhalten.

22...♘c5 23 g4?

Wie so oft, führt eine Ungenauigkeit (bzw. Fehler) zur nächsten, die sich in der Regel als noch schwerwiegender erweist. Korrekt war 23 ♕f4 ♘e4 24 f3, und nun:

a) 24...♘d2? 25 ♗f6 ♔h8 (oder 25...gxf6 26 exf6 ♔h8 27 ♖e7) 26 ♗xg7+ ♔xg7 27 ♕f6+ ♔g8 28 ♖d3 ♘b3 29 f4, und Weiß gewinnt.

b) 24...♘xg5 25 ♕xg5 mit kleinem weißen Vorteil.

23...♕xf5 24 gxf5 *(D)*

Jetzt kommt Schwarz in Vorteil. Der Damentausch begünstigt die Seite mit den statischen Vorteilen, da er die Angriffsmöglichkeiten verringert und die dynamischen Vorteile somit schwerer auszunutzen sind. Ausnahmen zu dieser Regel liegen nur dann vor, wenn es konkrete Varianten gibt, die forciert zum Vorteil führen, aber das ist hier nicht der Fall. Der unerwartete Gegenschlag, mit dem Keres nun aufwartet, ändert den Gang der Ereignisse auf dramatische Weise:

24...f6!!

Nach diesem brillanten Zug beherrscht Schwarz das gesamte Brett. Die weiße Aktivität löst sich in Luft auf, und die Nachteile seiner Bauernstruktur (mit anderen Worten die statischen Vorteile von Schwarz) werden deutlich.

Bei der Vorteilsverwertung demonstriert Keres seine hervorragende Endspieltechnik. Den Rest der Partie zeigen wir nur mit kurzen Anmerkungen.

25 exf6 ♘e4 26 fxg7

26 ♗h4 gxf6! 27 ♗g3 (oder 27 ♖d1 ♘d6) 27...♘d2! ist ungünstig für Weiß.

26...♖xf5 27 ♗e7 ♔xg7 28 f3 ♘d2 29 ♔f2 ♖e8 30 ♖ae1 ♘e4+! 31 ♔g2 ♖xe7 32 fxe4 ♖xe4 33 ♖xe4 dxe4 34 ♖xe4 ♖b5 35 ♖e2 ♖b3 36 ♔f2 ♔f6 37 ♔e1 h6! 38 ♖g2 ♔e6 39 ♔d1 ♔d5 40 ♔c2 *(D)*

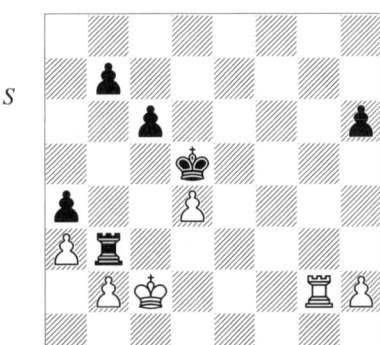

40...♖h3!
Natürlich nicht 40...♔xd4? 41 ♖g4+ ♔d5 42 ♖h4.

41 ♖d2 ♔c4 42 ♔b1 h5 43 ♔a2 ♖h4 44 ♖f2 ♔xd4 45 ♖f7 b5 46 ♖f2 ♖h3 47 ♖d2+ ♔d3 48 ♖f2 ♔c4 49 ♖c2+ ♔d5 50 ♖g2 ♖h3 51 ♖d2+ ♔c5 52 ♖c2+ ♔b6 53 ♖f2 c5! 54 ♖f6+ ♔a5 55 ♖f2 c4 56 ♖g2 c3 57 b4+ axb3+ 58 ♔xb3 c2+! 59 ♔xc2 ♖xa3 60 ♔b2 ♖f3 61 ♖e2 h4! 62 ♖d2 h3! 63 ♖e2 ♔a4 64 ♔b1 ♖f1+ 65 ♔c2 b4 66 ♔d3 ♖d1+ 67 ♔c2 ♖g1 0-1

Folgendes konnten wir bemerken:
a) Der Spieler, der dynamische Vorteile besitzt, sollte entschlossen handeln. Oft muss man die gesamte Stellung riskieren und Material opfern, um die Chance nicht zu verpassen.
b) Der Spieler, der um statische Vorteile kämpft und im Ausgleich dafür aktive Möglichkeiten des Gegners zulässt, muss darauf vorbereitet sein, zunächst alle akuten Drohungen abzuwehren, bevor er sich um die Umsetzung seiner eigenen Vorteile (z. B. Materialvorteil, Schwächen im gegnerischen Lager etc.) kümmert.

Wahrscheinlich hätte die Partie nicht so lange gedauert, wenn Weiß seinen Läufer im 22. Zug nach f6 gestellt hätte. Nach seinen zwei Fehlern in Folge (im 22. und 23. Zug) brauchte Schwarz immer noch 43 Züge, um seinen Vorteil in einen Sieg zu verwandeln – und das mit ausgezeichnetem Spiel!

Daraus können wir noch eine Schlussfolgerung ziehen: In seinem Spiel den Hauptakzent auf die Akkumulation langfristiger Vorteile zu legen, erfordert die Fähigkeit (und psychologische Bereitschaft), sich zu verteidigen und seinen Vorteil mit Hilfe guter Technik umzusetzen.

Den Hauptakzent auf Dynamik zu legen, erfordert die Bereitschaft, entschlossen zu handeln.

Wenn wir uns an das Kapitel 3 („Der isolierte Zentrumsbauer") erinnern, wird deutlich, dass solche Positionen Musterbeispiele für den Kampf zwischen statischen und dynamischen Faktoren sind.

In diesem Kapitel geht es um die verschiedenen Arten *statischer* Vorteile, sowie um die Methoden, wie man sie erlangt und ausnutzt. Das Thema des dynamischen Spiels habe ich für ein anderes Buch beiseite gelegt.

Dabei werden wir nicht alle möglichen Arten statischer Vorteile untersuchen, wie den „guten Läufer" und den „schlechten Läufer", die Zentrumskontrolle und so weiter. Jedes dieser Themen ist es wert, einzeln studiert zu werden. Hier werden wir nur die fundamentalen Prinzipien betrachten.

Lasker – Blackburne
London (8) 1892

1 e4 e6 2 d4 d5 3 ♗d3 dxe4 4 ♗xe4 ♘f6 5 ♗f3 c6 6 ♘e2 ♗d6 7 0-0 ♘bd7 8 ♘d2 0-0 9 ♘c4 ♗c7 10 ♗f4 ♘b6 11 ♘e5 ♘fd5 12 ♗g3 ♕e7 13 c3 *(D)*

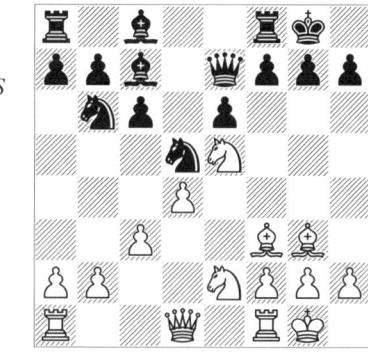

Nach ungeschicktem Spiel in der Eröffnung hat Schwarz nun eine extrem passive Stellung.
13...f5?
Von diesem aggressiven Vormarsch erhofft sich Schwarz eine größere Aktivität. Doch Schach ist ein logisches Spiel, und einzelne Bauernaktionen bei allgemeiner Figurenpassivität führen nur zur Schwächung der eigenen Position – korrektes Spiel des Gegners vorausgesetzt. So ist es auch hier: Schwarz erhält einen ganzen Komplex von Schwächen, bestehend aus dem e-Bauern und den schwarzen Feldern. In Hinblick auf Letzteres ist es günstig für die stärkere Seite, den Läufer der betreffenden Farbe abzutauschen. Schwarz hätte 13...♗d7 spielen sollen, um seine Entwicklung zu vollenden und eine schrittweise Befreiung seiner Stellung vorzubereiten.
14 ♗xd5!?
Die weiße Antwort sieht ungewöhnlich aus: Er gibt seinen überlegenen Läufer für den unscheinbaren Springer auf b6 (in der Variante, die in der Partie aufs Brett kommt). Das Problem

ist, dass er einerseits die Drohung ...f4 verhindern muss, während er gleichzeitig versucht, die Kontrolle über die geschwächten schwarzen Felder zu erlangen. Auf den ersten Blick überraschend, erfüllt der 14. weiße Zug beide Ziele.

Dass ich diesem Zug kein Ausrufezeichen beifüge, liegt daran, dass das sofortige 14 ♕c1! stärker zu sein scheint: Nach 14...g5 spielt Weiß 15 ♗xd5, was zur Partiestellung führt.

14...♘xd5?!

Zweifellos genauer ist 14...exd5 15 ♘d3! (die Pointe des 14. Zugs von Weiß) 15...♖xg3 16 hxg3 ♘c4 17 ♖e1, wonach Weiß im Vorteil ist, aber es stände noch eine lange Partie bevor.

15 ♕c1 g5

Schwarz sucht immer noch nach „aktivem Spiel", aber er steht in jedem Fall schlecht.

16 f4 ♗xe5 17 dxe5 g4

Nach einer Stellungsöffnung verliert Schwarz genauso schnell: 17...gxf4 18 ♘xf4 ♗d7 19 c4 ♘xf4 20 ♕xf4 ♖f7 21 ♖f3 ♖g7 22 ♗h4.

18 c4 ♘c7 19 ♕e3 ♘a6 (D)

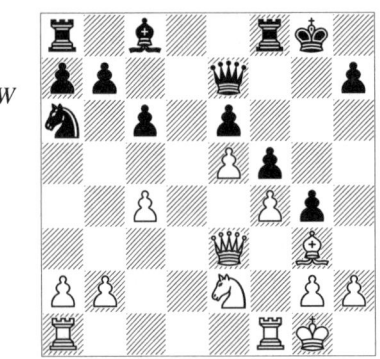

20 ♖fd1

Weiß hat riesigen Vorteil. Auch 20 ♗f2 b6 21 ♖ad1 ♗b7 22 ♖d6 c5 23 a3 ♖fd8 24 ♖fd1 ♖xd6 25 exd6 ist stark.

20...♕c5 21 ♕xc5 ♘xc5 22 ♘c3 b6 23 ♖d6 ♗a6 24 b3 ♖ad8 25 ♖ad1 ♘b7

Die Stellung ist nicht mehr zu halten. Zum Beispiel 25...♖xd6 26 ♖xd6 ♗b7 27 b4 ♘e4 28 ♘xe4 fxe4 29 ♖xe6 e3 30 ♖d6.

26 ♖xe6 ♖xd1+ 27 ♘xd1 ♖d8 28 ♘e3 ♖d3 29 ♘xf5 ♖d1+ 30 ♔f2 ♘c5 (D)

31 ♖d6?

Völlig überraschend tritt Weiß fehl. Sowohl 31 ♖e7 ♖d2+ 32 ♔e3 ♖d3+ 33 ♔e2 ♘d7 34 ♖xd7 ♘xd7 35 e6 ♘c5 36 ♘h6+ ♔f8 37 f5 als

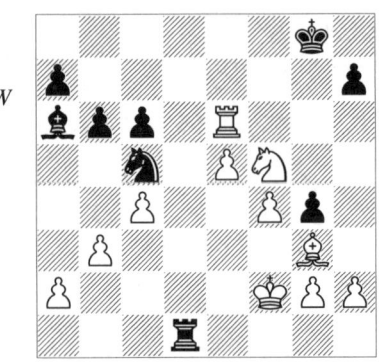

auch 31 ♖e8+ ♔f7 32 ♖e7+ ♔f8 33 e6 ♖d2+ 34 ♔e1 gewinnen sofort.

31...♘e4+ 32 ♔e2 ♖xd6?

Nun lässt Schwarz seinen Gegner von der Angel! Nach 32...♘xd6 33 exd6 ♖d5 (offensichtlich war das der Zug, den beide Spieler übersehen hatten – vermutlich ein Resultat beidseitiger Zeitnot) 34 ♘e7+ ♔f7 (D) hätte Weiß einen recht ungewöhnlichen Weg zum Erfolg finden müssen:

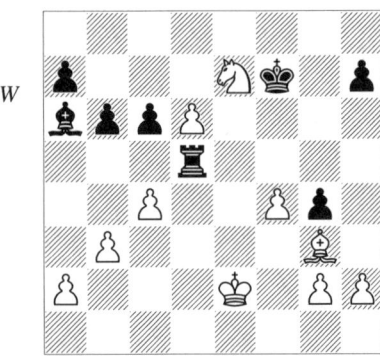

35 f5!! ♖a5 36 ♘xc6 ♖xa2+ 37 ♔e3 ♗c8 38 ♘e5+ ♔f6 39 ♔f4 ♖d2 (39...♗xf5 40 ♗h4+ ♔e6 41 d7) 40 ♗h4+ ♔g7 41 f6+ ♔f8 42 ♗g5 ♗e6 (42...♖f2+ 43 ♔g3 ♖f5 44 d7 ♗xd7 45 ♘xd7+ ♔e8 46 ♔xg4 ♖a5 47 c5!) 43 d7! ♖d4+ 44 ♔e3 ♖xd7 45 ♘xd7+ ♗xd7 46 ♔d4 ♔f7 47 e5 ♗c6 48 g3 ♗f3 49 ♔e3! ♗e2 50 ♔d4 ♗f1 51 ♔d6 ♗e2 52 ♔c7 ♗f3 53 ♔b8 a6 54 ♔a7 b5 55 ♔xa6 bxc4 und nun – die Schlusspointe – 56 b4!.

33 exd6 ♘f6 34 ♘h6+! ♔f8 35 ♗h4 ♘d7 36 ♗e7+ ♔e8 37 ♘xg4 b5 38 cxb5 ♗xb5+ 39 ♔d2 c5 40 ♔c3 h5 41 ♘e3 ♘b6 42 h3 ♗c6 43 g4 hxg4 44 hxg4 ♘d5+ 45 ♘xd5 ♗xd5 46 f5 ♔d7 47 ♔d3 a5 48 g5 ♗c6 49 g6 ♗f3 50 ♔e3 ♗h5 51 ♔e4 ♗d1 52 g7 1-0

Eine der Grundmethoden, einen statischen Vorteil auszunutzen, der auf Schwächen im gegnerischen Lager basiert, ist die wohlbekannte Methode der Abwicklung in ein besseres Endspiel. Der Sinn eines solchen Plans ist vollkommen offensichtlich, aber die Realisierung ist oft alles andere als einfach. Einer der größten Meister in dieser Hinsicht war Akiba Rubinstein:

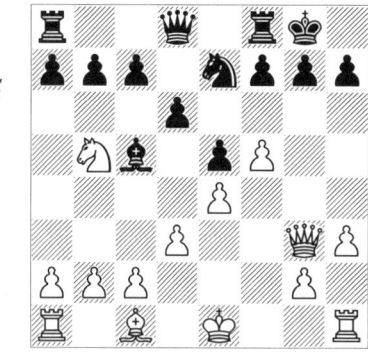

Alapin – Rubinstein
Prag 1908

Diese Stellung war das Ergebnis einer seltsamen Eröffnung (um es milde zu sagen). Auf den ersten Blick sieht sie ausgeglichen aus, aber das trifft die Wahrheit in keiner Weise. Als Resultat seiner verfrühten Angriffsversuche hinkt Weiß nun ein wenig in der Entwicklung nach, und – was wichtiger ist – seine Bauernstruktur ist durch den unnötig schwächenden Vorstoß des f-Bauern relativ starr geworden.

Theoretisch kann das alles repariert werden, aber das wird eine sehr genaue, lange und passive Verteidigung erfordern, die nicht jedermanns Geschmack ist. Auf der anderen Seite ist das schwarze Spiel sehr einfach und angenehm. Zunächst einmal unterbindet er alle weißen Hoffnungen auf aktives Gegenspiel.

11...f6

Weiß sieht sich mit ersten Problemen konfrontiert. Er entwickelt den Läufer und verschafft sich die Möglichkeit zur Rochade, obwohl es wahrscheinlich akkurater war, zunächst den Springer nach c3 zurückzustellen. Bei mehr als einer Gelegenheit habe ich auf das wichtige Warnsignal hingewiesen: Wenn sich in einer bestimmten Stellung der natürlichste und grundsätzlichste Zug als erfolglos (oder wie in diesem Fall als problematisch) herausstellt, passen Sie auf – etwas an der Stellung ist faul!

12 ♗e3 ♗xe3 13 ♕xe3 d5!

Natürlich und stark: Schwarz beginnt, die geschwächte Bauernkette anzugreifen (wenn dies auch noch nicht offensichtlich ist), und nimmt dem Springer sein normales Rückzugsfeld.

14 0-0?!

Alles, was zum 12. Zug von Weiß gesagt wurde, gilt auch hier – sogar noch in größerem Maße. Besser war 14 ♕f2, um dem Springer den Rückzug nach c3 zu ermöglichen.

14...c6 15 ♘a3 *(D)*

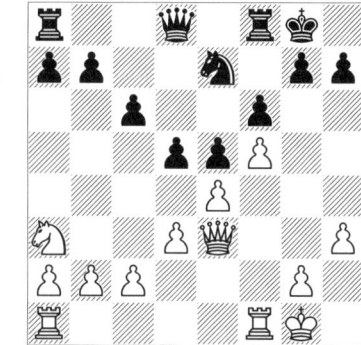

15...♕b6!

Nahe liegend, aber deshalb nicht weniger stark. Schwarz tauscht die größte Hoffnung des Gegners ab und belässt ihn in einer deprimierenden Situation, in der das Schlimmste noch bevorsteht.

16 ♕xb6 axb6 17 c3

Auch nach 17 exd5 ♘xd5 18 ♘c4 ♖fd8 19 a4 ♖a6 entkommt Weiß seinen Schwierigkeiten nicht.

17...♖fd8 18 ♖f2 ♖d7 19 ♘c2 ♖ad8?!

Hier ist wohl der einzige Punkt, an dem wir die Genauigkeit des schwarzen Spiels in Frage stellen können, da Weiß nun eine zusätzliche Möglichkeit bekommt. 19...dxe4 20 dxe4 ♖ad8 würde zur Partie zurückführen.

20 ♖e1?!

Weiß verpasst seine Chance. Nach 20 exd5!? ♖xd5 21 d4 ist 21...exd4 22 ♘xd4 c5 23 ♘e6 ♖d1+ 24 ♖xd1 ♖xd1+ 25 ♔h2 ♔f7 26 g4 g6 möglich, wonach Schwarz zwar Vorteil hat, der aber vielleicht nicht ausreicht.

20...dxe4 21 dxe4 *(D)*
21...♘c8!

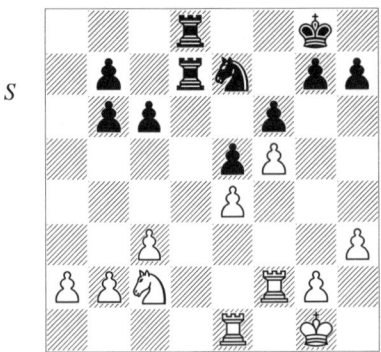

Typisch Rubinstein! Nun entwickelt Schwarz starken Druck am Damenflügel.

22 ♖fe2 b5 23 ♘a1 ♘b6 24 ♘b3 ♘a4 25 ♔f2 c5 26 ♖c2 *(D)*

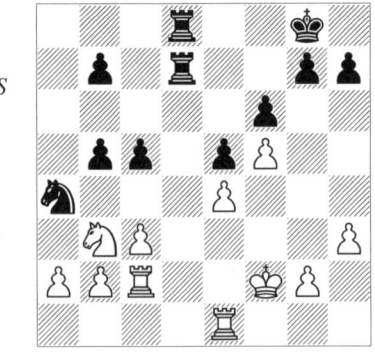

Es ist bereits schwierig, das weiße Spiel zu kommentieren. Er steht passiv, hat deutliche, fixierte Schwächen und dabei kein Gegenspiel irgendeiner Art. Aus diesem Grund hätte die unerwartete Chance, die er im 20. Zug verschmähte, so wichtig sein können. Jetzt sehen wir noch eine weitere Entscheidung, die für Rubinstein typisch ist.

26...g6!

Schafft eine „zweite Front" am Königsflügel. Heutzutage ist das offensichtlich, aber das war nicht immer so. Rubinstein erläuterte seine schachlichen Ansichten nie in geschriebener Form, aber seine Partien taten dies klar und deutlich. Wie wir wissen, war Rubinstein einer der größten Endspielkönner der Schachgeschichte. Er besaß ein tiefes Verständnis der wichtigsten Prinzipien, die er in seinen Partien umsetzte. Wir konnten auch alle übrigen Prinzipien von ihm lernen. Michail Botwinnik zum Beispiel erwähnte mehr als einmal den Einfluss, den Rubinsteins Partien auf sein eigenes Spiel hatten.

27 fxg6 hxg6 28 ♘c1 c4 29 ♔e3 ♔f7 30 ♖f1 ♖d1 31 ♖xd1 ♖xd1 *(D)*

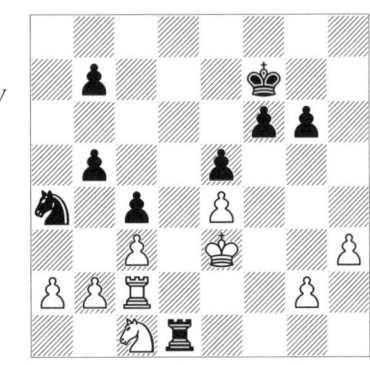

32 ♔e2

Eine lehrreiche Position. Hier sehen wir das Ergebnis von Bauernzügen, die nicht von Figurenspiel unterstützt sind. Aktives Spiel ist schon nicht mehr möglich: 32 b3 ♘c5 oder 32 b4 ♔e6, und die Schwächen erweisen sich als fatal.

32...♖d7 33 ♔e3 ♘c5 34 b3

Auf 34 b4 folgt entweder 34...♘e6 oder 34...♘a4.

34...♔e6 35 bxc4 bxc4 36 ♖b2 ♖d1 37 ♖b6+ ♔d7!

Zum Abschluss gibt es immer eine Gelegenheit für einen einfachen, aber wirkungsvollen taktischen Trick.

38 ♘e2 ♔c7! 39 ♖b4 ♖d3+ 40 ♔f2 ♘xe4+ 41 ♔e1 ♘d6 42 ♖a4 ♔c6 43 ♖a8 ♔d5 *(D)*

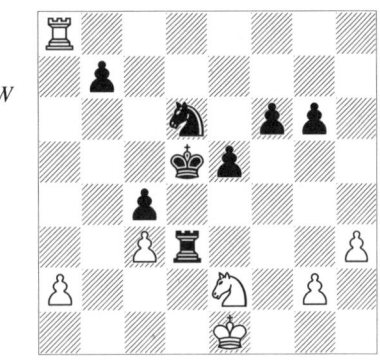

44 h4 ♘f5 45 ♖f8 ♘e3! 46 ♖g8

Oder 46 ♖xf6? ♖d1+ 47 ♔f2 ♘g4+ bzw. 46 ♔f2 f5 47 ♖g8 f4! 48 ♖xg6 ♖d1 49 ♘g3 ♖d2+! 50 ♘e2 ♔e4! 51 h5 ♖d1.

46...♘xg2+ 47 ♔f2 ♘xh4 48 ♖d8+ ♔e4 49 ♘g3+ ♔f4 50 ♘e2+ ♔g4 51 ♖c8 ♖f3+ 0-1

Rubinstein beherrschte es hervorragend, das gegnerische Gegenspiel auszulöschen, im richtigen Moment Figuren zu tauschen und die verbleibenden Schwächen auszunutzen. Heutzutage sehen wir (vielleicht nicht so überraschend) eine ähnliche Herangehensweise in den Partien von Vishy Anand, obwohl es natürlich viele Unterschiede zwischen diesen beiden Spielern gibt.

Ein bedeutsamer Nachteil (und für den Gegner ein ebenso wichtiger statischer Vorteil) ist eine Figur, die für längere Zeit vom Spiel ausgeschlossen ist. Die folgende Partie Capablancas ist dafür ein besonders lehrreiches Beispiel. Im großen und ganzen können wir feststellen, dass die größte Zahl wichtiger Partien, die uns helfen, die eigentliche Essenz des Schachspiels zu verstehen, von Capablanca gespielt wurde – mehr als von jedem anderen Spieler der Schachgeschichte. Ich denke, dass der Grund dafür die absolute Klarheit seines Denkens ist, wobei natürlich auch die Zeit, in der er lebte, eine Rolle spielt.

W. Winter – Capablanca
Hastings 1919

1 e4 e5 2 ♘f3 ♘c6 3 ♘c3 ♘f6 4 ♗b5 ♗b4 5 0-0 0-0 6 ♗xc6 dxc6 7 d3 ♗d6!? (D)

Eine interessante und für Capablanca typische Entscheidung. Als Ergänzung empfehle ich, die Partie Janowski-Capablanca, New York 1916, zu betrachten. An dieser Stelle sind auch 7...♘d7, 7...♖e8 und 7...♕e7 möglich.

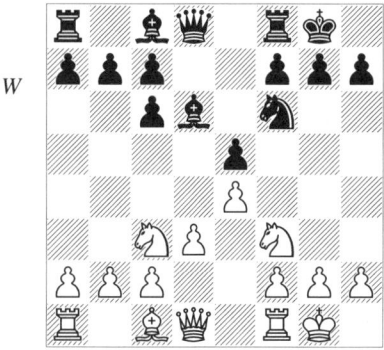

8 ♗g5
Es ist wichtig, dass nach dem natürlichen 8 d4 exd4 9 ♕xd4 die unerwartete und starke Antwort 9...♘g4! 10 ♕d3 (10 ♖d1 ♕e7; 10 e5? ♗xe5; 10 h3? ♘h2!) 10...♕e7 möglich ist, wonach Schwarz die besseren Chancen hat.
8...h6!
Ein einfacher, aber wichtiger Zug, um das Problem der Fesselung zu lösen. Für den Spieler, der in einer solchen Fesselung steht, ist es in der Regel sinnvoll, den Läufer zu „befragen". Schwarz möchte, dass sich die fesselnde Figur so bald wie möglich entscheidet. Das erleichtert ihm die Aufgabe, einen eigenen Plan aufzustellen.
9 ♗h4
Nun ist 10 d4 eine echte Drohung.
9...c5! (D)

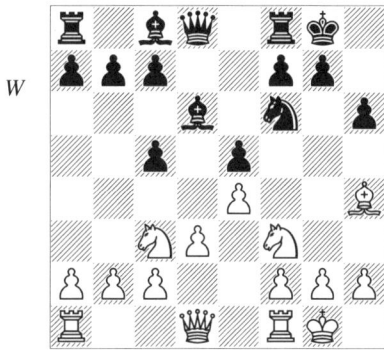

10 ♘d5?
Es ist einfach erstaunlich, in den Partien relativ starker Meister des frühen 20. Jahrhunderts immer wieder solche Züge zu finden. Naiv glaubt Winter, dass Capablanca mit einem primitiven Fehler antworten könnte. Offensichtlich hoffte er auf 10...♗e7?, wonach 11 ♘xe7+ ♕xe7 12 ♘d2 ♕e6 13 ♗g3! ♖e8 14 f4 zu klarem weißen Vorteil führt.
Weiß sollte 10 ♘d2 ♗e6! 11 ♘c4 ♗xc4 12 dxc4 c6 13 ♕f3 ♗e7 14 ♕f5 ♕c7 mit gleichen Chancen spielen.
10...g5
Natürlich! Nun sieht es für Weiß schlecht aus.
11 ♘xf6+
Forciert, da 11 ♘xg5 nach 11...♘xd5 12 ♕h5 hxg5 13 ♗xg5 ♘f4 sofort verliert, während 11 ♗g3 ♘xd5 12 exd5 ♗g4 13 h3 ♗h5 14 ♕e2 f5 ebenfalls unangenehm für Weiß ist.
11...♕xf6 12 ♗g3 ♗g4 13 h3 ♗xf3 14 ♕xf3
Vermutlich war es hartnäckiger, die Damen zu behalten, obwohl auch das die Partie nicht gerettet hätte.

14...♛xf3 15 gxf3 f6 16 ♔g2 *(D)*

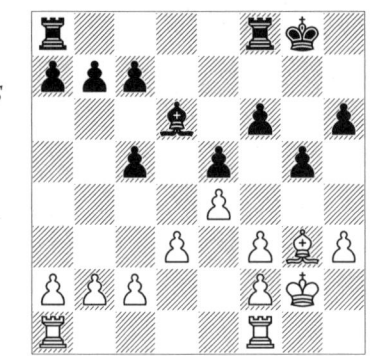

Diese Stellung ist der Grund dafür, dass wir diese Partie untersuchen. Für lange Zeit ist der weiße Läufer komplett aus dem Spiel ausgeschlossen, und bei korrektem schwarzen Spiel ist die Wahrscheinlichkeit gering, dass er ins Spiel zurückkehren kann.

Wir sollten beachten, dass Capablanca sich nicht daran stört, dass seine Bauern auf der Farbe seines Läufers stehen, was einerseits seinen Läufer offiziell zum „schlechten" Läufer macht und andererseits die weißen Felder in seinem Lager schwächt. Das mag alles stimmen, doch alle diese Überlegungen verblassen gegenüber den Vorteilen, die der Ausschluss des weißen Läufers mit sich bringt. Wenn noch weitere Leichtfiguren auf dem Brett wären, könnte Weiß natürlich hoffen, mit aktivem Spiel in irgendeiner Weise Kompensation für seinen Stellungsnachteil zu finden. Aus diesem Grund *ist es günstig für die Seite, die gegen eine aus dem Spiel ausgeschlossene Figur spielt, die anderen Figuren abzutauschen*. Was den „schlechten" Läufer von Schwarz betrifft, wird er ihn bald ohne jegliche Probleme ins Spiel bringen. Generell sollten wir anmerken, dass der sogenannte „schlechte" Läufer sich recht oft als wichtige Figur herausstellt – das Problem des „guten" und des „schlechten" Läufers erfordert weiterführende Untersuchungen.

Nun beginnt Capablanca, seinen Vorteil zu verwerten. Der Kern seines Plans ist, den Königsflügel ungestört zu lassen, so dass sich die Lage des weißen Läufers nicht in irgendeiner Form verbessern kann. Stattdessen verlegt er den gesamten Kampf auf den Damenflügel, wo Schwarz praktisch mit einer Figur mehr arbeitet. Zunächst macht Capablanca einen Bauernzug, der oberflächlich gesehen überrascht:

16...a5!

Noch ein Bauer wird auf einem Feld der Läuferfarbe platziert. Der obige Kommentar erklärt alles – Schwarz möchte ...a4 spielen. Nach der forcierten Antwort...

17 a4

...„hängt" sich Schwarz nun an diesen Bauern an und versucht, Linien am Damenflügel zu öffnen.

17...♔f7! *(D)*

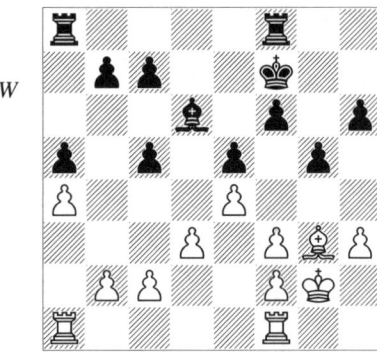

Erwartungsgemäß steht der König im Zentrum besser. Hier ist er ganz und gar in Sicherheit – und der Seite näher, wo das Spiel geöffnet werden soll.

18 ♖h1

Kasparow empfiehlt 18 c4!, mit der Idee, eine Festung aufzubauen.

18...♔e6 19 h4 ♖fb8! 20 hxg5 hxg5 21 b3 c6 22 ♖a2 b5 *(D)*

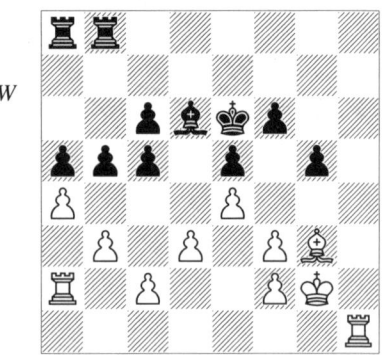

23 ♖ha1

Nachdem Schwarz alles vorbereitet hat, wäre es falsch, noch länger zu zögern.

23...c4! 24 axb5

Noch schlechter ist 24 dxc4 bxc4 25 bxc4 ♖b4.

24...cxb3 25 cxb3 ♖xb5 26 ♖a4 ♖xb3 27 d4 ♖b5 28 ♖c4 *(D)*

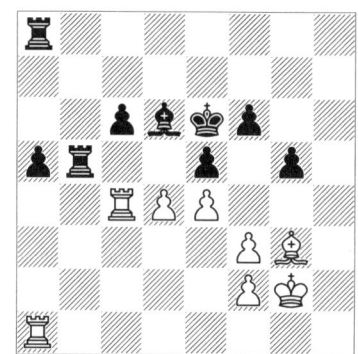

Weiß ist hilflos: Er spielt praktisch mit einer Figur weniger.

28...♖b4!

Der letzte Schlag: Der weiße Läufer entkommt nicht.

29 ♖xc6 ♖xd4 0-1

Nun werden wir sehen, wie diese Strategie in einer modernen Fassung aussieht.

Anand – Kamsky
PCA-Kandidatenmatch (9),
Las Palmas 1995

1 e4 e5 2 ♘f3 ♘c6 3 ♗b5 a6 4 ♗a4 ♘f6 5 0-0 ♗e7 6 ♖e1 b5 7 ♗b3 d6 8 c3 0-0 9 h3 ♖e8 10 d4 ♗b7 11 ♘bd2 ♗f8 12 a4 h6 13 ♗c2 exd4 14 cxd4 ♘b4 15 ♗b1 ♕d7 16 b3 g6 17 ♗b2 ♗g7 18 ♕c1 ♖ac8 19 ♗c3! c5 20 d5 *(D)*

Diese Stellung ist aus einer komplizierten Variante der Spanischen Verteidigung entstanden.

Die letzten Züge beider Seiten haben die Bauernformation für einige Zeit mehr oder weniger fixiert. Schwarz hat mit dem typisch „spanischen" Problem dieses Stellungstyps zu tun: Sein Läufer auf b7 wird durch die weißen Bauern blockiert. Die übliche Methode, dieses Problem zu lösen, besteht darin, auf die Diagonale h3-c8 zurückzukehren, und die weiße Bauernkette bei Gelegenheit mit ...f5 anzugreifen.

20...♕e7 21 ♘f1 ♘h7?

Laut Anand ist das ein ernster Fehler. Für viel stärker hielt er 21...♘d7!. Nun hat Schwarz Schwierigkeiten, seinen Springer ins Spiel zu bringen.

22 ♗xg7 ♔xg7 *(D)*

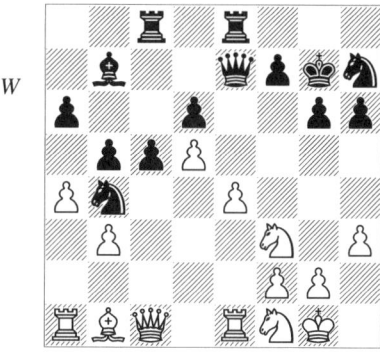

23 ♘e3!

Ein sehr instruktiver Moment: Nach der verfehlten Umgruppierung am Königsflügel hat Schwarz Schwierigkeiten, seine Figuren zu koordinieren. Weiß beginnt nun, konkrete Drohungen aufzustellen, um dem Gegner die Koordinierung seiner Kräfte zu erschweren.

23...h5

Die Drohung 24 ♘g4 muss in jedem Fall verhindert werden, aber damit ist es für Schwarz schwieriger, seinen Springer über g5 ins Spiel zu bringen.

24 ♕d2!

Ein wichtiges Detail des weißen Plans: Er verhindert den Springerzug nach g5.

24...♔g8

Jetzt bereitet Weiß den entscheidenden Angriff vor. Die unkoordinierten Streitkräfte des Schwarzen, insbesondere die vom Spiel ausgeschlossenen Leichtfiguren, können ihn nicht aufhalten.

25 axb5 axb5 *(D)*

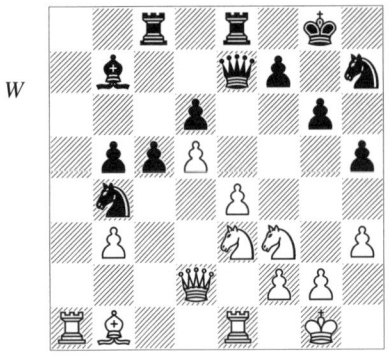

26 ♘d1!!

Der Schlüsselzug: Der Springer wird nicht nach g5 gelassen, und die Schwäche auf b5 wird schwer zu verteidigen sein.

26...♘a6

In der Variante 26...♖a8 27 ♖xa8 ♖xa8 28 ♘c3 ♕d7 29 e5! dxe5 30 ♘xe5 ♕d6 31 ♘xg6! fxg6 32 ♖e6 gewinnt Weiß forciert: Dass Springer und Läufer keinen Kontakt zum Königsflügel haben, wird schmerzhaft spürbar. Daran wird sich auch nichts ändern – die schwarzen Leichtfiguren werden ihre Stellung nicht verbessern können.

27 ♘c3 b4 28 ♘b5

Anand zeigt ein weiteres attraktives Springermanöver: 28 ♘a4!? nebst ♘b6-c4.

28...♘c7 29 ♗d3 ♘xb5 30 ♗xb5 ♖ed8 31 ♗c4! (D)

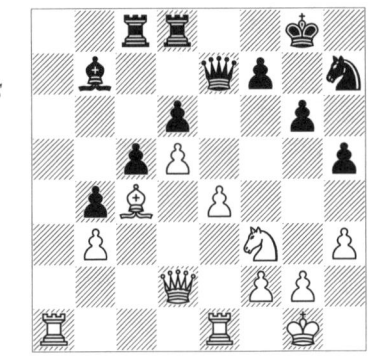

Die Lage hat sich geklärt: Schwarz steht schlecht, was größtenteils durch die hilflose Stellung der beiden Leichtfiguren bedingt ist. Es ist zu beachten, dass sie in diesem Fall nicht durch ihre eigenen Bauern behindert werden, sondern durch die Bauern und Figuren des Gegners.

31...♘f6 32 ♕h6!

Stellt eine versteckte Drohung gegen den Bauern g6 auf.

32...♕f8 33 ♕g5 ♕g7 34 ♖a7 ♖c7

Schwarz ist gelähmt, und jetzt leitet Weiß den entscheidenden Angriff ein.

35 ♗a6! ♖b8 (D)

Auch 35...♖dd7 kann die Partie nicht retten: 36 ♗xb7 ♖xb7 37 ♖a8+! ♔h7 38 ♕f4 ♘g8 39 e5 dxe5 40 ♖xe5! nebst ♖ee8.

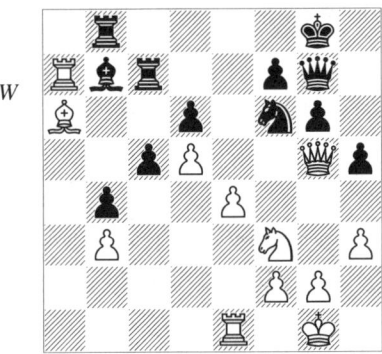

36 e5! ♘e8

Oder 36...dxe5 37 d6 ♖d7 38 ♘xe5.

37 ♖xb7 ♖cxb7 38 ♗xb7 ♖xb7 39 ♕d8 ♕f8 40 ♖a1! (D)

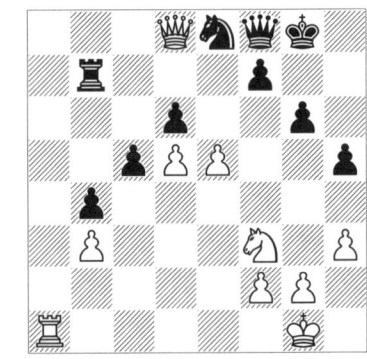

Armer schwarzer Springer! Die unglückliche Entscheidung im 21. Zug hat diese Figur zu dauerhaftem Leiden verurteilt.

40...♘c7 41 ♕d7! ♕b8

Im Fall von 41...♕e8 gibt Anand die Variante 42 ♕c6! ♕xc6 43 dxc6 ♖b6 44 exd6 an.

42 ♕xd6 c4 43 bxc4 b3 44 ♖b1 b2 45 ♕c5! ♖b3 46 ♕d4 ♕b4

Der schwarze Freibauer ist blockiert, aber er kann immer noch eine Rolle spielen. Weiß muss energisch spielen, um den Gegner von seinen destruktiven Absichten abzubringen. Also:

47 ♘g5! ♖c3 48 ♕f4 f6 49 exf6 ♘xd5 50 f7+ 1-0

Ich möchte mir (und dem Leser!) nicht das Vergnügen nehmen, eine weitere Partie zu zeigen, die zwar inhaltlich modern ist, aber in den zugrunde liegenden Ideen überraschende Ähnlichkeiten mit der obigen Capablanca-Partie aufweist.

Anand – Nikolić
Wijk aan Zee 2000

1 d4 f5 2 g3 ♘f6 3 ♗g2 e6 4 c4 d5 5 ♘h3 c6 6 0-0 ♗d6 7 ♕c2 0-0 8 ♘d2 ♗d7 9 ♘f3 ♗e8 10 ♗f4 h6?!

Nikolić plant, die Enge der weißen Figuren am Königsflügel auszunutzen. Doch es zeigt sich, dass daraus nicht wirklich Kapital zu schlagen ist – Schwarz hängt nur um so mehr in der Entwicklung nach. Daher war 10...♗h5 oder 10...♕e7 besser.

11 ♕b3! b6 *(D)*

W

12 ♖fc1!

Dieser scheinbar „harmlose" und „normale" Zug ist von größter Bedeutung! Anand erkennt den Entwicklungsrückstand und die Schwächung des schwarzen Damenflügels, und zuversichtlich zieht er den Turm vom Königsflügel weg. Solche Züge sind es, die den Grundstein für brillante Siege legen. Ohne sie wird in der Partie später etwas fehlen, sei es ein Tempo oder eine Figur, die im Hinblick auf eine bestimmte Variante nicht auf dem richtigen Feld steht.

Wie kommt es nur, dass in den Partien berühmter Meister zum Schluss alles immer genau zusammenpasst?

12...♗e7

Die schwarzen Probleme, die von seiner Ungenauigkeit im 10. Zug und der Stärke des ebenso natürlichen wie logischen 12. Zugs von Weiß herrühren, sind bereits offensichtlich. Auf 12...♗h5 folgt die unangenehme Antwort 13 c5! ♗xf4 (nicht 13...♗xf3? 14 ♗xd6 ♗xg2 15 ♔xg2 ♖e8 16 cxb6!; auch 13...bxc5 14 ♕b7 ist schlecht) 14 ♘xf4 ♗xf3 15 exf3 ♖e8 16 ♖e1. Vielleicht sollte Schwarz mit 12...♘a6 versuchen, seine Figuren zu entwickeln, obwohl Weiß auch hier nach 13 cxd5 exd5 14 ♗xd6 ♕xd6 15 ♘e5 ♘c7 16 ♘f4 im Vorteil ist.

13 cxd5 ♘xd5?

Eine schockierende Entscheidung und praktisch der entscheidende Fehler. In Anbetracht seines Entwicklungsrückstands und etlicher Schwächen auf dem ganzen Brett wird Schwarz nicht verhindern können, dass Weiß das Zentrum öffnet. Notwendig war 13...exd5, obwohl Weiß nach 14 ♘e5 klaren Vorteil hat.

14 ♗d2 g5 15 ♘e5 a5

Wie erwartet, öffnet Weiß nun das Zentrum und sichert sich großen Vorteil.

16 e4! fxe4 17 ♗xe4 ♖a7 18 f4 gxf4 *(D)*

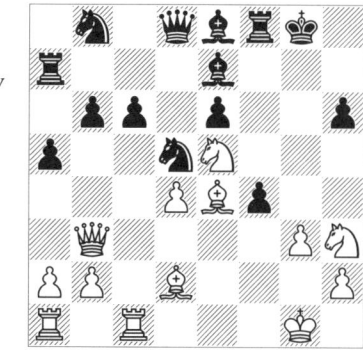
W

Selbst ein so offensichtlicher Zug wie der 18. Zug von Weiß verlangt genaue Berechnung. Er basiert auf der folgenden unkomplizierten, aber wichtigen Antwort:

19 ♔h1! ♗f6 20 ♘xf4 ♕d6 21 ♘fg6

Vielleicht ist 21 ♖e1!? sogar noch stärker, mit der möglichen Folge 21...a4 22 ♕d1 ♖g7 23 ♘h5 ♗xh5 24 ♕xh5. Doch die attraktive Partielösung passt vollkommen zu Anands Stil. Seine ausgesprochen ungestüme Spielweise wurde treffend von Lautier beschrieben: „Wie üblich fährt Anand im fünften Gang über ein Minenfeld."

21...♗xg6 22 ♘xg6 ♖ff7 *(D)*

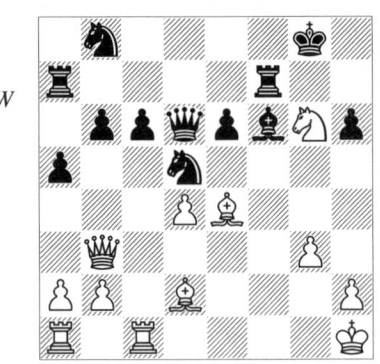

23 ♗f4!

Aus dem obigen Kommentar wird deutlich, dass Anand in einer solchen Stellung kaum Interesse für einen Damentausch mit 23 ♗xd5 ♕xd5+ 24 ♕xd5 exd5 zeigen kann. Tatsächlich sind die Konsequenzen auch objektiv unklar: 25 ♗f4 ♖ab7 26 ♘e5 ♖fe7.

23...♘xf4 24 gxf4 ♗g7?

Für Schwarz ist es alles andere als einfach, die richtige Entscheidung zu treffen. Schlecht ist auch 24...♗xd4?! 25 ♕h3 ♗xb2 (25...♖f6 26 ♖c2! ♖h7 27 ♖g2) 26 ♖d1 ♗d4 27 ♕xh6 ♘d7 (27...♖h7 28 ♖xd4!) 28 ♖g1 ♗g7 29 ♘h8!. Die beste Chance, den Kampf fortzusetzen, bot 24...a4!?, obwohl die Lage auch hier nach 25 ♕h3 a3 26 ♖g1 nicht einfach ist.

25 ♕h3 ♖f6 26 ♖c3 ♕xd4 27 ♕g2 ♖d7 28 ♖g1 b5 29 ♖g3 *(D)*

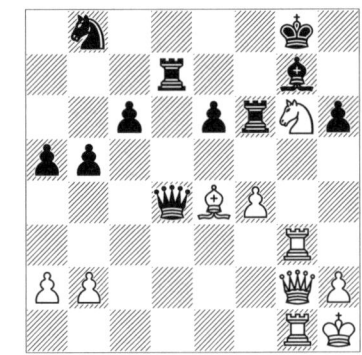

Die Harmonie und die Kraft der weißen Truppen sind eindrucksvoll. Auf der schwarzen Seite hingegen macht neben dem miserabel stehenden König der unentwickelte Springer auf sich aufmerksam. Wenn wir uns jetzt an Anands schnelles und entschiedenes Spiel erinnern, wird deutlich, dass alles darauf beruht, dass dieser Springer am Königsflügel fehlt. Tatsächlich spielte Capablanca ganz genauso, wenn auch in einem ganz anderen Stellungstyp.

29...♕a7 30 ♘e5 ♖e7 31 ♕d2

Ein noch schnellerer Gewinn war mit 31 ♗xc6 nebst ♗d7 möglich, aber es kann gut sein, dass Anand diese Brettseite nicht einmal anschaute, weil er den Springer nicht entkommen lassen wollte. Der Textzug stellt eine kleine Ungenauigkeit dar, aber wie bereits erwähnt, können wir von den ungenauen Zügen und Fehlern großer Meister ebensoviel lernen wie von ihren besten Zügen. Am wichtigsten sind die Ideen, die sowohl durch die Züge selbst als auch in guten Kommentaren dargestellt werden.

31...♕c7 32 ♖d3 ♖e8 33 ♖d6 c5 34 ♘g4 ♖ff8 35 ♘xh6+ ♔h8 36 ♘g4 ♖d8 *(D)*

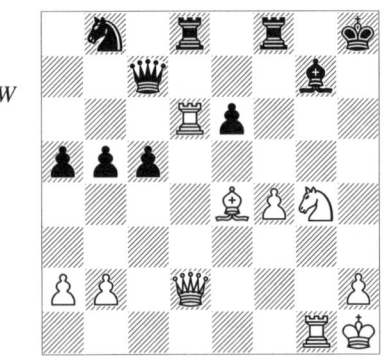

Nun kommt der K.o.-Schlag:

37 ♕g2! ♖xd6 38 ♕h3+ ♔g8 39 ♕h7+ ♔f7 40 ♗g6+ 1-0

In den gesamten 39 Zügen, die Schwarz in dieser Partie machte, wurde der Springer nicht ins Spiel gebracht: So etwas ist nicht oft zu sehen.

Wir wenden uns nun einem Thema zu, das uns verstehen hilft, was ein statisches Merkmal im Schach tatsächlich ausmacht.

Bird – Lasker
Newcastle-upon-Tyne (2) 1892

1 f4 e5 2 fxe5 d6 3 exd6 ♗xd6 4 ♘f3 g5 5 d4 g4 6 ♘e5 ♗xe5 7 dxe5 ♕xd1+ 8 ♔xd1 ♘c6 9 ♗f4 ♗e6 *(D)*

Die aus heutiger Sicht extravagante Eröffnung hat zu einer interessanten Stellung geführt:

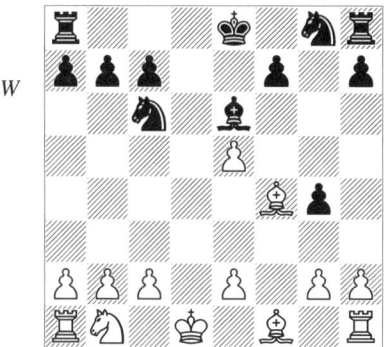

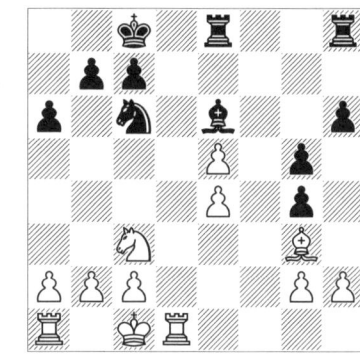

Weiß hat den Vorteil des Läuferpaars und eines Mehrbauern, aber dennoch ist Schwarz im Vorteil. Einer der Gründe dafür besteht in der unglücklichen Stellung des weißen Königs, aber der Hauptgrund ist die bessere Bauernstruktur des Schwarzen. Es ist klar, dass Schwarz seinen Bauern früher oder später zurückgewinnen wird. Danach wird die Frage sein, ob Weiß ausreichendes Gegenspiel als Kompensation für seine übrigen Bauernschwächen finden kann.

10 e3 ♘ge7 11 ♗b5 0-0-0+ 12 ♔c1 ♗d5 13 ♖g1 a6 14 ♗e2 ♗e6 15 ♘c3 (D)

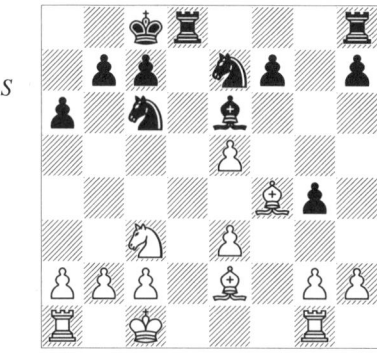

15...h6!

Beachten Sie, dass Lasker sich ganz und gar nicht beeilt, den Bauern zurückzugewinnen. Stattdessen hat er (mit dem Manöver im 12., 13. und 14. Zug) seine eigene Struktur im Auge und versucht, die Aktivität des Gegners einzudämmen. Er vermeidet Varianten wie 15...♘g6 16 ♗g5 ♖d7 17 ♗f6 ♖e8 18 ♘e4 b6 (18...♘gxe5? 19 ♗xe5 ♘xe5 20 ♘f6 oder 18...h6? 19 ♘c5) 19 ♘g5.

16 ♗d3 ♘g6 17 ♗xg6 fxg6 18 ♖d1 ♖de8! 19 e4 g5 20 ♗g3 (D)

20...♖hf8

Hier habe ich Zweifel an der Genauigkeit der historischen Überlieferung. Wurde in der Partie nicht die Zugreihenfolge 20...h5!? 21 b3 ♖hf8 22 ♖d2 h4 gespielt?

21 b3

Das Problem ist, dass Weiß hier sehr viel natürlicher spielen könnte: 21 ♘d5 ♗xd5 22 exd5 ♘xe5 23 b3 h5 24 ♖d2 ♘d7!? 25 ♔b2 h4 26 ♗f2 ♖f5, wonach Schwarz – wenn überhaupt – nur geringen Vorteil besitzt.

Nach dem Textzug sichert Schwarz seinen Vorteil.

21...h5 22 ♖d2 h4 23 ♗f2 ♘xe5 24 ♗e3 h3 (D)

25 ♗xg5?

Weiß fährt fort, Material zu nehmen, was sich als Fehler herausstellt. Er hat beinahe Ausgleich erreicht, und nach 25 ♔b2 hxg2 26 ♖xg2 ♘f3 wäre der schwarze Vorteil nicht groß gewesen. Nun kommt der entscheidende Durchbruch:

25...g3! 26 hxg3

Forciert, da sowohl 26 gxh3 ♘f3 als auch 26 ♔b2 gxh2 27 gxh3 ♘f3 28 ♖g2 ♗xh3 29 ♖g3 ♗d7 schlecht für Weiß sind.

26...♖f1+ 27 ♔b2 ♖xa1 28 ♔xa1 h2 29 ♖d1 ♘g4 30 ♖h1 ♗f7 31 ♔b2 c6!

Hervorragend gespielt! Wenn Schwarz stattdessen mit 31...♗g6 den Bauern e4 ins Visier nimmt, hat Weiß die Antwort 32 ♘d5! ♗xe4 33 ♘f6. Schwarz verhindert dieses Manöver, was bedeutet, dass sein 31. Zug ein *resultierender Zug* ist.

32 ♔c1 ♗g6 33 ♔d2 *(D)*

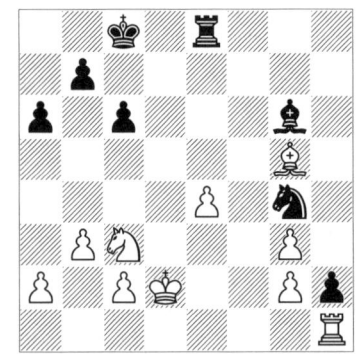

Nun passt alles zusammen für den entscheidenden Durchbruch:

33...♖xe4! 34 ♘d1 ♖d4+ 35 ♔e2 ♖xd1! 36 ♖xd1 ♗e4 37 ♖d8+ ♔c7 38 ♖d1 ♗xg2! 39 ♗d8+ ♔c8 40 ♗b6 ♗d5 0-1

Diese Partie hat uns erstens gezeigt, dass Materialvorteil kein dauerhaftes Merkmal ist und daher keinesfalls als statisches Stellungsmerkmal betrachtet werden kann, und zweitens, dass man ihn nicht um jeden Preis anstreben sollte.

Aus dieser Partie (und möglicherweise aus vielen hunderttausend weiteren Partien!) können wir getrost die folgende Schlussfolgerung ziehen: *Die Qualität der Bauernstruktur* ist ein statisches Merkmal von immenser Bedeutung und ist wichtiger als die *Anzahl der Bauern*.

Außerdem sind *Opfer mit der Absicht, eine bessere Bauernstruktur zu erhalten oder zu verwerten, eine typische Methode für die Seite, die einen statischen Vorteil besitzt oder anstrebt*.

In der heutigen Eröffnungstheorie sind Materialopfer zur Schädigung der gegnerischen Bauernstruktur weit verbreitet. Wie zum Beispiel in meiner Leningrader Lieblingsvariante des Holländischen: Lange Zeit war Schwarz mit den Stellungen zufrieden, die nach 1 d4 f5 2 g3 ♘f6 3 ♗g2 g6 4 ♘f3 ♗g7 5 0-0 0-0 6 c4 d6 7 ♘c3 ♕e8 8 d5 ♘a6 9 ♖b1 ♗d7 10 b4 c6 11 dxc6 bxc6 12 a3 ♘c7 13 ♗b2 ♗e6 *(D)*

entstehen, bis Weiß den heute standardmäßigen Angriff gegen die Bauernkette zu spielen begann:

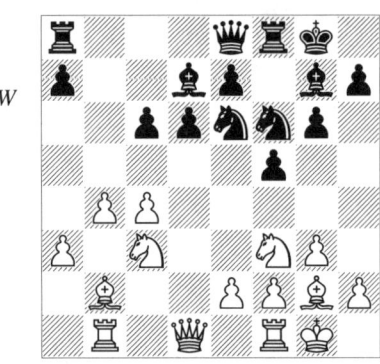

Nach 14 c5 ist Schwarz mit ernsten Problemen konfrontiert. Die folgende Variante ist ein Beispiel: 14...dxc5 15 ♘e5 ♖d8 16 ♕b3 ♔h8 17 bxc5 ♘xc5 18 ♕c4 ♘b7 19 ♕a6 ♘d6 20 ♕xa7 ♘f7 21 ♘xd7 ♖xd7 22 ♕c5 ♖d6 23 ♖fd1 ♘d7 24 ♕a7 ♘fe5 25 ♗a1 ♕a8 26 ♕xa8 ♖xa8 27 ♘b5 ♖xd1+ 28 ♖xd1 ♖a5 29 ♘c7 ♗f6 30 ♘e6 *(D)*.

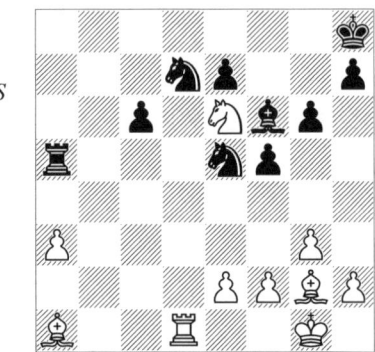

Weiß hat großen Vorteil erreicht (die gähnenden Löcher in der schwarzen Stellung!), den er in der Partie Van der Sterren-Onischuk, Bundesliga 1999/2000, in einen Sieg verwandelte.

Hier haben wir ein weiteres klassisches Beispiel zum selben Thema:

Skold – Botwinnik
Stockholm 1962

1 e4 c5 2 ♘f3 g6 3 d4 ♗g7 4 ♘c3 cxd4 5 ♘xd4 d6 6 ♗e3 ♘f6 7 ♗c4

Diese ungenaue Zugfolge erlaubt den folgenden schwarzen Springerausfall. Normalerweise spielt Weiß 7 f3 oder 7 ♕d2.

7...♘g4!? 8 ♗b5+ ♔f8 9 ♕d2

Noch eine Ungenauigkeit. Deutlich vorzuziehen ist 9 ♗g5 h6 10 ♗h4 g5 11 ♗g3 ♕b6 12 ♘de2 h5, mit kompliziertem Spiel in der Partie Ljubojević-Sosonko, Olympiade, Buenos Aires 1978.

9...a6 10 ♗c4 ♘c6

Nun greift Schwarz fehl: Der wichtige weiße Läufer sollte mit 10...♘xe3 getauscht werden. Allerdings wird nach dem Textzug das schwarze Zentrum gestärkt.

11 ♘xc6 bxc6 12 h3?

Das ist ein ernsthafter Fehler. Weiß sollte sich den in diesem Stellungstyp sehr wichtigen Läufer nicht vom Springer abtauschen lassen und 12 ♗d4 spielen. In der Stellung, die nun entsteht, besitzt Schwarz eine starke Bauernstruktur, die totale Kontrolle über fast alle Zentrumsfelder und einen mächtigen schwarzfeldrigen Läufer. Die schwarze Bauernmehrheit im Zentrum vereitelt alle weißen Versuche, die unglückliche Stellung des schwarzen Königs auszunutzen.

12...♘xe3 13 ♕xe3 ♖b8 14 ♗b3 ♕b6 15 ♕f3 *(D)*

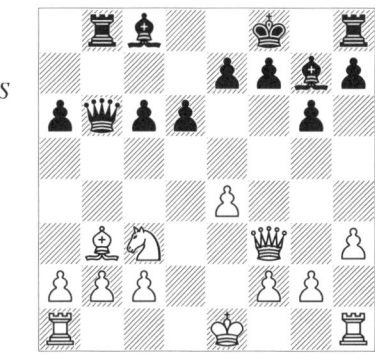

Das akkurate Manöver, das Botwinnik nun spielt, wehrt die weißen Drohungen ab, ohne die eigene Stellung zu schwächen.

15...♗f6! 16 g4 h6 17 h4 ♕c5! 18 ♖g1 g5 19 0-0-0 *(D)*

19...h5!

Genau zur richtigen Zeit gespielt! Schwarz ist sich der weißen Drohungen bewusst. Ein sorgloses Spiel wie etwa 19...a5? würde einen starken Schlag im Zentrum erlauben: 20 e5!,

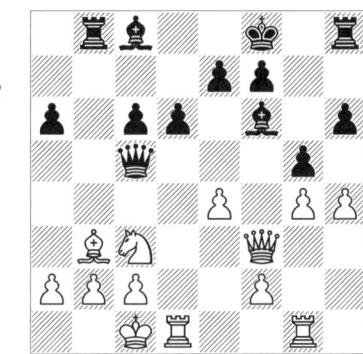

und nach 20...♕xe5 21 ♕xc6 ist die Partie unklar.

20 gxh5 g4 21 ♕d3 a5 22 f4

Weiß steht schlecht, aber 22 f3 ♗xc3 23 bxc3 a4 24 ♗c4 hätte mehr Widerstand geboten. Zumindest hätte das mehr Figuren auf dem Brett gehalten – und damit die Hoffnung, Linien gegen den schwarzen König zu öffnen.

22...♗xc3! 23 ♕xc3 ♕xc3 24 bxc3 f5! 25 e5 *(D)*

In der Hoffnung, seine übrigen Figuren zu aktivieren, versucht Weiß, weitere Linien zu öffnen.

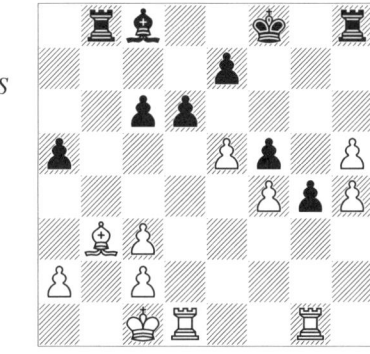

25...d5!?

Gut möglich war auch 25...dxe5, aber obwohl Schwarz nach 26 fxe5 zweifellos immer noch im Vorteil wäre, hätte sein Gegner gewisse Hoffnungen auf Gegenspiel. Botwinnik wählt einen direkteren Plan, der auf Figurentausch abzielt. Obwohl dieser Plan mit dem zeitweiligen Opfer eines zweiten Bauern verbunden ist, ist er die überzeugendste Option. Der Schlüssel zu dieser Stellung liegt darin, dass der g-Bauer ein sicher gedeckter Freibauer ist, und je näher das Endspiel kommt, desto mehr fällt dieser Faktor ins Gewicht. Dementsprechend ist es vorteilhaft für Schwarz, Figuren zu tauschen – vor allem die Läufer und ein Turmpaar.

26 c4 ♗e6! *(D)*

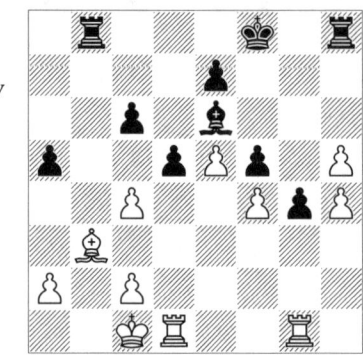

W

Genau so! Das durch diesen Zug eingeleitete Manöver des Schwarzen ist die Konsequenz seiner Entscheidung im 25. Zug.

27 cxd5 cxd5 28 ♗xd5 ♔f7 29 ♗xe6+

Auch 29 c4 ♖xh5 30 ♖h1 ♖bh8 ändert nichts, zum Beispiel 31 ♖d3 ♖xh4 32 ♖xh4 ♖xh4 33 ♖a3? ♗xd5 34 cxd5 ♖h3 mit Gewinn.

29...♔xe6

Botwinnik schrieb über diese Stellung: „Obwohl Schwarz im Moment zwei Bauern weniger hat, steht sein Sieg außer Zweifel." Der Grund dafür ist einfach: Alle weißen Bauern sind schwach, und Schwarz ist im Besitz eines mächtigen, gedeckten Freibauern. Allgemeiner kann dies so erklärt werden: Schwarz gewinnt aufgrund der enormen Überlegenheit seiner Bauern, was in dieser Stellung das wichtigste statische Merkmal darstellt.

30 ♖d4 ♖xh5 31 ♖c4 *(D)*

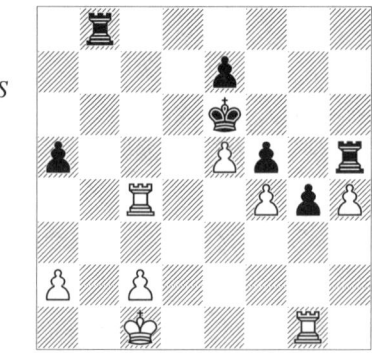

S

31...♖b4!

Ein für derartige Stellungen typischer Zug. Auf diese Weise wird die aktivste weiße Figur exakt im richtigen Moment entweder abgetauscht oder aus ihrer Deckungsstellung vertrieben.

32 ♖xb4

Nach 32 ♖c6+ ♔f7 hat Weiß kein Gegenspiel, und die Bauern fallen der Reihe nach.

32...axb4 33 ♔d2 ♔d5 34 ♔e3 ♖xh4 35 ♖d1+ ♔c5 36 ♖d7 ♖h3+ 37 ♔e2 ♖f3 38 ♖xe7 ♖xf4 *(D)*

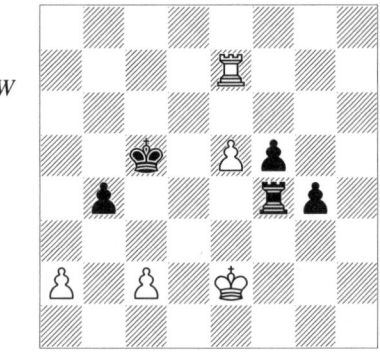

W

Das ist der Abschluss des schwarzen Plans: Zwar hat Weiß bis zum Ende der Partie materiell beinahe Ausgleich, aber dennoch verliert er aufgrund seiner schlechteren Bauernstruktur.

39 ♔e3 ♖e4+ 40 ♔d3 ♔d5 41 a3 ♖d4+ 42 ♔e3 f4+ 43 ♔e2 bxa3 44 ♖a7 ♔xe5 45 ♖xa3 f3+ 0-1

Betrachten wir eine weitere Partie, die andere Seiten unseres Themas beleuchtet.

Keres – Petrosjan
UdSSR-Meisterschaft, Moskau 1950

1 e4 e6 2 d4 d5 3 ♘d2 ♘c6 4 c3 f5?

Ein klarer Fehler. Heutzutage erscheint ein solcher Zug unverständlich – wie sich die Zeiten geändert haben!

5 exf5 exf5 6 ♗d3 ♗d6 7 ♘e2! ♘ge7 8 ♘f3 0-0 9 ♕c2!

Nur so! Nach 9 0-0 f4! wäre die schwarze Eröffnungsstrategie gerechtfertigt.

9...♕e8 10 ♗d2 ♗d7 11 0-0-0 ♘a5 *(D)*
12 ♗f4

Keres hat die Eröffnung hervorragend behandelt und den schwarzen Plan mit akkuratem Spiel vereitelt. Im Hinblick auf die Struktur ist die entstandene Stellung der zuvor untersuchten

Partie Lasker-Blackburne sehr ähnlich, in der ein entsprechender Läufertausch in der Anmerkung zum 14. Zug von Schwarz empfohlen wurde. Dennoch kann mich der letzte weiße Zug nicht recht überzeugen. Es scheint mir, dass dieses natürlich aussehende Manöver den Grundstein für die Schwierigkeiten legt, mit denen sich Weiß später überraschend konfrontiert sieht. Genauer erscheint 12 ♖de1!? b5 13 ♘f4, wonach Weiß starken Druck auf der geschwächten e-Linie entwickelt.

12...b5 13 ♖de1 b4 14 ♗xd6 cxd6 *(D)*

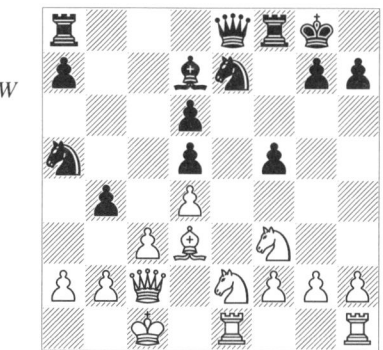

Es sieht so aus, als ob Weiß mit diesem Abtausch einfach seinen positionellen Vorteil vergrößert, indem er die Bauernstruktur des Gegners noch mehr schwächt. Doch wir wollen keine voreiligen Schlüsse ziehen – schauen wir uns erst einmal an, wie sich die Partie entwickelt.

15 cxb4 ♘ac6 16 a3 a5 17 b5 ♘b4! 18 axb4 ♖c8 19 ♘c3 axb4 *(D)*

20 ♔d2

Dies ist ein weiterer wichtiger Moment. Die Alternative war die Abwicklung in ein Endspiel mit einem Mehrbauern: 20 ♕e2 ♘g6 21 ♕xe8 ♗xe8 22 ♔d2 bxc3+ 23 bxc3 ♘f4 24 ♗f1,

wobei Schwarz nach 24...♖a8 oder 24...♗h5 zweifellos einiges Gegenspiel behalten würde. Ob es ausreicht, ist allerdings sehr unklar – die weißen Chancen müssten in jedem Fall als besser eingeschätzt werden.

Indem er die Damen auf dem Brett behält, berücksichtigt Weiß nicht, dass seine Königsstellung nicht ausreichend geschützt ist und legt zu große Bedeutung auf die Tatsache, dass seine Dame in der Folge aktiver ist als die des Gegners. Ich glaube, dass diese beiden Überlegungen ungefähr das gleiche Gewicht haben sollten.

20...♕f7 21 ♕b3 bxc3+ 22 bxc3 ♖b8 *(D)*

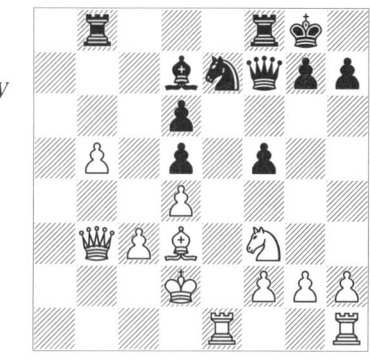

23 ♖e3?!

Noch ein weiterer wichtiger Moment der Partie: Die Verdopplung der Türme auf der e-Linie stellt sich als bedauernswerte Entscheidung heraus. Im weiteren Verlauf der Partie sind die Türme nicht in der Lage, irgendeinen Nutzen aus der offenen Linie zu ziehen, und sind für immer „im luftleeren Raum". Der Grund dafür ist, dass fast alle Einbruchsfelder auf der e-Linie unter schwarzer Kontrolle sind. Stärker sieht 23 ♖a1!? aus, um 23...♖b7 mit 24 ♖he1! zu beantworten, wonach Schwarz vor Problemen steht.

23...h6!

Nimmt dem weißen Springer das Feld g5 und macht die Überführung des eigenen Springers auf das starke Feld b6 möglich.

24 ♖he1 ♘c8 *(D)*

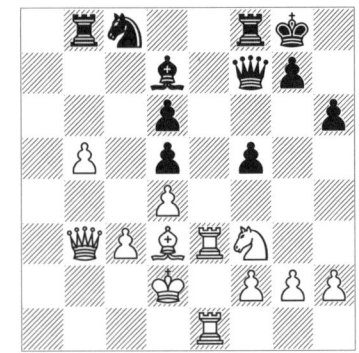

Untersuchen wir die entstandene Stellung etwas tiefer. Weiß hat einen Mehrbauern, der ein Freibauer ist. Weiß ist besser entwickelt, insofern als die Türme verbunden und auf einer offenen Linie verdoppelt sind, während die schwarzen Türme keine Verbindung haben. Die schwarzen Zentrumsbauern sind verdoppelt und können nur von Figuren gedeckt werden.

Trotz allem ist es schwer, vorbehaltlos zu behaupten, dass der Vorteil bei Weiß liegt. Der Grund dafür liegt – abgesehen von der dubiosen, aber (derzeit) sicheren weißen Königsstellung – in der Bauernstruktur! Ja tatsächlich: in der Bauernstruktur! Die durch seinen absurden 4. Zug verunstaltete Bauernstruktur des Schwarzen mit seinen isolierten und verdoppelten Zentrumsbauern ist der weißen Struktur deutlich überlegen! Das Problem liegt darin, dass die Bedeutung der Bauernstruktur nicht durch den *ästhetischen* Wert, das heißt durch den äußerlichen Anblick bestimmt wird, sondern vielmehr durch den *funktionalen* Wert. Es geht darum, wie die Bauernstruktur in *Kombination mit den Figuren* harmoniert, sowohl mit den eigenen als auch mit den gegnerischen. (Allerdings müssen wir anmerken, dass die äußerliche Erscheinung der Bauernstruktur und ihr funktionaler Wert nicht als unabhängige Einheiten anzusehen sind, sondern sich in den meisten Fällen entsprechen. Ein erfahrener Spieler kann oft schon auf den ersten Blick eine Menge aus der Bauernstruktur erkennen.) Wenn wir dies bei der Betrachtung der vorliegenden Stellung im Kopf behalten, sehen wir, dass die schwarzen Bauern hervorragend mit den Figuren zusammenarbeiten und weder ihre Beweglichkeit behindern noch die wichtigen Linien (a, b und c) für die Türme blockieren. Außerdem behindern die schwarzen Bauern erfolgreich die gegnerischen Figuren. Von besonderer Bedeutung ist der Bauer d6, der allen weißen Figuren das überaus wichtige Feld e5 nimmt. Der Bauer d5 dagegen ist zwar der schwächste Punkt der schwarzen Formation, aber er könnte einen Vorposten für den schwarzen Springer auf c4 bereitstellen. Der nächste weiße Zug attackiert diesen Bauern und gewinnt ihn sogar:

25 c4

Vermutlich wäre es dennoch besser gewesen, den Bauern weiter anzugreifen. Weiß sollte die eigenen Bauern nicht durcheinanderbringen, da er nun drei isolierte Bauern im Zentrum erhält, die alle unter Beschuss geraten. Einen aktiven Plan für Weiß zu finden, ist nicht einfach, aber mir gefällt 25 h3, wonach das sofortige 25...♘b6? schlecht ist wegen 26 ♖e7 ♕f6 (26...♕g6 wird stark mit 27 ♔e2 beantwortet) 27 ♖xd7 ♘xd7 28 ♕xd5+. Besser ist 25...f4 26 ♖3e2 ♗f5 27 ♗xf5 ♕xf5 28 ♖e8 ♘b6 29 ♖xf8+ ♖xf8 30 ♔e2, und Weiß behält etwas Vorteil. Auch 25...♔h8!? ist interessant.

25...♘b6 26 cxd5

Ich bin mir nicht sicher, ob dieser nahe liegende Zug der Beste ist. Da wir nun die Bedeutung des Bauern d6 verstehen, sollte uns die etwas überraschende Fortsetzung 26 c5!? ♘c4+ 27 ♗xc4 dxc4 28 ♕c3 ♗xb5 29 cxd6 interessieren. Mit dem Feld e5 in seinem Besitz, kann Weiß danach zuversichtlich in die Zukunft blicken.

26...♖fc8 27 ♖e7?!

Noch eine nahe liegende, aber unglückliche Entscheidung. Mit zwei Mehrbauern sucht Weiß verbissen nach Vorteil, aber wie wir bereits wissen, werden die Türme auf dieser Linie keine Freude haben. Besser sieht 27 ♖c1!? aus, was gleiche Chancen behält.

27...♕f6 *(D)*

28 h4

Dieser Zug, der keinesfalls als offensichtlich zu bezeichnen ist, verdeutlicht die weißen Schwierigkeiten: Es gibt nichts, was er angreifen könnte. Seine einzige aktive Chance 28 ♖e6

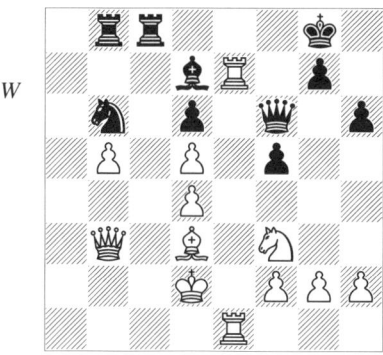

♗xe6 29 ♖xe6 wird durch 29...♕f8 entkräftet. Im Gegensatz dazu besitzt Schwarz hervorragend postierte Leichtfiguren und eine sichere Stellung. Nun steht er bereit, die Türme ins Spiel zu bringen. Daher darf Weiß nicht länger ruhig spielen. Nach 28 h3 zum Beispiel kann Schwarz 28...♖a8 29 ♖7e2 ♖a4 oder 28...g5 antworten, um dem weißen Springer die Felder zu nehmen und seine Aufmerksamkeit dem weißen König zuzuwenden. Deswegen zieht Weiß seinen Bauern nach vorne, womit er das Feld g5 unter Kontrolle nimmt, aber gleichzeitig seinen Königsflügel schwächt.

28...♖a8 29 ♖7e2

Jetzt ist 29...g5? schlecht wegen 30 ♖e6! (endlich!) 30...♗xe6 31 ♖xe6 ♕f8 32 hxg5 hxg5 33 ♖g6+, aber Schwarz hat viele andere Möglichkeiten, seine Stellung zu verbessern.

29...f4 (D)

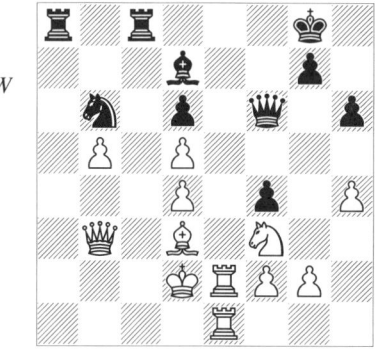

30 ♘e5?

Natürlich ist das ein Fehler, der allerdings nicht zufällig, sondern als Resultat von Zeitnot und aller weißen Schwierigkeiten auftritt. Nach dem besseren Zug 30 ♖e4 kann Schwarz, wenn er will, mit 30...♗g4 31 ♘g1 ♗d7 die Züge wiederholen, oder auch mit 30...♖a5 auf Gewinn

spielen. Letzteres nutzt die Tatsache aus, dass es für Weiß nicht leicht ist, seinen König zu evakuieren: 31 ♔e2?! ♗f5 32 ♖xf4? (32 ♖e6) 32...♗xd3+.

Nun findet die Partie ein schnelles Ende:

30...dxe5 31 dxe5 ♕e7 (D)

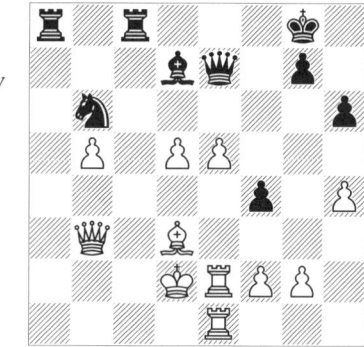

32 ♖e4

32 d6+ scheitert an 32...♗e6 33 dxe7 ♗xb3, zum Beispiel 34 ♗g6 ♗f7 35 h5 ♖a2+.

32...♖a3 33 ♕b2 ♗f5 34 ♕d4

Es gibt keine Rettung mehr: 34 ♖d4 ♖xd3+ 35 ♖xd3 ♘c4+ oder 34 d6 ♕a7.

34...♖a2+ 35 ♔d1 ♕a3 0-1

Keres' Zusammenbruch in dieser Partie hing zweifellos damit zusammen, dass er den Einfluss unterschätzte, den die Besonderheiten der Bauernstruktur auf den Gang der Ereignisse hatten. Im Gegensatz dazu behandelte Petrosjan diesen Aspekt der Partie sehr erfolgreich und zeigte, dass er die kleinsten Details jedes einzelnen Bauernzugs verstand. Hier haben wir noch ein weiteres Werk Tigran Petrosjans, das andere Seiten dieses Themas beleuchtet:

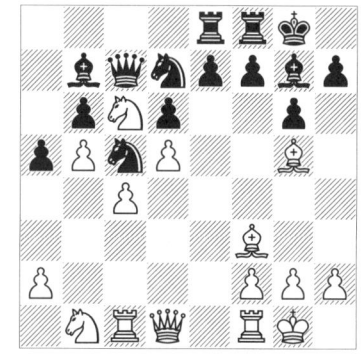

Portisch – Petrosjan
San Antonio 1972

Der weiße Vorteil ist offensichtlich: Er hat Raumvorteil und einen mächtigen Springer auf c6, während Schwarz Probleme mit seinem Bauern e7 hat. Schwarz ist gezwungen, seine Situation sorgfältig zu überdenken. Bei dem Versuch, den unerfreulichen Gang der Ereignisse zu verändern, stellt Petrosjan seinem Gegner eine positionelle Falle:

24...e5!

Konventionelles Spiel würde die schwarze Lage nicht erleichtern: 24...♘f6 25 ♖e1 nebst ♖c2 und ♖ce2 oder 24...♗f6 25 ♗f4.

25 ♗e7?

Überraschenderweise stellt sich der Gewinn der Qualität „für nichts" als ernsthafter Fehler heraus! Notwendig war 25 dxe6! ♖xe6 26 ♘c3, was klaren Vorteil behält, obwohl die Stellung laut Petrosjan dennoch zu halten ist.

25...f5 26 ♗xf8 ♘xf8 27 ♗e2 (D)

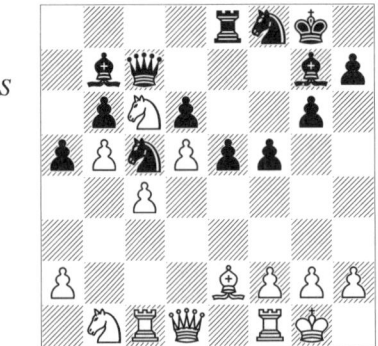

27...♗h6

Petrosjan glaubt, dass der Vorbereitungszug 27...h5! stärker war, und schätzt die Stellung als deutlich vorteilhaft für Schwarz ein. In einer detaillierten Stellungseinschätzung beschreibt Petrosjan die fundamentalen Veränderungen, die sich gerade auf dem Brett ereignet haben: „In den letzten zwei Zügen hat sich die Stellung dramatisch verändert. Weiß hat einen Turm für eine Figur, aber keinerlei aktives Spiel, da alle Linien geschlossen sind und Türme nur Wert haben, wenn sie offene Linien besitzen. *Nun, da der Bauer nach e5 gezogen ist* [die Kursivschrift ist von mir – V.B.], ist der weiße Springer auf c6 sehr hübsch postiert, aber das ist alles. Es kann eine Stellung entstehen, in der Schwarz praktisch eine Figur mehr im Spiel hat." Außerdem müssen wir den Raumvorteil hinzufügen, der zuvor bei Weiß lag, und der nun auf Schwarz übergegangen ist. Alle diese Veränderungen stellen nichts anderes dar als eine Palette langfristiger (oder, um präzise zu sein, statischer) Vorteile, die aus der weißen Stellung verschwunden und auf die schwarze übergegangen sind. Mit anderen Worten hat sich eine *deutliche und sehr bedeutungsvolle Verbesserung* der schwarzen Bauernstruktur ereignet.

All das war möglich als Resultat einer Veränderung der Bauernstruktur, die sich nach dem schwarzen Bauernzug von e7 nach e5 ereignet hat. Weiß reagierte falsch und zeigte sich im 25. Zug zu gierig.

Ziehen Sie nun ihre eigenen Schlüsse: Was ist in diesem Fall wichtiger, Material oder positionelle Vorteile? Das ist ein sehr wichtiger Punkt, wenn auch das Risiko einer zu starken Verallgemeinerung groß ist. Alles, was seine Wurzeln in der Bauernstruktur hat, gehört zu den statischen Merkmalen im Schach: *langfristiger* Raumvorteil, sichere Vorposten, Blockadepunkte etc. Doch kehren wir zur Partie zurück:

28 ♖c2 ♗c8 29 ♘c3 ♘fd7 30 ♖e1 ♘f6 31 ♗f1 (D)

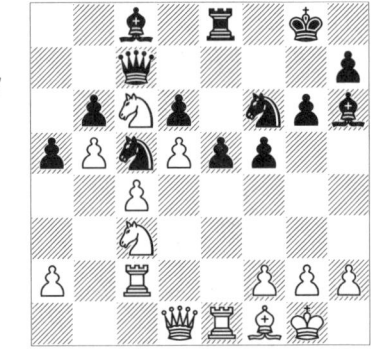

31...f4?!

Laut Petrosjan gibt Schwarz mit diesem Zug gute Gewinnchancen aus der Hand. (Die Einschätzung der Computer-Analyse-Engines ist genau entgegengesetzt! Siehe dazu das unten angeführte Zitat von Kasparow.) Petrosjan empfiehlt einen Vorbereitungszug wie 31...♔h8!?. Das Problem ist, dass Schwarz das Schach übersehen hat, das im 35. Zug der Partie folgt. Wenn Petrosjan diesen Zug gesehen hätte, hätte er ihn sicherlich verhindert. Er war ein großer Meister des prophylaktischen Spiels.

32 ♖ce2 ♖f8 33 ♘a4 ♘xa4 34 ♕xa4 ♘d7

Es gibt keine Alternative. Schwarz kann 34...♔h8 35 c5 bxc5 36 ♕xa5 ♘xd5 37 ♕xc7 ♘xc7 38 b6 ♘d5 39 ♖b2 nicht zulassen.

35 ♘e7+ ♔h8 36 ♘xc8 ♕xc8 37 ♕a3 ♘c5 38 ♕f3 ♕f5 39 h3 ½-½

Die weiße Mehrqualität wiegt die positionellen Vorteile des Schwarzen exakt auf.

Das obige Beispiel zeigt uns deutlich: Wenn Materialvorteil als statisches Positionsmerkmal angesehen werden kann, dann ist er nicht von überwältigender Bedeutung.

Ich kann den folgenden Abschnitt aus einem Artikel Garri Kasparows nicht weglassen, der Tigran Petrosjan gewidmet ist: „... Tigran Petrosjan spielte eine Schlüsselrolle für die Revision unserer Ideen in Bezug auf das Verhältnis zwischen Material und Stellungsbewertung. Die Opfer Petrosjans waren völlig anderer Natur (im Vergleich zu den Opfern Michail Tals) – sie beinhalten langfristige positionelle Faktoren – **das ist der schwierigste Aspekt des Schachverständnisses.**"

Ich würde gerne hinzufügen, dass Kasparows sehr respektvolle Einstellung in ihm ein sehr starkes Gefühl der Verbundenheit mit seinen großen Vorgängern hervorgebracht hat!

Die *Prophylaxe* spielt eine wichtige Rolle bei der Umsetzung statischer Vorteile in einen vollen Punkt in der Turniertabelle.

Betrachten wir einige Beispiele dafür – wir beginnen natürlich mit einer Partie Petrosjans:

Petrosjan – Pilnik
Kandidatenmatch, Amsterdam 1956

1 d4 ♘f6 2 c4 c5 3 d5 e5 4 ♘c3 d6 5 e4 g6 6 ♘f3 ♗g7 7 ♗g5 ♘a6 8 ♗e2 ♘c7 9 ♘d2 ♗d7 10 a4! b6

Schwarz hat die Eröffnung ein wenig dubios behandelt und einen Königsindischen Stellungstyp erreicht. Allerdings fehlt einer der wichtigsten Aspekte dieser Eröffnung – die Möglichkeit des Spiels gegen das Zentrum. Das erlaubt Weiß, sofort aktiv zu werden:

11 ♘b5! ♗xb5?

Einen solchen Läufer zu geben, ist unbestreitbar ein positioneller Fehler. In Königsindischen Stellungen mit geschlossenem Zentrum ist der weißfeldrige Läufer von Schwarz manchmal sogar wichtiger als der fianchettierte schwarzfeldrige! Wenn ein Abtausch notwendig ist, dann sollte er mit dem Springer erfolgen (11...♘xb5). Der Rückzug mit 11...♗c8 würde die Veränderung der Bauernstruktur allerdings gänzlich vermeiden. Nun bekommt Weiß das wichtige Feld c4 und damit langfristig die Kontrolle über die weißen Felder.

12 cxb5 0-0 (D)

13 b4!

Danach kann Weiß die Bauernstruktur verändern, wann auch immer er es für vorteilhaft hält. Dieser Zug setzt den Gegner unter Druck und sollte daher so früh wie möglich geschehen.

13...h6 14 ♗xf6!

Dieser Abtausch ergibt sich aus dem vorigen weißen Zug des Weißen. Natürlich ist 14 ♗e3? cxb4 schlechter, da der Springer nach c5 gehen kann. Weiß möchte dem Gegner auch kein aktives Spiel mit 14 ♗h4 cxb4 15 ♕b1 g5 16 ♗g3 ♘d7 (oder 16...a5) erlauben. Daraus folgt, dass der Textzug prophylaktischer Natur ist, da er das wichtige schwarze Springermanöver verhindert.

14...♕xf6 15 0-0 ♖fd8 16 ♘c4 ♗f8 (D)

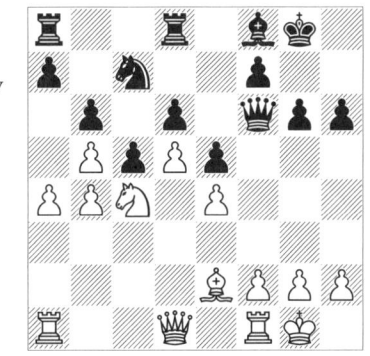

17 g3!

Dieser nützliche Zug ist typisch für Petrosjan. Er verhindert den potentiellen Damenzug nach f4. Außerdem kann er eventuell zur Aktivierung des weißfeldrigen Läufers beitragen (den Schwarz nicht mehr besitzt).

17...cxb4

Dieses Schlagen ist langfristig nicht zu vermeiden, zum Beispiel 17...h5 18 ♕b3 ♗e7 19 ♕b2.

18 ♕b3 ♔g7 *(D)*

19 ♖fc1!

Weiß hat klaren Vorteil erlangt. Die schwarzen Figuren stehen passiv, seine Schwächen sind fixiert und dauerhaft, wenn nicht gar unauflösbar – zumindest der Bauer d6, potentiell auch der Bauer b6, sowie die weißen Felder am Damenflügel. In solchen Stellungen besteht die wichtigste Aufgabe des überlegenen Spielers darin, *dem Gegner keine größeren Gegenchancen einzuräumen, als die Stellung erfordert* (das ist übrigens eines der wichtigsten Probleme der Prophylaxe im Schach). In Anbetracht des bisherigen Spiels recht unverdiente Chancen könnte Schwarz zum Beispiel nach 19 ♕xb4? ♘e6! 20 dxe6 d5 erhalten.

19...h5 20 ♘e3 ♘e8 21 ♕xb4 ♖dc8 22 ♖c6 ♕d8 23 ♖ac1 ♘f6 *(D)*

Als Resultat seines wohlüberlegten 17. Zugs bringt Weiß nun die letzte passive Figur ins Spiel und kommt der gegnerischen Absicht zuvor, den Springer auf c5 zu postieren.

Den gegnerischen Plan zu verhindern oder seine Ausführung zumindest so weit wie möglich zu erschweren, ist die wichtigste Idee des prophylaktischen Spiels. Übrigens hat Mark Dworetski eine Menge einflussreicher Arbeiten über das Thema der Prophylaxe im Schach geschrieben.

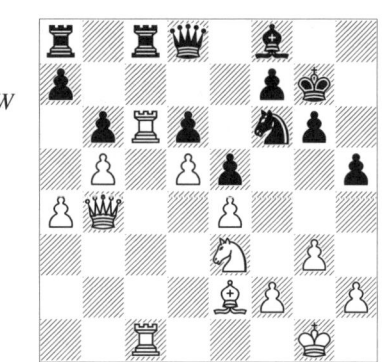

24 ♗f1! ♖cb8

24...♘d7 25 ♗h3 ♖xc6 26 dxc6 ♘c5 27 ♘d5 nebst 28 c7 ist ungünstig für Schwarz.

25 ♗h3 a6 *(D)*

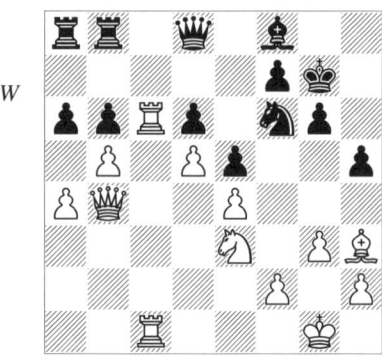

26 ♖e1!!

Vollkommen unerwartet und sehr stark. Diesem Zug liegt die Tatsache zugrunde, dass die Dame an die Deckung des Bauern e4 gebunden ist. Weiß möchte den Springer auf sein optimales Feld c4 stellen. Die Deckung des Bauern mit dem natürlichen Zug 26 f3 gibt Schwarz Gegenspiel, das er nach dem bisherigen Spiel nicht verdient hat (siehe oben!): 26...axb5 27 axb5 h4. Daher spielt Weiß diesen erstaunlichen prophylaktischen Turmzug. Ich denke, dass ein solcher „ruhiger" Zug die zwei Ausrufezeichen ganz und gar verdient.

26...axb5 27 axb5 ♘h7 28 ♘c4 ♖a2 29 ♗g2 ♕f6 30 ♖f1

Weiß hat den Kampf am Damenflügel gewonnen und richtet seine Aufmerksamkeit nun kurzzeitig auf die Abwehr der gegnerischen Drohungen am Königsflügel.

30...♘g5 31 ♕b3 ♖ba8 32 h4 ♘h7 *(D)*

Man sollte die Prophylaxe nicht übertreiben – wenn der Zeitpunkt zum Handeln gekommen

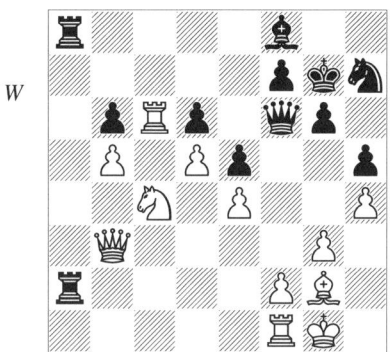

ist, sollte man keine Zeit mehr verlieren und die Ernte einfahren.

33 ♖xb6 ♖a1 34 ♖c6 ♖8a2 35 ♕e3 ♕d8 *(D)*

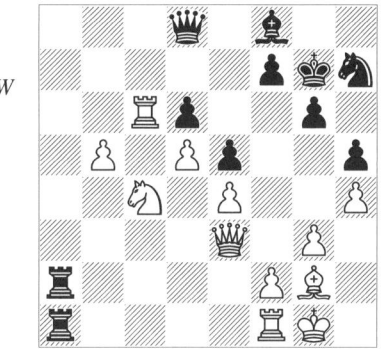

36 ♖xa1

Dieser Zug ist gut, aber wie Petrosjan zeigt, ist das sofortige 36 b6! klarer. Eine kritische Entscheidung zu treffen, bevor die Zeitkontrolle erreicht ist, ist häufig ebenso unnötig wie gefährlich.

36...♖xa1+ 37 ♔h2 ♘f6 38 f3 ♕b8 39 ♕b3 ♘d7 40 b6 ♘c5 41 ♕b2 ♖a4 42 ♕b5 ♖a2 43 ♖c7 g5 44 ♘e3! gxh4 45 ♘f5+ ♔g8 46 gxh4 ♖a6 47 b7 ♖a7 48 ♖c8 ♕xb7 49 ♕e8 *(D)*

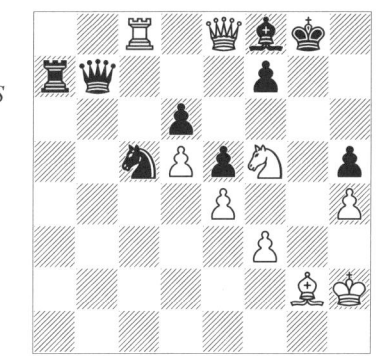

Erinnert Sie diese Stellung an das Endspiel der Partie Anand-Kamsky?

49...♘d7 50 ♘xd6 1-0

Die gesamte Partie ist ein Triumph des prophylaktischen Denkens. Schwarz hatte keine einzige echte Chance.

Hier ist ein weiteres Beispiel zum gleichen Thema:

Karpow – F. Olafsson
Amsterdam 1976

1 e4 c5 2 ♘f3 e6 3 d4 cxd4 4 ♘xd4 ♘c6 5 ♘b5 d6 6 c4 ♘f6 7 ♘1c3 a6 8 ♘a3 ♗e7 9 ♗e2 0-0 10 0-0 b6 11 ♗e3 ♗b7 12 ♕b3 ♘d7 13 ♖fd1 ♘c5 14 ♕c2

Dies ist eine Art von Igel-Stellung, die zu der Zeit, als die Partie gespielt wurde, sehr aktuell war. Weiß kann den Springer nicht nehmen: 14 ♗xc5? bxc5 15 ♕xb7? ♘a5.

14...♗f6 *(D)*

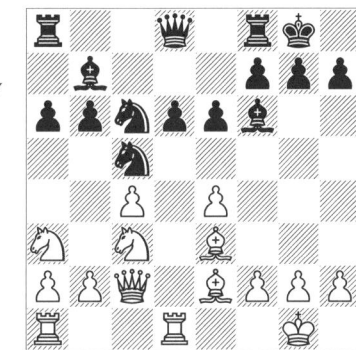

Die Eröffnungsphase ist beendet. Schwarz hat die positionelle Drohung aufgestellt, auf c3 zu schlagen, und Weiß muss eine erste kritische Entscheidung treffen, die großen Einfluss auf den weiteren Verlauf hat.

15 ♖ac1!

Es ist erstaunlich, dass dieser Zug, mit dem Weiß ein Bauernopfer anbietet, ganz und gar als prophylaktischer Zug klassifiziert werden kann! Die folgende, 15 Jahre später gespielte Partie kann diese Ansicht unterstützen. Dort spielte Weiß 15 f3?!, und nach 15...♗e5! hatte Schwarz unangenehme Drohungen gegen die im letzten Zug geschwächte Königsstellung. Die Folge war sehr interessant: 16 ♗f1 f5 17 exf5 ♖xf5 18 ♘e2 ♕f6 19 ♖ab1 ♗xh2+!? 20

♔xh2 ♕e5+ 21 ♗f4 ♖xf4 22 ♘xf4 ♕xf4+ 23 ♔g1 ♘e5 24 ♕f2 ♖f8 25 ♖d4 ♘e4! 26 ♖xe4 ♗xe4, und Schwarz gewann in Judasin-Rublewski, UdSSR-Meisterschaft, Moskau 1991. Welche Schlussfolgerung können wir daraus ziehen? Entweder:

a) Weiß hat die Eröffnung ungenau gespielt und muss drastische Maßnahmen ergreifen, um nicht in Schwierigkeiten zu geraten. Oder:

b) Weiß hat vernünftig gespielt, aber die nicht auf den ersten Blick offensichtliche Logik des Schachs erfordert, dass jeder erreichte Vorteil mit bestimmten Konzessionen bezahlt werden muss (natürlich vorausgesetzt, dass der Vorteil nicht aufgrund eines gegnerischen Fehlers erreicht wird – durch solche Fehler erhält man alle Vorteile kostenlos!).

Wir können feststellen, dass die zweite Annahme korrekt ist. In der untersuchten Partie hat Weiß eine Stellung mit klarem Raumvorteil und Zentrumskontrolle erreicht, und im Ausgleich dafür übt Schwarz mit seinen Figuren Druck auf das weiße Zentrum aus. Also muss Weiß zunächst seine positionellen (statischen) Vorteile verteidigen, wozu er die unterschiedlichsten Mittel gebraucht. In solchen Fällen sind Materialopfer (oft nur vorübergehende) sehr typisch, und man darf keine Angst davor haben. Mit den obigen Erläuterungen ist der typische Kampf „Statik gegen Dynamik" exakt skizziert.

15...♗e5

Schwarz entschließt sich, das Bauernopfer abzulehnen. Karpow demonstriert die mögliche Variante 15...♗xc3 16 ♕xc3 ♘xe4 17 ♕d3! ♘b4 18 ♕b3 a5 19 ♘b5 d5 20 ♗f3, wonach 20...dxc4? (korrekt ist 20...♘c5) an 21 ♖xc4 ♗d5 22 ♖xe4! scheitert.

16 ♘ab1!

Der Springer hatte auf a3 absolut nichts zu tun, und bewegt sich daher in Richtung der Felder c3 bzw. d2, von wo aus er wichtigere Punkte im Zentrum kontrollieren kann.

16...♕h4 17 g3 ♕f6 *(D)*

18 f4!

Dieser Zug erscheint auf den ersten Blick unbegreiflich. 18 ♕d2 bietet sich an, was den schwarzen Figuren das zentrale Feld d4 nimmt, und somit alle wichtigen Punkte kontrolliert (mit anderen Worten einen deutlichen statischen Vorteil erlangt). Diese logische Herangehensweise steht im Konflikt mit der weniger

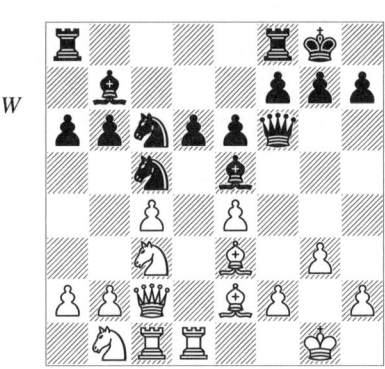

W

simplen Überlegung, die im Kommentar zum 15. Zug beschrieben wurde. Der Grund dafür ist, *dass Schwarz bisher noch nichts so Ernstes getan hat, dass seine Stellung schon so schwierig sein sollte*. Die Situation sieht so aus: Falls Weiß mehr Vorteil beansprucht, als ihm zusteht, muss der Gegner einen Weg finden, diese übermäßigen Ambitionen zu widerlegen. Tatsächlich zeigt Karpow, wie dies im Fall von 18 ♕d2?! zu tun ist: Nach 18...♕g6! 19 f4?! ♘xe4! 20 ♘xe4 ♕xe4 21 ♗d3 ♕f3 22 ♗e2 ♕e4 23 ♗d3 ♕f3 endet die Partie remis.

18...♗d4 19 ♕d2 e5 *(D)*

Schwarz hält das Feld d4 unter Kontrolle und überlässt seinem Gegner dafür das Feld d5. Nach 19...♗xe3+ 20 ♕xe3 hat Weiß klaren Vorteil. Offensichtlich hat Schwarz etwas ungenau gespielt: Sein Manöver im 15. und 16. Zug ist zweifelhaft.

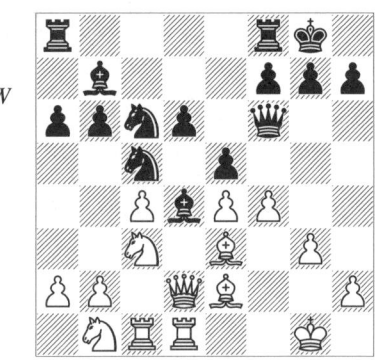

W

20 ♘d5 ♕d8 21 ♘bc3 ♔h8 *(D)*

Leider kann Schwarz nicht einfach aktiv spielen, zum Beispiel 21...f5? 22 exf5 ♖xf5 23 ♗g4 ♖f8 24 b4. Also hat Weiß mit seinen wohlüberlegten prophylaktischen Maßnahmen seine statischen Vorteile gesichert.

22 f5!

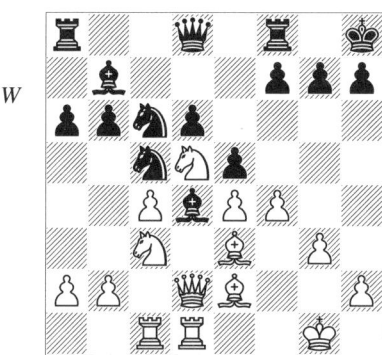

Durch seine zentralisierten Figuren wird Schwarz allerdings für einige Zeit Gegenchancen behalten, und daher darf Weiß nicht sorglos werden. Das sofortige 22 b4? ♘e6! 23 f5 ♗xe3+ 24 ♕xe3 ♘ed4 ist hier schlecht, wonach bei Schwarz alles in Ordnung ist. Daher spielt Weiß f5, was das Feld e6 kontrolliert und Schwarz die letzte Hoffnung nimmt, seine Stellung mit einem Abtausch auf f4 zum Leben zu erwecken.

Also ist *Prophylaxe ein fortwährender Versuch, die aktiven Spielchancen des Gegners einzuschränken oder (in einer idealen Welt) ganz zu unterbinden.*

22...♘d7 23 ♗f3 ♗c5 24 ♔g2 f6 *(D)*

Erst jetzt, da sein Gegner völlig eingeschnürt ist, beginnt Weiß, aktiv zu spielen. Sein Plan beinhaltet, den Springer von c3 nach e2 zu bringen, von wo aus er das wichtige Feld d4 kontrolliert. Danach droht er, b4 zu spielen.

25 ♘e2! a5 26 ♘dc3

Der zweite Springer räumt die d-Linie. Im Endeffekt besteht das weiße Manöver darin, den Springer d5 nach e2 zurückzuholen. Tatsächlich stellt sich das als starke Angriffsressource heraus!

26...♖f7 27 ♘b5 ♕b8

Es war immer noch möglich, den Bauern mit 27...♘f8!? zu behalten, aber nach 28 ♘ec3 hat Weiß großen Vorteil.

28 ♘xd6 ♖e7 29 ♘b5 ♗xe3 30 ♕xe3 ♘c5 *(D)*

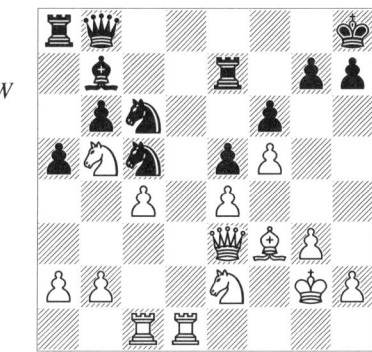

31 ♘ec3

Laut Karpow ist dieser Zug ungenau. Natürlich ist die einfache Verdopplung der Türme mit 31 ♖d6 oder 31 ♖d2 stärker. Dennoch bleibt der weiße Vorteil bestehen.

31...♗a6 32 ♖d2 ♗xb5 33 ♘xb5 ♖d7 34 ♖xd7 ♘xd7 35 ♖d1 ♘c5 36 ♕d2 ♕f8 37 ♕d6 ♕xd6 38 ♖xd6 ♖c8 39 g4 ♔g8 40 h4 ♔f8 41 g5 ♔e7 *(D)*

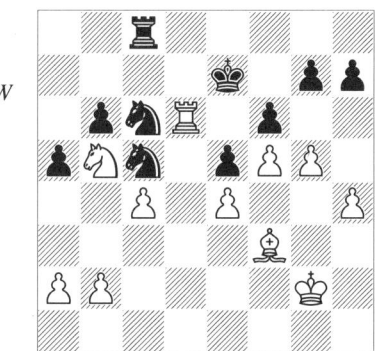

42 ♔g3

Vielleicht war 42 b3!? genauer, um 42...a4 mit 43 bxa4 zu beantworten. Nun werden die Dinge etwas komplizierter, und wie so oft folgt einer kleinen Ungenauigkeit ein weiterer, sehr viel ernsterer Fehler. Wie ich schon bei mehr als einer Gelegenheit erwähnt habe, sollten sogar die Fehler großer Spieler genau untersucht werden!

42...a4! 43 ♖d2?

Hier ist der Fehler. Wiederum war 43 b3! korrekt, und nach 43...a3 (oder 43...axb3 44 axb3 ♘d4 45 ♖xb6) 44 ♔g4 (statt 44 ♖d2, wie Karpow zeigt) 44...♘d4 45 ♖xb6 ♘dxb3 46 gxf6+ gxf6 47 ♘c3! sollte Weiß bald gewinnen. Jetzt geht die Partie weiter, und Weiß muss noch etliche schwierige Probleme lösen.

43...♘a5 44 ♘a3 ♘c6?

Nun ist Schwarz an der Reihe, fehlzugreifen. Wie Karpow zeigt, ist es nach 44...♘cb7! 45 ♗e2 ♘d6 46 ♔f3 ♘axc4 47 ♘xc4 ♘xc4 48 ♖c2 ♘d6 49 ♖xc8 ♘xc8 50 ♗b5 a3! unklar, ob der weiße Vorteil zum Gewinn ausreicht. Mir scheint, als sei Remis der wahrscheinlichste Ausgang.

45 ♘c2 ♖d8 46 ♖xd8 ♔xd8 47 gxf6 gxf6 48 ♘e3 ♘b4 49 a3 ♘bd3 *(D)*

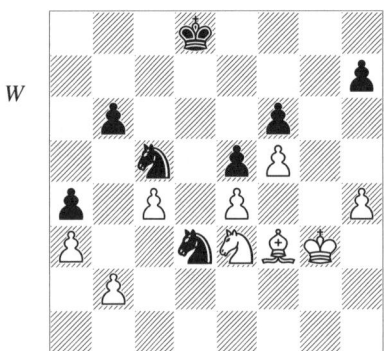

50 ♔g4!

Der einzige Gewinnzug. Nach 50 ♘d5 ♘xb2 51 ♘xb6 ♔c7 52 ♘d5+ ♔d6 53 ♘xf6 ♘xc4 54 ♘xh7 ♘xa3 55 f6 ♘c2! 56 f7 ♘e6 57 ♗d1 (57 ♗g4 ♘cd4) 57...a3 58 ♗xc2 a2 59 ♗b3 a1♕ 60 ♗xe6 ♕g1+ 61 ♔f3 ♕h1+ ist die Partie remis. Übrigens war diese Berechnung für Karpow nicht schwer, da dieser Teil der Partie als Hängepartie gespielt wurde. Moderne Bedenkzeitregelungen haben einen besonders negativen Effekt auf den technischen Teil der Partie.

50...♔e7

Schwarz hat keine Verteidigung mehr. Er verliert auch nach 50...♘f2+ 51 ♔h5 ♘fxe4 52 ♔h6, zum Beispiel 52...♔e7 53 ♔xh7 ♔f7 54 ♗h5+ ♔f8 55 ♔g6 ♘d3 56 ♘d5 ♘f4+ 57 ♘xf4 exf4 58 ♗e2 ♘d2 59 h5 f3 60 ♗d3 f2 61 h6 ♔g8 62 ♔xf6 f1♕ 63 ♗xf1 ♘xf1 64 ♔e6.

51 ♔h5 ♔f7 52 ♔h6 ♔g8 53 ♘d5 ♘d7 54 ♗h5 ♘xb2

Oder 54...♘3c5 55 ♗e8 ♔h8 56 ♘c3 mit Gewinn.

55 ♗e8 ♘c5 56 ♘xf6+ ♔f8 57 ♗b5 ♘bd3 58 ♗c6 1-0

Mit der Hilfe von Computern entwickelt sich die Eröffnungstheorie heutzutage sehr schnell, und so ist das Erreichen und die spätere Konsolidierung strategischer Vorteile eine extrem komplizierte Aufgabe. Ein gut vorbereiteter Gegner wird nicht erlauben, dass Sie Ihre Eröffnungsziele verwirklichen, ohne dass er etwas dafür als Gegenleistung erhält.

Lautier – Anand
Madrid 1993

1 ♘f3 ♘f6 2 c4 e6 3 ♘c3 ♗b4 4 d4 b6 5 e3 ♘e4 6 ♕c2 ♗b7 7 ♗d3 ♗xc3+ 8 bxc3 f5 9 0-0 0-0 10 ♘d2 ♕h4 11 f3 ♘g5 *(D)*

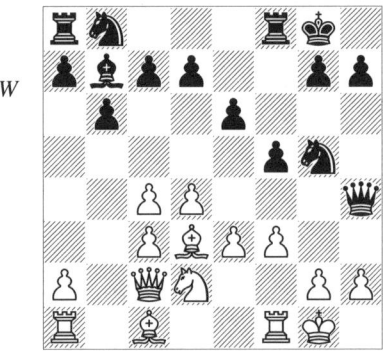

Das ist eine bekannte Variante des Nimzoindischen. Der letzte Zug des Schwarzen ist allerdings ungewöhnlich und sehr ehrgeizig – normalerweise werden hier die Springer getauscht.

12 d5

Auch Weiß spielt kreativ und verschärft das Spiel noch mehr.

Weiß beabsichtigt, das Zentrum zu kontrollieren und eventuell die Stellung zu öffnen, um sein Läuferpaar zu nutzen. Er hat keine Angst vor einer Verschlechterung seiner Bauernstruktur, da er hofft, dass die dynamischen Pluspunkte seiner Stellung schließlich die statischen Vorteile von Schwarz überwiegen werden. Eine solche Herangehensweise ist sehr typisch für das moderne Schach, in dem die – oft auf den kleinsten taktischen Nuancen aufbauende –

Dynamik eine große Rolle spielt. Als Gründe dafür sind hauptsächlich zwei wichtige Faktoren zu nennen: Erstens der Einfluss von Kasparow, einem Spieler mit außergewöhnlich dynamischem Stil, und zweitens der Einfluss der Computer, die uns erlaubt haben, weiter und tiefer in die Feinheiten der Eröffnungsvarianten einzudringen.

Die aktuelle Partie ist ein typisches Beispiel für einen kompromisslosen Kampf auf dem höchsten Niveau des modernen Schachs. In einem Kampf, dessen Ausgang nicht vorauszusagen ist, prallen die statischen Faktoren der Stellung auf die dynamischen.

12...♘f7 13 f4 ♘a6 14 ♗a3 ♖fe8 15 ♖ae1 *(D)*

Nun macht Schwarz einen theoretisch wichtigen und für diese Eröffnung typischen Bauernzug, der die Aktivität des Läufers bedeutsam einschränkt und die Bauern auf der c-Linie blockiert. Danach behindern die weißen Bauern die Beweglichkeit ihrer eigenen Figuren. Im Großen und Ganzen gibt dieser Zug Schwarz eine ganze Palette langfristiger Vorteile, die wir als „statisch" bezeichnen.

15...c5 16 e4

Aus dem gerade Gesagten könnte man schließen, dass es eine bessere Option war, diesen unangenehmen Bauern mit 16 dxc6 ♗xc6 17 e4 ♘h6 18 ♖e3 loszuwerden, aber natürlich war das nicht der Sinn des Zugs 12 d5.

16...♘c7 17 ♘f3

17 dxe6?! ♘xe6 18 g3 ♕h3 bringt mehr schwarze als weiße Figuren ins Spiel.

17...♕h5

Offensichtlich fand Anand weniger Gefallen an der Variante 17...♕xf4 18 exf5 exd5 19 f6.

18 exf5

Auch die andere Möglichkeit der Zentrumsklärung ist für Schwarz völlig akzeptabel: 18 dxe6 ♘xe6 19 ♗c1 ♕g4 20 exf5 ♘xf4 21 ♗xf4 ♕xf4 22 f6 ♕h6. Nach 18 e5 d6 19 dxe6 ♘xe6 20 ♗xf5 ♘xf4 21 e6 ♘e5 bekommt er ebenfalls eine gute Stellung.

18...exd5 19 ♘e5 *(D)*

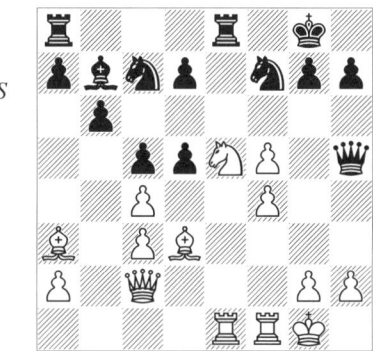

19...d6!?

Anand trifft eine prinzipielle Entscheidung, obwohl er zweifellos einsieht, dass der Preis dafür eine weniger sichere Stellung ist. Der Textzug nimmt dem weißen Springer das Feld e5 und behält eine starke Bauernkette im Zentrum und am Damenflügel. Stattdessen führt 19...dxc4 20 ♗xc4 (schlechter ist 20 ♗e2 wegen 20...♕h6! 21 ♘xd7 ♗e4 22 ♕d2 ♗d5!) 20...d5 21 ♗e2 ♕h4 zu einer Stellung, in der der weiße Springer stolz auf seinem Vorposten sitzt und der schwarze Läufer durch den Bauern d5 eingeschränkt ist. Andererseits sollte Schwarz hier in keinerlei Gefahr schweben. Die Partiefortsetzung hält die Spannung aufrecht und führt zu einem scharfen Kampf, in dem beide Seiten Gewinnchancen haben. Solch mutiges und prinzipielles Spiel verlangt Respekt.

20 ♗e2 ♕h4 21 ♘xf7 ♔xf7 22 ♕d1!?

Es wäre sicherer, vor diesem Damenzug zunächst auf d5 zu schlagen, aber das würde die Spannung der Stellung etwas verringern.

22...♕f6 23 ♗h5+ g6 24 fxg6+ hxg6 25 ♗g4 ♖xe1?!

25...♕xc3!? sieht stärker aus. Nach der wahrscheinlichen Zugfolge 26 f5 ♗a6!? (aber nicht 26...♕xa3? 27 fxg6+ ♔g8 28 ♗c8!! ♖xe1 29 ♖xe1 ♕c3 30 ♗xb7, wonach Schwarz schlecht steht) 27 fxg6+ ♔g8 28 ♗d7 ♖xe1 29 ♖xe1 ♗xc4 30 ♗c1 entsteht eine unklare Stellung, doch Schwarz sollte die besseren Chancen haben.

26 ♕xe1 dxc4 27 f5 g5 28 ♗h5+ ♔g7 29 ♗c1 ♖h8 30 ♕e2

Das Opfer 30 ♗xg5 scheitert an 30...♕xg5 31 f6+ ♔h6 32 g4 ♕e5 33 ♕d2+ ♔h7.

30...♘d5 31 ♕g4 ♘xc3 *(D)*

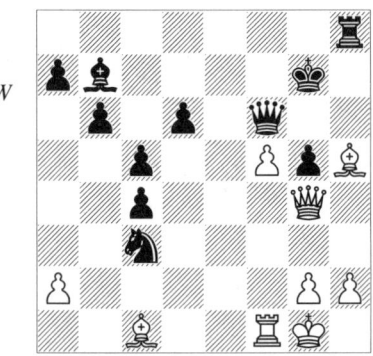

Im Versuch der Rechtfertigung seiner statischen Vorteile (Materialvorteil, vor allem die Bauernmasse am Damenflügel und im Zentrum), hat sich Schwarz auf diese Situation eingelassen. Auf eine solche Stellung abzuzielen, erfordert großen Mut und vor allem Selbstbewusstsein. Plötzlich treten die Läufer in Aktion und werfen sich gemeinsam gegen den König.

32 ♗xg5?

Lautier, der offensichtlich in Zeitnot ist (was bei einem solchen spannungsgeladen Kampf kaum überrascht), findet nicht den richtigen Zug und verliert. Korrekt ist 32 ♗b2 ♕d4+ 33 ♖f2!?, wonach sowohl 33...♕xg4 34 ♗xg4 d5 35 ♗xc3+ d4 als auch 33...♔f8 34 ♗xc3! ♕xc3 35 ♕xg5 ♕a1+! 36 ♖f1 ♕d4+ 37 ♔h1 ♖xh5 (37...♗xg2+ 38 ♔xg2 ♖g8 39 ♗g6) 38 ♕xh5 ♕f6 39 ♕h7 ♕g7 40 ♕h3 ♕f6 zu weißem Vorteil führen, obwohl nicht klar ist, ob er gewinnen kann.

32...♕d4+ 33 ♕xd4+

Auch 33 ♔h1 verliert: 33...♕xg4 34 f6+ ♔f8 35 ♗xg4 ♘e4 36 ♗f4 ♔f7 37 ♗f3 ♔xf6 38 ♗xe4 ♗xe4.

33...cxd4 34 f6+ ♔f8 35 ♗g6 ♗e4! 36 ♗xe4 ♘xe4 37 h4 ♔f7 38 g4 c3 0-1

Sowohl Lautier als auch Anand sind mutige und konsequente Spieler. Daher erwies sich die Partie als interessant und voller Kampfgeist. In dieser sehr scharfen Partie triumphierten die statischen Vorteile über die dynamischen. Das zeigt noch einmal, dass ein Spieler, der die Ansammlung statischer Vorteile bevorzugt, keineswegs friedfertig und vorsichtig sein muss: Manchmal trifft gerade das Gegenteil zu!

Wer in diesem Stil spielt, muss immer darauf vorbereitet sein, den Drohungen des Gegners standzuhalten. Das erfordert ausgezeichnetes Rechnen, Glauben an das eigene Spiel und die eigenen Fähigkeiten, und außerdem (wie bereits erwähnt) diesen wichtigen Zusatz: gute Technik in der Vorteilsverwertung. Wir erwähnen hier nur einige Namen herausragender Spieler, die in diese Kategorie fallen: Lasker, Rubinstein, Petrosjan, Fischer und Anand.

Lösungen der Aufgaben

Kapitel 1

1)

Tal – Botwinnik
Weltmeisterschaft (19), Moskau 1960

Weiß hat einen gesunden Mehrbauern und gut platzierte Figuren, während der Bauernschutzwall um den schwarzen König ernstlich geschwächt ist. Alles wäre in Ordnung, wenn nicht gerade Matt drohen würde. Tal findet einen Weg, diese Drohung taktisch abzuwehren, ohne positionelle Konzessionen zu machen.

35 ♗c7! ♗f8

Laut Tal ist 35...♕d7 besser, aber nach 36 ♗f4! wehrt Weiß den Angriff ab. Nun geht die Partie noch schneller zu Ende:

36 ♕b5! ♕e6 37 ♗e5 ♕c6 38 ♕a5

Verständlicherweise lehnt Weiß den Damentausch ab, da der schwarze König sehr schwach ist.

38...♖a8 39 ♕d2 ♖c8 40 ♔g2 ♕d7 41 h4 ♕g4 1-0

In dieser Stellung wurde die Partie abgebrochen, und Schwarz entschloss sich, das Handtuch zu werfen. Weiß hat sowohl Materialvorteil als auch deutlichen positionellen Vorteil.

2)

Zukertort – Winawer
Stichkampf, Paris 1878

Die weiße Aufgabe ist einfach – die gegnerischen Figuren stehen sehr unglücklich.

37 ♖xg6! ♖xg6 38 ♖xh5+ ♔g8 39 ♖h8+ ♗xh8 40 ♕xh8# (1-0)

3)

Pillsbury – Maroczy
Paris 1900

Die Lösung ist einfach, aber die Schlussstellung ist ebenso originell wie eindrucksvoll.

44 ♕h6! ♕xe5 45 ♕xh7+ ♔xh7 46 ♗g2# (1-0)

4)

Morphy – NN
Simultan, New Orleans 1858

Weiß steht klar auf Gewinn. Dennoch kann man aus dieser Stellung noch etwas lernen:

30 ♕d8+ ♕g8 31 e7! *(D)*

Das ist viel genauer als 31 ♕xd6.

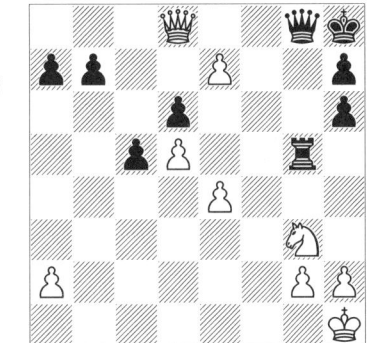

S

31...♖e5 32 ♘h5!

Auch das vorbereitende 32 h3 mit dem nachfolgenden Springerzug nach h5 gewinnt einfach. Doch Paul Morphy gewinnt sowohl einen Zug schneller, als auch sehr viel effektiver. Ich glaube, dass die Hauptsache hier nicht so sehr die Suche nach einem eindrucksvollen Abschluss ist, sondern vielmehr sein unglaublich tiefes Gefühl für das *Wesentliche* des Schachs. Dies erfordert insbesondere, dass der Spieler *die Effektivität seiner Aktionen maximiert.* Zu den wichtigsten Elemente dieser Herangehensweise gehört folgendes Prinzip: *Wenn in einer bestimmten Stellung eine forcierte, spielentscheidende Fortsetzung existiert, muss sie gefunden und ausgeführt werden.* Diese Einstellung erfordert vom Spieler einen kontinuierlichen Einsatz aller seiner Fähigkeiten. Obwohl sie schwer umzusetzen ist, wird sie ihm in seinen Resultaten den maximalen Erfolg garantieren.

32...♖xe4 33 e8♕! *(D)*

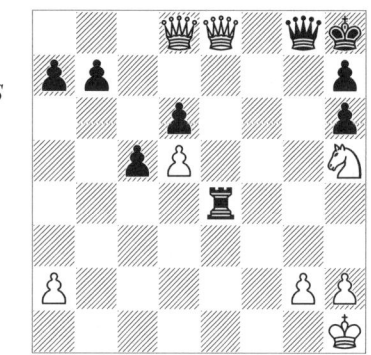

Diese Stellung hatte Weiß im Sinn, als er seinen 32. Zug ausführte. Sie müssen zugeben, dass diese Zugfolge wirklich effektiv ist! Sie ist um so wirkungsvoller, als das Matt nun nicht zu verhindern ist.

33...♖e1+ 34 ♕xe1 ♕xd8 35 ♕c3+ 1-0

5)

Steinitz – Tschigorin
Weltmeisterschaft (4), Havanna 1892

Vielleicht habe ich in diesem Abschnitt mit einfachen Beispielen etwas übertrieben. Doch da sie alle äußerst nützlich und instruktiv sind, hoffe ich, dass mir das verziehen wird.

Weiß beginnt mit einem Turmopfer.

24 ♖xh7+! ♔xh7 25 ♕h1+ ♔g7 *(D)*

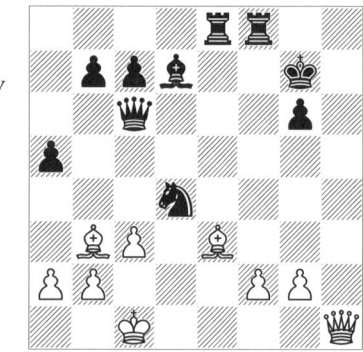

26 ♗h6+

Genauso gut ist 26 ♕h6+ ♔f6 27 ♕h4+ ♔g7 (27...♔e5 28 ♕xd4+ ♔f5 29 ♕f4#) 28 ♗h6+. Wenn Sie so gespielt hätten, hätte Steinitz sicher gefragt: „Warum nicht gleich mit dem Läufer Schach geben?"

26...♔f6 27 ♕h4+ ♔e5 28 ♕xd4+ 1-0

6)

E. Grünfeld – Aljechin
Karlsbad 1923

Laut Kasparow führt sowohl 31...♖xe4 32 ♖xd3 (oder 32 ♕xd3 ♕e6) 32...♖c4 als auch 31...♖d7 32 ♖xd3 ♖xd3 (vielleicht ist 32...♕c4 33 ♘b4 ♖xd3 34 ♘xd3 ♗xb2 noch besser) zu schwarzem Vorteil, der zum Gewinn ausreicht.

Der von Aljechin gewählte Zug ist stärker und *prinzipiell richtig*, da er forciert gewinnt (siehe oben). Auch Kasparow selbst hätte bei dieser Entscheidung keine Sekunde gezögert!

31...♘f4!! 32 exf4 ♕c4! 33 ♕xc4 ♖xd1+ 34 ♕f1 ♗d4+ 0-1

7)

Larsen – Kortschnoj
Palma de Mallorca 1968

Schwarz erreichte schnell entscheidenden Vorteil:

30...♗xf2+! 31 ♔xf2 ♖xd2+ 32 ♔g1 ♕xc3

Die Partie wurde in Zeitnot weitergespielt. Dadurch hatte Kortschnoj noch einmal Gelegenheit, seine Kombinationskunst zu zeigen, die hier auf der Geometrie des Schachbretts basiert:

33 ♕xb5 ♕d4+ 34 ♔h1 ♕h4+ 35 ♔g1 ♗e4!! 36 ♕b8+ ♔h7 37 ♗xe4 ♖xg2+ 38 ♗xg2 ♕f2+ 39 ♔h2 ♕xg2# (0-1)

8)

Tal – Brinck-Claussen
Olympiade, Havanna 1966

In dieser Partie begegnen wir einem sehr typischen geometrischen Muster:

33 ♘xd5! *(D)*

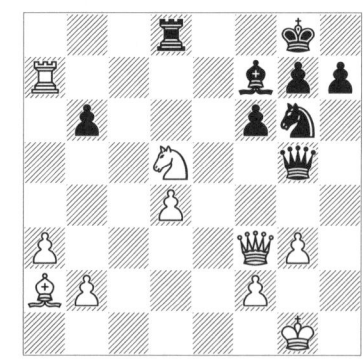

33...♘xd5

Das Schlagen des Springers ist forciert, da 33...♔f8 sofort verliert: 34 ♖xf7+ ♔xf7 35 ♘xf6+ ♔e7 36 ♕b7+.

34 ♖a8! ♗xa2

Offensichtlich ist das Schlagen des Turms schlecht, während nach 34...♕c1+ 35 ♔g2 ♗xa2 36 ♖xd8+ ♔f7 die Antwort 37 b3! ♕e1 (37...♘e7 38 ♕h5+) 38 ♖d6! sehr stark zu sein scheint. Zum Beispiel 38...♕a5 39 ♕e4 ♘f8 40 ♖d8, und Schwarz hat keine Verteidigung.

35 ♖xd8+ ♔f7 (D)

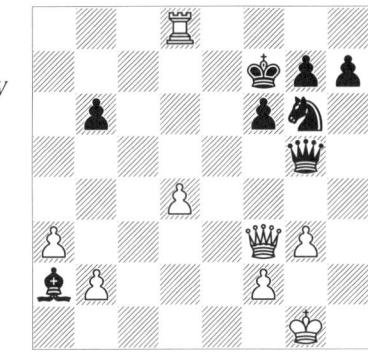

36 ♕c6!

Deutlich schlechter ist 36 ♕b7+? ♘e7 37 ♖d7 f5, und nach 38 d5 ist 38...♕c1+ 39 ♔g2 ♕c5! zumindest o.k. für Schwarz.

Nun ist die schwarze Verteidigung sehr schwer. Die restlichen Züge waren:

36...♘e7 37 ♕e8+ ♔e6 38 ♖c8 ♕d5 39 ♖c3 ♕d7 40 ♖e3+ ♔d6 41 ♕b8+ ♔c6 42 a4 ♘d5 43 ♖e1 ♕d6 44 ♖c1+ ♔d7 45 ♕c8+ 1-0

9)

Fischer – Miagmasuren
Interzonenturnier, Sousse 1967

Trotz der kurzen Dauer der Partie ist diese Stellung alles andere als einfach. Das schwarze Plus am Damenflügel ist offensichtlich, während der Erfolg des weißen Angriffs bisher noch fraglich ist. Nichts erreicht 29 ♕h6 ♕f8, da Schwarz bei Bedarf sowieso auf ...♕f8 vorbereitet sein muss. Eine entscheidende Verstärkung des Angriffs bietet nur der Zug...

29 ♗g2!!

Dieser *resultierende Zug* ist sehr stark, aber schwer zu finden.

29...dxc2

Die Pointe des weißen Läuferzugs offenbart sich in den Varianten 29...♕f8 30 ♗e4 dxc2 31 hxg6 c1♕+ 32 ♖xc1 ♖xc1+ 33 ♔xc1 fxg6 34 ♗xg6 und 29...♗b7 30 hxg6 fxg6 31 ♖xh7!.

30 ♕h6 ♕f8 (D)

Der Einschub von 30...c1♕+ ändert nichts wegen 31 ♖xc1 ♖xc1+ 32 ♔h2! ♕f8 33 ♕xh7+! ♔xh7 34 hxg6++ ♔xg6 35 ♗e4#.

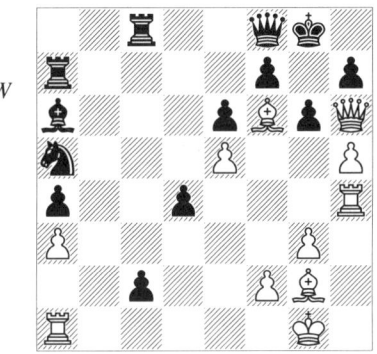

31 ♕xh7+! 1-0

10)

Kortschnoj – Hübner
Interzonenturnier, Leningrad 1973

Auf den ersten Blick sieht die Stellung unklar aus, da beide Seiten angreifen. Der wichtigste Aspekt dieser Stellung ist die unterschiedliche Stärke der Läufer.

31 ♗d2!

Dieser Zug spielt eine große Rolle für den weißen Plan: Der Läufer neutralisiert die gegnerischen Schwerfiguren und unterstützt die eigene Dame im Angriff.

31...dxe5

Im Hinblick auf die gegnerische Zeitnot war es vielleicht einen Versuch wert, mit 31...♗h6 „im Trüben zu fischen". Danach gäbe es außer 32 ♗xh6 (was gewinnt, aber in Zeitnot könnte nicht jeder eine solche Entscheidung treffen) noch eine etwas paradoxe Antwort: Kortschnoj demonstrierte 32 ♗e1! dxe5 33 ♖d8+ ♔g7 34 ♕d6 mit durchschlagendem Angriff. Nun führt Weiß seinen beabsichtigten Plan aus:

32 ♖d8 ♔g7

32...e4 scheitert an 33 ♕xc2! ♖xc2 34 ♗h6 mit Matt.

33 ♕e3 ♗e7 34 ♕h6+ ♔f6 35 ♕h4+ ♔e6 36 ♖e8 ♖xd2

Oder 36...f6 37 ♕xh7.
37 ♕xe7+ ♔d5 *(D)*

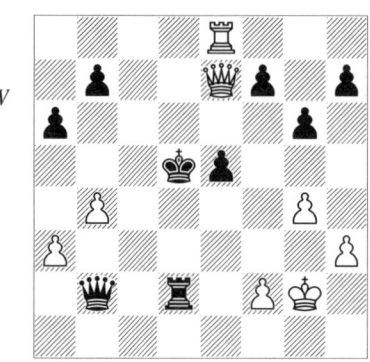

38 ♖d8+ ♔c6 1-0
Alle Varianten sind schlecht für Schwarz: 38...♔e4 39 ♕xb7+ ♔f4 40 ♕f3+ ♔g5 41 ♕e3+ oder 38...♔c4 39 ♕c5+ ♔b3 40 ♕e3+. Um nicht mit 39 ♕c5# matt gesetzt zu werden, gab er nun auf.

11)
J. Awerbach
1982

Dieses und die beiden folgenden Beispiele zum gleichen Thema sind sowohl einfach als auch logisch. Sie wurden zum Zweck wiederholter Übung aufgenommen, um uns zu helfen, diese überaus wichtige Technik im Gedächtnis zu behalten:
1 ♔g5! ♔b2 2 ♔f4 ♔c3 3 ♔e3 ♔c4 4 ♔d2 ♔d5 5 ♔c3 ♔c6 *(D)*

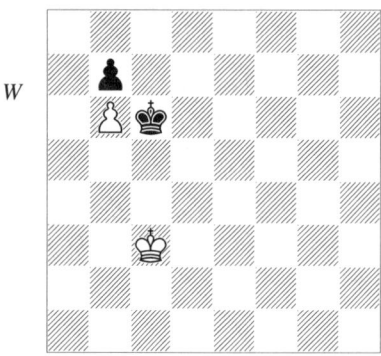

6 ♔c4!
Weiß rettet sich mit Hilfe der Opposition. Die Lösung hat große Ähnlichkeit mit der zuvor untersuchten Studie von Grigoriew.

12)
F. Sackmann
Deutsche Schachblätter, 1924

1 ♔h8!
Weiß hat das Feld c2 als Ziel im Auge, und der kürzeste Weg dorthin geht über die Diagonale h7-b1.
1...♔f6 2 ♔h7 ♔e5 3 ♔g6 ♔d4 4 ♔f5 ♔c3 5 ♔e4 ♔b2 6 ♔d3 ♔xa2 7 ♔c2
Mit Remis.

13)
L. Prokeš
Prace, 1947

Wieder rettet die Marschroute entlang der Diagonale die Partie:
1 ♔b7! a5 2 ♔c6 a4 3 ♔d5! *(D)*

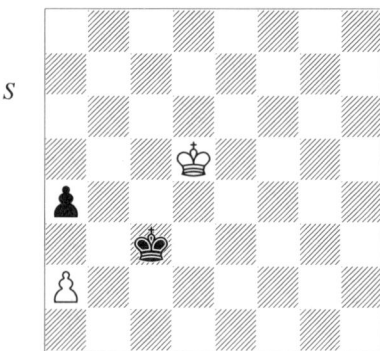

3...♔b2
Oder 3...a3 4 ♔e4! ♔b2 5 ♔d3.
4 ♔c4 ♔xa2
4...a3 5 ♔d3.
5 ♔c3 ♔b1 6 ♔b4

14)
Son – Khorowets
Taschkent 1978

Um dieses Endspiel mit einer Mehrfigur zu gewinnen, muss sich Schwarz an gewisse Techniken des Bauernendspiels erinnern.
1...♘e7!
Es gibt keinen anderen Gewinnweg. Nach 1...♘e3 2 ♔f2! muss der Springer nach d5 (oder f5) ziehen, und Schwarz fängt von vorne an.
2 ♔g4 ♘g6 3 ♔g5 ♔e3!

Das ist die Pointe: Schwarz gibt die Figur zurück, aber zwingt den weißen König, ins Abseits zu gehen.

4 ♔xg6 ♔f4! 0-1

Nur so! Sieht das bekannt aus?

15)
J. Moravec
Ceskoslovensky Sach, 1952

1 ♔c6! (D)

Diese Studie ist etwas komplizierter als die vorigen. Der Grund dafür liegt in den speziellen Merkmalen der Bauernformation. Wenn Weiß 1 ♔c5? spielt, ist der Gewinn vergeben: 1...♔b7 2 ♔d6 ♔c8 3 ♔e7 ♔c7 4 ♔f6 ♔d6 5 ♔g5 h3! (das ist die schwarze Chance!) 6 gxh3 ♔e7 7 ♔g6 ♔f8, und der schwarze König erreicht das angestrebte Feld.

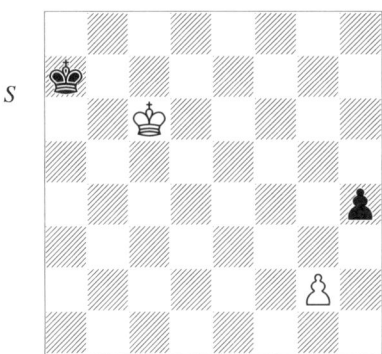

1...♔b8

Auch die andere Marschroute des Königs rettet die Partie nicht: 1...♔a6 2 ♔d6 ♔b7 3 ♔e6 ♔c7 4 ♔f5 h3 5 gxh3 ♔d7 6 ♔f6 ♔e8 7 ♔g7.

2 ♔d7 ♔b7 3 ♔e6 ♔c7 4 ♔f5 h3 5 gxh3 ♔d7 6 ♔f6

16)
Bronstein – Botwinnik
Weltmeisterschaft (6), Moskau 1951

Diese Stellung entstand als Resultat eines katastrophalen Fehlers, den Weiß im letzten Zug gemacht hatte: 57 ♔b3-c2?? (nach dem richtigen 57 ♘e6+ ♔f3 58 ♘d4+ ist die Partie remis).

57...♔g3!

Nur auf dieses Feld! Weiß rettet sich nach 57...♔f3? 58 ♘f7! (aber nicht 58 ♘e6? e2 59 ♘d4+ ♔f2 60 ♘xe2 ♔xe2 61 c5 a4 62 c4 a3 63 c6 bxc6 64 c5 ♔e3 65 ♔b3 ♔d4, und Schwarz gewinnt) 58...e2 59 ♘e5+ ♔e3 60 ♘d3 b6 61 ♘e1 a4 62 ♔b2 ♔d2 63 ♘f3+ ♔d3 64 ♔a3 ♔xc3 65 ♔xa4 ♔xc4 66 ♔a3 ♔c3 67 ♔a2 ♔c2 68 ♘d4+. Der König hat das Springerschach auf e5 vermieden, während er gleichzeitig seinen Bauern unterstützt.

58 ♘e6 e2 0-1

17)
H. Rinck
Schweizerische Schachzeitung, 1922

Eine weitere Studie, die einen bekannten Plan widerlegt – in diesem Fall den der Réti-Studie. Der Unterschied ist nicht groß, aber entscheidend: Der schwarze König steht einen Zug neben der „heiligen" langen Diagonale, während sein weißer Gegenspieler ein Feld näher an der Reihe (aber nicht am Feld!) des Umwandlungsfelds steht. Folgendes passiert:

1 a4 ♔b3 (D)

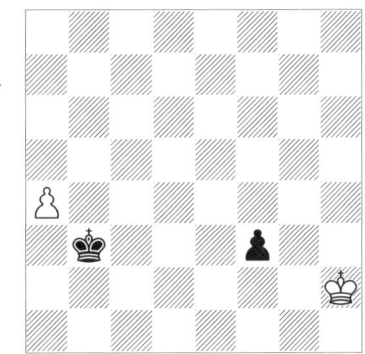

2 a5 ♔c3

Zu dumm! Schwarz kann nicht 2...♔c4 3 a6 ♔d3 4 a7 f2 5 a8♕ f1♕ 6 ♕a6+ spielen. Nun zeigt sich der Unterschied der weißen Königsstellung:

3 ♔g1! ♔d4 4 a6 ♔e3 5 ♔f1

Diese Studie bestätigt die Tatsache, dass die beste Idee immer noch die richtigen Bedingungen braucht, um zu funktionieren.

18)
M. Botwinnik
Schachmatnaja Khronika, 1945

1 g4!

Tatsächlich der einzige Zug. Wenn er auf Gewinn spielt, darf Weiß nicht 1...f5 zulassen.
1...hxg4+ 2 ♔xg4 ♔e4 3 h5 f5+ *(D)*

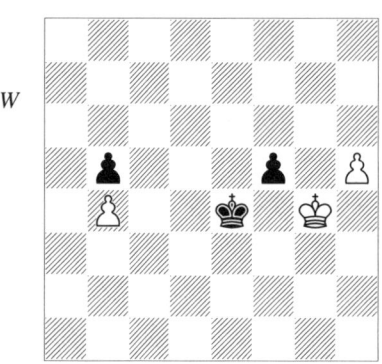

W

4 ♔h3!
In diesem – aus praktischer Sicht extrem wichtigen – Zug liegt die ganze Pointe der Studie. Es ist nicht schwer zu sehen, dass nur dieser diagonale Königsrückzug das entscheidende Tempo gewinnt. Andere Züge versprechen nichts, zum Beispiel 4 ♔g3 ♔e3 5 ♔g2 ♔e2 oder 4 ♔h4 f4 5 h6 f3 6 ♔g3 ♔e3 7 h7 f2.
4...♔e5
4...f4 5 h6.
5 ♔g3 f4+ 6 ♔f3 ♔f5 7 h6 ♔g6 8 ♔xf4 ♔xh6 9 ♔e5

19)
N. Grigoriew
Iswestia, 1928

Um das entscheidende Manöver auszuführen, müssen zunächst die geeigneten Bedingungen geschaffen werden:
1 ♔c4! *(D)*
Dieser Zug ist nötig. 1 g4? b5 2 g5 b4+ führt nur zum Remis.

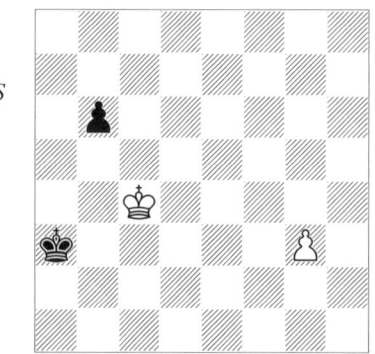

S

1...♔a4 2 g4 b5+
Nun sehen wir eine uns bereits bekannte Methode des Tempogewinns:
3 ♔d3! ♔a3
Oder 3...b4 4 ♔c2 ♔a3 5 ♔b1.
4 g5 b4 5 g6 b3 6 g7 b2 7 ♔c2!

20)
Ljubojević – Browne
Amsterdam 1972

39...f5?
Dieser Fehler muss der Zeitnot zugeschrieben werden. Browne ist als chronischer Zeitnotspieler bekannt, aber die Folge ist dennoch sehr instruktiv. Was können wir daraus lernen? Während einer Turnierpartie ist ein Spieler allen möglichen Formen mentaler Anspannung ausgesetzt und wird daher nicht die ganze Zeit über die gleiche Leistung bringen können. Aus diesem Grund muss man, um nicht 38 Züge harter Arbeit in einem einzigen Zug zu zerstören, sein Wissen vergrößern!
Das trifft nicht so sehr auf die Eröffnungsphase zu (obwohl das natürlich auch notwendig ist), sondern auf das *Wissen in entscheidenden Partiephasen*, wobei Endspiele die größte Rolle spielen. Schwarz gewinnt, indem er dem Beispiel der Studie von Duras folgt, die im ersten Kapitel untersucht wurde: 39...♔d5! 40 b4 (auch 40 ♔b4 ♔d4! 41 ♔a5 f5 42 b4 f4 43 b5 ♔c5 ändert nichts) 40...f5 41 b5 f4 42 b6 ♔c6! 43 ♔a6 f3 44 b7 f2 45 b8♕ f1♕+.
40 ♔b4 f4 41 ♔c4 ½-½

Kapitel 2

21)
Stein – Petrosjan
UdSSR-Meisterschaft, Moskau 1961

Die Konzentration der weißen Kräfte ist eindrucksvoll – um so mehr, wenn man sie mit den schwarzen Figuren vergleicht, die über das ganze Brett verstreut sind. Es überrascht nicht, dass die Partie nicht mehr lange dauerte:
25 ♗c1! ♖h7 26 ♗xe6! 1-0
In Anbetracht von 26...♘h8 27 ♕f3! oder 26...fxe6 27 ♕g4.

22)
Kramnik – Hübner
Interzonenturnier, Biel 1993

Der Hauptfaktor in dieser Stellung ist die verzweifelte Lage des schwarzen Königs – aber um sie auszunutzen, muss Weiß akkurat spielen. 48 ♖2d6? scheitert an 48...♕xd6 49 ♖xd6 ♖xd6, wonach Weiß nicht mehr als Remis hat. Kramnik fand eine überzeugendere und elegantere Lösung (ich erwähne das nicht umsonst – alle wirklich starken Schachspieler schätzen den ästhetischen Aspekt des Schachs sehr hoch ein).

48 ♕h8+ ♔h7 49 ♖2d7! 1-0

Angesichts von 49...♖gg7 50 ♖d6+ ♔g6 51 ♕f8+ ♖hg7 52 ♖xg6+ ♔xg6 53 ♕xb4 gab Schwarz auf.

23)
Kortschnoj – Kramnik
PCA-Qualifikationsturnier, Groningen 1993

Der große positionelle Vorteil von Schwarz ist offensichtlich. Somit muss man nur den klarsten Weg finden, um ihn in einen Sieg zu verwandeln. Dazu reichen zwei Züge:

26...♘e5! 27 ♕g3 ♕c6! 0-1

Das ist der Schlüsselzug. Sowohl nach 28 ♕xe5 ♖a1+ 29 ♔c2 ♕a4+ als auch nach 28 b5 ♕c5 29 ♖c1 ♕d4 ist die weiße Stellung völlig hoffnungslos, und daher gab er auf. Kurz und einfach, aber ebenso elegant und stark.

24)
Aljechin – Colle
Paris 1925

Diese Partie wird durch eine einfache, aber wirkungsvolle Kombination entschieden, die nicht nur auf der Grundreihenschwäche, sondern auch auf der unglücklichen Stellung der schwarzen Dame basiert. Das letztere Detail zu bemerken und auszunutzen, erfordert einen außergewöhnlich guten kombinatorischen Blick – eine Qualität, die Aljechin im Überfluss besaß.

30 ♕xd7!! ♖xd7 31 ♖e8+ ♔h7 32 ♖cc8

Der König hat keinen Ausweg aus seinem „Kerker".

32...♖d8 33 ♖exd8! 1-0

25)
Petrosjan – Portisch
Interzonenturnier (Stichkampf), Varese 1976

Am ersten weißen Zug sollte es keinen Zweifel geben: In Stellungen mit Schwerfiguren sind offene Linien Gold wert! Vorausgesetzt dass dieser Zug keinen sofortigen taktischen Defekt hat, sollte er ohne Zögern ausgeführt werden.

21 ♖ad1! ♖xd2 22 ♖xd2 *(D)*

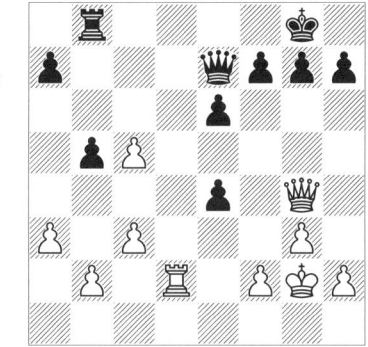

22...♕xc5

Es ist gut möglich, dass Petrosjans 21. Zug ohne jegliche detaillierte Analyse geschah und nur auf einer allgemeinen, vernünftigen Stellungseinschätzung beruhte. Nun wird deutlich, dass Schwarz ernsthafte Probleme hat. Der natürliche Zug 22...f5 ist schlecht, da es nach 23 ♕f4 ♖d8 24 ♖xd8+ ♕xd8 25 c6! ♔f7 26 ♕e5 keine Verteidigung gibt. Daher ist Schwarz gezwungen, dem Gegner die völlige Kontrolle der offenen Linie zu überlassen – ein Faktor, den dieser hervorragend ausnutzt.

23 ♕xe4 ♕c7 24 ♕d3 h6 25 ♕d7! *(D)*

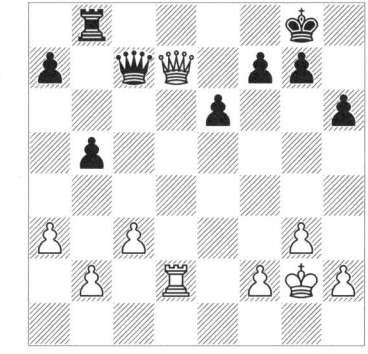

25...♕c5

Das Turmendspiel ist wegen der d-Linie sehr schwierig für Schwarz. In der Partie folgte:
26 ♖d3 a5 27 ♖f3 ♖f8 28 ♖f4 e5 29 ♖e4 ♔h8 30 ♖e3! f6 31 ♖d3! ♖b8 32 ♕d6! ♕a7 33 ♕c6 ♕f7 34 ♖d5 ♕g6 35 ♖xe5

...wonach Weiß großen Vorteil hatte und bald gewann.

26)
Beim – Bruk
Givataim 1995

Diese Stellung hat große Ähnlichkeit mit dem letzten Beispiel in Kapitel 2. Obwohl die Aufgabe des Weißen in der vorliegenden Stellung aufgrund seines großen Materialvorteils einfacher ist, muss er dennoch bis zum Schluss akkurat spielen. Der weiße Plan ist uns bereits bekannt – eine Kombination aus Königsangriff und Vorstoß des Freibauern.

29 ♖d6! h5 30 ♕d4! *(D)*

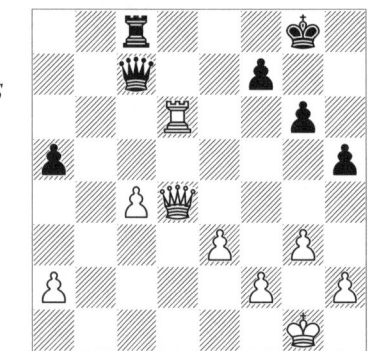

Schwarz ist an Händen und Füßen gefesselt. Es droht der unaufhaltsame Vormarsch des c-Bauern. Um das zu verhindern, spielte der Nachziehende...

30...♔h7

...aber ohne Erfolg:

31 ♖d7 ♕xc4 32 ♕xc4 ♖xc4 33 ♖xf7+ ♔h6 34 ♖f4 1-0

27)
Capablanca – Aljechin
Weltmeisterschaft (1),
Buenos Aires 1927

In diesem Beispiel sehen wir ähnliche Themen, nämlich einen starken Freibauern und hervorragend koordinierte schwarze Figuren.

Dem weißen König fehlt ein adäquater Schutz gegen die kombinierte Kraft der gegnerischen Schwerfiguren, während seine eigenen Figuren keine Möglichkeit der Zusammenarbeit haben. Das entscheidet die Partie sehr schnell. Zunächst schwächt Schwarz den Bauernwall um den weißen König:

37...♕c6+! 38 f3

38 ♕f3 ♖g1+.

Nun gruppiert sich Schwarz für die entscheidende Invasion um.

38...♖e3 39 ♕d1 ♕e6! 40 g4 *(D)*

Schützt das Feld h3 vor der schwarzen Dame.

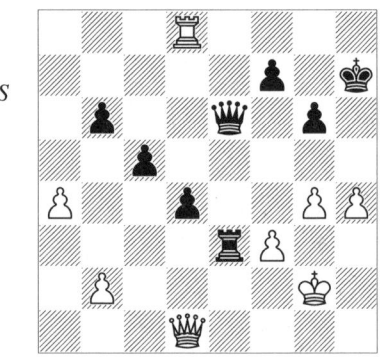

40...♖e2+ 41 ♔h3

Oder 41 ♔f1 ♖h2! 42 ♔g1 ♕e5 (Becker).

41...♕e3 42 ♕h1 ♕f4! 43 h5 ♖f2 0-1

28)
Petrosjan – Beljawski
UdSSR-Meisterschaft, Moskau 1983

Obwohl Weiß eine ganze Reihe wichtiger positioneller Vorteile besitzt, sieht die Stellung nicht einfach aus, da sowohl sein Läufer als auch ein Bauer angegriffen sind. Der Läufer hat nur ein Rückzugsfeld, wonach Schwarz die Dame nach g7 ziehen und seine Stellung stabilisieren kann. Petrosjan findet einen Zug, nach dem sich die Stellung sofort als günstig für Weiß herausstellt.

29 ♕e7! ♘g6

Forciert, da 29...♔g8?? an 30 ♖xf8+ scheitert.

30 ♗xg6 hxg6

Der Unterschied in der Figurenaktivität und insbesondere der jeweiligen Königsstellung zeigt uns, dass dem Schwarzen eine schwierige Verteidigung bevorsteht.

31 h3 b5 32 ♖f6! *(D)*

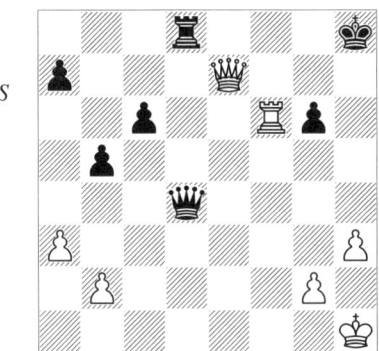

Der entscheidende Zug, der nicht nur die Bauern angreift, sondern Schwarz auch die Möglichkeit nimmt, mit einem Schach auf d6 die Damen zu tauschen.

32...♖g8 33 ♖xc6 ♖g7 34 ♕g5
...und Weiß gewann bald.

29)

Smyslow – Antoschin
Sotschi 1963

Die weiße Turmbatterie und der ungenügend verteidigte schwarze König weisen direkt auf einen Königsangriff hin, aber was für ein Angriff ist das ohne die Dame? Der erste weiße Zug liegt auf der Hand, aber er erfordert einige Berechnung.

27 ♕h5! *(D)*

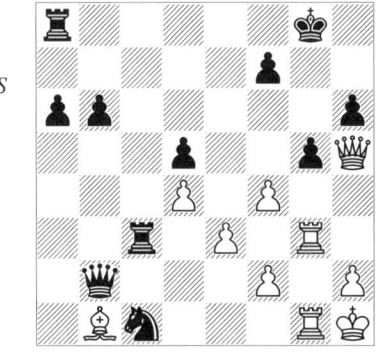

27...♖c6

Smyslow gibt 27...♕xb1 28 ♕xh6 mit entscheidendem Angriff an, was keine weitere Analyse erfordert (ein wichtiger Punkt im praktischen Spiel!). Nach 27...♘e2 demonstriert er 28 ♕xh6 (28 ♖xg5+! forciert Matt) 28...♘xg3

29 hxg3 ♖a7 (es drohte Matt mit 30 ♗h7+ etc.) 30 ♗h7+ ♔h8 31 ♔g2 ♖c1 32 ♖xc1 ♕xc1, und Weiß gewinnt mit 33 ♗e4+ ♔g8 34 f5!. Doch nun ist klar, dass Schwarz einem kombinierten Angriff aller gegnerischen Schwerfiguren nicht standhalten kann.

28 fxg5 ♕xb1 29 gxh6+ ♔h8 30 ♕xf7 ♕h7 31 ♖g7 1-0

30)

Polugajewski – Smyslow
Moskau 1960

Hier sehen wir noch einen weiteren schnellen Schwerfigurenangriff unter Smyslows Führung:

41...g5! 42 ♖h3 ♖ee6! 43 ♕c2 *(D)*

Laut Smyslows Analyse rettet auch 43 ♔g1 die Partie nicht: 43...♖h6 44 ♖dd3 f5! 45 gxf5 g4! 46 fxe6 (46 ♖dg3 verliert forciert: 46...♕e1+! 47 ♕xe1 ♖xe1+ 48 ♔g2 ♖xh3 49 ♖xg4+ ♔f7 50 ♔xh3 d3) 46...♖xh3 47 ♖xh3 gxh3 48 ♕f1 ♕g4+ 49 ♔h2 d3.

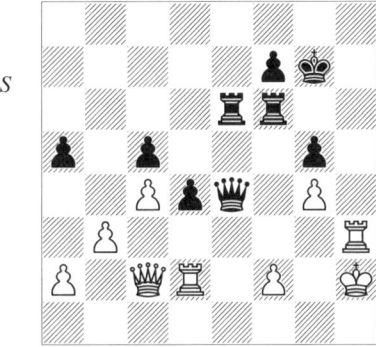

43...♕f4+ 44 ♖g3 ♖e1 45 ♔g2 ♖e3! 0-1

Nach diesem Schlag hat Weiß keine Verteidigung: 46 fxe3 ♕f1+ 47 ♔h2 ♖h6+ oder 46 ♕d1 ♖xg3+ 47 fxg3 ♕e4+ 48 ♔g1 ♖f3. Daher gab er auf.

31)

Larsen – Tal
Interzonenturnier, Leningrad 1973

Obwohl der lebenswichtige Bauer g3 nur durch die Dame gedeckt ist, muss die schwarze Figurenkoordination erst noch Form annehmen. Das folgende unkomplizierte, aber wirksame Manöver löst alle schwarzen Probleme.

27...♖f5! 28 cxb6 ♖fe5 29 e4
Die Partie ist praktisch vorbei. Tal zeigt den Versuch einer hartnäckigeren Verteidigung mit der Variante 29 ♕xe5+ ♖xe5 30 g4 ♕g3+ 31 ♔h1 (oder 31 ♔f1 ♕h2! 32 ♖ab1 ♖xe2!), aber auch hier gewinnt Schwarz einfach: 31...h5! 32 b7 ♖b5 33 ♖eb1 hxg4! 34 ♖xb5 ♕h3+ 35 ♔g1 g3.
29...♕xg3+ 30 ♔h1 ♕xh4+ 31 ♔g2 ♖g5+ 32 ♔f1 ♕h3+ 33 ♔e2 ♖g2+ 34 ♔d1 ♕xf3+ 35 ♔c1 ♕f2 0-1

32)

Thomas – Lasker
Nottingham 1936

Mit einem Mehrbauern und der unsicheren Königsstellung des Gegners hat Schwarz deutlichen Vorteil. Auf der anderen Seite besitzt Weiß einen Freibauern, und die schwarze Königsstellung ist auch keine Wucht. Aus diesem Grund kann Schwarz nicht sofort aktiv spielen, zum Beispiel 31...♖e4 32 ♕xa7 ♖e2? 33 ♕xb7+ ♔h8 34 ♕xc6. Lasker verbindet seine Vorteilsverwertung mit einem Spiel gegen den gegnerischen König.
31...♖ef8! 32 ♖xf4 ♖xf4 *(D)*
Natürlich nicht 32...♕xf4? 33 ♕xf4 ♖xf4 34 ♖d1 ♔g7 35 ♖d7+ ♔f7? 36 e6.

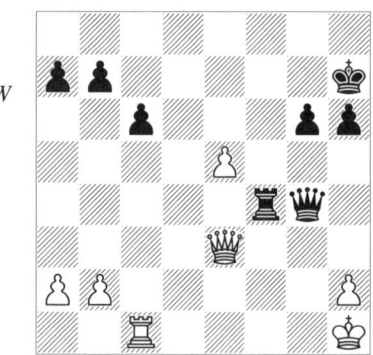

33 ♖e1 ♕f5!
Indem er Drohungen gegen den König aufbaut, lenkt Schwarz den Gegner kontinuierlich von dessen aggressiven Absichten ab.
34 ♔g2 ♖g4+
34...♕g5+! gewinnt.
35 ♔h1 ♕e6 36 ♖d1 ♖g5 37 ♕xa7
37 ♖d6 ♕f7 38 ♖d1 ♖xe5 ist für Schwarz gewonnen.

37...♕f7! 38 ♕e3 ♖xe5!
Die offene Stellung des weißen Königs spielt schließlich die entscheidende Rolle. Es bleibt nur noch die technische Phase der Partie, in der Lasker immer sehr stark war.
39 ♕xe5 ♕f3+ 40 ♔g1 ♕xd1+ 41 ♔f2 ♕d7 42 ♔e1 g5
Schwarz führte seinen Vorteil schrittweise zum Sieg.

33)

Anand – Adams
PCA-Kandidatenmatch (5),
Linares 1994

Die einzige offene Linie zieht die Aufmerksamkeit beider Spieler auf sich. Mit einer Standardmethode, nämlich der *Verwandlung eines Vorpostens auf der offenen Linie in einen gefährlichen Freibauern*, entscheidet Weiß den Streit nun zu seinen Gunsten.
26 ♖d6! ♖xd6
Natürlich kann Schwarz nicht zulassen, dass Weiß die Türme verdoppelt und die totale Kontrolle über die d-Linie übernimmt. Doch nun hat Weiß einen Freibauern, der sich im folgenden Kampf als wichtiger Trumpf herausstellt.
27 exd6 ♕c5 28 ♖d1 ♕xh5 29 ♖d2 ♖d8 *(D)*
Offensichtlich eine kleine Ungenauigkeit. Anand empfiehlt 29...♕g6 mit gleichen Chancen.

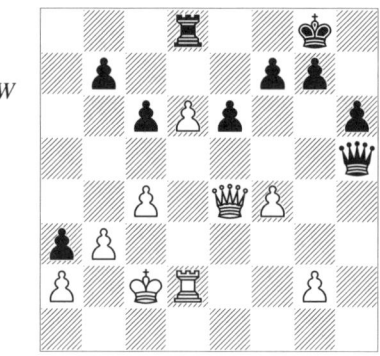

30 b4!
Ohne Zögern unterstützt Weiß seinen Freibauern.
30...c5?!
Eine Ungenauigkeit (wenn auch nicht ernste) zieht eine weitere nach sich. In diesen Fällen ist der destruktive Einfluss eines solches Zuges

oft schädlicher als sein tatsächlicher Wert. Laut Anand war 30...♔f8 31 c5 korrekt.

31 ♕e5! *(D)*

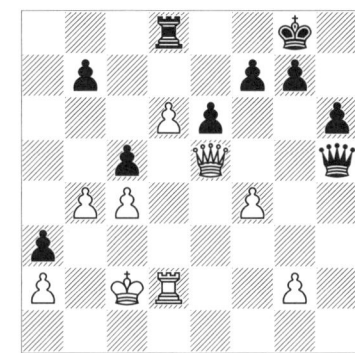

S

Beachten Sie, dass sich nun alle weißen Züge um den Freibauern drehen, als wären sie durch ein magnetisches Feld angezogen!

31...♕g6+ 32 f5! ♕g4!

Schwarz darf den Bauern nicht schlagen: 32...♕xf5+? verliert nach 33 ♕xf5 exf5 34 bxc5, während 32...exf5?! 33 bxc5 sehr gut für Weiß ist.

33 ♔b3! ♕g5 34 ♖e2 ♕c1 *(D)*

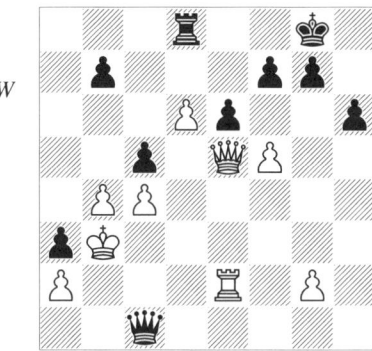

W

35 bxc5?

Nach diesem Fehler musste Anand die Partie noch einmal gewinnen. Wie er demonstrierte, hätte 35 ♖e1! ♕d2 36 bxc5! deutlichen Vorteil bewahrt.

34)
Karpow – Waganjan
Skopje 1976

Dieses Beispiel zeigt uns noch einmal, dass in Stellungen mit Schwerfiguren der Königsangriff die Stärke eines Freibauern normalerweise überwiegt. Ein Freibauer sollte allerdings nie unterschätzt werden. Ein direkter Königsangriff mit 28 ♖e3 bietet sich an, aber wie Karpow zeigt, hat Weiß nach 28...f4! 29 ♕xf4 ♕b1+ 30 ♔h2 a3! 31 ♖g3+ ♕g6 32 ♖xg6+ fxg6 nicht mehr als Dauerschach, zum Beispiel 33 ♕d6 a2 34 ♕xg6+ ♔h8 35 ♕xh6+ ♔g8 36 ♕g6+ ♔h8.

Weiß will mehr und entscheidet sich, den Königsangriff fortzusetzen:

28 ♕xh6! a3 29 ♕g5+ ♔f8 30 ♕f6 ♔g8 31 ♕xf5!

Der Schlüssel liegt nicht in der Zahl der Bauern, sondern in ihrer Bedeutung. Dieser spezielle Bauer blockierte die 5. Reihe (siehe unten!).

31...♕d2 *(D)*

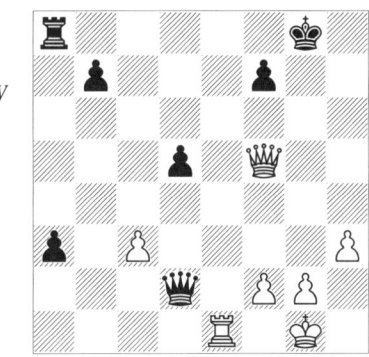

W

32 ♖e7!

Ein sehr wichtiger Zug – indem er den Turm nach f8 stellt, verbaut sich Schwarz dieses Feld für den König. Außerdem unterstützt der Turm seinen a-Bauern nicht mehr von a8 aus, was Weiß ein wichtiges Tempo gibt.

32...♖f8 33 ♕g4+ ♔h7 34 ♖e5

Nun kann der weiße Turm die 5. Reihe benutzen.

34...♕h6 35 ♖h5 ♖a8

Das ist das Tempo, das Weiß im 32. Zug gewonnen hat.

36 ♕f5+ ♔g7 37 ♖xh6 ♔xh6 38 ♕f6+ ♔h7 39 ♕xf7+ ♔h8 40 ♕xb7 1-0

35)
Gelfand – Kramnik
FIDE-Kandidatenmatch (6), Sanghi Nagar 1994

In schwierigen Stellungen mit Schwerfiguren kann man die Partie meist nur durch aktives Gegenspiel gegen den König retten (erinnern

wir uns an die Partie Schlechter-Lasker). In der vorliegenden Stellung geht das so:
69...♖c8!
Aber nicht 69...♖b8? 70 ♕xf6.
70 ♕xa6 ♖c3 71 ♕e2 ♕c1 *(D)*

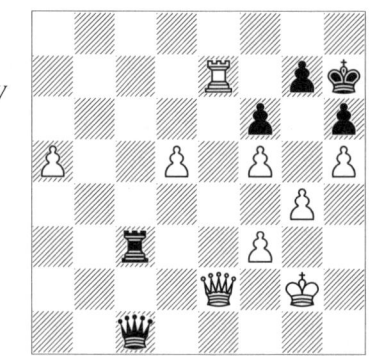

W

Schwarz hat drei Bauern weniger, aber die Stellung ist remis.
72 ♕f2 ♕d1 73 ♖e1 ♕xd5 74 ♖a1
74 a6? verliert nach 74...♖a3 75 a7 ♕a5 einen wertvollen Bauern, aber auch nach dem Textzug ist kein Gewinn mehr möglich.
74...♖d3 75 ♖a2 ♖xf3! 76 ♕xf3 ½-½

36)
Bielicki – Smyslow
Capablanca-Memorial, Havanna 1964

Schwarz steht vor der Entscheidung, entweder den Läufer zu nehmen, oder auf Angriff zu spielen. Smyslow gibt uns eine akkurate und klare Antwort. Es ist kaum zu glauben, dass Weiß nur zwei Züge später aufgibt!
28...h3! 29 ♔f1 ♖c4! *(D)*

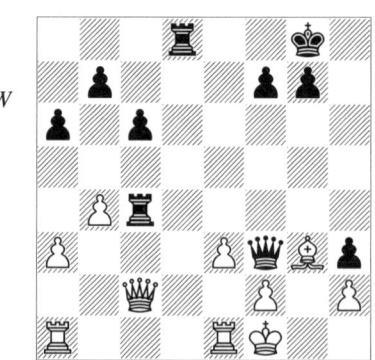

W

Ein extrem wichtiger Zug, aber mehr dazu später.

30 ♕b2 ♖g4!! 0-1
Der Moment der Wahrheit! Es gibt keine Verteidigung gegen 31...♖xg3, also gab Weiß auf.

Kehren wir nun zum 29. Zug von Schwarz zurück. Das ist ein typischer resultierender Zug, der auf der Notwendigkeit beruht, im Fall von 29...g4 die Antwort 30 ♖ed1! ♖e8 31 ♔e1 zu verhindern. Dieses kurze, aber attraktive Finale gefällt mir sehr.

Kapitel 3

37)
Kasparow – Kramnik
PCA Blitz, Moskau 1996

In Blitzpartien ist alles möglich! Einen Moment lang verlor Kasparow die Konzentration und vergaß, das Feld vor dem Isolani zu kontrollieren – und genau dahin stößt der Bauer nun vor.
27...d4! 28 ♕xd6 ♖xd6 29 ♖fd1 *(D)*
Auf keinen Fall 29 exd4? ♖xd4 (und nicht 29...g5? 30 ♗d3) 30 g3 ♖xf4, obwohl Weiß auch in der Partiefortsetzung schlecht steht.

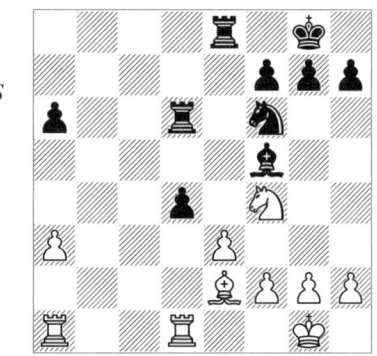

S

29...g5! 30 ♘h5 ♘xh5 31 ♗xh5 d3 32 ♖d2 g4! 33 f3 gxf3 34 ♗xf3 ♖xe3
...und Schwarz gewann.

38)
Karpow – G. Kusmin
Interzonenturnier, Leningrad 1973

Obwohl Weiß nicht in der Lage ist, den Vorstoß des gegnerischen Zentrumsbauern zu verhindern, kann er immerhin versuchen, ihn so

harmlos wie möglich zu gestalten. Daher spielte er:
20 a3!
Das verhindert den Springerausfall nach b4. Weiß will ...d4 mit c4 beantworten, wonach Schwarz nichts erreicht hat, während Weiß seinen c-Bauern aktiviert hat. Schwarz ist nun zu dauerhafter Passivität verdammt. Kusmin fühlt sich in solchen Stellungen alles andere als wohl und fängt an, unnötig scharf zu spielen:
20...h5?!
Notwendig war die Umgruppierung seiner Figuren, um den gegnerischen Druck zu vermindern. Zum Beispiel 20...♕c7 21 ♖e2 ♖6d7 22 ♖ae1 ♖e7.
21 ♔g2 h4 22 ♖e2 ♘f8 23 ♘d2 ♖h6 24 ♘f3 hxg3 25 fxg3 ♘d7 26 ♖ae1 ♔f8 27 g4! (D)

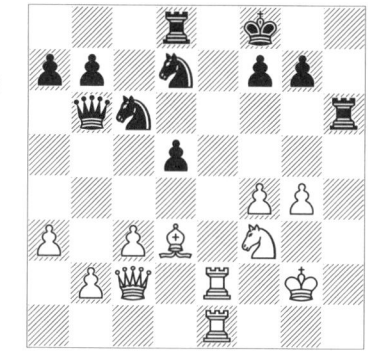

S

Nun wird klar, dass nur Weiß die offenen Linien ausnutzen kann. Das überrascht nicht, da eine *Stellungsöffnung die aktivere Partei begünstigt.*
27...♕c7 28 g5 ♖h8 29 ♔g3! ♘c5 30 ♗f5 g6 31 b4!
Weiß hat großen Vorteil, und Karpow gewann überzeugend.

39)

Karpow – Timman
Moskau 1981

Obwohl die weiße Dame in die schwarze Stellung eingedrungen und dem König zu Leibe gerückt ist, braucht sie noch weitere Unterstützung. Der Springer kann noch nicht helfen, und die Türme sind sowohl durch eigene als auch durch gegnerische Bauern blockiert. Weiß muss einen Weg finden, die Stellung zu öffnen.
27 ♗b3!

Dieser Zug hilft Weiß bei der Umgruppierung seiner Figuren. Der Läufer übernimmt die Kontrolle der Diagonale, auf der die wichtigsten Felder liegen, nämlich d5, e6 und f7. Schwarz hat keine Verteidigung, zum Beispiel gewinnt Weiß nach 27...♖e8 mit 28 d5! ♗xe5 29 dxe6 ♕b8 (29...♕c7 und 29...♕c5 werden genauso beantwortet) 30 e7+ ♔xe7 31 ♕xg7.
27...♗b7 (D)

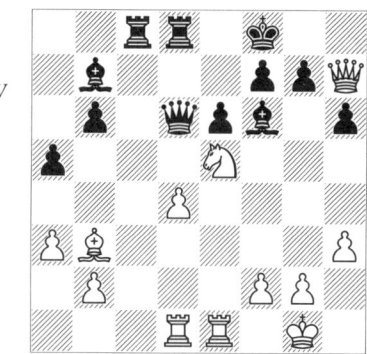

W

Wenn Schwarz seinen Läufer nach d5 stellen kann, wird er einfach Vorteil behalten. Also:
28 d5!
Auch 28 ♘g6+! fxg6 29 ♖xe6 gewinnt (wie auch 29 ♗xe6), wonach Schwarz die Dame geben muss, da 29...♕f4 nach 30 ♕h8+ ♔f7 31 ♖e8+ sofort verliert.
28...♕c7
Es gibt keine Verteidigung: 28...exd5 29 ♘d7+ oder 28...♗xe5 29 dxe6 ♕c7 30 e7+!.
29 dxe6 ♖xd1 30 ♘g6+! 1-0
Angesichts von 30...fxg6 31 e7+ gab Schwarz auf.

40)

Lasker – Showalter
Kokomo (9) 1892/93

Ich habe dieses Beispiel ausgewählt, weil die resultierende Stellung sehr lehrreich ist. Die verstreuten schwarzen Bauern stellen im Endspiel ernsthafte Schwächen dar und bieten sich als Angriffsobjekte an. Das folgende weiße Manöver ist für Isolanistellungen ebenso typisch wie instruktiv.
30 ♘e2!
Der Springer verlässt die c-Linie, wonach der b-Bauer frei ziehen kann. Gleichzeitig nimmt er die Felder d4 und f4 unter Kontrolle, die für den

Springer im Kampf gegen den Isolani wichtig sind.

30...g6?

Das verliert forciert. Offensichtlich verlor Schwarz angesichts aller gleichzeitig auftretenden Probleme den Mut. In solchen Situationen steigt die Wahrscheinlichkeit, einen Fehler zu machen. Die folgenden Varianten demonstrieren, dass Schwarz sehr viel bedenken musste: Nach 30...♔e5 31 b4!? axb4 32 axb4 ♖c4 33 ♘d4 ♖e7 34 ♖a1 ist es sehr schwierig, die Stellung zu halten. Noch schlechter ist 30...♔f7 31 ♘d4 g6 32 ♘b3 ♖c4 33 ♘xa5 ♖cc7 34 ♘b3, während Weiß nach 30...a4 31 ♖d3 ♔e7 32 b3! Linien für seine Türme öffnet und von hinten in die schwarze Stellung einbricht.

In der Partie ging es noch einfacher:

31 ♘f4+ ♔f7 32 ♘d3

Schwarz verlor die Qualität und bald auch die Partie.

41)
Anand – Adams
Wijk aan Zee 1996

Jetzt werden wir noch eine andere Methode des Spiels gegen den Isolani sehen, wenn sie auch nicht oft anzutreffen ist. Mit Linienöffnungen im Zentrum erlaubt Weiß seinem Gegner zwar, sich von der Schwäche d5 zu befreien, aber in der Folge nutzt er die bessere Stellung der Türme aus.

18 b4! ♘e4 19 ♘xe4 dxe4 20 ♖d2 ♕e7 21 b5! *(D)*

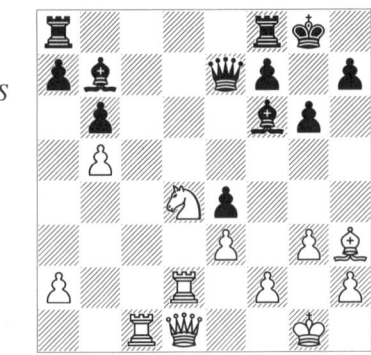
S

Das ist die Pointe des 18. Zugs von Weiß.

21...♗xd4

Schwarz muss seinen Lieblingsläufer aufgeben, da er den Springer nicht nach c6 lassen kann, zum Beispiel 21...♖fd8 22 ♘c6 ♗xc6 23 bxc6 ♖xd2 24 ♕xd2 ♕c7 25 ♗d7 ♔g7 26 ♕d5.

22 ♖xd4

Diese Stellung ist nach dem 18. Zug von Weiß fast forciert entstanden. Seine Türme kontrollieren das gesamte Zentrum.

22...♗c8

Nach 22...♖fd8 hat Weiß das sehr starke 23 ♗d7! ♗c8 24 ♗c6 ♗b7 25 ♗xb7 ♖xd4 26 ♕xd4 ♕xb7 27 ♕e5! (Dautow).

23 ♗d7! *(D)*

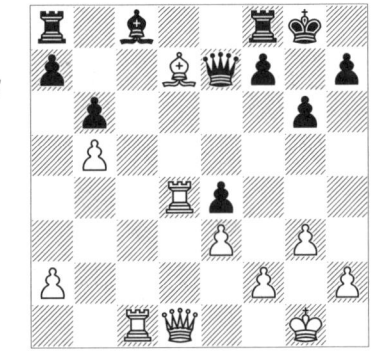
S

Ein thematisches Manöver, wie in der Anmerkung zum vorigen Zug gezeigt.

23...♗xd7 24 ♖xd7

Nach dem Studium des Kapitels 2 („Die Schwerfiguren") wissen wir nun die Vorteile der weißen Stellung zu schätzen. Im weiteren Verlauf der Partie gelang es Weiß, seine überlegene Stellung zu konsolidieren und zu gewinnen.

42)
Botwinnik – Budo
Leningrad 1938

Der letzte schwarze Zug war 14...♘fd7, mit der Absicht, die Stellung zu vereinfachen. Natürlich sollte Weiß versuchen, seine aktiven Figuren auf dem Brett zu halten. Daher spielte er:

15 ♗f4! ♘xe5 16 dxe5

Weiß hat klaren Vorteil – sein Raumvorteil ist größer geworden, und der Gegner hat Schwierigkeiten, seine Figuren zur Verteidigung des Königs zu organisieren. Sofern er die wichtigsten Angriffsfiguren auf dem Brett behält, wird Weiß bald starken Angriff entwickeln.

Aus diesem Grund waren der 14. und 15. Zug von Schwarz fehlerhaft.

16...♗g5 17 ♕h5 h6 18 ♗g3

Natürlich!

18...♕c7

Weiß gewinnt auch nach 18...g6 19 ♗xg6 fxg6 20 ♕xg6+ ♔h8 21 f4.

19 h4 ♗d8 20 ♖d4! *(D)*

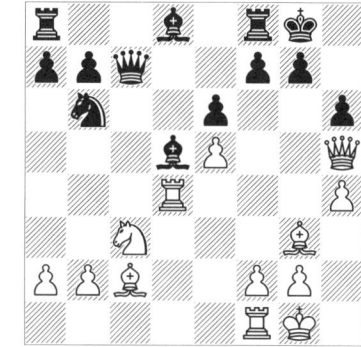

Die beengte Stellung der schwarzen Figuren, kombiniert mit dem Druck, den der weiße Turm am Königsflügel ausüben wird, machen eine Verteidigung für Schwarz unmöglich.

20...♕c5 21 ♖g4 f5

Auch nach 21...♔h8 22 ♗f4 f5 23 ♗xh6 gewinnt Weiß.

22 exf6 ♖xf6 23 ♗e5 ♗c6 24 ♖xg7+ 1-0

43) Botwinnik – Khawin
UdSSR-Meisterschaft, Moskau 1944

In diesem Beispiel begegnen wir einer typischen Veränderung der Bauernstruktur. Hier gibt es kein allgemeines Rezept, da jede Stellung ihre eigenen Merkmale hat – aber es gibt gewisse Prinzipien, die man befolgen kann und muss! Weiß steht vor der Entscheidung, entweder seinen Läufer zurückzuziehen (zum Beispiel nach b3), oder ihn auf d5 zu tauschen, was dem Gegner das Läuferpaar gibt, aber Zeit gewinnt und die Initiative ergreift. Aufgrund der spezifischen Stellungsmerkmale ist die zweite Option in diesem Fall sehr stark.

11 ♗xd5! exd5

Der sehr wichtige Läufertausch, mit dem Weiß nun fortsetzt, stellt die Grundlage des gesamten Plans dar.

12 ♗g5! *(D)*

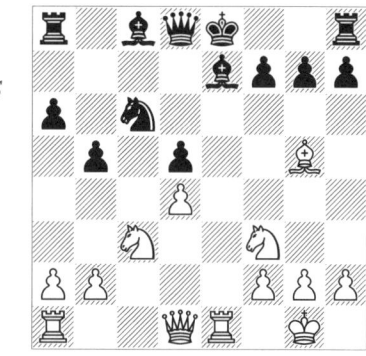

Der springende Punkt ist, dass der Nachziehende einen ganzen Komplex schwarzfeldriger Schwächen besitzt, die durch den Abtausch des schwarzfeldrigen Läufers noch verwundbarer werden (zu diesem Thema haben wir bereits ein Beispiel in der Partie Botwinnik-Ragosin gesehen).

Abgesehen von positionellen Überlegungen erforderte die Entscheidung des Weißen im 11. Zug auch einige Berechnungen.

12...0-0

Das Problem ist, dass Schwarz außerdem die Antwort 12...f6 hatte, aber nach 13 ♗f4 (mir gefällt das Figurenopfer 13 ♕b3! fxg5 14 ♘xd5 ♖a7 15 ♖ac1 mit weißem Angriff) 13...♗g4 14 ♕b3! ♗xf3 15 gxf3 ♘xd4 16 ♕d1! besitzt Weiß die Initiative.

13 ♗xe7 ♘xe7

Das folgende Springermanöver vergrößert den klaren weißen Positionsvorteil:

14 ♘d2! ♖a7 *(D)*

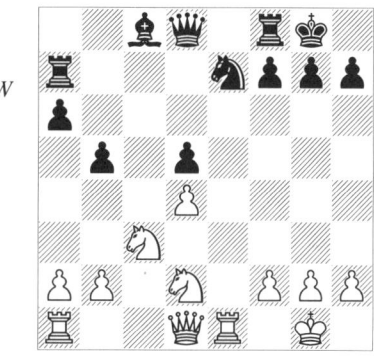

15 ♘b3

Weiß hat hervorragendes Spiel, und er führte die Partie schließlich zum Sieg (siehe Aufgabe 115 in Kapitel 8 „Symmetrische Bauernstrukturen").

44)
Spasski – Petrosjan
Weltmeisterschaft (3), Moskau 1966

Wir werden nun noch eine andere Methode des Spiels gegen den Isolani betrachten, nämlich die *Besetzung der umliegenden Felder*. Weiß hat gerade seinen Läufer von g5 nach c1 zurückgezogen. Er wollte den Abtausch durch 16...♘h5 vermeiden, der unumgänglich wäre, wenn er stattdessen nach h4 zurückgegangen wäre (erinnern Sie sich an die Partie Kortschnoj-Karpow?). Petrosjan findet eine ausgezeichnete Antwort:

16...♗b4! *(D)*

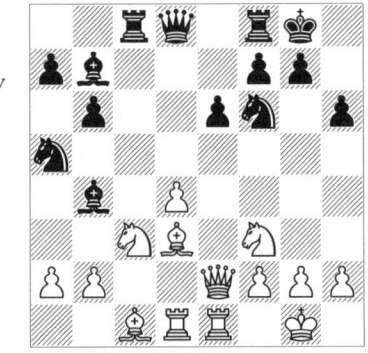

Dieser Zug ist nur möglich, weil sein Springer nicht mehr gefesselt ist.

17 ♗d2 ♗xc3!

Das ist die Pointe des Läufermanövers – die Felder c4 und d5 sind nun völlig unter schwarzer Kontrolle. 17...♗xf3 18 ♕xf3 ♕xd4 19 ♗a6 wäre nicht so bequem für Schwarz.

18 bxc3 ♕d5! 19 ♕f1

19 ♗b1 ♕h5!? ist unangenehm für Weiß, aber vielleicht hätte er das spielen sollen.

19...♕xa2 20 ♘e5 ♘b3 21 ♖e2 *(D)*

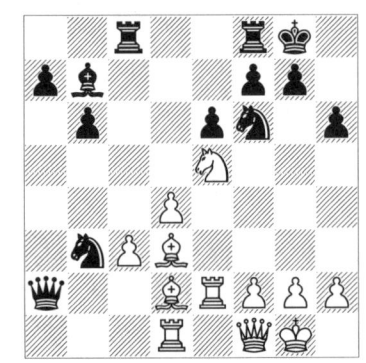

21...♘xd2?

Stattdessen konnte Schwarz 21...♕a3! 22 ♗e1 (22 ♘c4 ♘xd2) 22...♘c1! mit großem Vorteil spielen.

22 ♖exd2 ♕d5 23 c4 ♕d6 24 ♕e2 ♖fd8

Eine komplizierte Stellung ist entstanden, in der Schwarz einen Bauern mehr hat. Aber später verpasste er seine Chance, und die Partie endete remis.

45)
Kramnik – Anand
Dortmund 2001

Diese Stellung ist sehr typisch für das Angenommene Damengambit – abgesehen davon, dass die Dame auf f4 schon näher am schwarzen König steht, und der schwarze Turm zur Zeit noch auf a7 festhängt. Uns ist schon klar, dass ein Durchbruch im Zentrum in der Luft liegt. Dennoch ist die taktische Grundlage alles andere als einfach, so dass sogar ein großer Taktiker wie Anand sie übersehen hatte!

15 d5! *(D)*

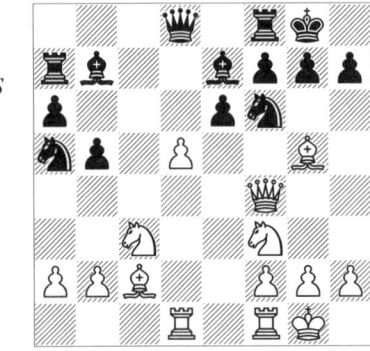

15...♗xd5

Erst jetzt wird deutlich, dass das Schlagen mit dem Springer wegen der folgenden, von Kramnik gezeigten Variante nicht funktioniert: 15...♘xd5 16 ♗xh7+! ♔xh7 17 ♕h4+ ♔g8 18 ♖xd5! ♗xd5 19 ♗xe7 ♕xe7 20 ♘g5. Ich muss anmerken, dass Weiß im 18. Zug mit dem Turm schlagen musste, da Schwarz nach 18 ♘xd5? ♗xd5 19 ♗xe7 ♕xe7 20 ♘g5 die Antwort 20...♗e4! hat. Vielleicht war es das, was Anand in seiner ursprünglichen Analyse geplant hatte?

16 ♘xd5 exd5

Nach 16...♘xd5 nehmen die Dinge eine bekannte Wendung: 17 ♖xd5! exd5 (17...♕xd5

18 ♗xe7 ♖xe7 19 ♕h4) 18 ♗xh7+ ♔xh7 19 ♕h4+ ♔g6 (19...♔g8 20 ♗xe7 ♕xe7 21 ♘g5) 20 ♘e5+ ♔f5 21 ♕g4+! ♔xe5 22 ♗f4+ ♔d4 (22...♔f6 23 ♖e1!) 23 ♗d6+ mit Matt.

17 ♕h4 h5

Das ist forciert, da 17...h6 18 ♗xh6 gxh6 19 ♕xh6 ♖c7 (19...♖e8 20 ♘d4! ♗f8 21 ♖g4+) 20 ♘d4 ♖xc2 21 ♖d3! ♘g4 22 ♖g3 schlecht für Schwarz ist.

Alle obigen Varianten stammen aus Kramniks eigenen Kommentaren.

18 ♖fe1 ♘c6 19 g4! ♕d6 20 gxh5 ♕b4 (D)

Nach 20...♘h7 hatte Weiß 21 ♗f4! mit großem Vorteil geplant.

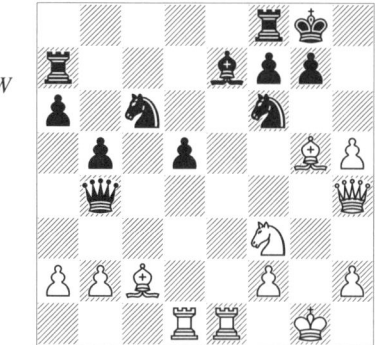

21 h6! ♕xh4 22 ♘xh4

Weiß hat ein deutlich vorteilhaftes Endspiel erreicht, das er später in einen Sieg verwandelte.

46)

Bisguier – Karpow
Olympiade, Skopje 1972

Obwohl das Schlagen des Bauern sehr nahe liegend erscheint, führt es leider zu einer sehr unklaren Stellung. Wie Karpow zeigt, kann Weiß nach 26...♘xb4 27 ♗b3 ♖dd6 mit 28 ♕e5! ♘c6 29 ♕e3! fortsetzen, und das Spiel ist völlig unklar. Schwarz, der eine ganze Palette positioneller Vorteile besitzt, möchte sich darauf natürlich ungern einlassen und muss daher nach einem anderen Zug Ausschau halten. Karpow findet einen geradlinigen Plan, der auf einem einfachen, aber wirkungsvollen taktischen Trick beruht:

26...♕d8! 27 ♗b3 ♘xd4! 28 ♖xd4

Das nach 28 ♗xd5 ♘xf3+ 29 ♗xf3 ♕xd2 entstehende Endspiel sieht auch finster aus, und gegen Karpow wäre es recht hoffnungslos gewesen. Stattdessen versucht Weiß, „im Trüben zu fischen", aber er hat nicht die nötigen Ressourcen, um damit Erfolg zu haben.

Schwarz beendet die Partie mit einem kräftigen Gegenangriff:

28...♖xd4 29 ♘xg5 ♖d3 30 ♕h4 h6 (D)

31 ♘xf7 ♕d4! 32 ♖e1 ♖xh3! 0-1

47)

Smyslow – Suetin
Seniorenweltmeisterschaft, Bad Wörishofen 1991

In den Worten Michail Tals, brachte Larsen die „überraschende" Idee auf, dass ein Isolani nicht blockiert, sondern geschlagen werden sollte! Diese Herangehensweise sollte nie vernachlässigt werden. Man sollte darauf vorbereitet sein, so dass man die Chance nicht verpasst, wenn sie auftritt. Wie in diesem Beispiel:

26 ♕d4! a6 27 ♕c5 ♔h7 28 b5 (D)

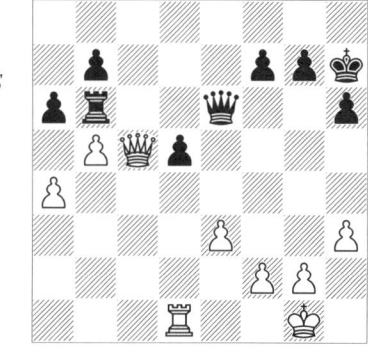

Dieser Bauernvorstoß und der Angriff auf den Bauern legen den Grundstein für das erfolgreiche weiße Damenmanöver.

28...axb5 29 axb5 ♖d6

Weiß hat die schwarzen Figuren in eine passive Stellung gezwungen und führt nun einen typischen Schlag aus.

30 e4! b6 31 ♕d4 ♕d7 32 ♕d3 d4

Schwarz hat seinen Bauern gerettet und ihn sogar vorgezogen. Allerdings ist er sicher blockiert und vor allem unter ständigem Angriff. Nun bricht der weiße e-Bauer nach vorne durch und zieht einen ganzen Konvoi von Bauern nach sich.

33 e5+ ♖g6 34 f4! ♕d5 35 g4! *(D)*

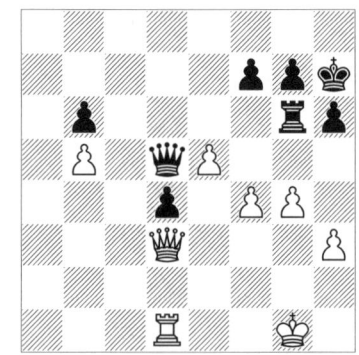

Das weiße Spiel ist einfach zu verstehen – wie wir wissen, ist der Königsangriff, wenn nur noch Schwerfiguren auf dem Brett sind, eine mächtige Waffe. Außerdem kommt bald auch die Möglichkeit eines Durchmarschs des weißen e-Bauern ins Spiel.

35...♔g8

Schwarz kann die Schwächung des weißen Königsflügels nicht ausnutzen. Nach 35...h5 36 g5 f6 37 ♖e1! fxg5 38 f5 gewinnt Weiß.

36 f5 ♖g5 37 ♕xd4 ♕f3

Natürlich darf Schwarz nicht 37...♕xb5? 38 h4 spielen.

Nachdem der schwarze Isolani gefallen ist, haben wir eine normale Schwerfigurenstellung vor uns, in der Weiß entscheidenden Vorteil besitzt.

38 ♕d8+ ♔h7 39 ♕d3 ♕f4 40 e6 ♕e5

Die folgende einfache, aber eindrucksvolle Variante ist eine ausgezeichnete Illustration, wie man mit Schwerfiguren spielt: 40...fxe6 41 fxe6+ ♔g8 42 e7 ♕e5 43 ♖c1! ♕xe7 44 ♖c8+ ♔f7 45 ♕c4+! ♔g6 46 ♕c2+ ♔f6 47 ♖c6+ etc.

41 exf7 ♕f6 42 ♕d7 1-0

Alle obigen Varianten wurden von Smyslow selbst angegeben.

48)

Smyslow – Oll
Rostow 1993

Wir untersuchen nun eine Stellung, wo der Isolani nicht auf der d-Linie, sondern auf der e-Linie steht. Übrigens ändert sich dadurch nichts. Zunächst muss Weiß den geeignetsten Plan finden. Den Bauern nach f4 zu ziehen, sieht natürlich aus, aber dieser Zug muss sorgfältig berechnet werden, da er sonst nur zu einem Bauerntausch führt. Trotzdem...

28 f4! *(D)*

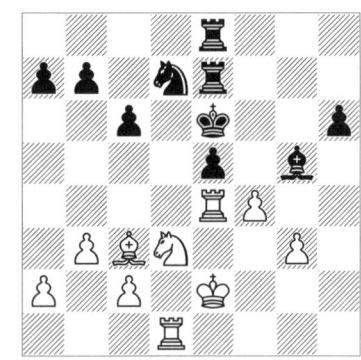

28...♔f5?

Schwarz, der offensichtlich in Zeitnot war, folgt naiv der Hauptvariante. Doch auch nach dem hartnäckigeren 28...♗f6 steht Schwarz schlecht. 29 fxe5 und nun:

a) 29...♗g7 30 ♖f1! c5 (30...♔d5?? 31 ♖d4+ ♔e6 32 ♖d6#) 31 ♘f4+ ♔f5 32 ♔e3 ♗xe5 (32...♔g5 33 ♘d5 ♖e6 34 ♘c7) 33 ♘d5+ ♔e6 34 ♘xe7.

b) 29...♔f5 30 ♖f1+! ♔xe4 31 exf6 ♖f7 32 ♘b4!.

c) 29...♔f7 30 ♖f1 ♔g6 31 ♖g4+ ♔h7 32 ♔d1 ♘xe5 33 ♘xe5 ♗xe5 34 ♗xe5 ♖xe5 35 ♖f7+.

Nach dem schwarzen Fehler bringt Weiß die Partie schnell und schmerzlos nach Hause:

29 g4+! ♔xe4 30 ♘f2+ ♔xf4 31 ♖g1! 1-0

Es gibt keine Verteidigung gegen das Matt.

49)

Smyslow – Ribli
Kandidatenmatch (5), London 1983

Die gesamte Partie hindurch hat Smyslow einen kompromisslosen Angriff gegen den gegnerischen König geführt. In der entstandenen Stellung muss Weiß nun einen Weg finden, den Angriff korrekt abzuschließen. Wenn ihm das nicht gelingt, wird er seine Stellung unmöglich retten können, da er nicht nur materiell im Nachteil ist, sondern auch seine Bauernstruktur in Trümmern liegt. Wenn ein Spieler freiwillig einen Isolani akzeptiert hat, ist eine solche äußerst scharfe Spielweise typisch. Natürlich war in dieser Stellung alles von langer Hand vorbereitet.

27 ♕h8+ ♔e7 28 ♖xe6+! (D)

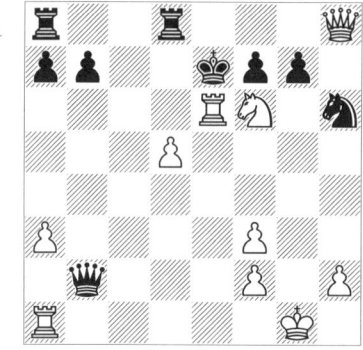

Eine einfache Kombination, mit der Weiß die schwarze Dame gewinnt.

28...fxe6 29 ♕xg7+ ♘f7

29...♔d6 30 ♘e4+ ist noch schlechter für Schwarz.

30 d6+ ♖xd6 31 ♘d5+ ♖xd5 32 ♕xb2 b6 33 ♕b4+

Dank der schlechten schwarzen Königsstellung ist die Verwertung des Materialvorteils nicht schwer. Die übrigen Züge wurden nur gespielt, um die Zeitkontrolle zu erreichen.

33...♔f6 34 ♖e1 ♖h8 35 h4! ♖hd8 36 ♖e4 ♘d6 37 ♕c3+ e5

Der König hat keine sichere Zuflucht.

38 ♖xe5 ♖xe5 39 f4 ♘f7 40 fxe5+ ♔e6 41 ♕c4+ 1-0

Die Zeitkontrolle ist erreicht, infolgedessen gab Schwarz auf.

50)
Kasparow – Spangenberg
Simultan, Buenos Aires 1997

Dank seines Entwicklungsvorsprungs hat Weiß Eröffnungsvorteil erreicht. Um ihn auszunutzen, ist energisches Spiel notwendig:

13 ♕f3! (D)

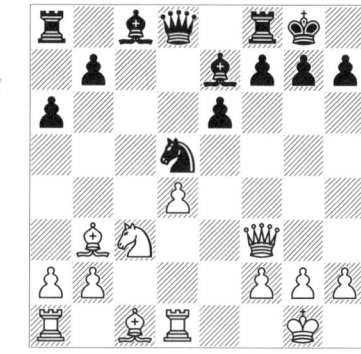

13...♘xc3

Ein Rückzug des Springers wäre unbequem, da er die Entwicklung noch mehr verzögern würde.

14 bxc3

Statt eines Isolanis bekommt Weiß nun „hängende" Bauern. Es ist klar, dass diese Bauern beweglich sind und bald nach vorne stoßen werden – Kasparow spielt solche Stellungen sehr gerne.

14...♕c7?!

Sieht natürlich aus, aber stellt tatsächlich eine Ungenauigkeit dar. Schwarz sollte 14...♖b8 spielen, um 15 ♗f4 mit 15...♗d6 zu beantworten, obwohl Weiß auch dann Vorteil behält.

15 c4 ♗d6? (D)

Übersieht die nahe liegende Antwort seines Gegners, obwohl wir nicht vergessen sollten, dass Schwarz ein respektabler Großmeister ist. Der Grund für einen solchen ungewöhnlichen Fehler kann den Schwierigkeiten seiner Stellung zugeschrieben werden, die durch die folgende Variante hervorgehoben werden: 15...♗d7 16 ♗f4 ♕c8 17 ♕g3 mit starkem weißen Druck.

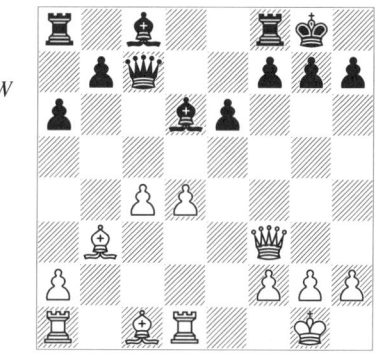

16 c5! ♗e7

Nach 16...♗xh2+? 17 ♔h1 geht der Läufer verloren.

Als Folge des Läuferrückzugs erlangt Weiß sowohl deutlichen Raumvorteil als auch Entwicklungsvorsprung, und er gewinnt leicht.

17 ♗f4 ♕d7 18 ♖ac1 ♕c6 19 d5 exd5 20 ♗xd5 ♕g6 21 h3 ♖a7 22 ♕e3 ♗f6

22...♗e6 23 ♗xe6 ♕xe6 24 ♕xe6 fxe6 25 ♖d7 ist ebenso hoffnungslos für Schwarz.

23 c6 bxc6 24 ♗e4 ♗f5 25 ♗xf5 ♕xf5 26 g4 1-0

51)

Petrosjan – Spasski
Weltmeisterschaft (2), Moskau 1969

15...♗h3

Entgegen der Regel, dass die Isolanipartei Figurentausch vermeiden sollte, ist dieser spezielle Läufertausch oft günstig (d. h. der Tausch des starken Läufers von Weiß, der Druck auf den Isolani ausübt, gegen den passiven Läufer von Schwarz, der an die Verteidigung des Bauern gebunden ist). Es ist meist völlig in Ordnung, sich diesen Läufer vom weißen Springer (in diesem Fall vom Springer d4) abtauschen zu lassen und mit dem f-Bauern zurückzuschlagen.

16 ♘xc6

Vielleicht ist es besser, diesen Abtausch zurückzustellen und stattdessen 16 ♗f4!? zu spielen. Die hängenden Bauern erweisen sich in dieser Partie als günstig für Schwarz.

16...bxc6 17 ♕d3 ♗xg2 18 ♔xg2 a5! *(D)*

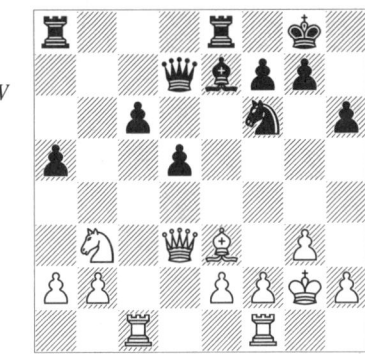

19 ♖c2

Für das Verständnis dieser Stellung sind die Varianten sehr wichtig, in denen Weiß das Feld c5 besetzt. Falls 19 ♗c5, spielt Schwarz 19...♗d8!, was den äußerst wichtigen schwarzfeldrigen Läufer behält. Wenn Weiß allerdings 19 ♘c5 spielt, kann (und muss!) Schwarz seinen schwarzfeldrigen Läufer aufgeben, da in dieser Stellung der weiße Springer auf dem Blockadefeld c5 zweifellos die unbequemste Figur ist. Übrigens ist es genau das, worauf der schwarze Läufer wartet, und daher vermeidet er mit dem Rückzug nach d8 in der vorigen Variante den Abtausch gegen den Läufer. Eine mögliche Fortsetzung ist 19...♗xc5 20 ♗xc5 ♘e4, und in der entstandenen Stellung hat Schwarz offensichtlich einen kleinen Vorteil.

19...a4 20 ♘d2?

Weiß spielt nicht 20 ♘c5, da er die in der vorigen Anmerkung analysierte Stellung vermeiden möchte. Dennoch war dieser Zug notwendig. Nun erreicht Schwarz mit einer akkuraten Zugfolge klaren Vorteil.

20...♕b7 21 ♔g1 ♖ac8! *(D)*

Ein resultierender Zug, der hier ebenso stark wie typisch ist. Er basiert auf der Notwendigkeit, die Variante 21...♘d7?! 22 ♘f3 c5 23 ♖d1! zu verbessern, wonach Schwarz gezwungen ist, einen der „hängenden Bauern" nach vorne zu ziehen, was in diesem Fall ungünstig für ihn ist.

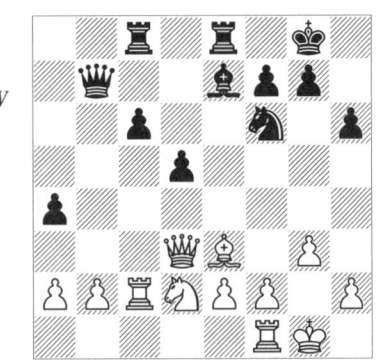

22 ♖fc1 ♘d7 23 ♘f3 c5

Schwarz hat klaren Vorteil, den er allerdings später wieder verlor, und die Partie endete remis.

52)

Petrosjan – Spasski
Weltmeisterschaft (12), Moskau 1969

Obwohl es hier scheinbar keinen grundsätzlichen Unterschied zum vorigen Beispiel gibt, ist der gleiche Läufertausch in dieser Partie günstig für Weiß. Der Grund dafür liegt in der Rolle, die das Feld f5 bald spielen wird. In diesem Fall ist diese spezifische Idee wichtiger als generelle Prinzipien – was nicht selten vorkommt. Es ist vor allem diese Vielschichtigkeit, kombiniert mit der Abwesenheit fester, immer gültiger Regeln, die Schach zu einem so interessanten und langlebigen Spiel macht. In der Partie folgte also:

18 f3! ♗h5 (D)

Nach 18...♗h3 19 ♗xh3 ♕xh3 20 ♕f5! übt der weiße Springer Druck auf die gegnerische Stellung aus, wobei der Damentausch die schwarzen Gegenspielchancen erheblich reduziert. Es ist wichtig, dass Schwarz nicht 20...♘fg4 21 fxg4 ♘xg4 22 ♖f2! ♗g5 23 ♕xf7+ ♔h8 24 ♘e6 ♗f6 25 ♘f4 spielen kann.

19 ♕f5! ♘c6

Bedauerlicherweise kann Schwarz den Damentausch nicht vermeiden. Nach 19...♕c7 20 ♘cb5 ♕b8 hat Weiß das starke 21 ♘e6! mit der möglichen Variante 21...♗g6 22 ♕xe5 ♕xe5 23 ♗xe5 fxe6 24 ♘c7 ♗c5+ 25 ♔h1 ♖ac8 26 ♘xe6 ♖e8 27 ♗h3, während 19...♕xf5 20 ♘xf5 ♗c5+ 21 ♔h1 ♗g6 mit 22 ♘a4! beantwortet wird, was ebenfalls großen Vorteil ergibt.

20 ♕xd7 ♖xd7 21 ♘xc6 bxc6

Wiederum sind hängende Bauern entstanden, aber diesmal ist dies deutlich zu Ungunsten von Schwarz – sein Zentrum ist schwach, seine Figuren unkoordiniert, und er hat keine realistischen Chancen, aktives Spiel zu erlangen.

22 ♘a4 ♘e8 23 ♖c1!

Das ist deutlich stärker als 23 ♗h3 ♖c7 24 ♗e5 ♗d6 25 ♗xd6 ♘xd6 26 e4 ♘xe4!? mit unklarem Spiel.

23...♖c7 24 ♗e5!

Ein bekanntes Manöver.

24...♗d6 25 ♗xd6 ♘xd6 26 ♖fd1 ♘b5 27 ♔f2?!

Zum ersten Mal in der Partie spielt Weiß ungenau. Nach dem nachhaltigeren 27 g4! ♗g6 28 f4 ♗e4 (forciert, da Schwarz nicht 28...f6? 29 ♖xc6! spielen darf) 29 ♗xe4 dxe4 30 ♔f2 erreicht Weiß eine technisch gewonnene Stellung. Im weiteren Verlauf unterliefen Weiß noch mehrere Ungenauigkeiten, und die Partie endete remis.

53)

Lerner – Dochojan
Kharkow 1985

Etwas unerwartet (zumindest für Schwarz!) findet Weiß eine günstige Möglichkeit, die Dinge zu forcieren:

18 ♗e4! ♕c7

18...♘xe5? scheitert an 19 ♗xb7.

19 ♗xc6! ♖xc6 20 ♖ac1 ♕b7 21 ♘xc6 ♕xc6 (D)

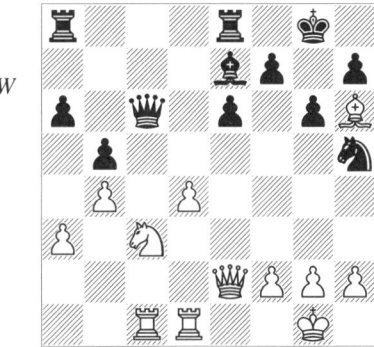

22 d5!

Wir wiederholen nun etwas, was wir schon früher besprochen haben.

22...♕b6

Noch schlechter ist 22...exd5 23 ♘xd5 ♕e6 24 ♕xe6 fxe6 25 ♘c7.

23 ♗e3! ♕b8

Auch 23...♕d6 24 ♗c5 ♕f4 25 d6 ist schlecht für Schwarz.

24 dxe6 fxe6

Nun ist es Schwarz, der den Isolani besitzt. Allerdings stellt sein Isolani nur eine Schwäche dar, für die er keine Kompensation hat. Weiß führt die Partie sicher zum Ende:

25 ♘e4 ♕e5 26 ♗d4 ♘f4 27 ♕e3 ♕f5 28 ♘g3 ♕g5 29 h4! ♕xh4 30 ♕e5 ♕h6 31 ♖c7 g5 32 ♖xe7! 1-0

54)
Polugajewski – Iwantschuk
Monaco Amber Schnellpartie, Roquebrune 1992

In dieser Partie sehen wir eine Spielweise, die zwar ungewöhnlich, aber dennoch für bestimmte Situationen typisch ist. Sie basiert darauf, dass die schwarzen Felder am Damenflügel des Nachziehenden, insbesondere das Feld c5, ernstlich geschwächt sind. Weiß ändert nun den Kurs, und statt sein bisher noch nicht sehr konkretes Spiel gegen den König fortzusetzen, schwenkt er zu den bereits existierenden Schwächen hinüber. Tatsächlich ist Schach ein Spiel konkreter Ideen!

13 ♗xf6!
Unerwartet, aber nun leicht zu verstehen.

13...♗xf6 14 ♘e4 ♗d7 15 ♖b1 ♗e7 16 ♕d3 f5

Möglicherweise hartnäckiger war die passive Verteidigung mit 16...g6 17 ♘c5 ♗xc5 18 ♖xc5 ♘e7 19 ♕d2 ♔g7, die solche dauerhaften Schwächungen vermeidet.

17 ♘c5 ♗xc5 18 ♖xc5 ♕b6 19 ♖fc1 ♖ac8 *(D)*

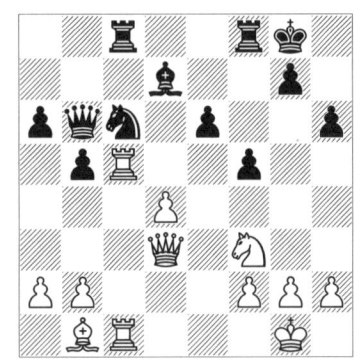

20 ♕e3 ♔h8
Weiß hat auf den schwarzen Feldern ernsthaften Druck aufgebaut, den Schwarz im Moment aber noch aushalten kann. Mit seinem nächsten Zug stellt Weiß die Drohung auf, seinen Gegner mit dem Zug b4 weiter einzuschnüren, und bringt gleichzeitig seine letzte passive Figur ins Spiel.

21 a3! b4 22 ♗a2 bxa3 23 bxa3 ♖fe8 24 h3 ♕b8 25 ♗c4!
Verbessert die Läuferstellung. Schwarz steht vor einer schweren Verteidigung – er hat zu viele Schwächen, und der weiße Zentrumsbauer ist ausgezeichnet.

25...♕b6 26 ♗f1 ♘a7 27 ♘e5 ♗b5 28 ♗xb5 axb5 29 ♕g3! ♔g8
Der Turmtausch ist schlecht: 29...♖xc5 30 dxc5 ♕a6 31 ♕g6.

30 ♕g6
Weiß hat deutlichen positionellen Vorteil erreicht und gewann bald.

Kapitel 4

55)
Sokolski – Botwinnik
Leningrad 1938

Die weißen Figuren sind – milde gesagt – ungewöhnlich platziert. Auf der anderen Seite hat Schwarz einen mächtigen Freibauern im Zentrum, der hervorragend von den Figuren unterstützt wird. Daher ist es nicht überraschend, dass alles problemlos funktioniert.

26...d3! 27 ♕d1 ♗g4 *(D)*

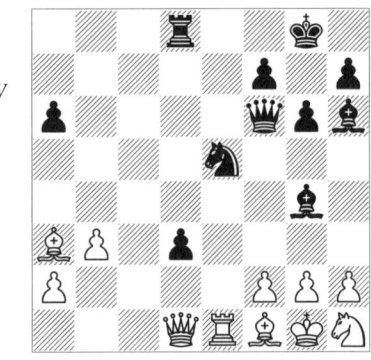

28 ♕a1
Im Fall von 28 f3 ♘xf3+ 29 gxf3 ♗xf3 gewinnt Schwarz einfach.

28...d2 29 ♖xe5
Es gibt keine Alternative.

29...d1♕ 30 ♖e8+ ♖xe8 31 ♕xf6 ♗e2 32 ♘g3 ♗g7!
Michail Botwinnik war nicht nur ein großer Stratege, sondern auch ein großer Meister in der Umsetzung eines Vorteils. Das zeigt sich

auch hier. Er wählt die geradlinigste Fortsetzung und verhindert, dass sein Gegner an Gegenspiel auch nur denken könnte.

33 ♕c6 ♗b5 34 ♕c1 ♕xc1 35 ♖xc1 ♖e1 36 ♗e3 ♖a1 37 a4 ♗d3 38 f4 ♖b1 39 ♔f2 ♗xf1 40 ♘xf1 ♖xb3 0-1

56)
Botwinnik – Ragosin
Leningrad (3) 1940

Weiß steht viel aktiver und besitzt einen mächtigen Freibauern, der von seinen Figuren unterstützt wird. Das ist der Moment für energisches Handeln:

24 b4! cxb4

Der Versuch einer „starrköpfigen" Verteidigung scheitert ebenso: 24...b6 25 ♕xa6.

25 ♖c7 ♖xc7 26 dxc7 ♘b6

Nach 26...♖e7 27 ♕d2 ♘f6 28 ♖d8 verliert Schwarz sofort, aber auch jetzt kommt es zu einem schnellen Ende.

27 ♗xb6! ♕xb6 28 ♕c4 ♖c8 29 ♖d7 ♕c6 30 ♕xc6 bxc6 31 ♖xf7 c5 32 ♗e6 1-0

57)
Karpow – Gligorić
Mailand 1975

Die Stellung sieht noch unklar aus, aber die Taktik kommt der Strategie zur Hilfe.

46 cxd6! ♗xd3 47 d7 ♖d8 48 ♖xd3! ♕xd3 49 d6+ ♔h8

Oder 49...♔g7 50 ♕e6 ♕f5 51 ♕e7+ ♔f7 52 ♕xd8 ♕xf2 53 ♕g5.

50 ♕xa5 1-0

Angesichts der Variante 50...♕xd7 51 ♕xe5+ ♔g8 52 ♕e8+ ♔g7 53 ♕xd7+ gab Schwarz auf.

58)
Karpow – Hübner
Tilburg 1982

Im Kampf um die Initiative hat Weiß eine Figur geopfert und muss sich nun entscheiden, wie er den Angriff am besten fortsetzt. Gut spielbar ist die Variante 25 ♕f5 ♕xf5+ 26 ♘xf5, aber nach 26...♘b6 ist die Lage immer noch sehr unklar. Stattdessen findet Karpow einen klaren Gewinnweg:

25 ♖xd7! ♕xd7 26 ♘f5 f6 27 ♕d5+ ♕xd5 28 cxd5 (D)

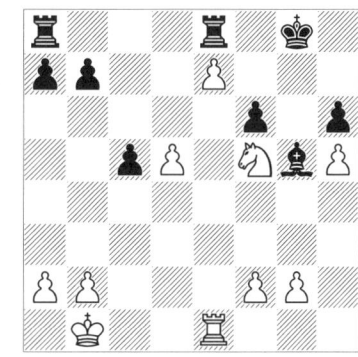

Die letzten Züge waren alle forciert. In der entstandenen Stellung ist Schwarz trotz seines Materialvorteils erstens zu völliger Passivität und zweitens zu deutlichem Materialverlust verurteilt.

28...♗f4 29 g3 ♗c7 30 ♔c2 b5 31 ♘xh6+ ♔h7

Nichts ändert 31...♔g7 32 ♘f5+ ♔f7 33 d6.

32 ♘f5 ♖g8 33 d6 ♗a5 34 ♖e6 ♖g5 35 ♖xf6 ♖xh5 36 d7 ♖h2 37 ♘e3 1-0

59)
Aloni – Botwinnik
Olympiade, Tel Aviv 1964

Es ist klar, dass der wichtigste Faktor in dieser Stellung nicht das Material, sondern die Aktivität ist. Das zeigt sich in der Variante 29...♖h3? 30 ♘e7+ ♔h8 31 ♘xg6+. Daher ist die schwarze Fortsetzung stark, aber auch notwendig.

29...♖xg3+! 30 fxg3 ♕xg3+ 31 ♔h1

Nun rückt der schwarze Freibauer nach vorne. Gegen die kombinierte Drohung des Bauernvormarschs und des Königsangriffs ist Weiß machtlos.

31...d3 32 ♘e7+

32 ♕e1 ♕h3+ 33 ♔g1 d2 führt zum gleichen Ergebnis.

32...♔h8 33 ♕e1

33 ♕d1 ♖f2 34 ♘xg6+ hxg6 35 ♖e8+ ♗f8.

33...♕h3+ 34 ♔g1 d2 35 ♘xg6+ hxg6 36 ♕h4+

36 ♖h4+ ♔g8.

36...♔g8! 0-1

60)
Spasski – Aronson
UdSSR-Meisterschaft, Moskau 1957

Der Druck gegen den schwarzen König, kombiniert mit dem Durchbruch des weißen Freibauern, entscheidet die Partie schnell:
32 ♕c1! ♗xf3
32...♔h8 33 ♕h6 führt zur gleichen Stellung.
33 ♕h6+ ♔h8 34 ♘f6! ♘xf6 35 exf6 ♕xf6 36 d7 ♗c6 37 dxe8♕+ 1-0

61)
Geller – Stein
Zonenturnier, Moskau 1964

Weiß hat einen Bauern weniger, und sein Freibauer sieht im Moment nicht allzu furchterregend aus. Dennoch wird deutlich, dass seine Figuren den Bauern unterstützen können. Es ist dieses Detail, das – kombiniert mit der etwas unnötig geöffneten Königsstellung – die Stellung für Schwarz gefährlich macht. Ich würde Ihre Aufmerksamkeit gerne noch einmal darauf lenken, wie vorteilhaft es ist, den Vormarsch eines zentralen Freibauern mit Drohungen gegen den König zu verbinden.
29 ♖d1! ♕c7 30 ♖xe5 fxe5 31 ♕e4 ♖d8 *(D)*
Im Fall von 31...♕f7 spielt Weiß einfach 32 f3, während nach 31...♖f7 der Schlag 32 f4!! möglich ist, wonach 32...♖xf4 mit 33 ♖d7 zum weißen Sieg führt. Doch auch der Übergang ins Damenendspiel rettet die Partie nicht. Der Rest der Partie ist sehr instruktiv:

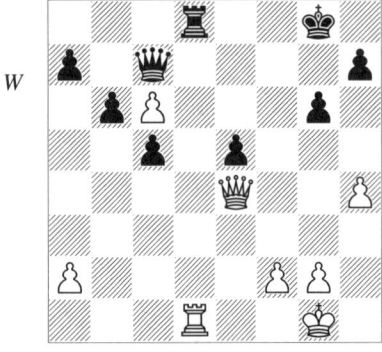

32 ♖xd8+ ♕xd8 33 ♕xe5 ♔f7 34 c7 ♕d1+
Sofort 34...♕d7 scheitert an 35 ♕h8!, während Weiß nach 34...♕c8 mit 35 f4! c4 36 h5 c3 (forciert, da 36...gxh5 mit 37 f5 beantwortet wird) 37 hxg6+ hxg6 38 ♕xc3 gewinnt.
35 ♔h2 ♕d7 36 f4 ♕g4 37 f5! ♕xh4+ 38 ♔g1 ♕h6 39 ♕e6+ 1-0

62)
Petrosjan – Larsen
Palma de Mallorca 1968

In dieser komplizierten und scheinbar unklaren Stellung erreicht Weiß schnell entscheidenden Vorteil, indem er mit einem für das Moderne Benoni typischen Bauerndurchbruch im Zentrum fortsetzt.
21 e5! dxe5 22 ♘de4! ♕f5
In diesem Fall sind die Bedingungen für den weißen Bauerndurchbruch ideal, da beide Flügel der schwarzen Stellung bereits ernstlich geschwächt sind. Zum Beispiel ist 22...exf4 23 ♘c5 ♖xe1+ 24 ♗xe1 ♕c8 25 ♘xb7 schlecht für Schwarz.
23 ♕f2 ♖ad8
Auch nach 23...♕xf4 24 ♘d6 sieht sich Schwarz großen Schwierigkeiten gegenüber.
24 ♗xd8 ♖xd8 25 ♕b6 ♕c8 26 ♘c5
Nach stärker als 26 ♘d6, was auch gewinnt. Weiß möchte den Weg des Bauern nicht blockieren.
26...e4
26...♗a8 wird mit 27 d6 beantwortet, und nach 26...♘a8 kommt 27 ♕a7.
27 ♕xb7 exf3 28 ♕xc8 ♖xc8 29 d6 ♗f8 30 ♘b7 ♘e6 31 d7 ♖b8 32 ♖xe6 1-0

63)
Karpow – Kasparow
Weltmeisterschaft (2), Moskau 1985

Hier sehen wir einen (trotz Zeitnot) ungewöhnlichen Fall, in dem Kasparow die Möglichkeit für einen schönen kombinatorischen Partieschluss übersah. Kasparow spielte das logische **34...♕h6?!** obwohl er mit dem unerwarteten **34...♖f8!** (was den Turm aus dem Angriff zieht) gewinnen konnte: 35 ♔f2 (der Einschub der Züge 35 f6 g6 ist möglich, aber das Endergebnis ist dasselbe) 35...♖c3 36 ♘e5, und nun kommt die Pointe der weißen Idee: 36...♕f3+!! 37 ♔xf3 ♖e1 38 ♗f2 ♕d1. Die Schwierigkeit ist hier, dass der 34. Zug von Schwarz sinnlos ist, wenn man den 36. nicht gesehen hat. Aus diesem Grund ist der 34. Zug ein typischer resultierender Zug, der nicht am Anfang seiner Berechnung auftaucht, sondern später als Konsequenz daraus. Das ist der Prozess: *Berechnung – Schlussfolgerung – Entdecken des resultierenden Zugs*. Kasparow hatte einfach nicht genug Zeit dafür. Nach dem Textzug hatte Schwarz immer noch Vorteil, aber die Partie endete schließlich remis.

64)
Smyslow – Letelier
Venedig 1950

Obwohl Weiß aktiver steht, hängt das Ergebnis der Partie, wie wir bald sehen werden, von den Nuancen der Stellung ab:

30 a6!

Ein außergewöhnlich wichtiger Zug. Wie in der Variante 30 ♖c7+ ♖e7 deutlich wird, ist es überaus wichtig, die Deckung des schwarzen Springers zu beseitigen. Entsprechend könnte man von keinerlei weißem Vorteil reden, wenn man den Bauern in der Ausgangsposition nach a6 statt nach a7 stellen würde. Nun allerdings kann Weiß deutlichen Vorteil erringen. Ich kann Ihnen nur empfehlen, solche Details beim Studium von Meisterpartien aufmerksam zu betrachten – Sie werden sehen, wie oft die vorausschauende Berechnung solcher Nuancen sich als entscheidender Siegesfaktor herausstellt.

30...bxa6 31 ♖c7+ ♔g6 32 ♖d7 ♘e7 33 ♗b4 ♘f5 34 ♖xd5

Das war die Idee des Weißen: Nun besitzt er zwei verbundene Freibauern im Zentrum. Obwohl er den Bauern g2 verliert, hat er entscheidenden Vorteil.

34...♘e3 35 ♖d8 ♘xg2 36 d5 ♖b6 37 ♗c5 ♖b7 38 ♖c8! *(D)*

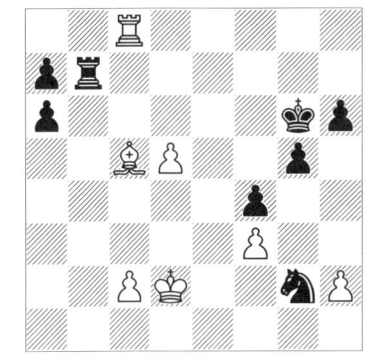

Hervorragende Technik – der weiße Turm nimmt die aktivste Stellung ein und neutralisiert gleichzeitig das schwarze Gegenspiel auf der c-Linie.

38...♘h4 39 ♔e2 ♘f5 40 ♖c6+ ♔h5?!

Das erleichtert die weiße Aufgabe. Nach dem stärkeren 40...♔f7!? 41 ♔d3 hat Weiß großen Vorteil, aber immer noch einige Arbeit vor sich.

41 d6 ♖d7 42 ♖c7 1-0

65)
Kramnik – Swidler
Dortmund 1998

Weiß hat einen Bauern weniger. Dennoch ist sein Vorteil, der in einer mächtigen zentralen Bauernphalanx besteht, deutlich zu sehen. Weiß muss nun die günstigsten Bedingungen finden, um die Bauern nach vorne zu ziehen. Zunächst neutralisiert er die aktivste Figur des Gegners, die ihm ernsthafte Probleme hätte bereiten können.

25 ♖d3! ♖ac8 26 d6 b5

Schwarz hat nichts, was er dem gegnerischen Plan entgegenstellen könnte. Zum Beispiel kann sein Turm die c-Linie nicht verlassen, da sowohl 26...♖d8 als auch 26...♖e8 mit 27 ♖xc3 dxc3 28 ♖c1 beantwortet wird, aber auf c8 wird der Turm unter Beschuss geraten. Schwarz befindet sich in einem Dilemma!

27 ♖xc3 dxc3 28 e6! ♗f8

Alles ist schlecht, z. B. 28...♖b8 29 e7 ♗f6 30 ♔d3 oder 28...♗f6 29 fxg5 ♗xg5 30 ♖f1!.

29 e7+ ♔e8 30 ♗xf7+! 1-0

Schwarz gab auf, angesichts von 30...♔d7 31 f5 bzw. 30...♔xf7 31 d7.

66)
Kramnik – Anand
Las Palmas 1996

Weiß steht besser. Das liegt in erster Linie an seinem zentralen Freibauern, der die schwarzen Figuren einschränkt und Weiß die Voraussetzung für weiteren Raumgewinn gibt. Genau das tut Weiß:

18 ♘c6! ♗xc6 19 ♗xd6

19 dxc6 ♗xf4 20 gxf4 sieht dubios aus. Da er bereits klaren Vorteil besitzt, hat Weiß keinen Grund, eine solche Schwächung zuzulassen.

19...♗a4!? *(D)*

19...♕xd6 20 dxc6 ist günstig für Weiß, wobei der Schlüsselfaktor das fehlende schwarze Gegenspiel ist. Anands Stil entspricht das absolut nicht, und so stellt er seinen Gegner vor eine verführerische, aber schwierige Wahl.

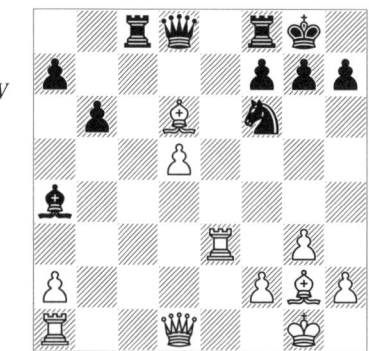

20 ♗xf8!

Auch 20 ♕xa4!? ♕xd6 21 ♕xa7 ♘xd5 22 ♗xd5 ♕xd5 23 ♕xb6 behält Vorteil, aber danach könnte Schwarz unter Nutzung seiner neu erlangten Aktivität eine lange und hartnäckige Verteidigung aufbauen. In solchen Stellungen ist Anand sehr stark. Es ist möglich und sogar wahrscheinlich, dass Kramnik es aus diesem Grund vorzog, Material zu geben, aber seinen mächtigen Freibauern zu behalten, der ihm eine gefährliche und dauerhafte Initiative garantiert. Als Zuschauer sollten wir dafür dankbar sein, insofern uns dies die Möglichkeit gab, eine interessante und unkonventionelle Partie zu verfolgen. Der weitere Verlauf zeigt, dass seine Entscheidung vollkommen korrekt war. Der Rest der Partie folgt praktisch ohne Kommentare, aber schauen Sie selbst!

20...♗xd1 21 ♗e7 ♕c7 22 ♖xd1 ♘d7 23 ♗h3 h6 24 ♗f5! b5?!

24...♕b7!? ist ein besserer Versuch, aber nach 25 ♗b4 steht Weiß dennoch klar besser.

25 ♗b4 ♖d8 26 ♗e7 ♕c4

26...g6 gibt die Auswahl zwischen 27 ♗e6!?, 27 d6!? und 27 ♗h3!?, mit großem Vorteil in allen Fällen.

27 ♖xd7! ♖xd7 28 ♗xd7 ♕xb4 29 d6 ♕a4 30 ♖d3 ♕e4 31 ♗xb5 ♕e1+ 32 ♔g2 ♕e4+ 33 ♔g1 ♕e1+ 34 ♔g2 ♕e4+ 35 ♔f1 ♕h1+ 36 ♔e2 ♕e4+ 37 ♔f1 ♕h1+ 38 ♔e2 ♕e4+ 39 ♔d1 ♕g4+ 40 f3 ♕h3 41 d7 1-0

41...♕f1+ 42 ♔c2 ♕e2+ 43 ♖d2.

Kapitel 5

67)

Acevedo – Fischer
Olympiade, Siegen 1970

Weiß steht extrem beengt. Mit seinem nächsten Zug geht Schwarz einfach zum Angriff über, und die eingeengten weißen Figuren sind nicht in der Lage, Widerstand zu bieten.

45...♔a3 46 ♖b1 ♖a2+ 47 ♖b2?

47 ♔c1 ist hartnäckiger, aber 47...♖xf2! 48 ♘xf2 ♘xc3 49 ♖a1+ ♔b3! 50 ♘d1 ♗xb4 51 ♘xc3 ♗xc3! 52 ♖b1 ♗a3+ 53 ♔d1 ♗b2 gewinnt forciert. Nach dem Textzug geht es noch einfacher.

47...♘xc3! 48 ♔xc3 ♖a1 0-1

68)

Botwinnik – Boleslawski
UdSSR-Meisterschaft, Moskau 1944

Der weiße Vorteil steht außer Frage, aber er muss noch eine Durchbruchsmöglichkeit finden. Die Schwächen in der gegnerischen Stellung sind offensichtlich – der wichtige Bauer e6 und der ungenügend verteidigte König. Also:

30 c6! ♗c8

Danach haben die schwarzen Figuren keine Koordination und behindern sich gegenseitig. Jetzt folgt ein Schlag, der die Stellung öffnet:

31 c4! bxc4 32 ♗xc4 ♘b6 33 ♗d3 ♖b8 34 ♕c5 *(D)*

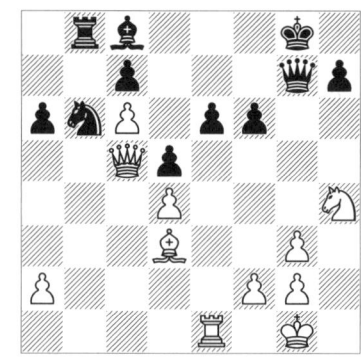

34...♕f8

Das verliert forciert, aber auch die passive Verteidigung scheitert. Zum Beispiel 34...♖a8 35 ♖e3 ♖b8 36 g4 ♖a8 37 ♘f5 ♕f8 38 ♘e7+

♔f7 39 ♖h3. Aufgrund der fehlenden Koordination der schwarzen Figuren, kombiniert mit seinen Schwächen, ist die schwarze Stellung hoffnungslos.
35 ♗xh7+ ♔g7 36 ♘f5+!
Ein wichtiger Zug, ohne den Weiß immer noch eine Menge Arbeit vor sich hätte.
36...exf5
Auch 36...♔f7 37 ♗g6+ ♔g8 38 ♕c1 ♘c4 39 ♕f4 ist schlecht für Schwarz. Der Rest ist einfach:
37 ♖e7+ ♔h8 38 ♗g6 ♗e6 39 ♖xe6 ♕xc5 40 dxc5 ♘a4 41 ♗xf5 ♘c3 42 ♖e7 ♘b5 43 ♗d3 ♖c8 44 a4 ♘d4 45 ♗xa6 ♘xc6 46 ♖e6 1-0

69)

Karpow – Gligorić
San Antonio 1972

Ich wiederhole noch einmal, dass die Hauptidee des Raumgewinns darin besteht, die gegnerischen Kräfte einzuschränken und die Beweglichkeit seiner Figuren so weit wie möglich zu behindern, während die eigenen Figuren völlige Freiheit genießen.

In dieser Partie hat es Weiß schon geschafft, seinen Gegner einzuengen. Indem er das Spiel auf den Damenflügel verlagert, möchte er nun daraus Profit schlagen. Seine mobilen Figuren können sich leicht in jede Richtung über das Brett bewegen, während die beengten gegnerischen Truppen einfach nicht mithalten können – eine äußerst typische Situation.

46 a3! bxa3 47 ♖a2 ♖h4
Das läuft auf eine harmlose Zurschaustellung von Aktivität hinaus. Die weiße Königsstellung ist völlig sicher, was vor allem ein Resultat der unterschiedlichen Figurenmobilität ist.
48 ♖xa3 ♖gh8 49 ♖b1! ♖b8
Schwarz ist gezwungen, sich gegen die Drohungen zu verteidigen. Zum Beispiel 49...♖h2 50 ♘a5 ♗a8 51 ♕e1 ♘b6 52 ♘c6 ♗xc6 53 ♖xb6 ♗xb6 54 ♕a5+ ♔b7 55 dxc6+ ♔xc6 56 ♕xa6+ ♔c7 57 ♕a7+ ♔d8 58 ♕a8+.
50 ♕e1 ♖xg4
Die schwarze Stellung ist nicht zu reparieren. Falls 50...♖h2, dann 51 ♕a5+ ♔c8 52 ♘xc5 ♗xc5 53 f6.
51 ♔xg4 ♗c8 52 ♕a5+ 1-0

70)

Hübner – Karpow
Tilburg 1977

In diesem Beispiel nimmt der schwarze Raumvorteil gerade erst Gestalt an. Karpow entscheidet sich, auf Raumgewinn zu spielen, und als erstes weicht er dem Abtausch der schwarzfeldrigen Läufer aus. Wie bereits erwähnt, ist ein *Abtausch in der Regel für den Spieler mit beengtem Raum günstig*.
14...f6! 15 a3 ♗e7 16 0-0 ♖hc8 17 ♘d2 ♘c7 18 b4?! *(D)*
Offensichtlich nicht der stärkste Zug. In seinen Partiekommentaren fügte Hübner diesem Zug sogar zwei Fragezeichen bei. Er war mit diesem Zug unzufrieden und schlug stattdessen 18 ♘c4 als beste Möglichkeit vor. Allerdings scheint es, als würde auch das nicht alle weißen Probleme lösen, da Schwarz nach 18...♘b5 19 a4 ♘xc3 20 bxc3 ♖d8 21 ♖b1 ♖ab8 etwas besser steht.

18...♗xg2 19 ♔xg2 cxb4 20 ♗xb4+
Nach 20 axb4 ♘d5 hat Schwarz klaren Vorteil.
20...♔d7 21 ♗c3?!
Wie Karpow zeigte, war 21 ♘c4 wiederum vorzuziehen, obwohl Schwarz nach 21...♘d5 22 ♗d2 b5 23 ♘a5 f5 besser steht. Doch jetzt erreicht Schwarz praktisch forciert entscheidenden Vorteil.
21...♘d5 22 ♗b2 ♗h6! 23 e3
Laut Karpow ist 23 ♖fd1 ♖xc1 24 ♖xc1 ♘c3 25 ♖e1 ♘a2 26 ♘b3 ♕xc1 27 ♘xc1 ♖c8 unzureichend für Weiß.
23...♗xe3! 24 fxe3 ♘xe3+ 25 ♔f3 ♘xf1 26 ♘xf1 ♖xc1 27 ♗xc1 ♖c8! 28 ♗b2 ♖c2! 29 ♗xf6 ♖a2 30 ♔e3 ♖xa3

Schwarz hat großen Vorteil und gewann schließlich.

71)
Alburt – Smyslow
New York 1987

Schwarz steht auf Gewinn, und er verwertet seinen Vorteil auf die akkurateste Weise. Indem er seine Königsflügelbauern nach vorne zieht, fixiert er den isolierten weißen Bauern, so dass dieser leichter anzugreifen ist. Außerdem ermöglicht dieser Plan einen Angriff gegen den weißen König, was den Vormarsch seines Freibauern erleichtert.

38...h5 39 h3 h4+ 40 ♔f3 g6! 41 ♖d6 ♖b4 42 ♖a6 a4 43 ♖a7+ ♔h6 44 ♖a5 g5 *(D)*

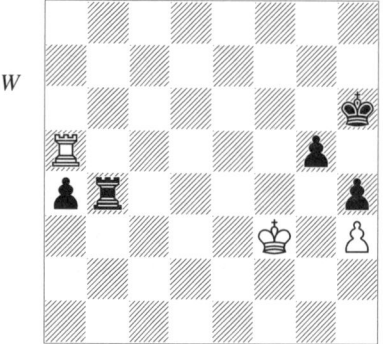

45 ♖a6+

Weiß ist an die Verteidigung seines Bauern gebunden, zum Beispiel 45 ♖a8 ♖b3+ 46 ♔g4 ♖g3+ 47 ♔f5 ♖f3+ 48 ♔e4 ♖xh3. Auf der anderen Seite steht es Schwarz frei, seine Stellung zu verstärken. Der Rest ist einfach:

45...♔h5 46 ♔g2 ♖b2+ 47 ♔g1 ♖b3 48 ♔g2 a3 49 ♖a8 ♖b2+ 50 ♔f3 ♖h2 51 ♖h8+ ♔g6 52 ♖g8+ ♔f5 53 ♖f8+ ♔e5 54 ♔g4 ♖g2+ 55 ♔h5 a2 0-1

72)
Smyslow – Penrose
Olympiade, Amsterdam 1954

Das Material ist ausgeglichen. Natürlich sind die schwarzen Figuren völlig an die Verteidigung gebunden, aber kann Weiß dies mit so wenigen verbliebenen Figuren ausnutzen? Offensichtlich ja! Weiß gewinnt überraschend einfach. Die Methode ist uns bekannt: Er zieht seine Bauern nach vorne, um seinen Gegner einzuengen, und bereitet den entscheidenden Bauerndurchbruch vor. Aber denken Sie daran, dass das *nur* dann funktioniert, wenn der Gegner passiv genug steht.

28 f4 ♞c5 29 ♖a7 ♔g7 30 ♔f2 ♔f6 31 ♔f3 ♔g7

Leider kostet die Aktivierung seiner Figuren einen Bauern: 31...♔e6 32 ♖c7 ♞b3 33 ♖c6+ oder 31...g5 32 ♖c7 ♞e6 33 ♖b7! ♞c5 34 ♖b6+.

32 h4 ♔g8 33 g4 ♔g7 34 g5 ♔g8 35 ♔g4 ♔g7 36 f5 gxf5+ 37 ♔xf5 ♞e6 38 h5 ♞d4+ 39 ♔e4 ♞e6 40 h6+ ♔g8 41 g6

Eine erstaunliche Demonstration eines „Sizilianischen" Bauernsturms im Endspiel.

41...♞d8 *(D)*

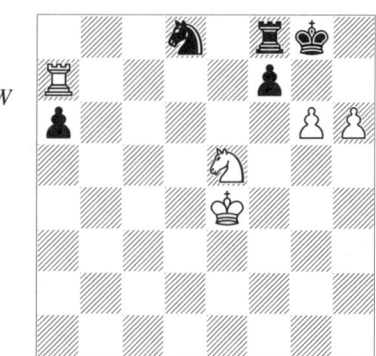

42 ♞d7!

Akkurat bis zum Ende – ein grundsätzliches Erkennungsmerkmal von Smyslows Partien.

42...♖e8 43 ♔d5 1-0

43...♖e6 44 ♖a8 ♖xg6 45 ♖xd8+ ♔h7 46 ♞f8+.

73)
Smyslow – Golombek
England gegen UdSSR, London 1947

Der weiße Vorteil steht außer Zweifel. Sein Gegner hat das wichtige Feld e5 geschwächt und sein e-Bauer ist isoliert. Außerdem stehen die schwarzen Damenflügelbauern auf der gleichen Farbe wie der weiße Läufer, wobei sie dessen Beweglichkeit nicht behindern, aber jederzeit bequeme Angriffsobjekte werden können. Das einzige Problem für Weiß ist die Frage, wie er zu den gegnerischen Schwächen durchbrechen kann. Smyslow findet einen guten Plan

– er setzt seine Königsflügelbauern in Bewegung. Das Vorrücken der Bauern fixiert die Schwäche auf g6, vertreibt die aktivste Figur des Gegners (den Springer) und öffnet dem König einen Weg ins gegnerische Lager. All das hört sich überzeugend genug an, aber ich möchte einen wichtigen Punkt wiederholen: Eine solche Bauernoffensive ist nur möglich, wenn der Gegner aufgrund passiver Figurenstellung keine Gegendrohungen schaffen kann. Es ist äußerst wichtig, die Möglichkeiten des Gegenspiels immer im Auge zu behalten.

43 ♔e4! ♘d6+ 44 ♔e3! (D)

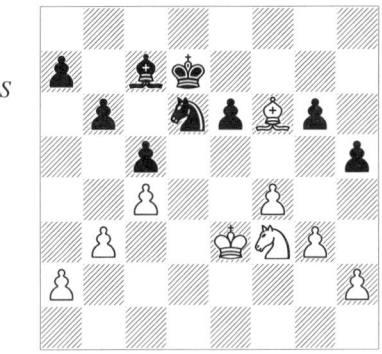

Der König nähert sich dem zukünftigen Einbruchsweg in die gegnerische Stellung. Ein Bauerndurchbruch, *der nicht direkt von Figuren unterstützt wird*, führt nur zur Selbstzerstörung.

44...♘f5+ 45 ♔f2! ♗d6

Auch nach 45...♘d6 46 ♘e5+ ♔c8 47 ♔f3 ♘e8 48 ♗h8 ♖xe5 49 ♗xe5 ♔d7 50 g4 sollte Weiß gewinnen.

46 h3 ♗c7 47 g4 hxg4 48 hxg4 ♘h6 49 ♔g3 ♘f7 50 g5 ♗d8 51 ♔g4!

Akkurat bis zum Schluss. Schlechter ist 51 ♗c3 a6 52 ♘h4 e5.

51...♗xf6 52 gxf6 ♔d6 53 ♘e5! 1-0

74)
Tartakower – Yates
New York 1924

Die weiße Stellung ist zweifellos gewonnen. Entscheidend sind dabei weniger die materiellen als die positionellen Faktoren, die vor allem auf dem deutlichen Raumvorteil basieren. Es war durchaus möglich zu versuchen, diesen Vorteil allein auf technischem Wege zu verwerten, z. B. angefangen mit 39 ♖a1 etc. Wie alle technischen Aufgaben würde dies Präzision und Geduld erfordern und einige Zeit dauern. Doch Weiß findet einen radikaleren, forcierten Weg. Man sollte keine Chance verpassen, ein technisches oder strategisches Problem durch forciertes Spiel zu lösen.

39 ♗xf5! ♖f7

Auch nach 39...gxf5 40 ♖h6+ ♔c7 41 ♖xh7+ ♔d6 42 ♖xb7 ♘xb7 43 g6 ♔e7 44 ♔e5 ♘a5 45 d6+ ♔f8 46 ♔xf5 verliert Schwarz.

40 ♖b1!

Dieser Schlag ist die Pointe der weißen Kombination.

40...♔c7 41 d6+! (D)

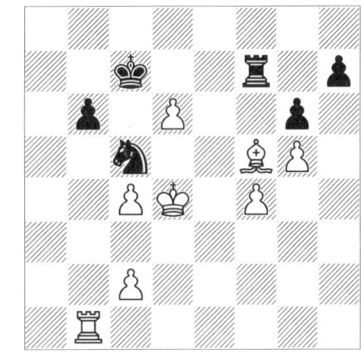

41...♔d8

Auch 41...♔xd6 ist schlecht angesichts von 42 ♖xb6+ ♔c7 43 ♖f6. Die größten Probleme hätte Weiß in der Variante 41...♔c6 42 ♗e4+ ♘xe4 43 ♖xe4 ♖f5!?, aber nach 44 d7! ♔xd7 45 ♖b5! würde er trotzdem gewinnen.

42 ♗h3! ♖xf4+ 43 ♔d5 ♘d7 44 ♖a1! ♔c8 45 ♖a7 1-0

75)
Löwenfisch – Bondarewski
Leningrad/Moskau 1939

Hier sind wir mit einer interessanten Stellung konfrontiert. Obwohl Weiß einen aktiven Turm hat, steht sein König passiv und kann in nächster Zukunft nicht ins Spiel gebracht werden, da der Bauer g2 ständige Bewachung braucht. Der Haupttrumpf des Weißen ist der Mehrbauer am Damenflügel, aber wie kann er daraus Kapital schlagen? Natürlich kann er den d-Bauern zu einem Freibauern machen, aber ohne die Unterstützung des Königs wird er nicht sehr weit kommen. Weiß wählt einen anderen Plan, der für viele Endspiele typisch ist. Indem er die weit entfernte Stellung des gegnerischen Königs ausnutzt, zieht er erst den am weitesten entfernten Bauern so weit wie möglich nach vorne und versucht danach, den Blockadebauern zu gewinnen. Natürlich können wir nicht behaupten, dass dieser Plan zum Sieg führt, aber zweifellos ist dies die einzige Möglichkeit, auf Gewinn zu spielen.

45 a5 ♖e7

In dem Fall sollte Schwarz auf a5 tauschen. Erstens sind die Rettungschancen um so größer, je weniger Bauern auf dem Brett verbleiben. Zweitens ginge mit dem Verschwinden des b-Bauern auch die Unterstützung des a-Bauern verloren, die in der Partie eine wichtige Rolle spielt. Dennoch würde Weiß in allen Varianten Gewinnchancen behalten: 45...bxa5 46 bxa5 ♖d7 47 a6 ♖e7 48 ♖c5 ♔g4 49 ♖b5 ♖e2 50 c5 ♖c2 51 c6.

46 a6 ♖d7 47 ♔h3 ♖e7 48 b5 ♖e3+ 49 ♔h2 ♖e7

Schwarz muss abwarten. Der weiße Turm steht extrem gut.

50 ♔g1 ♖f7 51 ♖e6 ♖f4 52 ♖e7 ♖xc4 53 d6 cxd6 54 ♖xa7 ♖a4

Nach 54...♖b4 55 ♖a8! ♖a4 56 ♖d8! ♔g4 (oder 56...♖a5 57 ♔h2! h5 58 ♖xd6 ♖xb5 59 a7 ♖a5 60 ♖d5+) 57 ♖xd6 sollte Weiß gewinnen. In der Partie entsteht eine ähnliche Stellung.

55 ♖b7 ♔g4 (D)

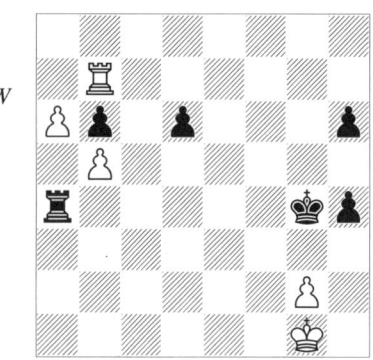

56 ♔f2!

Nun ist die Zeit gekommen! Schwarz hat nicht genügend Gegenspiel gegen den Bauern g2.

56...♖a2+ 57 ♔e3 ♔g3 58 ♖xb6 ♖a5 59 ♖xd6 ♖xb5 60 ♖g6+ ♔h2 61 ♖xh6 ♔xg2 62 ♖xh4

Das Endspiel ist leicht gewonnen, da der schwarze König zu weit entfernt ist.

62...♖b3+ 63 ♔d2 ♖a3 64 ♖h6 ♔g3 65 ♔c2 ♔f4 66 ♔b2 ♖a5 67 ♔c3 ♔g5 68 ♔b4 ♖a1 69 ♖c6 ♔f5 70 ♖c5+ ♔e6 71 ♖a5 ♖b1+ 72 ♔c5 ♖c1+ 73 ♔b6 ♖b1+ 74 ♖b5 1-0

76)

Langeweg – Petrosjan
Amsterdam 1973

Wie betrachten nun ein bekanntes Problem: Offensichtlich ist Schwarz im Vorteil, aber es ist nicht klar, wie er durchbrechen kann. Ein bekannter Plan kommt uns zu Hilfe: Indem er die Möglichkeiten des Gegners immer weiter einschränkt, bringt er ihn in Zugzwang.

41...♔g5 42 ♔g3 f4+! 43 ♔g2 ♔h4 44 ♔h2 g5 45 ♔g2 ♔h5 46 ♔h2 ♘c6! (D)

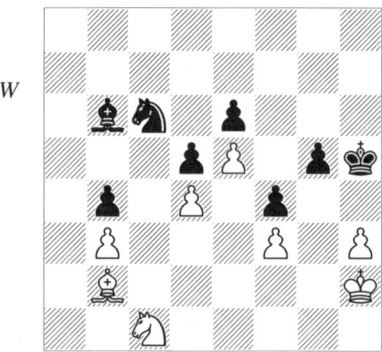

47 ♘e2 ♘e7! 48 ♔g2 ♘f5! 49 ♔h2 ♔h4! 50 ♔g2

Weiß befindet sich schon in Zugzwang: Nach 50 ♗a1 ♘e3 51 ♗b2 ♘c2 ist er am Zug, aber er hat keinen – zum Beispiel 52 ♔g2 ♘e1+. Doch nun passiert das Gleiche.

50...♘e3+ 51 ♔h2 ♘c2 0-1

77)

Petrosjan – Bisguier
USA gegen UdSSR, New York 1954

Hier sehen wir ein kompliziertes Mittelspiel, in dem die weißen Figuren allerdings etwas aktiver und besser entwickelt sind als die gegnerischen. Diese Faktoren, zusammen mit der geschwächten Bauernstruktur des Schwarzen (insbesondere der g-Bauer ist schwach) veranlassen Weiß, schnell zu handeln.

20 b5! ♗b7 21 e5! ♘e8
21...dxe5 22 fxe5 ♘e8 23 ♘f4 ♖h6 24 d4 ist nicht gut für Schwarz.
22 d4! *(D)*

S

22...♗xg2
Vermutlich hätte der Nachziehende dem weißen Springer nicht helfen sollen, auf den Bauern g6 loszugehen, und stattdessen entweder 22...♖d8 oder 22...♖c8 spielen sollen.
23 ♘xg2 ♖c8 24 ♘h4 ♖h6 25 ♘f3 d5
Nach 25...♕e7 könnte Weiß 26 dxc5! bxc5 27 g4 spielen, aber auch so öffnet sich das Spiel zu seinen Gunsten.
26 dxc5 ♖xc5 27 a4! ♔g8 28 ♗a3 ♖c8 29 ♕a2 ♘c7 30 ♘c3 g5 31 h4! g4 32 ♘d4
Weiß hat großen Vorteil erreicht und gewann die Partie.

78)
Petrosjan – Mecking
Wijk aan Zee 1971

Die weiße Stellung sieht sehr attraktiv aus: Er hat Raumvorteil, während Schwarz die Entwicklung noch nicht abgeschlossen hat, wobei er allerdings nur noch den Königsturm ins Spiel bringen muss. Außerdem ist die Bauernstruktur im Zentrum fixiert, und Schwarz hat am Königsflügel deutliche schwarzfeldrige Schwächen. Wenn wir alles Gesagte in Betracht ziehen, können wir folgern, dass die Stellung energisches Spiel von Weiß erfordert, welches auf den Königsflügel und insbesondere auf die schwarzen Felder gerichtet sein sollte. Damit ist klar, dass wir nach einem Plan suchen sollten, der mit dem tatsächlich von Petrosjan gespielten Zug beginnt:
28 ♗g5! *(D)*

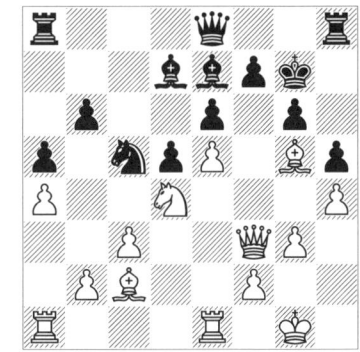

S

Obwohl dieser Zug auf der Hand liegt, ist eine genaue Analyse nötig, um seine wirkliche Bedeutung zu verstehen.
28...♕d8
Die folgenden Varianten mussten entweder im Voraus berechnet oder instinktiv eingeschätzt werden: 28...♗xg5 29 hxg5 ♘xa4 (auch schlecht ist 29...♗xa4 30 b4! ♗xc2 31 bxc5 ♗e4 32 ♕f6+ ♔h7 33 cxb6 mit klarem weißen Vorteil), und nun hat Weiß die starke taktische Lösung 30 c4!:

a) 30...dxc4 31 ♗xa4 ♗xa4 32 ♖xa4! ♕xa4 33 ♘xe6+! fxe6 34 ♕f6+! ♔g8 35 ♕xe6+! ♔g7 36 ♕f6+ ♔g8 37 ♕xg6+ ♔f8 38 ♖e4! ♕d1+ 39 ♔h2 ♕e7 (39...♕f3 40 ♖f4+ ♕xf4 41 gxf4 ♖a7 42 f5) 40 ♕f6+ ♔d7 41 ♕f7+! ♔d8 (41...♔c6 42 ♕xc4+ ♔b7 43 ♖d4) 42 e6 ♖e8 43 ♕b7.

b) 30...♘xb2 ist korrekt, obwohl nach der Zugfolge 31 cxd5 ♘c4 32 ♕f6+ der Vorteil bei Weiß liegt, zum Beispiel 32...♔g8 33 dxe6 ♗xe6 34 ♖ac1 b5 35 ♗xg6 fxg6 36 ♘xe6 ♖h7 37 ♘d4.

Doch nun findet sich Schwarz ohne Gegenspiel wieder, und er wird von Weiß erdrückt.
29 ♕f4 ♖c8 30 ♖e3 ♗xg5
Oder 30...♕f8 31 ♖f3.
31 hxg5 ♖a8 32 ♕f6+! ♕xf6 33 exf6+ ♔h7 34 ♔g2 ♖ae8 35 f4 ♖b8 36 ♖ee1 ♘b7 37 ♖h1 ♔g8 38 ♘f3! ♘d6 39 ♘e5
Weiß hat eine überwältigende Stellung erreicht und gewann überzeugend.

79)
Anand – Schirow
„Advanced Chess", Leon 2000

Der deutliche Raumvorteil am Königsflügel erlaubt Weiß, den „Gordischen Knoten" mit kombinatorischen Mitteln zu durchtrennen.

31 Ξxc7+ Ξxc7 32 Ξxc7+ ⟂xc7 33 ⟂xg5! hxg5 34 ⟂xg5 ⟂xb3 35 h4 ⟂a1

Keine Rettung verspricht 35...⟂a5 36 ⟂c1! b3 37 g5 ⟂c4 38 h5 b2 39 ⟂xb2 ⟂xb2+ 40 ⟂e2, wonach die weißen Bauern am Königsflügel durchlaufen.

36 ⟂c1! ⟂b3 37 ⟂e3 ⟂a5 38 g5 ⟂c4 39 ⟂c1 1-0

80)
Capablanca – Schroeder
New York 1916

Etwas unerwartet, kann uns der Verlauf im vorigen Beispiel helfen, auch hier die Lösung zu finden. Obwohl Weiß mit seinen Bauern keinen Raumvorteil erreicht hat (tatsächlich könnte eher Schwarz aufgrund seines Bauern b4 einen solchen Vorteil beanspruchen), finden sich die schwarzen Figuren nach der folgenden Kombination völlig eingeschnürt wieder. Man könnte sagen, dass es genau dieser Aspekt ist, der die Idee des Raumvorteils verkörpert.

20 ⟂h7+! ⟂f8 21 ⟂h8+ ⟂e7 22 ⟂xg7 hxg5 23 ⟂xg5+ ⟂d6 24 ⟂e2! ⟂ac8 25 Ξc4 ⟂c6 *(D)*

Nach 25...Ξc6 26 Ξhc1 Ξec8 27 h4 entsteht eine ähnliche Stellung wie in der Partie, mit dem Unterschied, dass die Lage des schwarzen Königs noch lächerlicher ist.

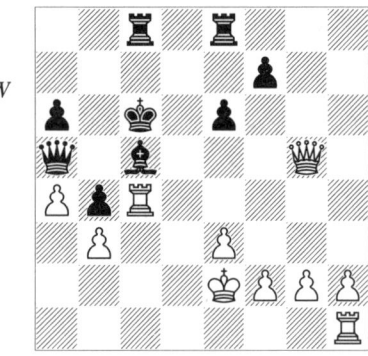

26 Ξhc1 ⟂b6 27 h4 f5

Im Fall von 27...Ξc7, was Capablanca als beste schwarze Verteidigung angibt, wird die Pointe der Kombination klar, die eine etwas längere Analyse erfordert: 28 h5 Ξec8 29 h6 ⟂d6 30 ⟂xa5+ ⟂xa5 31 Ξxc7 Ξxc7 32 Ξxc7 ⟂xc7 33 f4 ⟂d8 34 g4 ⟂f6 35 g5 ⟂h8 36 e4 ⟂b6 37 f5, und dank der Bauernwalze am Königsflügel gewinnt Weiß.

28 ⟂g7! Ξe7 29 ⟂e5 Ξc6?

Das verliert sofort, aber nach dem natürlichen 29...Ξec7 30 ⟂xe6+ ⟂b7 31 ⟂xf5 hat Weiß einen kleinen materiellen, und einen großen positionellen Vorteil.

30 Ξxc5 1-0

Kapitel 6

81)
I. Hasek
Deutsche Schachzeitung, 1928

Es ist klar, dass Weiß den schwarzen König in die Ecke treiben und den Gegner zu einem Bauernzug zwingen muss. Doch das natürlich aussehende 1 ⟂f7? führt nach 1...h6 2 ⟂f8 ⟂h7! 3 ⟂f7 ⟂h8! nur zum Remis. Das Problem besteht darin, dass Schwarz in dieser Variante nicht zum Bauerntausch gezwungen ist. Um das zu erreichen, muss Weiß ihn in Zugzwang bringen. *Zugzwang übt – wie der Name schon sagt – Zwang aus.* Übrigens beachten Sie, dass nach dem dritten Zug von Schwarz eine Stellung gegenseitigen Zugzwangs entsteht. Nach allen obigen Feststellungen sollte die Antwort nun leicht fallen:

1 ⟂f8! h6 2 ⟂f7! hxg5 3 hxg5 h4 4 g6

82)
R. Skuja (Schluss einer Studie)
1950

Die Lösung dieser Aufgabe ist einfach, aber eindrucksvoll und lehrreich. Die Antwort ist leicht zu finden – sie ist das Resultat der Notwendigkeit! Der einzige nahe liegende Kandidatenzug ist 1 ⟂xf4?, aber er verliert wegen 1...⟂d5 2 ⟂f3 ⟂c4 3 ⟂e2 ⟂c3. Also muss Weiß diese Variante „reparieren".

1 ⟂e4!!

Nun ist klar, dass sich Schwarz in Zugzwang befindet. Jeder Zug verschlechtert seine Stellung.

1...d3

Das Gleiche geschieht nach 1...f3 2 ⟂xf3 und 1...⟂d6 2 ⟂xd4!, sowie nach 1...⟂f6 2 ⟂xf4!.

2 ♔xd3 ♚f5 3 ♔e2 ♚g4 4 ♔f2

Schwarz kann nicht mehr gewinnen.

83)
N. Grigoriew (Schluss einer Studie)
1933

Diese Stellung ist ein bisschen komplizierter. Um sie zu verstehen, müssen wir den Kandidatenzug 1 ♔c2? d5 2 ♔b2 (zum gleichen Ergebnis führt 2 ♔d2 d4 3 cxd4 ♚xd4!) 2...d4 3 cxd4 ♚xb4! mit Remis in Betracht ziehen. Mit ein bisschen Erfahrung ist es nicht schwer zu sehen, dass nach dem ersten schwarzen Zug ein gegenseitiger Zugzwang entsteht. Das Tempo kann einfach gewonnen (bzw. verloren) werden:

1 ♔d1! d5 2 ♔c2! d4

Oder 2...♚b5 3 ♔d3.

3 cxd4 ♚xd4

Auf 3...♚xb4 folgt 4 ♔d3.

4 ♔b3 ♚d5 5 ♔a4 ♚c6 6 ♔a5

84)
A. Herberg
Deutsche Schachzeitung, 1935

Die Anfangszüge sind nahe liegend:

1 ♔e5 ♚f7

1...♚d7 2 ♔d4 kommt aufs Gleiche heraus.

2 ♔d4 (D)

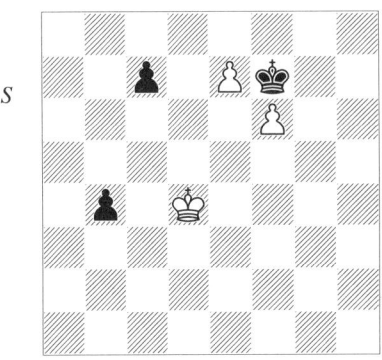

2...c6!

Genau genommen, ist das die kritische Stellung. Der nahe liegende Kandidatenzug 3 ♔c4 führt nur zum Remis: 3...c5 4 ♔xc5 (leider ist Weiß am Zug!) 4...b3 5 ♔d6 b2 6 ♔d7 b1♕ 7 e8♕+ ♚xf6. Also muss Weiß versuchen, *die Zugfolge zu seinen Gunsten zu verändern*, so

dass der schwarze König zurückweichen muss, wenn die Zugzwangstellung entsteht.

3 ♔d3! c5

3...♚e8 4 ♔c4 c5 ist das Gleiche.

4 ♔c4 ♚e8

Schwarz muss zurückweichen, und nun funktioniert alles.

5 ♔xc5 b3 6 ♔d6 ♚f7 7 ♔d7

85)
F. Dedrle
1932

Auch in diesem Beispiel erscheint ein Gewinn in der Hauptvariante unmöglich: 1 ♔g5 e3 2 ♔h6 e2 3 ♔h7 e1♕ 4 g8♕+ ♚xf6 5 ♕f8+ (5 ♕g6+ ♚e7) 5...♚g5. Eine Idee zu finden, die diese Variante verbessert, ist nicht einfach. Indem wir dem vorigen Beispiel folgen, das auf ähnlichen Motiven beruhte, versuchen wir zunächst, mit Hilfe des Zugzwangs ein Tempo zu gewinnen.

1 ♔g3! d6!? (D)

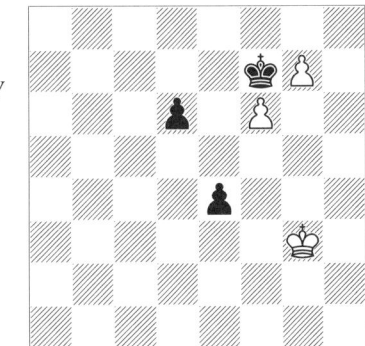

2 ♔g4!

Nach dem fehlerhaften 2 ♔f4? d5 entsteht eine für uns interessante Stellung gegenseitigen Zugzwangs, in der allerdings die falsche Seite am Zug ist.

2...d5

Nichts ändert 2...♚g8 3 ♔f4.

3 ♔f4! ♚g8

Weiß hat ein Tempo gewonnen, und der König ist zurückgetrieben worden. Auf den ersten Blick sieht es so aus, als würde das nicht weiterhelfen, aber die Analyse zeigt, dass alles in Ordnung ist.

4 ♔g5! ♚h7 5 ♔f5 e3 6 ♔e6 ♚g8 7 f7+ ♚xg7 8 ♔e7

86)
N. Grigoriew
„64", 1935

Diese nützliche Trainingsstudie ist leicht zu lösen. Wir müssen nichts anderes tun, als den einzigen Kandidatenzug zu analysieren (wir klassifizieren Züge, die *logisch* erscheinen, als Kandidatenzüge): 1 ♔f5? ♔f3 2 ♔g6 ♔g3 3 h5 ♔h4. Wir sehen, dass in der resultierenden Stellung ein gegenseitiger Zugzwang besteht, der für die am Zug befindliche Partei ungünstig ist. Daher ist es nötig, die Zugfolge zu unseren Gunsten zu verändern, d. h. entweder einen Zug zu gewinnen oder zu verlieren. Der resultierende Zug, der diese Aufgabe erfüllt, ist nicht schwer zu finden:

1 ♔e6! ♔f4 2 ♔f7 ♔g3 3 h5 ♔h4 4 ♔g6

87)
N. Grigoriew
„64", 1935

Diese Studie ist sehr viel komplizierter. Ohne vorhergehende Analyse können wir die drei Kandidatenzüge in dieser Stellung nicht bewerten. Nach 1 g4 ♔g2 2 ♔f5 ♔g3 oder 1 g3 ♔g2 2 ♔g4 ♔f2 ist das Remis offensichtlich. Um den Gewinn zu finden, müssen wir ein Tempo gewinnen. Zu diesem Zweck muss der Bauer g2 auf seinem Ausgangsfeld bleiben und nur im kritischen Moment vorziehen. Daraus folgt 1 ♔f5, aber nach 1...♔g3 2 ♔f6 (2 ♔e5 ♔g4 3 ♔f6 ♔f4 führt zur gleichen Stellung) 2...♔f4! 3 g3+ ♔g4 kann Weiß am Zug nicht gewinnen. Also müssen wir zunächst eine Zugzwangstellung mit Schwarz am Zug herbeiführen. Die Methode, mit der das zu erreichen ist, ist uns vertraut:

1 ♔e5! ♔g3 2 ♔f5!

Der erste Teil ist abgeschlossen: Nun muss der König zurückweichen, und sein Gegenspiel ist geschwächt.

2...♔h4 3 ♔f4! ♔h5 4 g3 ♔g6

Jetzt ist alles einfach.

5 ♔g4 ♔h7

5...f6 verliert ebenso: 6 gxf6 ♔xf6 7 ♔h5.

6 ♔f5 ♔g7 7 g4 ♔f8 8 ♔f6 ♔g8 9 g6 fxg6 10 ♔xg6

In diesem Beispiel übernahm der Zugzwang eine prophylaktische Rolle.

88)
M. Liburkin (Schluss einer Studie)
1952

Obwohl diese Aufgabe sehr einfach ist, kann sie dennoch als Beispiel für die Theorie dienen, dass Zugzwang immer ein Resultat stark eingeschränkter Zugmöglichkeiten der Figuren ist. Tatsächlich kann man den schwarzen König auf irgendein anderes Feld stellen, zum Beispiel nach a7, und der Gewinn ist nicht mehr möglich.

1 ♔a2

Nach diesem einfachen Zug wird deutlich, dass der schwarze König kein gutes Feld zur Verfügung hat.

1...♔f4

1...♔h4 2 ♘h6! ♘e7 3 ♘f5+ führt zum gleichen Ergebnis.

2 ♘f6! ♘e7 3 ♘d5+

89)
Botwinnik – Nowotelnow
UdSSR-Meisterschaft, Moskau 1951

Der weiße Positionsvorteil ist deutlich (vergleichen Sie die Springer!), aber einen solchen Vorteil zu verwerten, kann sich oft als langwierige Aufgabe herausstellen. Doch dank des Zugzwangs geht in diesem Beispiel alles recht einfach.

75 ♖f7+! *(D)*

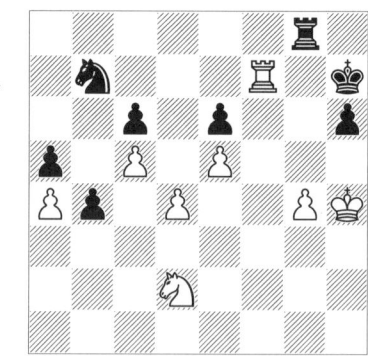

S

Natürlich hat Botwinnik die Möglichkeit des Zugzwangs entdeckt und forciert das Spiel. Wie bereits erwähnt, sind von allen Endspieltypen vor allem die Springerendspiele mit Zugzwangstellungen „vollgestopft".

75...♖g7 76 ♖xg7+ ♔xg7 77 ♔h5!

Es zeigt sich, dass Schwarz bereits in Zugzwang ist.

77...b3

Schwarz opfert einen Bauern, aber leider ohne Erfolg. Doch genauso wenig hilft 77...♘d8 78 ♘b3 ♘b7 79 g5 hxg5 80 ♔xg5.

78 ♘xb3 ♔h7 79 d5!

Zweifellos das Stärkste. Weiß nutzt die unterschiedliche Aktivität der Springer aus. Nach 79 ♘d2 ♘d8 80 ♘c4 ♘b7 81 ♘d6 ♘d8 82 g5 hxg5 83 ♔xg5 ♔g7 müsste er wiederum nach einer Möglichkeit des Durchbruchs suchen.

79...exd5 80 e6 ♔g7 81 e7 ♔f7 82 ♔xh6 ♔xe7 83 g5 ♘d8

Oder 83...♔f8 84 ♔h7 ♘d8 85 ♘d4 ♘f7 86 g6 ♘g5+ 87 ♔h8.

84 g6 ♘e6 85 ♘xa5 d4

Ebenso hoffnungslos ist 85...♔f6 86 ♘xc6 d4 87 ♘xd4 ♘xd4 88 a5.

86 ♘xc6+ ♔d7 87 ♘e5+ 1-0

90)

Boleslawski – Ragosin
UdSSR-Meisterschaft, Leningrad 1947

Weiß hat großen Vorteil, und er findet einen ausgezeichneten Plan, ihn zu verwerten. Indem er seinen Gegner so weit wie möglich einschränkt, erlaubt er keinerlei Gegenspiel. Wie wir bereits bei mehr als einer Gelegenheit gesehen haben, ist ein solcher Plan grundsätzlich korrekt.

64 ♔b6!

Der König verfolgt den gegnerischen Springer.

64...♘c8+ 65 ♔b7! ♘e7 66 ♔c7 ♔f8

Erst jetzt, da der Gegner völlig eingeengt ist, erscheint der Zugzwang auf der Agenda. Es ist unschwer zu sehen, dass Weiß nach 67 ♔d7 ♔f7 zwar ideal steht, aber die Tatsache, dass er am Zug ist, nicht zu seinen Gunsten ist, zum Beispiel 68 ♘e4 ♘d5. Also muss er Schwarz an den Zug bringen, indem er ein Tempo gewinnt bzw. verliert.

67 ♔d6! ♔f7 68 ♔d7!

Nun ist Schwarz in Zugzwang und muss weitere Materialverluste in Kauf nehmen.

68...g5 69 fxg5 ♘g6

69...hxg5 70 ♘e4.

70 ♔d6 hxg5 71 ♘e4 ♘f4 72 ♘xg5+ ♔g6 73 h4 ♘g2 74 ♘f3 ♘e3 75 h5+ ♔f7

75...♔h6 76 ♘h2.

76 g5 ♘c4+ 77 ♔c6 ♘e3 78 h6 ♘d5 79 ♘h4 ♘f4 80 g6+ ♔g8 81 ♔d7 ♔f8 82 ♔d6 ♔g8 83 ♔e7 1-0

91)

M. Lewitt (Schluss einer Studie)
Schweizerische Schachzeitung, 1933

Die Lösung ist sehr einfach. Wir müssen nur die unkomplizierte Variante 1 ♔c6? ♗e5! 2 ♔d5 ♗g7 3 ♔c5 ♗f6 4 ♔c6 ♗e5, die zum Remis führt, berechnen und verbessern. Das stellt kein Problem mehr für uns dar:

1 ♔c7! ♗e5+ 2 ♔c6 ♗f6 3 b7 ♗a7 4 ♔c7 ♗e5+ 5 ♔c8

92)

O. Duras
Bohemia, 1906

Während diese Studie von einem praktischen Gesichtspunkt aus sehr nützlich ist, kann sie nicht unbedingt als Meisterwerk bezeichnet werden. Das weiße Spiel ist mehr oder weniger forciert und durch einen Prozess der Eliminierung zu finden.

1 b8♕+

Forciert, da 1...g3 drohte.

1...♗xb8+ 2 ♔b7! *(D)*

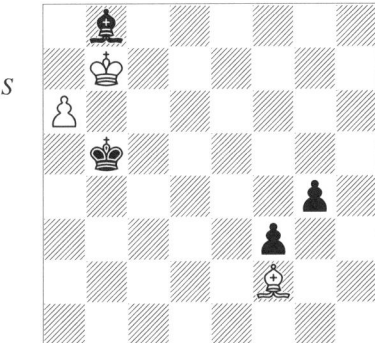

Wenn die weiße Aufgabe darin besteht, einen Gewinn zu finden, ist klar, dass 2 ♔xb8 ♔xa6 nicht möglich ist. Die gesamte Studie wurde für die jetzt entstandene Situation geschaffen – Weiß hat einen Bauern gegeben, um das wichtige Feld b7 für den König zu bekommen und den Weg für seinen a-Bauern freizumachen. Nun zeigt sich, dass Schwarz dadurch etwas unerwartet in eine schwierige Lage geraten ist. Offensichtlich kann der Läufer nicht ziehen, und der König darf den Angriff auf den weißen Bauern nicht aufgeben. Dafür stehen ihm nur zwei Felder zur Verfügung. Tatsächlich werden diese zwei Felder sehr schnell weiter reduziert!

2...♔a5 3 ♗h4

3 ♗g3 ♔b5!? ändert nichts an der Situation, während 3 ♗e1+ ♔b5 zu einer Stellung führt, die mit Schwarz am Zug anzustreben ist.

3...♔b5 4 ♗e1!

Schwarz ist in Zugzwang. Er ist gezwungen, die Variante zu wählen, die er im ersten Zug vermieden hatte.

4...g3 5 ♗xg3 ♗xg3 6 a7 f2 7 a8♕ f1♕ 8 ♕a6+

93)
Smyslow – Kortschnoj
Leningrad gegen Moskau 1967

Einen Mehrbauern im Turmendspiel zu verwerten, ist alles andere als eine einfache Aufgabe. In diesem Beispiel hat Weiß auch andere Vorteile, insbesondere den aktiveren König. Sofern er seine Figuren noch weiter aktivieren kann, kann sein Vorteil entscheidend werden. Weiß findet den richtigen Weg:

56 ♖e2! *(D)*

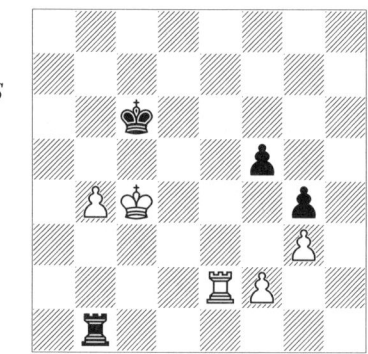

56...♖c1+

Es zeigt sich, dass der nahe liegende Zug 56...♔d6, der das Schach verhindert, wegen 57 b5 schlecht ist, wonach Schwarz in Zugzwang ist! Wie wir bei mehr als einer Gelegenheit gesehen haben, entscheidet der Zugzwang nicht immer den Partieausgang, sondern dient den unterschiedlichsten Zielen bei der Verstärkung der Stellung. Das ist hier der Fall: Aufgrund der Zugzwangdrohung ist Schwarz zu weiteren positionellen Konzessionen gezwungen.

57 ♔d4 ♔d6

Ebenfalls schlecht ist 57...♖b1 58 ♔e5 ♖xb4 59 ♔xf5. Doch nun nimmt der weiße Turm seine Idealstellung ein, und der Gewinn ist nicht mehr fern.

58 ♖b2 ♖a1 59 b5 ♖a4+ 60 ♔e3 ♔c7 61 b6+ ♔b7 62 ♖b5 ♖e4+

62...♖a3+ 63 ♔f4 ♖f3+ 64 ♔g5 ♖xf2 65 ♖xf5 ♖g2 66 ♔xg4 ♔xb6 67 ♖d5 ist ebenfalls für Schwarz verloren. Der Rest der Partie ist immer noch nicht ganz einfach – außer natürlich für Smyslow.

63 ♔d3 ♖e8 64 ♖xf5 ♔xb6 65 ♔g5 ♖d8+ 66 ♔e4 ♖e8+ 67 ♔f5 ♖f8+ 68 ♔e6 ♖xf2 69 ♖xg4 ♖e2+ 70 ♔f5 ♔c5 71 ♖e4 ♖f2+ 72 ♖f4 ♖d2 73 g4 ♖d5+ 74 ♔g6 1-0

94)
Lasker – Rubinstein
St. Petersburg 1914

Diese Stellung hat gewisse Ähnlichkeiten mit dem vorigen Beispiel, vor allem im Hinblick auf die unterschiedlichen Turmstellungen. Je weiter der weiße Bauer vorrückt, desto mehr wird der schwarze Turm eingeengt (und desto aktiver wird der weiße Turm). Auch der schwarze König ist nicht aktiv. Indem er all das in Betracht zieht, limitiert Lasker die gegnerische Aktivität auf einfache Weise. Schwarz gerät in Zugzwang.

60 b3! *(D)*

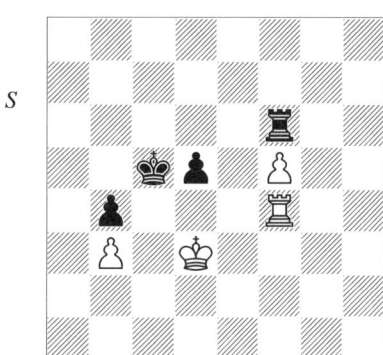

60...♖f7

Es ist sehr wichtig, dass 60...d4 als letzter aktiver Versuch des Schwarzen nicht funktioniert:

61 ♔e4 ♖d6 62 f6 d3 (62...♖e6+ 63 ♔f5) 63 f7 d2 64 f8♕ d1♕ 65 ♖f5+. Damit ist klar, dass Schwarz keine nützlichen Züge mehr hat und zurückweichen muss.

61 f6 ♔d6 62 ♔d4 ♔e6 63 ♖f2! ♔d6

Das Bauernendspiel ist verloren: 63...♖xf6 64 ♖xf6+ ♔xf6 65 ♔xd5 ♔e7 66 ♔c5 ♔d7 67 ♔xb4 ♔c6 68 ♔a5.

Nun bricht der weiße Turm entscheidend in die Stellung ein.

64 ♖a2! ♖c7 65 ♖a6+ ♔d7 66 ♖b6 1-0

Schwarz verliert beide Bauern.

95)
Botwinnik – Bronstein
Weltmeisterschaft (7), Moskau 1951

Obwohl der weiße Vorteil außer Zweifel steht, ist die Lage wegen der aktiven schwarzen Königsstellung und des potentiellen Gegenspiels gegen den Bauern d4 noch nicht so einfach. Dies wird durch die Varianten 51 b4 axb4 52 ♘xb4 ♔f4 und 51 ♔c3 ♘e6!? verdeutlicht. Während es in der Analyse tatsächlich möglich ist, einen Gewinnweg für Weiß zu demonstrieren, sollte man es im praktischen Spiel, wenn man im Besitz eines klaren Endspielvorteils ist, grundsätzlich vermeiden, dem Gegner unnötige Gegenchancen zu geben. Botwinnik findet einen sehr präzisen und instruktiven Plan, der auf Zugzwang basiert.

51 ♔e3! ♘a6 52 ♔e2! ♔e6

Unerwartet sieht sich der schwarze Springer an die Verteidigung des Felds b4 gebunden: 52...♘c7 53 b4 axb4 54 ♘xb4 ♔f4 55 ♔f2. Daher ist Schwarz gezwungen, seinen König aus seiner aktiven Stellung zurückzuziehen.

53 ♔d2 ♔e7

Dieser unangenehme Rückzug ist durch die Drohung des Zugzwangs veranlasst, in dem er sich sowohl nach 53...♔f5 54 ♔c3 als auch nach 53...♘c7 54 ♔c3 finden würde.

Nun kommt Weiß ohne Probleme voran.

54 ♔c3 ♔d6 55 b4 axb4+ 56 ♘xb4 ♘c7 57 a5 ♘b5+ 58 ♔d3 ♔e6 59 ♔e3 ♘a7 60 a6 ♘b5

Auf 60...♔d6 folgt 61 f4.

61 ♘c6 ♘c7 62 ♘b4 ♔f5

Auch 62...♘b5 63 ♔f2 ♔d6 64 ♔g3 ♔e6 65 f4 ist schlecht für Schwarz.

63 a7 ♔e6 64 ♔f2 h4 65 f4 gxf4 66 ♔f3 1-0

96)
Bronstein – Botwinnik
Weltmeisterschaft (10), Moskau 1951

46...♔e7

Nun werden wir einen seltenen Fall untersuchen, in dem der große Meister des Endspiels Michail Botwinnik eine (natürlich für sein Niveau!) einfache Gewinnchance übersah. Der schwarze Vorteil ist offensichtlich, aber wie die folgenden Varianten zeigen, ist es nicht leicht, einen Weg in die gegnerische Stellung zu finden: 46...♘c6 47 ♗d6 ♘d4 48 ♗xc5 ♘xf3 49 ♗xb4 ♘g1 50 h4! bzw. 46...♘e6 47 ♔d2 ♔g6 48 ♔e2 g4 49 fxg4 hxg4 50 hxg4 ♔g5 51 ♔f3. Wenn der Kandidatenzug zu keiner sofortigen Lösung führt, aber die Möglichkeit eines Zugzwangs existiert, weil der Gegner in der Verteidigung überlastet ist, wissen wir schon, dass die Lösung mit Hilfe des resultierenden Zugs gefunden werden muss. In der vorliegenden Stellung ist ein solcher Zug zu finden: Nach 46...♔g6!! (was den König näher an den Bauerndurchbruch ...g4 heranbringt und den Springerzug je nach der weißen Antwort offenhält) wird klar, dass jeder weiße Zug die Stellung entscheidend verschlechtert: 47 ♗d6 (andere Varianten sind 47 ♗c7 ♘e6 48 ♗d6 g4 49 hxg4 hxg4 50 fxg4 ♔g5, 47 ♗b2 ♘c6 und 47 ♔e2 ♘c6) 47...♘e6 48 ♗e7 ♔f7! 49 ♗d6 ♔f6! 50 ♔d2 g4, und Schwarz sollte gewinnen.

47 ♗g7 *(D)*

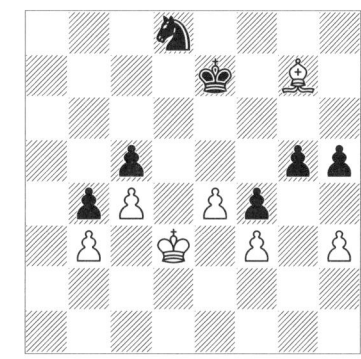

47...♘b7?

Dieser Zug ist der entscheidende Fehler. Nach 47...♔f7 48 ♗e5 ♔g6!! ist wieder die oben analysierte Stellung erreicht. Warum verpasste Botwinnik hier also den Gewinn? In seinen Anmerkungen erklärte er, dass er sich in diesem

Moment der Möglichkeit des Zugzwangs einfach nicht bewusst war. Natürlich ist das nur in Zeiten enormer nervlicher Anspannung möglich, die unlösbar mit Weltmeisterschaftskämpfen verbunden ist. Nun ist das Remis forciert.

48 ♗h6 ♔f6 49 ♗f8 ♔f7 50 ♗h6 ♔g6 51 ♗f8 ♔f6 52 ♔e2 ♔f7 53 ♗h6 ♔g6 54 ♗f8 ♔f7 ½-½

Kapitel 7

97)
Aljechin – Alexander
Nottingham 1936

Es ist klar, dass der schwarzfeldrige Läufer des Weißen sehr wertvoll ist. Daher:

21 ♕c1! ♘ef6 22 ♗xf5!

Das Eingreifen seines weißfeldrigen Kollegen bringt die Partie zu einem schnellen Ende.

22...♔h8

Schwarz kann weder den Läufer schlagen (22...gxf5 23 ♘xf5 ♕h8 24 ♘h6+ ♔g7 25 ♕g5#), noch den Bauern: 22...♗xd5 23 ♗xd7 ♕xd7 24 ♗xf6.

23 ♗e6 ♗a6 24 ♖fe1 ♘e5

Auch andere Züge retten den Nachziehenden nicht, z. B. 24...♖bc8 25 ♗xd7 ♕xd7 26 ♖e6 ♕g7 27 ♕g5.

Wie wir schon wissen, ist der gefährlichste Läufer derjenige, der keinen Gegenspieler hat. Auch die Blockade der Diagonale funktioniert nicht:

25 f4! ♘d3

Oder 25...♘c4 26 ♗d4, etc.

26 ♖xd3 ♗xd3 27 g4 1-0

98)
Anand – Izeta
Madrid 1993

In dieser Stellung ist die Stoßrichtung des weißen Plans offensichtlich – in Richtung des schwarzen Königs. Auch der erste Zug ist klar:

21 f6 gxf6

Nur die Antwort 21...g6 erforderte eine Berechnung. Doch 22 ♗xg6! hxg6 23 f7+ ♔xf7 24 ♕h7+ ♔e6 25 ♖e1+ ♗e5 26 ♖xe5+ ist offensichtlich schlecht für Schwarz, und so ist er gezwungen, Linienöffnungen zuzulassen.

22 gxf6 ♖f7

Es ist wichtig, dass Weiß nach 22...c5 die Antwort 23 ♖e1! cxd4 24 ♖e7 hat.

23 ♖g1! ♔h8 24 ♗xh7!

Wie immer teilen sich die Läufer die Arbeit – der eine opfert sich, so dass der andere den entscheidenden Schlag austeilen kann.

24...♖xh7 25 f7+ ♘g7 26 ♗xg7+ 1-0

99)
Anand – Lautier
Biel 1997

In dieser ungewöhnlichen Stellung hat Weiß Gelegenheit, die Partie mit einem herrlichen Schlag zu entscheiden:

21 ♗g6!! ♘e7

Der Nachziehende hat keine gute Verteidigung: 21...♕xe3+ 22 ♗xe3 fxg6 (oder 22...hxg6) 23 ♗c5; 21...♕f6 22 ♗xf7+ ♕xf7 23 ♖xf7 ♘xe3 24 ♖xd8+! ♔xd8 25 ♗xe3 ♗h3 26 ♖xa7; 21...♕xd1 22 ♖xe6+ ♔f8 23 ♗xh6+ ♔g8 24 ♗xf7# oder 21...♘xe3 22 ♗xf7+ ♔f8 23 ♕xd4 ♖xd4 24 ♗xe3. In allen Varianten arbeiten die weißen Läufer wunderbar mit den Schwerfiguren zusammen. Auch nach dem Textzug gewinnt Weiß:

22 ♕xd4 ♖xd4 23 ♖d3!

Eine hervorragende und sehr instruktive Entscheidung: Weiß tauscht zwei schwarze Figuren ab, die Gegenspiel aufbauen könnten, und die Stellung gewinnt sich von selbst.

23...♖d8 24 ♖xd8+ ♔xd8 25 ♗d3! 1-0

100)
Stein – Hartoch
Amsterdam 1969

Die Lösung dieser Aufgabe basiert auf einem bereits bekannten Prinzip. Der Läufer e5 hält die gesamte schwarze Stellung zusammen: Er greift g3 an und verteidigt die lange Diagonale. Dabei ist der Bauer f6 mit der Deckung des Läufers und des überaus wichtigen Feldes g5 überlastet. Unter diesen Umständen sollte der hauptsächliche Kandidatenzug das Schlagen des Läufers sein. Die Analyse stellt sich als nicht sehr schwierig heraus.

36 ♖xe5! ♕xe5

36...fxe5 37 ♕g5+ ♔f8 38 ♕f6+.

37 ♖c5 ♕d6 38 e5! ♕d8 39 exf6+ ♔f8

Nun ist das Spiel forciert. Schwarz kann 39...♕xf6 40 ♕f4 nicht zulassen.
40 ♕f4 ♘a6
Schwarz hat keinen akzeptablen Zug mehr. Das Spiel ist bis zum Schluss forciert.
41 ♗xd4! ♘xc5 42 ♗xc5+ ♔e8 43 ♕e5 ♖hh7 44 ♗d7+! 1-0

101)
Euwe – Keres
Rotterdam (9) 1939/40

Es zeigt sich, dass die Koordination zwischen den schwarzen Läufern und Türmen schwerer wiegt als das materielle Übergewicht des Weißen. Wieder entfalten sich die Ereignisse nach dem ersten starken Zug von Schwarz fast forciert.
29...♗c8! 30 ♘f4
Auch 30 ♕f3 hilft nicht wegen 30...♗h3! 31 ♖xd4 cxd4 32 ♔g1 ♖e1+.
30...♖e3 31 ♕b1 ♖f3+ 32 ♔g2
Schwarz lässt den Angriff nicht verebben und spielt...
32...♖xf4!! 33 gxf4 ♖g8+ 34 ♔f3 ♗g4+ 0-1
Natürlich hätte auch 34...♗b7+ 35 ♔e2 ♖g2+ 36 ♔d3 ♗c8! gewonnen, aber der Textzug ist viel klarer.

102)
Botterill – Tal
Mannschaftseuropameisterschaft, Bath 1973

Es ist klar, dass Schwarz hier, ohne einen einzigen Zug zu vergeuden, auf Königsangriff spielen muss. Tal wählt den effektivsten Weg:
42...♗e3!
In der Variante 42...♗g1+ 43 ♔g3 ♕c3+ 44 ♔h4 ♗h2! 45 ♕f2 ist Schwarz gezwungen, mit dem Schlagen des Läufers einen wertvollen Zug zu verschwenden (45...♔xf8), was er besser vermeiden sollte.
43 ♔g3 ♗g5 44 ♕c4
44 ♕g4 h5 45 ♕d4 (45 ♕b4 ♗e3+ 46 ♔h2 ♗f4+) 45...♕e1+ 46 ♔h2 ♗e3 47 ♖a1 ♕f2 hilft Weiß auch nicht.
44...♕e3+ 45 ♔g4 ♗h4!
Das ist noch stärker als das völlig akzeptable 45...exf5+ 46 ♘xf5 h5+ 47 ♔xh5 g6+ 48 ♔g4 ♗d7.
46 ♗e7

Tal zeigt die schöne Variante 46 ♘xf7 ♕g3+ 47 ♔h5 ♗e8!.
46...♗xe7 47 ♘xf7 h5+ 48 ♔xh5 ♗e8 49 ♔g4 exf5+ 50 ♔xf5 g6+! 51 ♔g4 ♗d7+ 0-1
Ein wunderbar herausgespielter Angriff. Dabei ist interessant, dass der Angriff vom schwarzfeldrigen Läufer gestartet und von seinem weißfeldrigen Kollegen beendet wurde.

103)
Kasparow – Kramnik
Dos Hermanas 1996

Diese Stellung zeigt den dramatischen Höhepunkt des Kampfes. Offensichtlich haben beide Spieler die kommenden Ereignisse vorausgesehen, aber nur einer wird Recht behalten.
24...♖xf3! 25 ♖xf3
Wichtig ist die Variante 25 ♖a2 ♖xf1+ 26 ♕xf1 ♕xf1+ 27 ♔xf1 – nach 27...♗c8! 28 ♗e3 ♗f4! hat Schwarz gute Gewinnchancen.
25...♕xh2+ 26 ♔f1 (D)

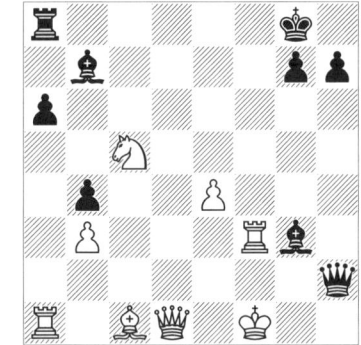

26...♗c6!!
Der zweite Läufer greift ins Spiel ein, und da er keinen weißfeldrigen Gegenspieler hat, bringt er den Angriff zum Abschluss. Kramnik nahm an, dass es dieser Zug war, den Kasparow entweder übersehen oder unterschätzt hatte.
27 ♗g5
Obwohl er einen Turm mehr hat und am Zug ist, hat Weiß keine guten Möglichkeiten mehr: 27 ♖a5 ♗c7! 28 ♖a1 ♖d8, 27 ♕d3 ♕h1+ 28 ♔e2 ♕e1# oder 27 ♖a2 ♗b5+ 28 ♘d3 ♗xd3+! 29 ♖xd3 ♖f8+ 30 ♖f3 ♕h1+.
Nach dem Textzug hat Schwarz einen forcierten Gewinnweg.
27...♗b5+! 28 ♘d3 ♖e8! 29 ♖a2

29 Rc1 Qh1+ 30 Ke2 Rxe4+ 31 Kd2 Qg2+ ist ebenso schlecht für Weiß.

29...Qh1+

Wir sind nicht die ersten, die auf erstaunliche Beispiele von „Schachblindheit" stoßen, wo prominente Spieler sehr einfache Dinge übersehen (obwohl man hinzufügen sollte, dass dies nicht allzu oft passiert). Es sollte erwähnt werden, dass dies nur in Partien mit Spielern ihres Niveaus passiert. Der Grund dafür ist klar: In solchen Kämpfen ist die nervliche Anspannung enorm hoch, und manchmal steht zu viel auf dem Spiel. Auch die größten Spieler sind nur Menschen. All das erklärt, warum Kramnik in dieser Stellung eine Gelegenheit verpasste, die unter normalen Umständen sogar ein recht unerfahrener Spieler finden würde: 29...Bxd3+! 30 Qxd3 (30 Rxd3 Qh1+ 31 Ke2 Qg2+ 32 Ke3 Rxe4#) 30...Qh1+ 31 Ke2 Qe1+. Übrigens müssen wir auch noch hinzufügen, dass sehr starken Spielern solche erstaunlichen Aussetzer meist dann unterlaufen, wenn sie eine andere Idee im Kopf hatten. Das ist hier der Fall – Schwarz gibt den Gewinn nicht aus der Hand.

30 Ke2 Rxe4+ 31 Kd2 Qg2+ 32 Kc1

Oder 32 Nf2 Rd4+.

32...Qxa2 33 Rxg3

Eine wichtige Variante ist 33 Rf8+ Kxf8 34 Qf3+ Bf4+.

33...Qa1+ 34 Kc2 Qc3+ 35 Kb1 Rd4 0-1

Angesichts von 36 Bf6 Bxd3+ 37 Ka2 Bb1+ 38 Qxb1 Rd2+ gab Weiß auf.

104)

Bouaziz – Geller
Interzonenturnier, Sousse 1967

Vier Bauern für einen Turm sind keinesfalls schlecht, aber noch wichtiger ist, dass sie hervorragend von den Figuren unterstützt werden. In der Regel sind Läufer zur Unterstützung von Freibauern sehr gut geeignet. Das ist hier der Fall. Der kombinierte Läufer- und Bauernangriff entscheidet die Partie sehr schnell.

32...e5 33 Rf1

Weiß kann seine schwachen Bauern nicht halten, zum Beispiel 33 Kf2 Bb2.

33...a5 34 Nd2??

Das ist natürlich ein schrecklicher Fehler, aber solche Fehler passieren nicht ohne guten Grund. Der Fehler resultiert daraus, dass Weiß angesichts seiner zahlreichen Probleme, wie etwa der Variante 34 Rb1 a4 35 Nc1 f4+, entmutigt ist.

34...Bd4# (0-1)

105)

Smyslow – Evans
Olympiade, Helsinki 1952

Trotz der beiden schwarzen Mehrbauern hat Weiß in diesem Leichtfigurenendspiel klaren Vorteil. Der Grund dafür ist sein starker Freibauer, der vom König und seinen zwei aktiven Läufern unterstützt wird. Die folgenden Züge sind forciert.

37 Bb5+ Kd8 38 Kb6 Nf6

Weiß drohte 39 d7 Nf6 40 Bc7+. Doch nun wird die schwarze Struktur fixiert, und er verliert einen seiner Damenflügelbauern.

39 Bg5 Bd5

39...b3 40 Kxa5 Bd5 läuft aufs Gleiche hinaus.

40 Kxa5 b3 41 Kb4 Be6 42 Ba4 Kc8 43 Bxf6! gxf6 44 d7+! (D)

Der weiße Angriff hat zu einem Endspiel mit klarem weißen Vorteil geführt, wenn dies auch nicht mehr unter unser Thema des „Läuferpaars" fällt. Aber Schach auf hohem Niveau ist nie irrelevant – was natürlich auch für Smyslows Spiel in diesem Endspiel gilt. Sein letzter Zug ist wichtig, da das Schlagen des Bauern verfrüht wäre: 44 Bxb3 Kd7 45 Bxe6+ fxe6 46 Kc5 e5 47 b4 e4, und die Partie endet remis.

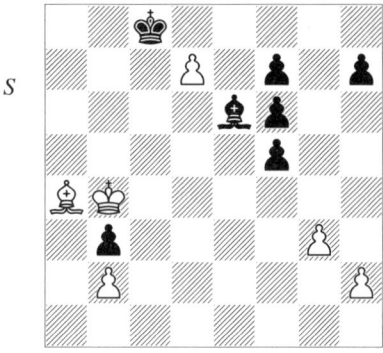

Nun wäre das Schlagen schlecht für Schwarz: 44...Bxd7 45 Bxd7+ Kxd7 46 Kxb3 Kd6 47 Kc4 Kc6 48 b4, und Weiß gewinnt. Daher spielt er:

44...Kd8

Doch durch akkurates Spiel bringt Weiß seinen Gegner in Zugzwang und zwingt ihn schließlich, den Bauern zu nehmen:

45 ♗b5! ♔c7 46 ♗c6! ♔d8 47 ♗a4! ♔c7 48 ♔c5! ♔xd7

Das ist die Zugzwangstellung: Schwarz kann nur noch wenige Abwartezüge spielen. Nach 48...h6 49 h4! h5 spielt Weiß 50 ♔b4 und führt das gleiche Läufermanöver aus, um noch einmal Zugzwang herzustellen.

49 ♗xb3 ♗e6 50 ♔d5! ♔d7 51 b4

Der Rest der Partie ist klar und einfach.

51...♔c7 52 b5 ♗xd5 53 ♔xd5 ♔b6 54 ♔c4 ♔b7 55 ♔c5 ♔c7 56 b6+ ♔b7 57 ♔b5 h5 58 h4 ♔b8 59 ♔c6 ♔c8 60 b7+ ♔b8 61 ♔b6 f4 62 gxf4 f5 63 ♔c6 f6 64 ♔d6 ♔xb7 65 ♔e6 1-0

106)
Tarrasch – Rubinstein
San Sebastian 1912

Wir sehen hier den Schluss einer klassischen Rubinstein-Partie, deren Spiel logisch und überzeugend ist. Zuerst einmal tauscht Schwarz die Türme, was seinen König zum Alleinherrscher des Brettes macht, der ohne Hindernisse in alle Richtungen gelangen kann.

38...♖c8! 39 ♗d1

39 ♖xc8 ♗xc8 oder 39 ♖d2 ♖c3 ist nicht einfacher für Weiß.

39...♖xc2+ 40 ♗xc2 ♔e5 41 g4 ♗e3!

Nun ist alles klar: Die schwarzen Figuren beherrschen das gesamte Brett. Wie so oft ist es für den Gegner am schwierigsten, die Felder derjenigen Farbe zu verteidigen, dessen Läufer er nicht mehr besitzt.

42 ♔f3 ♔d4 43 ♗b3 ♗b4 44 ♔e2 ♗a6 45 ♗c2

45 ♔f3 ist ebenfalls schlecht: 45...♗g5! 46 ♘f2 ♗h4. Überhaupt ist nun alles schlecht für Weiß. Schwarz hat die Kontrolle über das ganze Brett übernommen.

45...♗b5! 46 a4 ♗d7 47 ♔f3

Nachdem der Bauer a4 unter Beschuss geraten ist, kommt nun der entscheidende Durchbruch.

47...♔c3! 48 ♔xe3 d4+! 49 ♔e2 ♗xc2 50 ♘f4 ♗xa4 51 ♘e6 ♗b3 52 ♘xd4+ ♔b2 53 ♘b5 a4 54 ♔e3 a3 55 ♘xa3 ♔xa3 56 ♔d4 ♔b4 0-1

107)
Karpow – Nunn
Tilburg 1982

Weiß hat deutlichen Vorteil und macht sich nun daran, die Stellung zu öffnen, um seine Läufer zu befreien. Dabei zieht er außerdem in Betracht, dass die gegnerischen Figuren hilflos auf der anderen Seite des Brettes festhängen.

20 a4!

Sehr viel nachhaltiger und effektiver als 20 b4 ♕a6 21 a4 ♘xa4.

20...cxb3 21 ♘xb5! ♕xd2 22 ♖xd2 (D)

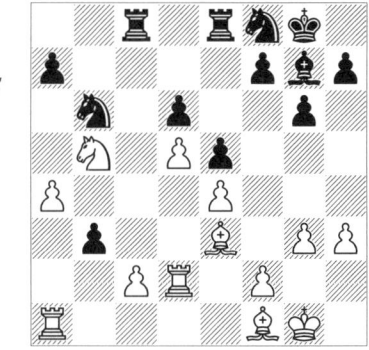

22...♖xc2

Die Komplikationen sind günstig für Weiß, da er einfach mehr Figuren auf der Brettseite hat, wo der Kampf stattfindet. Auch nach 22...b2 23 ♖b1 ♘xa4 24 ♘xd6 ♖b8 25 c4 ♖ed8 26 c5 steht Schwarz schlecht.

23 ♖xc2 bxc2

Nun reißt Weiß den schwarzen Damenflügel in Stücke.

24 a5 ♘c8 25 ♖c1 ♘d7 26 ♖xc2 ♘c5 27 ♘xd6 ♘xd6 28 ♖xc5 ♘xe4 29 ♖c7 ♗f8 30 a6 ♖d8 31 ♖xa7 1-0

Schwarz wollte nicht noch länger zuschauen, wie die weißen Läufer den a-Bauern zur Umwandlung treiben.

108)
Janowski – Capablanca
New York 1916

Nun sehen wir eine berühmte Partie von Capablanca, die sich praktisch in jedem Buch findet, das dem großen Kubaner gewidmet ist. Doch soweit ich weiß, wurde – was etwas überraschend ist – dieser Partieteil nie überzeugend erklärt. Sogar der große Botwinnik, der gewissenhafteste aller Kommentatoren, war (wie mir scheint) in diesem Fall nicht überzeugend. Aber sehen wir selbst.

Der schwarze Vorteil besteht in der besseren Bauernstruktur und dem Läuferpaar, wobei letzteres trotz des geschlossenen (aber keineswegs blockierten!) Stellungscharakters eine bedeutsame Rolle spielt. Aber um nicht einfach herumzustehen und seine hervorragenden Errungenschaften zu bewundern, sondern um von ihnen zu profitieren (was der eigentliche Schlüssel zu guter Technik im Schach ist), muss Schwarz versuchen, die Koordination zwischen allen seinen Figuren herzustellen. Vor allem die Situation seines weißfeldrigen Läufers erscheint in dieser Hinsicht sehr unglücklich. Der nächste Zug des Schwarzen baut in beispielhafter Weise auf diesen Überlegungen auf:

32...b4! 33 axb4?

Hier ist ein Schlüsselmoment dieses Endspiels. Die natürlichste Antwort ist, mittels 33 ♗xb4 den starken Läufer abzutauschen. Danach:

a) 33...♗xb4 34 axb4, und nun:

a1) 34...♗a4 wird unangenehm mit 35 ♖a1! beantwortet, mit der Folge 35...♗c2 36 ♖a7+ ♔f8 37 ♖ga1.

a2) Botwinnik schrieb, dass Schwarz gewinnt, indem er seinen h-Bauern nach h3 bringt, aber nach 34...h5 35 ♔f2! h4 hat Weiß 36 h3.

b) 33...♗a4! 34 ♖bc1 (34 ♗xe7 ist schlecht wegen 34...♗c2!) 34...♗xb4 35 axb4 ♖b8 mit der Beispielvariante 36 ♘e3 ♖xg1 37 ♖xg1 ♖xb4 38 ♖g2 ♗b3! 39 ♔e2 ♗a2, wonach Schwarz zweifellos die besseren Chancen hat.

Vermutlich erfordert diese Stellung eine genauere Analyse. Aber wie dem auch sei – Capablancas Entscheidung im 32. Zug muss als völlig korrekt bewertet werden. Die Stellung nach diesem Zug sollte besser für Schwarz sein, aber keinesfalls klar gewonnen. Genau das ist sie allerdings nach dem unglücklichen 33. Zug von Weiß.

33...♗a4 34 ♖a1 *(D)*

Es stellt sich heraus, dass 34 ♖c1 in das äußerst unangenehme 34...♖xf4+! hineinläuft. Das ist, was passiert, wenn man seinem Gegner das Läuferpaar überlässt! Dennoch war das vielleicht das geringste Übel, denn jetzt verliert Weiß forciert Material.

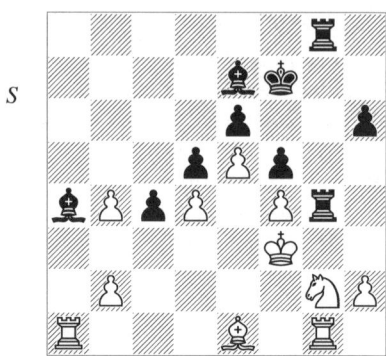

34...♗c2 35 ♗g3 ♗e4+ 36 ♔f2 h5 37 ♖a7 ♗xg2 38 ♖xg2 h4 39 ♗xh4

Weiß verliert auch nach 39 ♖xe7+ ♔xe7 40 ♗xh4+ ♔f7 41 ♖xg4 fxg4 42 ♔g3 ♖b8.

39...♖xg2+ 40 ♔f3 ♖xh2 41 ♗xe7

41 ♖xe7+ ♔f8 42 ♗f6 (42 ♖h7 ♖gg2!) 42...♖gh8! ist für Weiß nicht einfacher.

41...♖h3+ 42 ♔f2 ♖b3 43 ♗g5+ ♔g6 44 ♖e7 ♖xb2+ 45 ♔f3 ♖a8! 46 ♖xe6+ ♔h7 0-1

109)

Geller – Keres
UdSSR-Meisterschaft, Moskau 1952

Die Schlüsselidee in dieser Stellung ist klar: Weiß muss mit äußerster Kraft vorgehen, um zu verhindern, dass sein Gegner die Entwicklung ungestört vollendet. Ansonsten wäre die schwarze Stellung völlig akzeptabel. Nach 20 ♘c4 ♘xc4 21 ♗xc4 e5 22 ♖h4 h6 zum Beispiel hat Schwarz überhaupt keine Probleme. Daher spielt Weiß:

20 ♗xh7! *(D)*

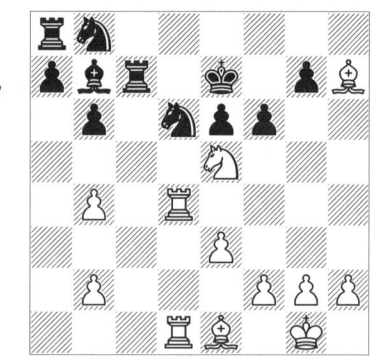

27...fxe5

Das schwarze 20...♘b5 scheitert am *Zwischenzug* 21 ♘g6+.

21 ℤxd6 ♗d5 22 ℤ6xd5 exd5 23 ℤxd5 ℤc1 24 ♔f1

Weiß hat die Qualität gegeben und sogar eine Fesselung zugelassen. Aber es wird deutlich, dass der König leicht aus der Fesselung entkommt und ins Zentrum geht. Die beiden Läufer arbeiten hervorragend zusammen, und es stellt sich heraus, dass sie dem gegnerischen Turm und Springer überlegen sind.

24...♘c6

Auch nach 24...♘d7 25 ♗f5 ℤd8 26 ♔e2 steht der schwarze Vorteil außer Zweifel.

25 ♔e2 ℤd8

25...ℤh8 26 ♗e4 ℤxh2 27 b5 ist nicht gut für Schwarz.

26 ℤxd8 ♘xd8

Nach 26...♔xd8 27 ♗e4 b5 28 ♗c3 ♔d7 29 f4! bekommen wir eine ähnliche Stellung wie in der Partie.

27 ♗c3 ♔e6

Nun führt Weiß ein forciertes Manöver aus, um den Bauern g7 zu gewinnen.

28 ♗g8+! ♔d6 29 f4! exf4 30 exf4 ♘e6

Auch nach 30...g6 31 ♗h7 ♘e6 32 ♗e5+ geht der Bauer verloren.

31 ♗e5+ ♔d5 32 ♗xg7 ℤc8 33 ♗xe6+ ♔xe6

Die Läufer haben ihre Arbeit erledigt, und der Rest der Partie ist einfach.

34 ♔f3! ℤc4 35 ♗c3 ♔d5 36 h4 a5 37 bxa5 ℤxc3+

Nichts ändert 37...b5 38 h5.

38 bxc3 bxa5 39 h5 ♔e6 40 ♔e3 1-0

110)
Botwinnik – Bronstein
Weltmeisterschaft (23), Moskau 1951

Dies war die entscheidende Partie im Weltmeisterschaftskampf. Botwinnik musste gewinnen, um seinen Titel zu behalten. Nach einer schlaflosen Analysenacht war die Lösung der Stellung gefunden:

44 ♗g3!! (D)

Die Pointe dieses erstaunlichen und zunächst obskuren Zugs besteht darin, dass nun eine Zugzwangstellung entsteht. Wir werden die Varianten ein wenig später betrachten. Botwinnik zeigt auch, dass das Feld g3 zweifellos das beste für den Läufer ist, da Schwarz nach 44 ♗f4 die wichtige Antwort 44...♘e7! hat, während Weiß jetzt auf h4 Schach geben könnte.

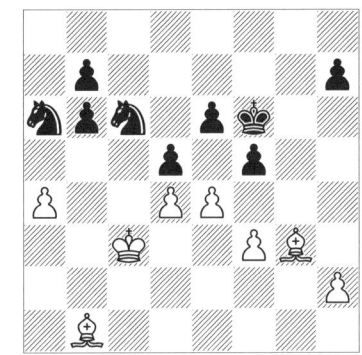

44...fxe4

Das ist die kritische Variante, welche die Pointe des 44. Zugs von Schwarz offenlegt. Falls 44...♘ab4, dann 45 ♗e5+! (aber nicht 45 ♗c7? dxe4 46 fxe4 fxe4 47 ♔xe4 ♘d5+) 45...g6 46 ♗d6 ♘a6 47 exd5 exd5 48 ♗a2.

45 fxe4 h6 46 ♗f4 h5 47 exd5 exd5

Obwohl Schwarz die Zahl der Bauern auf dem Brett reduziert und sich von der Schwäche auf f5 befreit hat, befindet er sich nun in komplettem Zugzwang, und der Materialverlust ist unvermeidlich. Die Grundlage dessen ist nur der Vorteil des Läuferpaars gegenüber zwei Springern.

48 h4 ♘ab8 49 ♗g5+ ♔f7 50 ♗f5 ♘a7

Schwarz verliert auch nach 50...♘e7 51 ♗xe7 ♔xe7 52 ♗g6 ♘c6 53 ♔xh5 ♘a7 54 ♔b4.

51 ♗f4 ♘bc6 52 ♗d3 ♘c8 53 ♗e2 ♔g6 54 ♗d3+ ♔f6 55 ♗e2 ♔g6 56 ♗f3 ♘6e7

Auch nach 56...♘8e7 57 ♗c7 ♘f5 58 ♗xd5 ♘fxd4 59 ♗xb6 gibt es kein Entkommen.

57 ♗g5 1-0

Laut Botwinnik gab Bronstein nun auf, nachdem er 40 Minuten nachgedacht hatte. Die möglichen Varianten begründen dies: 57...♘c6 58 ♗xd5 ♘d6 59 ♗f3 ♔f5 60 ♗c1! (wie Smyslow zeigte) 60...b5 61 ♗xc6 bxc6 62 a5 ♔e4 63 a6 ♘c8 64 ♗a3 ♘b6 65 a7 ♘a8 66 ♗c5.

Kapitel 8

111)
Karpow – Hort
Olympiade, Malta 1980

Auf den ersten Blick sieht die Stellung des Schwarzen vollkommen zufrieden stellend aus.

Aber seine Struktur am Königsflügel ist geschwächt, und seine Figuren sind für die Verteidigung ungünstig postiert. Weiß fängt mit dem Abtausch der stärksten gegnerischen Figur an, wobei er die Bauernstruktur zu seinem Vorteil verändert.

21 ♘xd5! exd5

Nun ist es Zeit, Druck zu machen:

22 ♘e5! ♕c7

Der Springertausch wäre schlecht: 22...♘xe5 23 dxe5 ♗c7 24 ♕f3 d4 25 ♕f6.

23 ♕e3!

Das ist stärker als 23 ♘g4 ♗xg3 24 hxg3 ♕d6! 25 ♘xh6+ ♔g7 26 ♘g4 ♗d7, wonach Schwarz noch eine Weile standhalten kann.

23...♕b6

Andere Züge sind schlechter, z. B. 23...♔g7 24 ♘g4 oder 23...h5 24 ♗h4 ♗e7 25 ♘xc6.

24 ♕xh6 ♘xe5 25 dxe5 ♗f8 26 ♕g5

Weiß hat großen Vorteil erreicht.

112)

Sweschnikow – Kortschnoj
UdSSR-Meisterschaft, Moskau 1973

Schwarz ist mit Entwicklungsvorsprung aus der Eröffnung herausgekommen und muss nun schnell handeln, um dies in etwas Greifbares zu verwandeln. Kortschnoj findet einen guten Plan:

18...♘c4!

18...♖d2 19 ♖fd1 ♖fd8 20 b3 verspricht Schwarz deutlich weniger.

19 ♖fd1

Nach 19 ♘xc4 ♗xc4 20 ♖fd1 ♗e2 21 ♖xd8 ♖xd8 22 f3 ♖d2 steht der schwarze Vorteil außer Frage.

19...♘xe3 20 fxe3 g6! 21 a3 ♔g7 22 ♖d4

Auf 22 ♔f2 antwortet Schwarz 22...♔f6.

22...c5 23 ♖xd8 ♖xd8 24 ♖d1 ♖b8!

Schwarz hat klaren Vorteil und gewann im weiteren Verlauf.

113)

Kramnik – Karpow
Dos Hermanas 1997

Die weißen Figuren stehen zwar deutlich aktiver, aber Schwarz hat keine Bauernschwächen. Um seine Chance zu nutzen, muss Weiß energisch handeln.

31 ♗a4! ♘c7

Obwohl keine Damen mehr auf dem Brett sind, ist es für Schwarz nicht leicht, den Königsangriff abzuwehren, zum Beispiel 31...f5 32 ♖d1 ♘a6 33 ♗c6 ♖b8 34 ♗a3.

32 ♗a3 ♔g8 33 ♘e4! ♖xa4

Kramnik gibt die Variante 33...♘ba6 34 ♗d6 an, und nun ist 34...♗b7 35 ♗xc7 ♗xe4 (35...♖c8 36 ♘d6) 36 fxe4 ♖c8 37 ♗b5! ♖xc7 (37...♘xc7 38 ♗d7) 38 ♖d1! für Weiß gewonnen, oder 34...♖a7 35 ♗b5! nebst 36 ♗xa6.

34 ♖xc7 ♗a6

Es gibt keine Verteidigung mehr. Schwarz verliert auch nach 34...♗d7 35 ♗d6 ♖a1+ 36 ♔f2 ♖b1 37 ♘c5.

35 ♘c5! 1-0

Angesichts von 35...♖xa3 36 ♘xa6 oder 35...♖c4 36 ♘xa6 gab Schwarz auf.

114)

Kramnik – Cifuentes
Villarrobledo 1998

Obwohl diese Stellung scheinbar einfach und ausgeglichen ist, stellt sich ihre Verteidigung tatsächlich als sehr schwer heraus. Die Analyse ist äußerst lehrreich. Erstens gibt es – trotz der symmetrischen Bauernstruktur, die den Endspielvorteil des Läufers gegenüber dem Springer normalerweise reduziert – einen deutlichen Unterschied zwischen den beiden Leichtfiguren, und der kann leicht entscheidend werden. Zweitens ist der weiße Turm schneller zu aktivieren als der gegnerische, und die weißen Figuren können schneller koordiniert werden als die schwarzen. Wie wir immer wieder gesehen haben, ist ein solcher Vorteil nur mit großer Energie und Genauigkeit auszunutzen – ansonsten wird er sich in Luft auflösen.

18 ♖c1+! *(D)*

18...♔b8?

Schwarz trifft die falsche Entscheidung. Natürlich sollte der König im Endspiel versuchen, ins Zentrum zu gehen. Nach dem richtigen 18...♔d8 hatte Kramnik 19 ♗d4! beabsichtigt (dieser Zug ist sehr stark, und Varianten wie 19 ♗xa7 b6 20 ♖c6 ♖e8 21 ♔f1 ♖e6! verdeutlichen, dass er richtig ist – mit anderen Worten ist dieser Zug das, was wir einen resultierenden Zug nennen), falls 19...♖g8 (19...f6 20 ♗xa7 b6 21 ♖c6 ♖e8 funktioniert nicht, da 22 ♔f1 nicht mit 22...♖e6 beantwortet werden kann), dann ist 20 f4! g6 21 ♔f2 ♖e8 22 ♔f3 sehr stark. Danach ist die schwarze Verteidigung schwierig, aber möglich. Nach dem Textzug brechen die weißen Figuren in die schwarze Stellung ein, und die Partie nimmt ein schnelles Ende.

19 ♗f4+ ♔a8 20 ♖c7 ♖d8 21 h3!

Ein typisches Thema, das uns inzwischen wohlbekannt ist: Die beengten schwarzen Figuren sind in Zugzwang geraten, und nun muss Schwarz Bauernzüge machen, die neue Schwächen zur Folge haben.

21...a6 22 b4 f6 23 g4 g5 24 ♗d6 ♘b6 25 ♗c5 ♘d5 26 ♖xh7 b6 27 ♗d4 ♖d6 28 ♖f7 ♘f4 29 ♗xf6 ♘xh3+ 30 ♔g2 ♘f4+ 31 ♔f3 ♘h3 32 ♔g3 ♖d3+ 33 f3 ♘g1 34 ♗xg5 ♘e2+ 35 ♔f2 ♘c3 36 ♗f6 1-0

115)
Botwinnik – Khawin
UdSSR-Meisterschaft, Moskau 1944

In Aufgabe 43 haben wir den ersten Teil dieser Partie analysiert. Fahren wir nun fort. Im Versuch, eine Kompensation für seine schwarzfeldrigen Schwächen zu finden, hat Schwarz den Turm auf das ungewöhnliche Feld h4 gebracht. Doch Weiß zeigt, dass die schwarzen Figuren keine Koordination erreichen können. Er spielt...

23 ♘g3!

Dieser wichtige Zug basiert auf einer bekannten Regel – immer die am besten postierte Figur des Gegners abzutauschen, in diesem Fall den Springer. Sobald der Springer vom Brett geht, ist der Turm auf h4 isoliert. Dieses wichtige Manöver funktioniert, weil die schwarze Grundreihe schwach ist.

23...♖xe1+ 24 ♖xe1 ♘e7

24...♘xd4 25 ♕xd5! ♕f8 26 ♘ce4!? ♘e6 27 ♖c1 ist günstig für Weiß. Schwarz darf nicht 24...♘xg3 spielen wegen 25 hxg3 ♖xd4 26 ♕e3.

Nun hat Weiß klaren Vorteil, und die Partie ist bald zu Ende:

25 h3! ♕f8 26 ♕e3 ♘c6 27 ♘b3 ♕e7 28 ♕c1! ♕d6 29 ♘a5! ♗d7 30 ♘xc6 ♕xc6 31 ♕g5 ♖h6 32 ♕e7+ 1-0

116)
Capablanca – Vidmar
London 1922

Weiß hat deutlichen Eröffnungsvorteil erreicht, vor allem in Hinsicht auf die Entwicklung. Nun muss er ein paar bekannte Aufgaben lösen: wie er seinen Vorteil ausbaut und wie er gleichzeitig die gegnerische Entwicklung behindert. Das wird folgendermaßen erreicht:

14 ♕c7! *(D)*

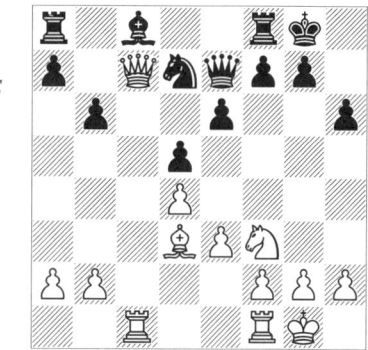

14...♕b4

Dieser Zug ist nötig, um den Springer zu entfesseln. Schwarz hat praktisch keine anderen sinnvollen Züge. Nach 14...a6 (um das Eindringen des Läufers via b5 zu verhindern) könnte die Partie mit 15 ♖c3 ♕b4 16 a3 ♕xb2 17 ♖b1 ♕a2 18 ♖cb3 weitergehen. Natürlich kann die Dame alleine nicht viel ausrichten.

15 a3! ♕a4

Den Bauern mit 15...♕xb2 zu nehmen, ist schlecht: Nach 16 ♖b1 ♕xa3 (16...♕a2 17 ♕c3) 17 ♗b5 ♕e7 (17...♘f6 18 ♖a1 ♕b4 19 ♕fb1) 18 ♗c6 ♖b8 19 ♘e5 ♕d8 20 ♕xa7 ♘xe5 21 dxe5 gewinnt Weiß.

Doch auch mit dem Partiezug entgeht Schwarz der Niederlage nicht.

16 h3!

Es ist amüsant, dass der Sinn dieses Zuges darin besteht, den Gegner, der sich nun in Zugzwang befindet, an den Zug zu bringen. Wir haben das schon in Aufgabe 105 gesehen – wer könnte danach behaupten, dass das Studium von Standardthemen unnötig sei?

16...♘f6 17 ♘e5 ♗d7

Schwarz hat es gerade geschafft, den Läufer zu entwickeln, aber dennoch muss er Materialverlust hinnehmen.

18 ♗c2 ♕b5 19 a4

Weiß erreicht entscheidenden Materialvorteil.

117)
Alapin – Rubinstein
Karlsbad 1911

Der weiße Springer hat sich verlaufen. Um ihn einzufangen, muss Schwarz eine Reihe einfacher Varianten exakt berechnen.

30...♕e7! 31 ♖xd5

31 ♘a5? ♖e1+ 32 ♖xe1 ♕xe1+ 33 ♔h2 ♗e5+ ist sehr schlecht für Weiß.

31...cxd5 32 ♘a5

Auch nach 32 ♖xd5 ♖xd5 33 ♕xd5 ♕e1+ 34 ♔h2 ♗e5+ verliert Weiß Material.

32...♖e1+ 33 ♖xe1 ♕xe1+ 34 ♔h2 d4!

Bis zu diesem Punkt war alles forciert.

35 ♘c6 dxc3 36 bxc3 ♗xc3 37 g3

Das Gegenspiel funktioniert nicht: 37 ♘d8 ♕e5+ 38 g3 ♕f6.

37...a5

Schwarz steht auf Gewinn.

118)
Geller – Bertok
*Jugoslawien gegen UdSSR,
Belgrad 1961*

Es gibt keinen Zweifel am positionellen Vorteil des Weißen. Wie immer in Stellungen mit einer fixierten symmetrischen Struktur, ist ein solcher Vorteil durch aktives Figurenspiel zu verwerten. In diesem Fall ist die hauptsächliche schwarze Schwäche der König – daher geht der Springer nach f5 statt nach d5.

29 ♘f5! ♗b8 30 ♗h4! ♕c6

Die weißen Figuren können nicht mehr zurückgetrieben werden: 30...g6 31 ♕d2! g5 32 ♗xg5.

31 ♗d5 ♕c8 32 ♗xf7! g5

Der Läufer kann nicht geschlagen werden: 32...♔xf7 33 ♕c4+ ♔g6 34 ♘e7+.
Der Rest ist einfach.

33 ♕c4 ♘f6 34 ♗f2 ♕c6 35 ♗g6 ♕d7 36 a5 ♗a7 37 axb6 ♗xb6 38 ♗xc5+ ♗xc5 39 ♕xc5+ ♔g8 40 ♕xe5 1-0

119)
Geller – Portisch
Moskau 1967

Hier sehen wir ein weiteres Partiebeispiel des großartigen Angriffsspielers Efim Geller. Die schwarze Stellung sieht völlig sicher aus, und tatsächlich wäre alles in Ordnung, wenn die Figuren nicht ein wenig „in der Luft hingen", was sich als fatal herausstellt.

15 ♘h5! ♕e7

Portisch unterschätzt die Gefahren seiner Stellung. Er hätte sich auf das unbequeme Endspiel einlassen sollen, das nach 15...♕xd1 16 ♘xf6+ gxf6 17 ♖xd1 ♘a5 18 ♗c2 entsteht. Aber nun entwickelt Weiß einen schnellen Angriff.

16 ♘h4! ♘xh5

Nach 16...♖ad8 17 ♘f5! gewinnt Weiß.

17 ♕xh5 ♘a5

17...♕f6 und 17...♖ad8 treffen auf die gleiche zerschmetternde Antwort...

18 ♗g5!! ♕d7

Forciert. Zum Verlust führt 18...♕xg5 19 ♕xf7+ oder 18...hxg5 19 ♘g6.

19 ♖ad1 ♗d6 20 ♗xh6 gxh6

Es gibt keine Rettung, z. B. 20...♘xb3 21 ♗xg7 ♔xg7 22 ♘f5+.

21 ♕g6+ ♔f8 22 ♕f6

Auch möglich war 22 ♕xh6+ ♔e7 23 ♘f5+ ♔d8 24 ♘xd6.

22...♔g8 23 ♖e3 1-0

120)
Petrosjan – Smyslow
UdSSR-Meisterschaft, Moskau 1961

Diese Stellung erinnert ein bisschen an die Partie Rotlewi-Rubinstein. In beiden Fällen wirken die Läufer des Angreifers völlig unbehindert, und seine Figuren erfreuen sich einer besseren Koordination und Entwicklung. In beiden Stellungen kann all das nur durch ein schnelles Handeln des Angreifers ausgenutzt werden – und zwar in dem Bereich, auf den die meisten seiner Figuren hinzielen. Genauer gesagt, bedeutet das einen Angriff gegen den schwarzen König. Dafür muss Weiß seine Dame in diese Richtung schwenken.

18 ♕a4! ♖fd8 19 ♕e4! g6 20 ♕g4! (D)

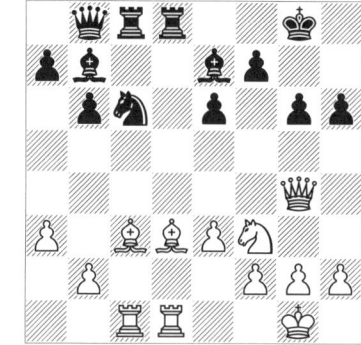

S

20...h5

Durch das weiße Damenmanöver werden die Verteidigungslinien vor dem schwarzen König gelockert. Der letzte schwarze Zug war nötig, wie die Variante 20...♔h7 21 ♗xg6+! fxg6 22 ♕xe6 ♖f8 23 ♖d7 ♖c7 (oder 23...♖ce8 24 ♘g5+! hxg5 25 ♕h3+) 24 ♘e5! zeigt.

21 ♕h3 f5

Es ist klar, dass Weiß nicht nur aufgrund „genereller Prinzipien" arbeitet. Hier musste er voraussehen, dass die Variante 21...♖d6 22 g4 ♖cd8 (auf 22...♖d5 folgt 23 ♗xg6! ♖xd1+ 24 ♖xd1 fxg6 25 gxh5) 23 gxh5! ♖xd3 24 ♖xd3 ♖xd3 25 hxg6 fxg6 26 ♕h8+ ♔f7 27 ♘e5+ gewinnt. Nun erzwingt Weiß die Entscheidung: Der abschließende Angriff ist sehr hübsch.

22 ♗c4 ♖xd1+ 23 ♖xd1 ♔f7 24 e4! ♕f4 25 ♖e1! ♕g4

25...♘d8 26 ♘e5+.

26 exf5! ♕xc4 27 fxg6+ ♔e8

Oder 27...♔xg6 28 ♖xe6+ ♔f7 29 ♖xc6.

28 g7! e5 29 ♕xh5+ ♔d7 30 ♖d1+ ♗d6 31 ♗xe5 ♘d4 32 ♘xd4 1-0

121)
Botwinnik – Aljechin
AVRO-Turnier, Amsterdam 1938

Diese Stellung hat einen ganz anderen Charakter. Wir können von keinerlei Königsangriff reden, aber dennoch muss Weiß aktiv spielen, um die gegnerischen Schwächen am Damenflügel, sowie die hässliche Stellung der schwarzen Figuren auszunutzen.

13 ♕a4! ♘b8

Nach dem natürlich aussehenden 13...♖c8 scheint 14 ♗f4 eine gute Antwort zu sein. Botwinnik gab 14 ♗d2 an, um 14...a6 mit 15 ♗xc6! nebst 16 ♕xa6 zu beantworten.

Nach dem Textzug erlangt Weiß deutlichen Entwicklungsvorteil.

14 ♗f4 ♗xb5 15 ♕xb5 a6 16 ♕a4

Genau auf dieses Feld – auf der anderen Brettseite hat die Dame nichts zu tun.

16...♗d6 17 ♗xd6 ♕xd6 18 ♖ac1 ♖a7

Schrittweise entwickelt Schwarz seine Figuren, aber in der Zwischenzeit nimmt Weiß offene Linien und wichtige Felder in Besitz, insbesondere die c-Linie und das Einbruchsfeld auf c7.

19 ♕c2! ♖e7 20 ♖xe7 ♕xe7 21 ♕c7 ♕xc7 22 ♖xc7

Als Ergebnis des vorangegangenen Spiels hat Weiß die dauerhafte Kontrolle über eine wichtige offene Linie erlangt und ist auf der siebten Reihe eingedrungen. Um den fortwährenden Druck abzuwehren, war Aljechin gezwungen, seine Bauernstruktur zu schwächen. Botwinnik nutzte dies hervorragend aus und gewann dieses historische Duell.

122)
Botwinnik – Sorokin
UdSSR-Meisterschaft, Moskau 1931

In gewisser Weise fällt diese Stellung im Vergleich zu den Situationen, die wir bisher untersucht haben, aus dem Rahmen. Obwohl nicht klar ist, wohin Weiß sein Spiel lenken soll, ist die Stellung dennoch durch die Notwendigkeit aktiven Spiels charakterisiert. Wir können das an mehreren Anzeichen ablesen, die uns alle vertraut sind: Entwicklungsvorsprung, eine bessere Koordination der weißen Figuren und eine symmetrische Bauernstruktur. Einige Überlegungen lassen sich hinzufügen: Vor allem suchen die Türme nach einem Einbruchsfeld auf der offenen Linie. Die Felder d6 und d8 kämen dafür in Frage, aber tatsächlich wäre es sehr wünschenswert, einen Turm auf der siebten Reihe zu postieren, d. h. auf d7.

Davon würde auch der Läufer a2 profitieren. Im Moment wird dieser Plan allerdings noch durch den schwarzen Läufer und beide Springer verhindert. Mit dem Zug a5 wäre es möglich, einen der Springer zu vertreiben, doch dies wird zur Zeit noch durch die schwarze Dame verhindert, die gleichzeitig auch den schwächlichen Bauern e5 und den Springer b6 deckt. Wenn eine Figur so viele Funktionen ausübt, drängt sich die Idee auf, sie abzutauschen – sogar wenn dies ein bisschen Unbequemlichkeit mit sich bringt. Mit diesen oder ähnlichen Gedanken im Sinn kam Weiß auf den folgenden herrlichen Zug, der praktisch den Partieausgang entscheidet:

20 ♕e3!! ♕xe3 21 fxe3 ♗g4 22 a5 ♘c8

Wie Botwinnik zeigt, hat Weiß auch nach 22...♘bd7 23 h3 ♗xf3 24 gxf3 ♘c5 25 b4 ♘e6 26 ♗xe6 fxe6 27 ♘a4, gefolgt von einer Invasion auf c5, großen Vorteil.

23 ♖c1! ♗xf3 24 gxf3 ♘e7 25 ♘d5! ♘c6

Auch nach 25...♘fxd5 26 ♗xd5! ♘xd5 27 ♖xd5 ist Schwarz in Schwierigkeiten.

26 ♘xf6+ gxf6 27 ♖d7

Der weiße Vorteil ist überwältigend.

123)

Kasparow – Andersson
Belgrad (3) 1985

Schwarz ist mit der Entwicklung im Rückstand, sein König steckt in der Brettmitte, und der Bauer e6 ist schwach. Doch wenn Weiß ungenau spielt, kann Schwarz seinen Läufer entwickeln und rochieren. Wie immer in dieser Art von Stellungen ist Kasparows Spiel beispielhaft:

14 ♗e3 ♗e7

14...♕c7 15 ♖fd1 führt zur Partiestellung, während im Fall von 14...♖c8 15 ♖fd1 ♕c7 16 ♕b3 eine Stellung entsteht, die wir später untersuchen werden.

15 ♖fd1! ♕c7

15...♕c8 ist besser, obwohl Weiß nach 16 ♘d6+ ♗xd6 17 ♖xd6 0-0 18 ♖ad1 klaren Vorteil hat.

16 ♕b3! g5

Die Rochade ist nicht mehr möglich: 16...0-0 17 ♘d6. Auch 16...♔f7 17 ♗f4 ist schlecht für Schwarz, und nach 16...♖c8 ist 17 ♘d6+ ♗xd6 18 ♕xe6+ ♗e7 19 ♗f4 unangenehm. Der letzte schwarze Zug ist das Ergebnis all dieser Varianten. Allerdings wird es nicht leicht sein, mit einer solchen Schwächung zu überleben – gegen Kasparow ist es unmöglich.

17 ♖ac1 ♖d8

Auf 17...♔f7 sieht die Antwort 18 f4 gut aus.

18 ♖xd8+ ♗xd8

Nach 18...♔xd8 sind alle Springerzüge gut: 19 ♘a3, 19 ♘d2 und sogar 19 ♘a5 ♘xa5 20 ♖xc7 ♘xb3 21 ♖xb7.

19 ♕xb7 ♕xb7 20 ♘d6+ ♔d7 21 ♘xb7 ♗b6 22 ♘c5+ ♗xc5 23 ♗xc5

Weiß ist materiell und positionell im Vorteil und gewann bald.

124)

Kasparow – Kortschnoj
Kandidatenmatch (7), London 1983

Die schwarze Stellung sieht völlig sicher aus – er hat die bessere Entwicklung und ungleichfarbige Läufer im Endspiel. In einer solchen Situation liegt die weiße Hoffnung nur in einem sofortigen und nachhaltigen Angriff am Damenflügel, also...

16 b4!!

Andere Fortsetzungen versprechen nichts: 16 ♗xb7? ♖b8 17 ♖ac1? ♖xb7 18 ♖xc5 ♘d7 oder 16 ♖ac1 ♘d5! 17 ♖fd1 a6 18 ♗xd5 exd5 19 ♘c3 d4.

16...♗xb4 17 ♘xa7 ♖c7?

Offensichtlich stellt dieser Zug eine ernsthafte Ungenauigkeit dar. Hier sollte Schwarz noch einigen Spielraum haben. Nach 17...♖a8 18 ♘b5 ♖a5 19 a4 ♖b8 20 ♖fc1 behält Weiß sicherlich die Initiative, aber nicht mehr als das.

18 ♖fc1! ♗d7

18...♖xc1+ 19 ♖xc1 ♖b8 verdiente Aufmerksamkeit, aber nach 20 ♖b1 hat Schwarz dennoch Probleme.

19 ♖ab1 ♗d2 20 ♖c2

Nun hat Weiß deutlichen Vorteil, und im weiteren Verlauf gewann Kasparow die Partie.

Index der Partien

Fettdruck zeigt an, dass der Spieler Weiß hatte. Ansonsten hatte der zuerst genannte Spieler Weiß. Die Zahlen beziehen sich auf die Seiten.

ACEVEDO – Fischer 166
ADAMS – **Anand** 150, 154
AHUES – **Schlage** 13
ALAPIN – Rubinstein 117, 186
ALBURT – Smyslow 168
ALEXANDER – **Aljechin** 178
ALJECHIN – Alexander 178; **Botwinnik** 187; **Capablanca** 148; Colle 147; Eliskases 26; **Grünfeld, E.** 142
ALONI – Botwinnik 163
ANAND – Adams 150, 154; Izeta 178; Kamsky 121; **Kasparow** 88; Kramnik 156, 165; **Lautier** 138; Lautier 178; Nikolić 123; Schirow 171
ANDERSSON – **Kasparow** 188
ANTOSCHIN – **Smyslow** 149
ARONSON – **Spasski** 164
BEIM – Bruk 148
BELJAWSKI – **Petrosjan** 148
BERTOK – **Geller** 186
BIELICKI – Smyslow 152
BIRD – Lasker 124
BISGUIER – Karpow 157; **Petrosjan** 170
BLACKBURNE – **Lasker** 86, 115
BOLESLAWSKI – **Botwinnik** 166; Ragosin 175
BONDAREWSKI – **Löwenfisch** 169; Smyslow 51
BOTTERILL – Tal 179
BOTWINNIK – Aljechin 187; **Aloni** 163; Boleslawski 166; **Bronstein** 145, 177; Bronstein 177, 183; Budo 154; Khawin 155, 185; **Ljublinski** 63; Nowotelnow 174; Ragosin 7, 40, 163; **Skold** 126; Sokolski 162; Sorokin 187; **Tal** 141
BOUAZIZ – Geller 180
BRINCK-CLAUSSEN – **Tal** 142
BRONSTEIN – **Botwinnik** 177, 183; Botwinnik 145, 177
BROWNE – **Ljubojević** 146
BRUK – **Beim** 148
BUDO – **Botwinnik** 154
BYRNE, R. – **Petrosjan** 106
CAPABLANCA – Aljechin 148; **Janowski** 181; Lasker 66; **Nimzowitsch** 21, 22, 24; Schroeder 172; Vidmar 185; **Winter, W.** 119
CIFUENTES – **Kramnik** 184
COLLE – **Aljechin** 147
DOCHOJAN – **Lerner** 161
DONTSCHEW – Eingorn 38
EINGORN – **Dontschew** 38
ELISKASES – **Aljechin** 26

EUWE – Keres 179
EVANS – **Smyslow** 180
FISCHER – **Acevedo** 166; Miagmasuren 143
GELFAND – Kramnik 151
GELLER – Bertok 186; **Bouaziz** 180; Keres 182; Liebert 27; Lipnitski 52; Portisch 186; Stein 164
GLIGORIĆ – **Karpow** 163, 167
GOLOMBEK – **Smyslow** 168
GRAF ISOUARD UND DER HERZOG VON BRAUNSCHWEIG – **Morphy** 11
GRÜNFELD, E. – Aljechin 142
HARTOCH – **Stein** 178
HORT – **Karpow** 183
HÜBNER – **Karpow** 163; Karpow 167; **Kortschnoj** 143; **Kramnik** 147
IWANTSCHUK – **Polugajewski** 162
IZETA – **Anand** 178
JANOWSKI – Capablanca 181
KAMSKY – **Anand** 121; Kramnik 96
KARPOW – **Bisguier** 157; Gligorić 163, 167; Hort 183; **Hübner** 167; Hübner 163; **Kasparow** 108; Kasparow 164; **Kortschnoj** 37; **Kramnik** 184; **Kurajica** 79; Kusmin, G. 152; Nunn 181; Olafsson, F. 135; **Smyslow** 35; Timman 153; Unzicker 58; Waganjan 151
KASPAROW – Anand 88; Andersson 188; **Karpow** 164; Karpow 108; Kortschnoj 188; Kramnik 152, 179; Přibyl, J. 49; Spangenberg 159
KERES – **Euwe** 179; **Geller** 182; Petrosjan 128; **Smyslow** 46, 113
KHAWIN – **Botwinnik** 155, 185
KHOROWETS – **Son** 144
KORTSCHNOJ – Hübner 143; Karpow 37; **Kasparow** 188; Kramnik 147; **Larsen** 142; **Smyslow** 176; Sweschnikow 184
KRAMNIK – Anand 156, 165; Cifuentes 184; **Gelfand** 151; Hübner 147; **Kamsky** 96; Karpow 184; **Kasparow** 152, 179; **Kortschnoj** 147; Lautier 67; Lputjan 82; Nunn 54; Swidler 165; Ulibin 94
KURAJICA – Karpow 79
KUSMIN, G. – **Karpow** 152
LANGEWEG – Petrosjan 170
LARSEN – Kortschnoj 142; **Petrosjan** 164; **Taimanow** 13; Tal 149
LASKER – **Bird** 124; Blackburne 86, 115; Capablanca 66; **Pillsbury** 12; Rubinstein 176; **Schlechter** 27; Showalter 153; **Steinitz** 6, 60; **Thomas** 150; Tschigorin 92
LAUTIER – **Anand** 178; Anand 138; **Kramnik** 67
LERNER – Dochojan 161
LETELIER – **Smyslow** 165
LIEBERT – **Geller** 27
LIPNITSKI – **Geller** 52
LJUBLINSKI – Botwinnik 63
LJUBOJEVIĆ – Browne 146
LÖWENFISCH – Bondarewski 169
LÖWENTHAL – **Morphy** 81
LPUTJAN – **Kramnik** 82
MAROCZY – **Pillsbury** 141
MECKING – **Petrosjan** 171
MIAGMASUREN – **Fischer** 143
MORPHY – Graf Isouard und der Herzog von Braunschweig 11; Löwenthal 81; NN 141
NIKOLIĆ – **Anand** 123

NIMZOWITSCH – Capablanca 21, 22, 24; **Sämisch** 101
NN – **Morphy** 141
NOWOTELNOW – **Botwinnik** 174
NUNN – **Karpow** 181; **Kramnik** 54
OLAFSSON, F. – **Karpow** 135
OLL – **Smyslow** 158
PADEWSKI – **Smyslow** 33
PENROSE – **Smyslow** 168
PETROSJAN – Beljawski 148; Bisguier 170; Byrne, R. 106; **Keres** 128; **Langeweg** 170; Larsen 164; Mecking 171; Pilnik 133; **Portisch** 131; Portisch 147; Smyslow 69, 186; **Spasski** 47, 156; Spasski 160 (2); **Stein** 146
PILLSBURY – Lasker 12; Maroczy 141
PILNIK – **Petrosjan** 133
POLUGAJEWSKI – Iwantschuk 162; Smyslow 149
PORTISCH – **Geller** 186; **Petrosjan** 147; Petrosjan 131
PŘIBYL, J. – **Kasparow** 49
RAGOSIN – **Boleslawski** 175; **Botwinnik** 7, 40, 163
RIBLI – **Smyslow** 158
RODRIGUEZ, O. – **Smyslow** 29
ROTLEWI – Rubinstein 10 & 103
RUBINSTEIN – **Alapin** 117, 186; **Lasker** 176; **Rotlewi** 10 & 103; **Tarrasch** 181; **Vidmar** 105
SÄMISCH – Nimzowitsch 101
SCHIROW – **Anand** 171
SCHLAGE – Ahues 13
SCHLECHTER – Lasker 27
SCHROEDER – **Capablanca** 172
SHOWALTER – **Lasker** 153
SKOLD – Botwinnik 126
SMYSLOW – **Alburt** 168; Antoschin 149; **Bielicki** 152; **Bondarewski** 51; Evans 180; Golombek 168; Karpow 35; Keres 46, 113; Kortschnoj 176; Letelier 165; Oll 158; Padewski 33; Penrose 168; **Petrosjan** 69, 186; **Polugajewski** 149; Ribli 158; Rodriguez, O. 29; **Suba** 90; Suetin 157
SOKOLSKI – Botwinnik 162
SON – Khorowets 144
SOROKIN – **Botwinnik** 187
SPANGENBERG – **Kasparow** 159
SPASSKI – Aronson 164; **Petrosjan** 160 (2); Petrosjan 47, 156
STEIN – **Geller** 164; Hartoch 178; Petrosjan 146
STEINITZ – Lasker 6, 60; Tschigorin 142
SUBA – Smyslow 90
SUETIN – **Smyslow** 157
SWESCHNIKOW – Kortschnoj 184
SWIDLER – **Kramnik** 165
TAIMANOW – Larsen 13
TAL – **Botterill** 179; Botwinnik 141; Brinck-Claussen 142; **Larsen** 149; Trifunović 50
TARRASCH – Rubinstein 181
TARTAKOWER – Yates 169
THOMAS – Lasker 150
TIMMAN – **Karpow** 153
TRIFUNOVIĆ – **Tal** 50
TSCHIGORIN – **Lasker** 92; **Steinitz** 142

ULIBIN – **Kramnik** 94
UNZICKER – **Karpow** 58
VIDMAR – **Capablanca** 185; Rubinstein 105
WAGANJAN – **Karpow** 151
WINAWER – **Zukertort** 141
WINTER, W. – Capablanca 119
YATES – **Tartakower** 169
ZUKERTORT – Winawer 141

Index der Studienkomponisten und Kommentatoren

Awerbach, J. 78, 79, 144
Behting, J. 76
Botwinnik, M. 145
Bron, W. 77
Chéron, A. 75
de Musset, A. 80
Dedrle, F. 173
Duras, O. 16, 175
Grigoriew, N. 14, 146, 173, 174 (2)
Hasek, I. 172
Herberg, A. 76, 173
Kaminer, S. 77
Lewitt, M. 175
Liburkin, M. 174
Mandler, A. 16
Moravec, J. 15, 17, 145
Prokeš, L. 144
Réti, R. 16, 74
Rinck, H. 10 (2), 145
Sackmann, F. 144
Skuja, R. 172

Index der Eröffnungen

Bird-Eröffnung 124
Bogo-Indische Verteidigung 94
Caro-Kann 24
Damengambit 22, 34, 35, 37, 40, 46, 47, 60, 86, 92, 103, 105, 106
Französische Verteidigung 38, 115, 128
Holländische Verteidigung 123, 126
Italienische Partie 6
Katalanische Eröffnung 101
Königsindische Verteidigung 29, 54, 133
Nimzoindische Verteidigung 108, 138
Philidor Verteidigung 11
Sizilianische Verteidigung 96, 126, 135
Spanische Verteidigung 27, 58, 88, 121
Vierspringerspiel 119